外国法文献の調べ方

外国法文献の調べ方

板寺一太郎 著

信 山 社

はしがき

『法学文献の調べ方』(1978年・東京大学出版会)を発表してからすでに20年の歳月が流れた。その間に種々の反響があり，第6刷を重ねるに至った。しかし，回想してみるとそれは英，米，独，仏，ソ，日の6ヶ国もの法体系について，わずか1人で論じたものであり，従って，すべてのことをあますところなく記述しつくすことは到底不可能なことであった。たとえば，アメリカ法の検索方法を論じたCohen, M. L., ed. *How to find the law*, St. Paul, West, 1976, 542 p.や，イギリス法を対象としたMoys, E. M., ed. *Manual of law librarianship*, 733 p.を見ると，それぞれ1つの国の法体系を考察するのに，前者は19人，後者は16人もの人がテーマ別に分担して執筆していることを比較されたい。とくに日本法について，もっと詳細に書いてほしかったという希望が出たが，同書はわが国の法学部の大学院生以上の研究者を対象としており，その研究のテーマとして日本法の現行法が選ばれることは稀なことなので，この方面には自然に力点がおかれなかった。また，わが国の現行法の検索方法の発表は本来それを日常の主たる業務としておられた方々の責務であったはずである(ただし近来，法律図書館連絡会を中心としてこの方面の研究が，次々に研究会で発表されていることは真に御同慶の至りである)。なお，日本の法令の検索に関して，本書ではふれないが，前著のこの件に関する記述以後に出現したものを含めて，考察している論文として大阪市立大学の福永正三助教授の「法令を調べる」図書館雑誌 Vol. 94, No. 3 (2000年3月号)，pp. 173-175 があげられる。

その他，前著は出版社から枚数の制限もあったため，外国法に関しても決して十分に書くことはできなかった。とくに外国の法令や立法過程と判例の調べ方の部分が簡単であった。このなかで，イギリス法とアメリカ法については母国語で多くの詳細な解説書が発表されている。しかし，ドイツ法・フランス法の法令や判例の検索方法については詳細な解説書は原語ですらも未だ発表されていない。そこでドイツ法・フランス法に関する先人の著書を参考にすると同時に，東京大学法学部附属外国文献センターや国立国会図書館，最高裁判所図書館のこの問題に関する蔵書を1冊ずつ手にとり研究した。その結果，先人の著書には教えられることが多かったが，しかしそれらも決して必要なことを十分には記述していないことを知り，前著に引続き本書のとりまとめを思い立つに至った。たとえば，1.ドイツ連邦共和国に関して，その現行法の具体的な探し方，2.同国の立法過程の調査に際して使用される数種の資料，3.同国の下級審判例から上級審判例の探し方，4.ドイツ・フランスの戦前，戦後の立法資料とわが国における所蔵機関，5.ドイツの判例の検索に際して判例集や検索資料および判例掲載雑誌に付属する索引を総合的に利用すること，6.フランス法令集，法律百科辞典，判例集の相互の有機的な関連性の問題，7.フランスの法令や判例の各種検索資料の詳細な解説，8.イギリスの18，19世紀の議会資料の検索方法，9.アメリカの1970年以前の立法過程の調べ方，10.イギリス，アメリカ両国の議会資料を米国の議会図書館の著者名目録を利用して調査する方法，11.英，米，独，仏の各法体系の単行書や学位論文，雑誌論文の書誌の対象とする年代表，12.ドイツ法・フランス法の図書の書評の探し方などである。とくに5.や6.のような重要なことがSzladits，C.，*Guide to foreign legal materials*，Oceana，1959や*Dunes*，*A.*，*Méthodes du droit: documentation juridique*，Dalloz，1977のような権威書の中でもほとんど述べられてなく，9.のアメリカの立法（過程の調べ方）については著者が本書の中で3種類あげているのにCohenやPrice & Bitnerのような代表的な著書には全然記述がなく，僅かにRombauerが1種類だけをあげているにすぎなかったことなどには，むしろある種の驚きすら感じた次第であった。その他の点についても各国の司法統計の実例やそのわが国における所蔵機関，特定人物に関する文献の検索方法をまとめて発表している。

また，略語辞典についても西ドイツならKirchnerを，フランスならSprudzsをあげる程度のことなら誰にでもできるが，重要なのはそれらの略語辞典にもれている略語が出てきた場合の解決の方法であって，この点，著者は28年間の法律図書館人としての経験から記述している。たとえば，ドイツ法の略語を調査するものとして10点，フランス法の略語を調査できるものとして20点をあげている。また，国際法の略語を探せるものとして10点を，西洋法制史の略語は5点を，ラテン語は5点をあげている。ラテン語の法諺辞典としては，英語を2点，独語を1点，仏語を2点，邦語は4点をあげる。また，ラテン語の法律用語辞典として7点をあげている。

次に書評の検索資料としてドイツ法では10点を，フランス法では11点をあげている。またドイツ・フランスの立法過程の検索でも単にJuristenzeitungやTravaux Répertoiresをあげるだけではなく，さらに詳細に説明している。次にドイツ法の雑誌が日本国内にない場合に，その雑誌の海外における所蔵機関をつきとめる手段として本書は4つの方法をあげている。また，イギリスの議会資料についても，今までの邦語の解説書は主として資料の内容を説明しているが，本書は逆にその「ひき方」に重点を置いて記述している。

ただし，スイス法とオーストリア法については，未だドイツ法，フランス法程には詳しく調査していないのでSzladitsを参考にしてごく重要なことだけを書くことにとどめている。

次にあげる本書の特徴は，前著と同様に単に書誌や蔵書目録の名称を列挙するだけでなく，その所蔵機関名を可能な限り調査して示していることである。前者でも刷を重ねる毎に，第1刷発行後に次々に判明した所蔵機関名をつけ加えてきたが，この調査は著者にとって相当な時間と労力の負担となった。しかし，このことの記載の有無は研究者の便宜の上では大変な相違となる。所蔵機関名の調査は事実上困難なので，過去において研究者が調査を放棄した例が相当にあったと思われる。前著も本書も，北海道大学，東北大学，筑波大学，国立国会図書館，法務図書館，最高裁判所図書館，慶應大学，早稲田大学，立教大学，日本大学，名古屋大学，大阪大学，大阪学院大学，京都大学，同志社大学，九州大学等を文献所蔵機関としてあげているが，その大部分は著者が特別の許可をもらって書庫に入り，多くの時間をかけて調査した結果つきとめたものである。

たとえば，次の文献はわが国において所蔵が少ないものであるが，その所蔵館名を明記することにより研究者が受ける便宜は非常なものであると思う（括弧内は所蔵機関名)。

主要なものだけをあげても，19世紀のドイツの立法資料(東京大学，京都大学に多数ある以外に民法だけで，一橋大学ギールケ文庫に64点，大阪市立大学ローゼンベルグ文庫に45点所蔵)，世界的な書評の検索資料たるInternationale Bibliographie der Rezensionen wissenschaftlicher Literatur, Jg. 1 (1971)-（慶大，中央大，大阪学院大)，第2次大戦以前のフランスの法律学の数千冊の学位論文(早大に1983年頃入荷)，1875〜1977年に至るドイツの刑法と刑事訴訟法の1134点の学位論文(早大法学部教員図書室)，第2次大戦以後の西ドイツの学位論文(東大，慶大は民事訴訟法，早大は民事訴訟法と刑事訴訟法，国立国会図書館は公法等)，第2次大戦以前のドイツの法律学の約9000冊の学位論文（法務図書館），1885年から1968年に至るドイツの学位論文の著者名と件名の索引つきの書誌（北大図書館)，『新収洋書総合目録』およびその『1954—1970追補』では検索できない7つの大学で所蔵するドイツ法の68の叢書(約5,000冊)とその中の各冊を著者名でつきとめる方法，ソ連の1917年以降の総合法令集の英語訳（国立国会図書館法令議会資料室と東大法学部研究室)，イギリスの司法統計(法務図書館と最高裁図書館)，アメリカの司法統計(法務図書館と東大法学部)，西ドイツの司法統計（国立国会図書館と慶大)，フランスの司法統計（国立国会図書館と法務図書館)，イタリアの司法統計(法務図書館と慶大法学部)，オーストリアの司法統計(法務図書館)，ベルギーの司法統計(国立国会図書館)，西ドイツの下級裁判所の判例集を含む第一級の判例の検索資料たるDeutsche Rechtsprechung（日大法，阪大法，大阪学院大)，Bibliothek des Instituts für Zeitgeschichteの著者名別，国名別，分類別の1967年発行の蔵書目録14冊（名大附属図書館）等がそれである。なお，京都大学の蔵書は多くの分野で引用している。

また，欧米各国の法令・判例で東大法学部附属外国法文献センターに所蔵しないものは，わが国における所蔵機関の調査方法の所で詳述しているばかりでなく，西ドイツ，フランス両国の法令や判例で同センターに所蔵しないものは，個別に最高裁，国立国会図書館，京都大学，北海道大学，慶應大学，日本大学法学部，大阪学院大学等の所蔵機関名を明記している。

わが国において各国の法令や判例を最も多く組織的に蒐集しかつ所蔵している機関は東大法学部附属の「外国法文献センター」であり，その1983年に出版された所蔵目録は貴重なものではあるが，研究者はこの所蔵目録だけを参考にすれば十分であるとは言えない。たとえば，単にドイツ連邦共和国の法令や判例（下級裁判所のものも含む）のみならず，法律の単行書，雑誌論文や学位論文をも対象としている重要な検索資料たる，法律の各分野のFundheftは東大の「外国法文献センター」にはなく，東大法学部の研究室の書庫に置かれているために，同蔵書目録には含まれていない。また，第2次大戦以前のフランス法の法令・判例や単行書やテーズを詳細にあげているFuzier-Herman, éd, *Répertoire général alphabetique du droit français*, Paris, 1886-1936, 52 v. も東大の研究室の書庫にあるために同蔵書目録にはもれている。そして，ドイツ連邦共和国の判例や雑誌論文の検索資料たるDeutsche Rechtsprechungは東大外国法文献センターにはなく，日本大学法学部，大阪大学法学部，大阪学院大学が所蔵している。さらに，第2次大戦前のドイツの判例で東大外国法文献センターにはなく最高裁判所図書館が所有しているものも若干ある。このように「外国法文献センター」は予算の都合等の理由で，研究者に必要な文献を100パーセントあます所なく所蔵しているのではなく，逆にわが国の他の機関が所有しているものもあるので，著者が調査して判明したものはできる限り，その所在を本文中に明記しておいた。また，東京大学外国法文献センターの所蔵目録もその図書の分類の原則をよく弁えていないと重要な資料を見おとすことになる。たとえば，ドイツ連邦共和国の判例の検索資料は細いテーマのものでもW 336のところにまとまっているが，このことを知らないと研究者が自己のテーマにとって重要な検索資料が存在することを見おとす結果になる。これらの点についても可能な限り解説をしたつもりである。

次に第13章の英，米，独，仏各国の法律学の書誌についてふれたい。前著『法学文献の調べ方』は1978年に出版されたが，その後，上述の問題については新しい重要な書誌や蔵書が発行された。前著の改訂版においてはそれらも若干はとり入れてきてはいるが，今回，法体系別にそれらの「新しい」資料も含めてグラフを作成し，解説をしたことによってその利用価値が飛躍的に増大したといえよう。主な実例だけをあげても，*National Legal Bibliography*, *Current Law Index*, *Legal Journals Index*, *Legal research in the United Kingdom 1905～1984*, *A classified list of legal theses & dissertations*, Max-Planck-Institut für europäische Rechtsgeschichte, Alphabetischer Katalog, *Bibliographe juridique générale*, 早稲田大学「フランス法学学位論文コレクション」(19世紀から1945年までのもの約7,000冊を含む)，1987年出版のフランスの図書館の雑誌所蔵目録，国立国会図書館編「新収洋書総合目録1954―1970追補」，国立国会図書館蔵書目録洋書編(継続出版)，同国会図書館所蔵「外国法令議会資料目録(1987年現在)，東京大学附属外国法文献センター所蔵目録(1983年) 等である。

最後に本書とコンピューターによる法律資料の検索について述べる。近年この方面の検索方法がめざましく発達し，学問の進歩発展に貢献するところが大きい。しかし，如何にコンピューターによる検索方法が進歩しても，それによって印刷物による方法が，無価値になったとは絶対にいえない。たとえば，指宿信・米丸恒治共著『法律学のためのインターネット』(日本評論社) 149頁に

「インターネットに大量の法情報が提供されているからと言って，それでは不十分であることは当然であって，従来の紙媒体による情報収集とを併用しながらデータの収集をおこなわなければならない。その際には，従来まで法情報の入手にあたって参照されてきたさまざまなガイドブックを参照のうえリサーチをおこなわなければならない」とある。また，松浦好治＝門昇「法情報の理論序説（一）」（阪大法学41巻1375頁）に「一方でデータベースなどの新しい法情報システムを利用すればすべての情報ではないにしてもある程度の情報については，必要とする情報をほとんど瞬時に入手できるようになってきている。他方，伝統的な情報収集処理技術にも見るべきものが少なくない。問題は新しい技術と伝統的な技術とをどのように有機的に結合させ，法の調査研究により有益な情報を準備できるような理論を整備し，その情報を獲得するための具体的で簡便な方法を確立することである。」とある。また，本書は主として，ドイツ，フランス両国の法律を中心に述べているが，この両国に関しては上述の指宿『法律学のためのインターネット』121頁に「アメリカ合衆国のような法情報の電子化が進んだ国について調査する場合を除けば，法律学の研究教育にかかわる資料調査は，そのほとんどが紙に印刷された情報をどのように検索し，情報収集し，利用するかという作業がその中心であるといってよい」とある。著者はこれ以外に実際に独仏両国に留学をしコンピューターを使用したことのある数名の大学教官に本書とコンピューターの関係について意見を求めたところ，やはりコンピューターの出現によって印刷物による伝統的な情報収集処理技術の価値が消失したのではなく，両者を併用すべきであり，もしコンピューターにふれるならこれは常に進歩発展するために，たえず記述を改訂せねばならないので，これにはふれずにこれに関する文献を参照するのにとどめた方がよいとの意見が相当にあった。著者も内外の文献を基に若干のことを記述することは不可能ではないが，むしろ本書ではコンピューターにはあまりふれずに伝統的な処理技術を述べることにしたが，これは現在でも無益なことではないと考える次第である。また，コンピューターによる検索は高額な費用を必要とするために，とくにわが国においてはドイツ法やフランス法に関しては一般にあまり使用されていないことも，数名の大学教官に問合せたところ，判明した。本書においては英・米法と日本法についてはあまりふれない。それは前者については英語による解説書が多数存在するからであり，日本法の記述は著者よりもこれを専門としている裁判所の職員のような方々の方が適任者であると考えるからである。

要するに本書の目的とする最大の点は次の事にあることを強調したい。すなわち，著者は東京大学法学部研究室に在職中に研究者から数々の文献の探索方法について質問を受けた。それらの質問に対して即答できたこともあったが，場合によっては著者自身も知識が不十分であったために，若干の調査期間をかけてから解決したことも決して皆無ではなかった。従って，多くの研究者が著者と同じ結果に長い時間をかけて到達するか，または問題を解決できないで放棄することを防ぐために，この続編の発表も決して無意味なものではないと信じている。前著の発表の後に主として大学の研究者からありがたい激励の言葉をいただいたことは著者にとって大きな励みとなった。本書にも建設的な批判を仰ぎたいと思っている。また前著と同様に，わが国の図書館職員の間に，この種の研究発表の出現する機運が僅かでも醸成されれば幸いである。

なお，本書では全然ふれていないが，石川恒夫「ベルギーの法律文献について」(北星学園大学経済学部北星論集 21 号，1983 年)は法令や判例にもふれ，とくに東京大学法学部附属外国法文献センターで所蔵するものはその旨明記しておられるので参考にされたい。

なお，本書の完成に関しては多くの方々の厚い恩恵を受けていることを忘れることができない。とくにドイツ法の山田晟東大名誉教授は東京大学の外国法文献センターで，実物を提示されながら，懇切丁寧に指導された。とくに，ドイツの現行法令のひき方の部分は同先生の御教示に負うことが多い。つぎに東京大学の稲本洋之助教授と北村一郎教授はフランスの法令・判例の原稿を読了されて貴重な御注意を下さった。さらに，大塚直教授（学習院大学法学部）は原稿の文章の表現等を鄭重に訂正して助言をして下さった。また，片岡輝夫教授や西川洋一教授はそれぞれローマ法や西洋法制史の略語の記載されている文献を御教示下さった。また，著者が東京大学退職後も法学部研究室を利用するに際して特別な便宜を与えて下さった青山善充教授（現在，成蹊大学法学部）にも深く感謝したい。その他にも著者の慶應大学の図書館見学に際して，同大学の小林節教授，佐藤千春教授（朝日大学法学部教授）が，数時間も貴重な時間をさいて小生につきっきりで御案内下さり，そのために同大学所蔵の貴重な文献を種々発見することができた。最高裁判所の図書館利用については同図書館の高橋昭氏に数回にわたり，大変なお世話になり，第 13 章の中の日本法の部分は国立図書館の住谷雄幸氏に草稿をお見せして若干の助言を受けた。また，京都大学法学部所蔵の資料は同学部の竹島武郎氏に詳細なお教えを受けた。その他，西ドイツの法令に関する記述は主として山田先生の教えとSzladitsの著書を参考にした上での自己の研究を基にしているが，1982年5月19日の法律図書館連絡会の研究会での藤田初太郎氏の講演も参考にしている。各国の司法統計も藤田初太郎氏と村田房雄氏の法図連の研究会での発表が米国に関しては役に立った。米国の議会資料については1983年10月の丸山昌子氏の法図連における講演も参考にした。

最後に，本書執筆に際しては主として東京大学法学部附属外国法文献センターと東京大学法学部図書室の資料を利用したが，その職員の方々に大変お世話になった。中でも岩田係長から受けた御好意に対しては特別な謝意を表明しなければならない。フランス法についても法政大学の金山直樹教授からは大変貴重な教えを受け，東京大学の森田宏樹教授からも有難い助言をいただいた。フランスに留学していた小粥太郎氏からも有益な情報を受けた。専修大学の平井宜雄教授は本書の公刊についてご尽力いただいた。以上の方々に改めて感謝の意を表したい。

2001年11月

著　者

目　次

〈本書において使用する略語〉

文献の所蔵機関の略称

本書	前著(注)
[東法]……東京大学法学部研究室	[A]
[東外]……東京大学法学部附属外国法文献センター	[A—G]
[東図]……東京大学附属図書館	[B]
[国]……国立国会図書館	[KKT]
[法務]……法務省図書館	[H]
[最]……最高裁判所図書館	[S]
[京法]……京都大学法学部図書室	[KTH]
[所蔵不明]……所蔵機関不明	

(注) この前著というのは，拙著『法学文献の調べ方』（東京大学出版会・1978年）を意味する。

[東外] と [国] は 般人に公開されており利用に際して紹介状などは全く無用である。[最] は利用者の所属する図書館の紹介状を持参すれば利用できる。

図書の略称

〔法〕 板寺一太郎『法学文献の調べ方』（東京大学出版会・1978年）

〔外〕 『外国法の調べ方』（東京大学出版会・1974年）

〔C〕 *Catalog of foreign Law Materials of the Center for Foreign Law Material of Faculty of Law*, The University of Tokyo, 1983.

〔Cap.〕 Caparros, E., *La documentation juridique: reférence et abréviations*, Quebec, Les Presses de l'Université Laval, 1973.

〔D.〕 Dunes, André, *Méthodes du droit*. Paris, Dalloz, 1977.

〔H.〕 Hirte, H., Der Zugang zu Rechtsquellen und Rechtsliteratur, Köln, C. Heymanns Verlag, 1991.

〔K.〕 Kahn-Freund, O.C.A., *A source book on French law*, Oxford, at the Clarendon Press, 1973.

〔L.〕 Lansky, R., Bibliographisches Handbuch der Rechts- und Verwaltungswissenschaften, Frankfurt am Main, Klosterman, 1986.

〔S.〕 Szladits, C., *Guide to foreign legal materials: French, German, Swiss*, N.Y., Oceana, 1959.

〔S.F.〕 Szladits, C., *Guide to foreign legal materials: French*, 2nd ed. N.Y., Oceana〔c 1988〕.

〔S.G.〕 Szladits, C., *Guide to foreign legal materials: German*, 2nd rev. ed. by T. Kearley. N.Y., Oceana〔c 1990〕.

〔W.〕 Westfall, G., *French official publications*, Oxford & N.Y., Pergamonn Press, 1981.

その他　Fuchs, W., Juristische Bücherkunde, Göttingen, Schönhütte, 1953; Walter, R., Wie finde ich juristische Literatur, Berlin, Berlin Verlag, 1980; Association of American Law Schools, Law books recommended for libraries, No. 45, Foreign law（拙著『法学文献の調べ方』38 頁参照）と米国議会図書館の件名目録（同書 17 頁参照）等は略語によらず，その都度，正式の書名をあげて引用した。

第１章　終戦前および被占領期のドイツ法

＊　＊　＊

序　ドイツ法調査の一般的手順

外国人がドイツ法を研究する場合に初めに見るべきものは Kurzlehrbuch であるが，これはドイツ法は高度に組織化されていて，フランス法で répertoires に頼るような方法がないために極めて重要である（以上，Szladits, C., *Guide to foreign legal materials: French*, *German*, *Swiss*, N. Y., Oceana, 1959, p. 511 より要約)。

そして，ドイツの法律家が法律上の問題を研究する場合には，通常，コンメンタール（注釈書)を参考にする。それは，法律の条款の詳細な分析と関連性のある判例や，文献が記載してあるからである。しかし，複雑な問題を調べるには，標準的な手引書により，これらを補充しなければならない。さらに，その問題を徹底的に研究するためには判例要旨集，とくに Deutsche Rechtsprechung（**第4章(3)①**）と NJW-Fundhefte（**第4章(3)②**）を使用せねばならない。この両書とも，関連性のある文献や判例を単にテーマによってのみでなく，個々の法条によっても探すことができる。しかし，さらに根本的に研究するためには，個々の判例集も必要である。

目的とするテーマに該当する法条を確かめるためには，以下に挙げる件名索引が役立つ（**第2章(3)**参照)。

Dehlinger, Deutsches Recht seit 1867.

Schlegelberger, Das Recht der Gegenwart.

Sommer, K., Gesetz-Weiser: Fundstellen ABC 1897-1954 ff. für alle Rechtsgebiete.

本章においては，第2次大戦終了以前および被占領期のドイツ法の法令，立法過程と立法資料および判例について説明する。

(1) 法　令

(i) 官報・法令集（19世紀前半から1949年まで）

ここに挙げる官報・法例集がどの年代の法令を掲載しているか，次の表により示す。表の番号は，表の後に列挙する各官報・法例集の通し番号である。

［付表］ 官報・法令集の対象年代一覧

＊以下で官報は❸❻❾❿⓫⓬⓭である。

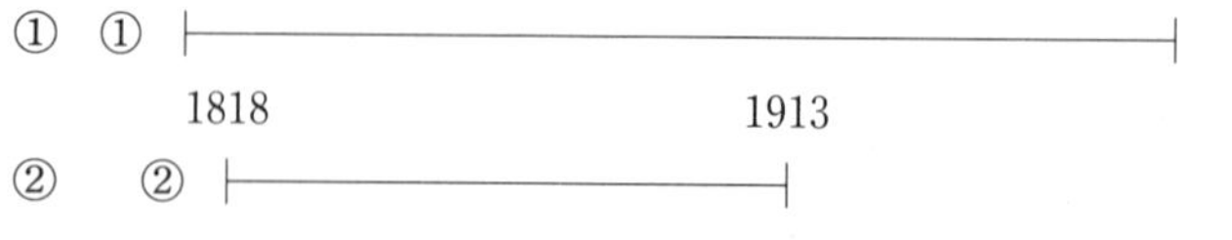

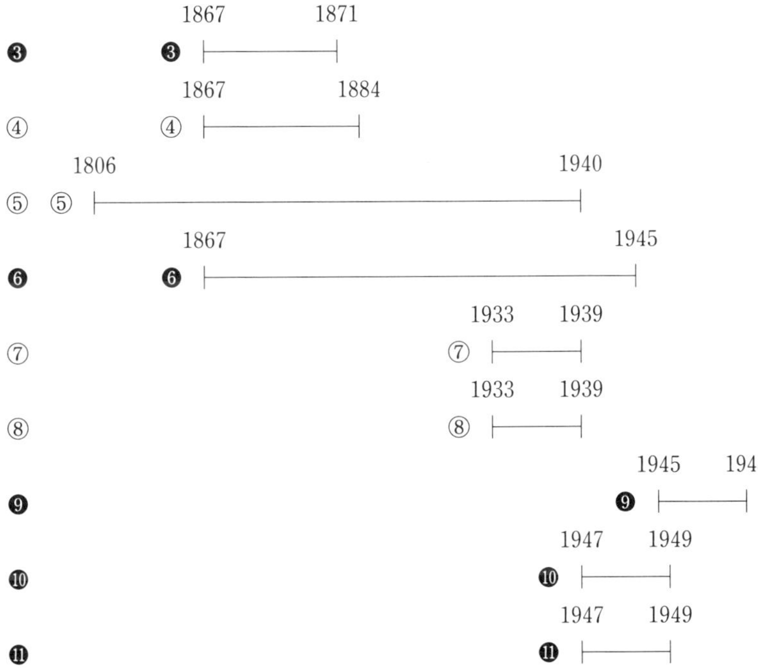

（注）　ドイツ帝国 1871～1918
ヴァイマール共和国 1918～1933
ナチス時代 1933～1945
被占領時代 1945～1949
その後の時代（ドイツ連邦共和国，ドイツ民主主義共和国）1949～1990
東西ドイツの統一 1990～

① Preussische Gesetzsammlung (PrGS)（プロシア法令集), Berlin, Decker, 1806-1942.

Frühere Ausgabe: Sammlung der für die Königlichen Preussischen Staaten erschienenen Gesetze und Verordnungen, 1806-1810, Gesetz-Sammlung für die Königlichen Preussischen Staaten. 1811-1906. ［東外］（W 34 p 3-p 806）

Haupt-Register（1806-1873, 1 v.）と Hauptsachverzeichnis（1926-1935, 1 v.）がある。

② Neue Gesetz- und Verordnungen-Sammlung für das Königreich Bayern mit Einschluss der Reichsgesetzgebung（バイエルン法令集）, Zusammengestellt und mit Anmerkungen versehen von Karl Weber, München, Beck, 1880-1916, Bd. 1-41. Anhangband, 1894.［東外］(W 34 B 3-N 880)

❸ Bundes-Gesetzblatt des Norddeutschen Bundes, 1867-1871.［東外］(W 333-B 867)［国］(CG 3-3-1)

④ Die Gesetzgebung des Deutschen Reiches von der Gründung des Norddeutschen Bundes bis auf die Gegenwart, Berlin, Guttentag, 1883-1886, Bd. 1-5 (1867-1884).［東外］(W 333-G 883)

⑤ Grotefend Gesetzgebungs-Material, Düsseldorf, Schwann, 1806-1940.

Title varies: Die Gesetze und Verordnungen nebst den sonstigen Erlassen für den preussischen Staat und das deutsche Reich, 1806-1884. Das gesamte preussisch-deutsche Gesetzgebungs-Material, 1885-1899. Das gesamte deutsche und preussische Gesetzgebungs-Material, 1900-1933.［東外］(W 333-G 875)

条文以外は関連のある公の出版物への参照がついていて，1806〜1926年間の件名索引がある(Diepgen編—後述)。ただし，山田晟教授によれば19世紀前半の法令については，存在していても掲載されていないものがあるとのことである。

❻ Reichsgesetzblatt, 1872-1945. Fühere Ausgabe: Bundes-Gesetzblatt des Norddeutschen Bundes, 1867-1871.［東外］(W 333-B 867)［国］(C 3-3-2) 1871-1943年

件名索引 Hauptsachregister 1867 bis 1916［東外］［国］がある。

これ以後の件名索引も存在すると思われるが［東外］にはない。

⑦ Die Gesetzgebung des Kabinetts Hitler, hrsg. von Werner Hoche, Berlin, Vahlen, 1933-1939, Bd. 1-33.［東外］(W 333-G 33) Bd. 7-33［国］(CG 3-3-3)

各巻には件名索引つき

⑧ Hitlergesetze, hrsg. von R. Beyer, Leipzig, Reclam, 1933-1939, Bd. 1-20. ［東外］（W 333-H 33）

各巻には内容目次つき

❾ Amtsblatt des Kontrollrates in Deutschland, 1945-1948. ［東外］（W 333-867）

❿ Verordnungsblatt für die Britische Zone, 1947-1949. ［東外］（W 333-B 867）

⓫ Gesetzblatt der Verwaltung des Vereinigten Wirtschaftsgebietes, 1947-1949. ［東外］（W 333-B 867）

(ii) 法令の検索資料

ここに挙げる法令検索資料がどの年代の法令を対象としているかを以下の表で示す。表の番号は，表の後に列挙する各法例検索資料の通し番号である。

［付表］ 法令検索資料の対象年代一覧

＊以下で［東外］所蔵のものは❷❺❻❽❿である。

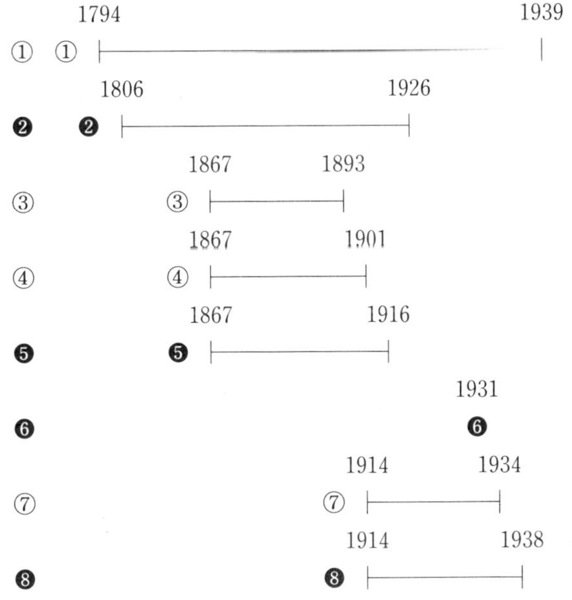

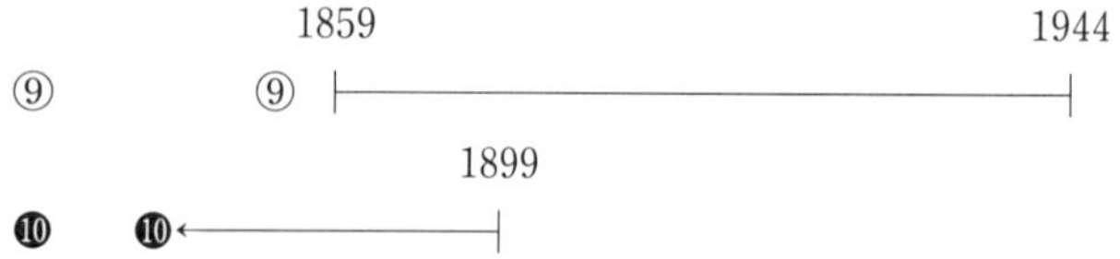

① Gesetzgebungs-Archiv. Nachweis noch geltender Gesetze, Verordnungen, Minist. Erlasse usw. von 1794-1933 für Reich und Preussen, (8 Aufl., Berlin, 1936, Nachträge 1-4 für 1936-1939)［所蔵不明］

❷ Diepgen, General-Register zu Grotefend-Cretschmar Gesetzsammlung, enthaltend die preussischen und deutschen Gesetze und Verordnungen usw. von 1806 bis 1926, Düsseldorf, L. Schwann, 1927, 789 p. ［東外］(W 333-G 875)［東外］では Grotefend, Gesetzgebungs-Material のところにおかれている。

③ v. Hugo, Ferd., Systematisches Register zu den Jahrgängen 1867-93 des Bundes- u. Reichsgesetzblatts, 2. Aufl., Hannover, 1894.［所蔵不明］

④ Huber. H., Chronologisch-alphabetisches Haupt-Register zu dem Bundes- bzw Reichsgesetzblatt (1867-1901), Stuttgart, 1902.［所蔵不明］

❺ Reichsgesetzblatt Hauptsachregister, 1867 bis 1916. ［東外］(W 333-B 867)

❻ Ebner, A., Wegweiser durch die deutsche Reichsgesetzgebung nach dem Inhalt der im Reichgesetzblatt, Reichsministerialblatt ...... Nach Stichwörtern in der Buchstabenfolge geordnet, Stand vom. 1. Mai 1931, 5. Aufl., Halle, Montanus, 1931.［東外］(W 336-W 31)

法令を件名のアルファベット順に並べる。そして Reichsgesetzblatt (RGBl) 等の掲載箇所を示す。1931 年 5 月 1 日現在の状態を知ることができる。

⑦ Volkhardt, Georg, Deutscher Gesetzesanzeiger, Sammlung von Fundstellen des geltenden Reichsrechts in systematischer und alphabetischer Ordnung, Stuttgart, 1935, 421, 96 p.［所蔵不明］

実物を見ないので対象とする年代は確実にはわからない。

❽ Schlegelberger, F. ed., Das Recht der Neuzeit. Vom Weltkrieg zur nationalsozialistischer Staat: Ein Führer durch das geltende Recht des Reichs und Preussens von 1914 bis 1938, 13. Aufl., Berlin, Vahlen, 1938. ［東外］（W 336-R 32）

1914 年から 1938 年に至るドイツの法令に対する検索資料で，件名のアルファベット順に並べ，その法令を掲載している Reichsgesetzblatt, Ministerialblatt für Wirtschaft 等の箇所を明示する。

⑨ Kritische Vierteljahresschrift für Gesetzgebung und Rechtswissenschaft, Bd. 1 (1859) - 68 (1944), München, J. G. Cotta, 1859-1945. ［東北大図，一橋図，中大図，早大図，京大法，福岡大等］

累積索引もある。

❿ Reichelt, Hugo, Rechts-Zeittafeln, Historisch-chronologische Übersicht der Gesetzgebung des gesammten Privat- u. Verwaltungsrechts. Ber. 1899, 137 p.

ドイツの戦前の法令については，東京大学法学部附属外国法文献センターの Catalog of Foreign Law Materials, 1983, pp. 39-77 に記載されている。

（2） 立法過程と立法資料

(1) 立法過程の調査資料

(a) 第 2 次大戦以前のドイツ帝国議会資料

Verhandlungen des Deutschen Reichstages, 1867-1936. 458 v.

国立国会図書館には，① 北ドイツ連邦憲法制定議会(通巻 1. 1，2 巻)，② ドイツ関税同盟会議（通巻 16～18 巻，1868～70）を除きほぼ全巻そろっている。若干欠号があるが，これはマイクロ・フィシュで補充されている。索引は 1895 年にそれまでの議事録の総索引が編纂され，それ以降は会期毎に速記録の巻末に索引がついている。また，会期毎に議事日程表と審議経過表がついている。九大法では 1867～76 年，1887～1919 年を所蔵している。

(b) **プロシア議会資料**

Stenographische Berichte über die Verhandlungen, Preussisches Herrenhaus, Berlin.

プロシア憲法(1850年)公布の前年からナチス国家成立までの85年にわたる会期毎の逐刊は[国][東図]には1849〜1907年が,[九大法]には1863〜1919年がある(国立国会図書館月報247号32頁参照)。

(ii) 立法資料

(a) **第2次大戦終了以前**

立法に関する議会内での論議はその議会の議事速記録の中で,これ以外の草案の原文,委員会の報告書等は„Drucksachen"の中で探すべきである。議会の報告書には人名索引のついた件名索引(Sachregister Repertorien とよばれる)がある。議会の公の出版物については Kirschner, P., Wegweiser bei fachliterarischen Arbeiten (Volkswirtschaftliche Blätter Jg. 22. 1923, S. 56 ff.) [大阪経済大学] が記述している。

立法資料は Staatsverlag 以外に Carl Heymann 社からも Materialien zur Civilprozessordnung, Materialien zur Konkursordnung 等が1898年に出版されている。

蔵書目録

Katalog der Bibliothek des Reichs-Justizamts, 3. Ausg., Berlin, Puttkammer & Mühlbrecht, 1909, 2277 p. [東法] (YIU 33-R 352-K 09)

19世紀のドイツの法律の草案や委員会議事録等を分野別に最も詳細に列挙している。例えば,民法を例にとると195頁から227頁にわたり以下の分類に分け166のタイトルをあげている。

C. Reichsrecht. (a) Vor dem Bürgerlichen Gesetzbuche. (b) Bürgerliches Gesetzbuch. 1. Literatur und Geschichte. 2. Vorarbeiten und Materialien. (a) Bis zur ersten Lesung einschliessl. (b) Zweite Lesung. (c) Beratung im Reichstag. (d) Die gesamte Materialien. 3. Kritiken und Abhandlungen über den Entwurf und das Gesetz

研究者は初めに目的の資料をこの蔵書目録で知り,それから日本国内の所蔵機関名を自己の図書室の目録や後述する法律関係の文庫の蔵書目録や京大法学部の蔵書目録によって探すべきである。

これらの立法資料の中でとくに重要なものをあげれば次のようである。

イ　対象とする分野が広範囲のもの

Schubert, W. ed., Quellen zur preussischen Gesetzgebung des 19. Jahrhunderts, Vaduz, 1981-1982.［東法］(F 336-S 384-Q 81)

Contents. Bd. 1. Gesetzrevision. Abt. 1. Straf- und Strafprozessrecht. Abt. 2. Öffentliches Recht, Zivilrecht und Zivilprozessrecht.

ロ　憲 法 関 係

Holtzendorf, F. ed., Materialien der Deutschen Reichs-Verfassung, Berlin, Lüderitz, 1872-1873, 4 v.［東法］(F 336-H 758-M 76)

ハ　民 法 関 係

Schubert, Werner ed., Die Vorlagen der Redaktoren für die erste Kommission zur Ausarbeitung des Entwurfs eines Bürgerlichen Gesetzbuches (Die Vorentwürfe der Redaktoren zum BGB), Berlin, W. de Gruyter, 1980. „Neudruck der als Mskr. verfielf. Ausg. aus d. Jahren 1876-1883. “［東法］(F 336-S 384-V 80)

1999年1月現在では，Allgemeiner Tl. 1-2; Recht der Schuldverhältnisse, Tl. 1-3; Sachenrecht, Tl. 1-3; Einführungsgesetz Tl. 1; Erbrecht Tl. 1-2.がある。

Hofmann, A., Die gesamten Materialien zum Bürgerlichen Gesetzbuch einschliesslich des Einführungsgesetzes für die Zwecke der Verwaltung und Verwaltungsrechtspflege, 1901.

Stegemann, E. ed., Die gesammten Materialien zu den preussischen Ausführungsgesetzen zum B. G. B. Berlin, Decker, 1900.［東法］(T 341-S 817-G 00)

Maas. G., Bibliographie der amtlichen Materialien zum B.G.B., 1897.［東法］(YIT 33-M 111-B 97)

Mugdan, B., Die gesamten Materialien zum B.G.B., Berlin, 1899.［東法］(T 3310-M 966-G 79)

Horst Heinrich Jacobs und Werner Schubert (Hrsg.), Die Beratung des Bürgerlichen Gesetzbuchs in systematischer Zusammenstellung der unveröffentlichten Quellen, vol. 11, Walter de Gruyter, 1978-.

Szladits, "Guide: German," 2nd ed., 1990には，第2次大戦前のドイツ民法の立法資料がpp.64～65に，ドイツ商法のそれがpp.74～75に，民訴のそれがp.106に列挙してある。ドイツ民法典の編纂資料については石部雅亮編『ドイツ民法典の編纂と法学』(九州大学出版会，1999年) の巻末に詳細な一覧がある。

ニ　民事訴訟法関係

Hahn, C. ed., Die gesamten Materialien zu den Reichs-Justizgesetzen, Berlin, Decker, 10 v. 1881-1898.［東法］(S 3380-H 148-G 79)

Struckmann, J. ed., Entwurf einer allgemeinen Civilprocessordnung für die deutschen Bundesstaaten, Hannover, Helwing, 1866.［東法］(S 3380-D 131-N 71)

Germany. Reichsjustizministerium, Materialien zu dem Gesetz vom 1. Juni 1909 betreffend Änderungen des Gerichtsverfassungsgesetzes, der Zivilprozessordnung, des Gerichtskostengesetzes und der Gebührenordnung für Rechtsanwälte, Leipzig, Veit, 1909, 262 p.［東法］(S 331-M 425-09)

チ　刑法関係

Goltdammer, Die Materialien zum Straf-Gesetzbuche für die Preuss. Staaten, Berlin, 1851-1852.［東法］(III-7-1506)

リ　刑事訴訟法関係

Hahn, C., Materialien zur Strafprozessordnung ...... 1877-1881, 2 v.［東法］(III-7-326)

この中でとくに Hahn，C. 編で Decker 社出版の Die gesammten Materialien zu ......という名で始まる図書の中には立法過程のことが詳細に出ている。

［東法］所蔵の Hahn, C. 編の立法資料をテーマ別にし，その出版年をつけて記すことにする。

刑事訴訟法（1880～81 年），商法（1897 年），裁判所構成法（1883 年），裁判法規（1879 年～98 年，1880 年，1881 年），破産法（1879 年）。なお，裁判法規（1881 年）と破産法（1879 年）は［京法］でも所蔵している。

この他，編著名または書名の判明しているものは，［東法］新旧の著者名または書名目録または［京法］の昭和 3 年迄の分類順の蔵書目録たる Katalog der fremdsprachigen Bücher in der Bibliothek der Juristischen Fakultät der Kaiserlichen Universität zu Kyoto.（〔法〕33 頁で詳述）の著者名（または書名）索引で Abänderungsanträge，Anträge，Begründung，Bemerkungen，Bürgerliches Gesetzbuch，Denkschrift，Drucksachen，Entwurf，Gutachten，Materialien，Mitteilungen，Motive，Projekt，Protokolle，Reichstagsverhandlungen，Sammlung von Vorträgen über den Entwurf ......, Stenographische Berichte，Verhandlungen，Vorentwurf，Vorlagen der Kommission，Vorschläge zu dem Entwurfe，Vorträge zum Entwurfe，Zusammenstellung der von der Kommission ......等の言葉をひいてみると多くの立法資料が出てくる。

この場合に法律の草案に対する Motive または Begründung は独立した単行書としては刊行されず Entwurf の名の下にそれを含めて出版されていることが多いことを忘れてはならない。

また，1934 年からは Deutsche Justiz から別刷として草案等が出版されたとのことである。

実例として京都大学法学部の洋書所蔵目録たる Katalog der fremdsprachigen Bücher in der Bibliothek der Juristischen Fakultät der Kaiserlichen Universität zu Kyoto の著者名索引で Materialien という名で始まる図書を探すと Bd. 1, S. 2530 に 9 冊，Bd. 3, S. 5932 に 1 冊ある。そのテーマと出版年を記すとプロシア民法（1899 年），民法（1896 年），プロシア土地台帳法（1899 年），商法（1897 年），裁判法規（1898 年），民事訴訟法（1906 年），破産法（1898

年)，プロシア強制競売法（1899年）である。出版年と書名の関係から判断すると立法資料であると考えられる。

［東法］所蔵のMaterialienという言葉で始まる図書を探し，そのテーマと出版年を記すとプロシア民法（1899年)，ザクセン民法（1898～99年)，ドイツ民法（1896年)，裁判法規（1905年)，刑法（1954～60年出版。しかし，1925～30年頃のことを内容としている)，刑事訴訟法（1876年)，民事訴訟法（1898，1905，1906，1909年の4冊あり)，破産法（1898年)，オーストリー民事訴訟法（1897年）がある。

京大の洋書蔵書目録のBd. 1, S. 2437～38, Bd. 2, S. 2302～3, Bd. 3, S. 5377～9にはEntwurfという名で始まる図書が列挙してある。その他［東法］所蔵のEntwurfで新分類に切り替えずみのものは第2次大戦終了前のものはF 336のところに，第2次大戦後のものはF 337のところに分類されている。

これらのものは枚挙にいとまのないほど沢山あるが，とくに刑事訴訟法を実例にして［東法］の所蔵するものを一部あげるとすぐ気がつくものだけで次の4タイトルがある。

① Protokolle der Justiz-Kommission des deutschen Reichstags, 1876（III-7-340）

② Protokolle der Kommission für die Reform des Strafprozesses, 1905, 2 v.（III-7-2807, III-7-2895）

③ Nagler, J., Protokolle der Strafprozesskommission, [n.d.]（III-7-2659）

④ Motive zum Entwurf einer Strafprozessordnung, Berlin, 1874（III-7-339）

この他にも上述のHahn. Cの編書やMaterialienという言葉で始まる図書やプロシア刑事訴訟法に関するSchubert, W. の編書もある。

これらの立法資料を分野別に1冊ずつ個別にあげることは大変手間がかかることなので，次の表において上述のドイツ司法省の1909年の蔵書目録（表中の独司法省蔵書目録）と日本の各大学に所蔵されている5つの文庫および［京法］の蔵書目録の中で立法資料のおよその数を分野別にあげる。

(b)　連合国による被占領時代

第1章(1)(i)⑩であげたVerordnungsblatt für die Britische Zone, 1947-1949.

	公法	民法	商法	無体財産法	刑法	刑訴	民訴	裁判法規
独司法省蔵書目録	7	166	12		4	6	36	15
ギールケ文庫(1)		64	3		3			
ローゼンベルグ文庫(2)		45	3				3	
ツィーテルマン文庫(3)		16			3			
シュタイン文庫(4)	5	12		1	5	3	20	
ゼッケル文庫(5)		11					2	
［京法］所蔵目録(6)	?	14	?		?	6	?	

(1) 一橋大学所蔵［東法］（Y 296-7646-K 30）
(2) 大阪市立大学所蔵［東法］（Y 1 U 33-2443）
(3) 東北大学所蔵［東法］（Y 1 U 33-6434-C 34）
(4) 東北大学所蔵［東法］（Y 1 U 33-S 819-36）
(5) 東北大学所蔵［東法］（Y 1 U 0-S 444-C 35）
(6) 京都大学法学部洋書所蔵目録［東法］（〔法〕33 頁参照）の中で民法と刑事訴訟法の分野だけを調べた。
民法は分類の AI 5-7 にあり，Bd. 1, S. 103-106 に 12 タイトル，Bd. 2 なし，Bd. 3, T 1. 1, S. 173-176 には 2 タイトル合計 14 タイトルがある。独の刑事訴訟法のテーマは分類の AI 12-34 にあり，Bd. 1, S. 815-816 に 2 タイトル，Bd. 2, S. 505-506 に 3 タイトル，Bd. 3, S. 895-898 に 1 タイトル合計 6 タイトルある。
他の分野のものについても，この所蔵目録で調べることができる。

［東外］（W 333-B 867）の 1948, Nr. 4, S.20 をみると Die Amtliche Begründung zu vorstehenden Verordnung wird im Zentral-Justizblatt für die Britische Zone veröffentlicht. とあるが，この雑誌はわが国では所蔵する館がない。

また，ドイツの被占領時代の官報には Germany (Territory under Allied Occupation, 1945-55) Control Council, Official Gazette 2 ed., no. 1.- Oct. 29. 1945- というものが［国］（CG 4-2-4）にあるので，その中に立法過程が含まれているかも知れない。

（3）　判例集と判例検索資料

ここでは判例集とその検索資料を分野毎にまとめて説明する。ただし，判例を掲載する雑誌は，この時代のものでも，後述のドイツ連邦共和国の判例のところで戦前・戦後の如何を問わずまとめて記述した。この中で年月日順索引とは判決言渡年月日順索引を意味する。

なお，各ラントの判例は，とくに大部なものに限り，ライヒの判例の同一分野のものの後につけた。これ以外のものは東京大学法学部付属外国法文献センターの Catalog of foreign law materials, pp. 69～75 を参照されたい。

なお，この時代のドイツおよびオーストリアの判例集は京都大学法学部洋書所蔵目録 Bd. 1, S.871-878, Bd. 2, S. 559-592, Bd. 3, T.1, S. 993-995 に掲載されているが，京大所蔵のものはごく一部のものを除いて以下には載せなかったがこれによって調べることでできる。

イ　対象とする分野が広範囲のもの

Jahrbuch des Deutschen Rechts (JDR, JahrbD), Berlin, F. Vahlen, 1903-1942, 40v.［東法］(Z33-J23) 1 (1903) - 31 (1932)［独協大図］1 (1903) - 40(1942)［京法］1 (1903) - 38 (1940)等

民法，商法，訴訟法，憲法を対象とし，判例，雑誌論文の要旨を法条順に編集し毎年件名索引をつける。［東法］には1932年迄と Jg. 1～7， 8～10の総索引（件名索引）がある。

Höchstrichterliche Rechtsprechung (HRR), Berlin, 1928-42.［京法］12 (1936) - 18 (1942).［九大法］4 (1928) - 8 (1932)

Die Entscheidungen des Reichsgerichts zum Allgemeinen Preussischen Landrecht, nach der Reihenfolge der Paragraphen geordnet, M. Scherer, Leipzig, Wigand, 1894.［東外］(W 336-E 894)

1879年から1893年迄に12の出版物に掲載された判例を8群に大別して，法条順にまとめたもので，巻末に法条順の索引がある。

ロ 公法関係

Die Rechtsprechung des Staatsgerichtshofs für das Deutsche Reich und des Reichsgerichts auf Grund Artikel 13 Absatz 2 der Reichsverfassung, hrsg. von H. H. Lammers et al. Berlin, Stilke (1920-1929, 1931-1932).［東外］(W 335-R 29)

件名・法条索引および法令の公布された年月日順索引がある。

Urteile des Reichsgerichts mit Besprechungen, von Otto Bähr, München, Oldenbourg, 1883.［東外］(W 335-U 883)

論文集で，件名索引と公撰判例集中の該当する巻，頁からの索引がある。

Jurisprudence allemande en matière de prises maritimes, par P. Fauchille et al. Paris, Rousseau, 1924.［東外］. (W 335-J 24)

本文は，判決言渡年月日順で年月日と件名の索引と船舶名索引つき。

Rechtsprechung des Gerichtshofs zur Entscheidung der Kompetenzkonflikte, O. Stölzel, Berlin, Heymann, 1897.「東外」(W 335-R 897)

本文は，分類順で年月日順と件名の索引がある。

Corpus juris des Reichsrechts, Bd. 1, Öffentliches Recht, Berlin, Rechtsarchiv, 1933.［東外］(W 336-K 0-C 33)

ハ 行政法関係

Jahrbuch der Rechtsprechung zum Verwaltungsrecht, zum reichs- und landesrechtlichen Verfassungs-, Verwaltungs-, u. Versicherungsrecht, bearb. von Hs. Th. Soergel, Stuttgart, 1-6 (1907-1913).［東外］(W 335-K 5-J 09)

分類順で件名索引がある。

Entscheidungen des Preußischen Oberverwaltungsgerichts, 1-106. Berlin, Heymann, 1877-1941.［東外］(W 34 P 5 K 5-E 877)

各巻および Haupt-Register には判決言渡年月日順および件名索引と法令の公布された年月日順の索引がある。

Entscheidungen des Preußischen Oberverwaltungsgerichts, Kurzbuch

Gruppe I-XI. Berlin, Heymann, 1957-1962. ［東外］（W 34 P 5 K 5-E 56）

本文は，判例の要旨と判決理由を Polizeirecht, Polizeiverordnungsrecht, Vollstreckung 等に大区分した中を，判決言渡年月日順に並べ，件名索引をつける。前者の簡略版である。

Die Rechtsgrundsätze des Königlich Preussischen Oberverwaltungsgerichts, Berlin, Guttentag, 1905-1917, 1-3, Ergs-bd. 1905-1916. ［東外］（W 34 P 5 K 5-R 05）

本文は，分類順で年月日順および件名索引がある。

Die Rechtsprechung des Reichsdisziplinarhofs, Berlin, Vahlen, 1926-1935, 1-4（1925-1933）. ［東外］（W 335-K 5-R 26）

本文は，分類順で年月日順・件名・法条順索引がある。

ニ　租税法関係

Entscheidungen des Königlich Preußischen Oberverwaltungsgerichts in Staatssteuersachen, 1-19, Berlin, Heymann, 1893-1922. ［東外］（W 34 P 5 M 4-E 893）

本文は，判例番号順（ほぼ判決言渡年月日順）で，各巻の索引と累積索引には分類順・件名・法条順索引がある。

ホ　産業法関係

Die Rechtsprechung des Kartellgerichts, Berlin, Heymann, 1931-1937. ［東外］（W 335 N 2-R 37）

本文は，分類順で内容目次以外に，件名索引がある。

Die Entscheidungen des Reichsgerichts für Industrie, Handel und Gewerbe: Sammlung aller wichtigeren Reichsgerichts-Entscheidungen, hrsg. von Redaktion des Reichs-Gesetzbuches für Industrie, Handel und Gewerbe, Berlin, Bruer, 1884. ［東外］（W 335 N 3-E 884）

本文は，分類順で件名索引がある。

ヘ　労働法関係

Entscheidungen des Reichsarbeitsgerichts und der Landesarbeitsgerichte, hrsg. von A. Hueck et al. (ARS, ArbRSamml., ArbSlg), Mannheim, Bensheimer, 1928-1943, 1-46. ［東外］（W 335 P 1-E 28）

本文は判決言渡年月日順で，各巻に年月日順，件名，法条順の索引がある。累積索引は，分類順で年月日順・法条順索引がある。

Entscheidungen des Reichsarbeitsgerichts, hrsg. von den Mitgliedern des Gerichtshofes (RAG, RArbG), Berlin, de Gruyter, 1931-1944, 7-27. ［東外］（W 335 P 1-E 31）

本文は，判決言渡年月日順で内容目次があり，年月日順，件名，法条順の索引がある。

Entscheidungen des Reichsarbeitsgerichts: Sammlung der noch wichtigen Entscheidungen zeitlich geordnet, hrsg. von E. Köst, Berlin, de Gruyter, 1954, 1-4. ［東外］（W 335 P 1-E 54）

本文は，判決言渡年月日順で，本文中の判例には，RAG（Entscheidungen des Reichsarbeitsgerichts 公撰判例集）の中での登載箇所が示され第 4 巻の巻末には RAG と ARS（Bensheimer-Sammlung）［東外］（W 335 P 1-E 28）の掲載箇所の対照表および件名索引がある。

Jahrbuch arbeitsrechtlicher Entscheidungen, hrsg. von W. v. Karger et al., Bd. 1-3, Berlin, Elsner, 1-3 (1920-1922). ［東外］（W 335 P 1-J 22）

本文は，分類順で件名索引がある。

Die Rechtsprechung des Reichsgerichts zum Arbeitsrecht, bearb. von H Dersch et al., Mannheim, Bensheimer, 1926-1929, 1-2 (1919-1928) ［東外］（W 335 P 1-R 26）

第 2 巻の巻末に件名索引と判例（分類別の中を年月日順にする）とその掲載されている雑誌の巻，頁の表がついている。

Die Rechtsprechung des Reichsarbeitsgerichts, 1927-1945, zusammengestellt von H. Meissinger, 1-2, Stuttgart, Forkel, 1958. ［東外］（W 355 P 1-R 58）

本文は，件名のアルファベット順で年月日順と件名の索引がある。

Die Rechtsprechung des Oberschiedsgerichts für Angestelltenversicherung, L. Lass, Berlin, Springer, 1921.［東外］(W 336-R 21)
本文は，法条順で件名索引がある。

Rechtsprechung des Arbeitsrechtes, 1914-1925: 4000 Entscheidungen in einem Bande mit Nachweisung der Rechtsprechung 1926. Systematische Übersicht des gesamten Dienstrechtes der Arbeiter, Angestellten und Lehrlinge, P. Jadesohn et al., Stuttgart, Hess, 1927.［東外］(W 336-R 27)
本文は，法条順で件名と法条順の索引がある。

ト　刑法，刑事訴訟法関係

Archiv für die strafrechtlichen Entscheidungen der obersten Gerichtshöfe Deutschlands, hrsg. von I.O.H. Tenme, Erlangen, Enke, 1854-1895, 1-6.［東外］(W 335 R 0-A 854)
判例要旨を分類順に並べ件名索引をつける。

Entscheidungen des Reichsgerichts in Strafsachen (RGSt)（ライヒ最高裁判所刑事判例集), Berlin, de Gruyter, 1880-1944, 1-77; General-Register (1-75).［東外］(W 335 R 0-E 880)［最］1-77.
各巻の本文は，判決言渡年月日順で年月日順，件名，法条順の索引がある。累積索引は分類順で，件名索引と法令公布の（国とラントと別々の）年月日順索引と管轄裁判所索引がある。Szladits, C., *Guide to foreign legal materials*, p. 229はライヒ最高裁判所の民事判例集（RGZ）の累積索引と刑事判例集(RGSt)のそれとは構成が異なるのに，それを区別せず前者の累積索引を，民事と記さず，単にGeneral-Registerとして民事，刑事の双方にその索引の構成が該当するかのように書いているのは誤りである。

Rechtsprechung des Reichsgerichts in Strafsachen, München, Oldenbourg, 1879-1887, 1-9.［東外］(W 335 R 0-R 879)
本文は，判決言渡年月日順で件名と法条順の索引がある。

Die Entscheidungen des Deutschen Reichsgerichtes und des vormaligen

Reichsoberhandelsgerichtes auf dem Gebiete des Strafrechtes, O. Juchsberger, Giessen, Roth, 1882.［東外］（W 335 R 1-E 882）
本文は，法条順で「I．法令」，「II．判例」の件名による索引がある。

Soergel, Jahrbuch des Strafrechts und Strafprozesses, Bd. 1-15, Hannover, 1906-1920.［最］
判決と論文のダイジェストで法条順にならび，件名索引がついている。

Entscheidungen des Reichsmilitärgerichts, Berlin, Vahlen, 1902-1918, 1-21; General Register（1905-1908）.［東外］（W 225 R 2-E 02）
本文は，判決言渡年月日順で各巻に年月日順，件名と法条順の索引がある。累積索引には件名と法条順の索引と分類順索引がある。

Die Rechtsprechung des Reichsgerichts zur Strafprozeßordnung für das Deutsche Reich, in wortgetreuem Auszuge systematisch geordnet und zusammengestellt, F. Pinoff. Berlin, Vahlen, 1907.［東外］（W 335 R 8-R 07）
本文は，法条順で件名索引がある。

Die Strafprozessualen Entscheidungen der Oberlandesgerichte, hrsg. von M. Alsberg, 1-3, Mannheim, Bensheimer, 1927-1928.［東外］（W 335 R 8 S 27）
本文は，分類順で，年月日順と件名の索引がある。

Die Entscheidungen des Ehrengerichtshofs für deutsche Rechtsanwälte（EhrGerHfRA）（ドイツ弁護士名誉裁判所判例集）, 1-33, 1880-1940, Continued by Entscheidungen des Ehrengerichtshofs des Reichs-Rechtsanwaltskammer.［最］

チ 民事法関係

Die Entscheidungen des Reichsgerichts und des Bayerischen Obersten Landesgerichts zur Civilprozeßordnung, von M. Scheren, Leipzig, Rossberg, 1892.［東外］（W 335 S 80-E 892）
本文は，法条順。

Entscheidungen in Angelegenheiten der freiwilligen Gerichtsbarkeit und des Grundbuchrechts, 1-14, Berlin, Puttkammer & Mühlbrecht, 1900-1918. [東外] (W 335 S 85-E 00)

本文も Hauptregister (Bd. 6-10) も分類順で年月日順・件名・法条順の索引がある。

Entscheidungen des Reichsgerichts in Zivilsachen (RGZ) (ライヒ最高裁判所民事判例集), Berlin, de Gruyter, 1880-1945, Bd. 1 (1880) - 172 (1945); General-Register (1-170). [東外] (W 335 T 00-E 880) [最]

各巻には内容目次と判決言渡年月日順と件名および法条順と原審裁判所別の索引をつける。累積索引 (Bd. 1-170) の本文は判決の要旨を分類順に並べ，それが本体において登載されている巻と頁を示し，巻末に年月日順，件名，法条順と原審裁判所別の索引をつける。

Die Entscheidungen des Reichsgerichts in Civilsachen in abgekürzter Fassung und in systematischer Ordnung, hrsg. von G. Schultze et al. 1-5, Leipzig, Hässel, 1898-1900. [東外] (W 335 T 00-E 898) [最]

民法，民事訴訟法，破産法，国家法の判例を法条順に集めたもので，第5巻は件名と法条順の索引である。

Entscheidungen des Reichsgerichts in Zivilsachen; Sammlung der noch wichtigen Entscheidungen nach Fachgebieten geordnet, Berlin, de Gruyter, 1950-1957. [東外] (W 335 T 00-E 50) Gruppe 1 (BGB) (T 1. 1-6) Gruppe 5 (Öffentliches Recht) (T 1. 7) [最] Bd. 1-57.

戦後出版された判例集でその内容は戦後いまなお重要なライヒ最高裁の民事判例を体系的に編集したもので，最高裁には完全にそろっている。巻頭には RGZ (前出) と本書との巻，頁の対照表がある。本文は分類順で巻末に件名索引がある。

Die Praxis des Reichsgerichts in Civilsachen, bearb. von A. Bolze. Leipzig, Brockhaus, 1-25, 1886-1901. [東外] (W 335 T 00-P 886)

各巻の本文は，分類順で件名索引があり，累積索引は件名索引である。

Rechtsprechung zum BGB, EGzBGB, CPO, KO, GBO, und RFG, bearb. von H. T. Soergel (SoerRspr, SoergelRechtsprechung). Stuttgart, Kohlhammer. Title varies: 9-, Rechtsprechung zum gesamten Zivil-, Handels- und Prozeßrecht. 20-, Jahrbuch des Zivilrechts. 33-, Jahrbuch des Zivil-, Handels- und Prozeßrecht. ［東外］（W 335 T 00-R 00） Jg. 9-17, 20, 26, 32, 34-40. 1909-1940. ［最］ Jg. 1-23, 26.

民法，商法，民事訴訟法，労働法，憲法関係の判決，雑誌論文の要旨を法条順に集めたもの。件名索引がある。

Reichsgerichts-Entscheidungen in kurzen Auszügen: Zivilsachen, München, Schweitzer, 77-85, 1912-1916. ［東外］（W 335 T 00-R 12）

公撰判例集の判例の順序にその要旨を記述し，件名・法条順の索引をつけたもの。

Spruchrecht: Ausgewählte höchstrichterliche Entscheidungen in der Systematik des Bürgerlichen Gesetzbuches zur Einführung in das Rechts- und Wirtschaftsleben, hrsg. von P. Krückmann. Köln, du Mont-Schauberg, 1900. ［東外］（W 335 T 00-S 08）

本文は，民法典の法条順で法条索引がある。

Warneyer's Jahrbuch der Entscheidungen zum bürgerlichen Gesetzbuch und den Nebengesetzen (Warn.Jb)（ヴァルナイヤー民法及び付属法判例年報）, Leipzig, Rossenberg, 1903-1938. ［東外］（W 335 T 00-W 00）1-16, 18-20, 37. Gesamtregister Jg. 1-10 (1900-1911), Ergänzungsbd. 1-12 (1908-1919) ［最］ A Series. 11 v. B Series 6 v. ［中大図］ 18 (1920) - 35 (1937) ［名大図］ 18 (1920) - 37 (1938)

上述の RGZ に載らないライヒ最高裁民事判決の要旨を集めたもの。初め頃の巻は本文は判決言渡の年月日順で，巻末に法条順の索引があり，終わりの頃は本文が法条順で索引はない。Jg. 1-10 の累積索引は法条順に検索できるようになっている。

Warneyer, O., Die Rechtsprechung des Reichsgerichts auf dem Gebiete des Zivilrechts, soweit sie nicht in d. amtl. Sammlung d. Entscheidungen d. Reichsgerichts abgedruckt ist (WarnRspr), bearb. v. R. Jäller. ［東外］（W 335 T 00-W 00） 1-12 (1908-1919).

上述の Warneyer's Jahrbuch der Entscheidungen の Ergänzungsbd. がこれ

にあたる。RGZにのらない判決を集めたもので，［東外］にはBd. 1-12 (1908-19)とJg. 1-22 (1908-30)に対する累積索引がある。

Archiv für Entscheidungen der obersten Gerichte in den deutschen Staaten, hrsg. von J. A. Seuffert（ゾイフェルト・ドイツ最高裁判所判例文庫）, München, Cotta, 1866-1921. 1-76; Generalregister, 1-70. On spine: J. A. Seuffert's Archiv. ［東外］(A 335-A 866)［最］1901-1916. 25 v.

民法，商法，民事訴訟法の判例を法条順に集めたもので，各巻の終わりに分類順の索引がある。たとえば，第47巻の索引の第3章債権法の第4節債権の発生のところにA. Perfection der Verträge 1. Erfordernisse des Vorvertrages zu einem Gesellschaftsvertrage, 190.とあるが，この190はこの巻の中でつけられた判例の番号を意味する。また，巻頭にEntscheidungen des Reichsgerichts in Zivilsachen (RGZ)に登載された判例の箇所とこのSeuffert's Archivに掲載された判例の箇所との対照表がある。また，累積索引General-RegisterはSystematisches RegisterとAlphabetisches Registerとに分かれ，前者は各巻の終わりにつけられている分類順の索引に類似し，後者はアルファベット順の件名索引である。

［16世紀から19世紀までの私法の判例の文献］

Gehrke, H., Die privatrechtliche Entscheidungsliteratur Deutschlands. Charakteristik und Bibliografie der Rechtsprechungs- und Konsiliensammlungen vom 16. bis zum Beginn des 19. Jahrhunderts. Frankfurt a. M., Klostermann, 1974.

Rechtsgrundsätze des Reichsgerichts, Systematische Auswahl der für die heutige Praxis wichtigen Rechtssätze aus den Entscheidungen des Reichsgerichts in Zivilsachen. Bd. 51-140, von O. Warneyer, Berlin, de Gruyter, 1936.［東外］(W 336-R 36)

本文は，法条順で索引はない。

Wegweiser durch die Entscheidungen des Reichsgerichts in Civilsachen. Bd. 1-41, von Reimer, Berlin, Vahlen, 1899.［東外］(W 336-W 899)

本文は法条順で索引はない。

リ　私法関係のラントの判例（大部のもののみ）

Archiv für civilrechtliche Entscheidungen, ergangen in vor den sächsischen Justizbehörden anhängigen Rechtssachen. N.F. Jg. 1 (1880) - 11 (1890), Leipzig, Rossenberg. Title varies: Archiv für civilrechtliche Entscheidungen der königlich- sächsischen Justizbehörden. ［東外］(W 34 S 5-A 880)

週刊で，年月日順，件名，法条順の索引がある。

Die Rechtsprechung der Oberlandesgerichte auf dem Gebiete des Zivilrechts, hrsg. von B. Mugdan et al. (OLGE, OLG) 1-39. Berlin, de Gruyter, 1900-1919. ［東外］(W 335 T 10-R 00)

各巻の本文は，分類順で件名・法条順の索引をつける。

ヌ　商事法関係

Entscheidungen des Reichs-Oberhandelsgerichts (ROHG)（ライヒ上級商事裁判所判例集), Stuttgart, Enke, 1871-1880. ［東外］1-25. General-Register. (W 335 T 50-B 871) ［最］1-25. Wanting. 4.

各巻の本文は，判決言渡年月日順で，内容目次と年月日順，件名，法条順の索引がある。累積索引（Bd. 1-25）には件名と法条順の索引がある。

Die Entscheidungen des Deutschen Reichs-oberhandelsgerichts und Reichsgerichts, hrsg. von O. Fuchsberger, Gießen, Roth, 1881-1912. ［東外］(W 335 T 50-E 881) 1-2, 5, 13. Suppl. 1. (1883) ［最］1900-1912

本文は，法条順で件名索引がある。

Handelsrechtliche Rechtsprechung, bearb. von E. Kaufmann, Berlin, Sack, 1903-1922. ［東外］(W 335 T 50-H 03) 1-16 (1903-18) ［最］1-15.

本文は，法条順で件名索引がある。

Wechselrecht: Entscheidungen des Reichsgerichts und der Obersten Gerichtshöfe aus den Jahren 1909 bis 1913 in Kartothek-Ausgabe, hrsg. von K. Gareis, Gießen, Roth, n.d. ［東外］(W 335 T 73-W 09)

本文は，法条順で索引はない。

［商事法判例の検索資料］

Rechtgrundsätze der neuesten Entscheidungen des Reichs-Oberhandelsgerichts, geordnet nach dem Systeme der Gesetzbücher, hrsg. von D.C. Calm. 1-3. & General-Register, Berlin, Heymann, 1874-1879.［東外］(W 336-R 874)

本文は，法条順で累積索引は件名と法条に分かれている。

ル　無体財産法

Die patentamtlichen und gerichtlichen Entscheidungen in Patent-, Muster- und Markenschutzsachen im Deutschen Reich und Österreich, hrsg. von E. Adler et al., Berlin, Heymann, 1914.［東外］(W 335 T 82-P 14)

本文は，法条順で年月日順と法条順の索引がある。

［無体財産法判例の検索資料］

Reimer, Eduard ed., Gewerblicher Rechtsschutz und Urheberrecht, Kurzausgabe: 1930-1944, Weinheim, Chemie (1950) 5 v. Registerband, 1952.

第2章　ドイツ連邦共和国の法令

*　*　*

（1） 官　　報

(i) 連邦の官報

ドイツ連邦共和国（西ドイツ）成立（1949年）以後の官報を次にあげる。

① Bundesgesetzblatt（BGBl）［東外］1949-（W 333-B 867）［国］［京法］

Teil I には法律(Gesetz)，命令(Verordnung)（ただし，法律命令のみ，行政命令は除く）およびヨーロッパ協同体の官報たる Official Journal of the European Communities に公布されドイツ連邦共和国に影響のある法律が公布の年月日順に記載される。

Teil II は国際条約及び条約に基づく法律（条約は法律として公布されるのが原

則），連邦と各ラントの協定，予算に関する問題を年月日順に掲載する。

Teil IIIは Gesetz über die Sammlung des Bundesrechts という1958年10月の法律により，1867年以降公布された法律で，現在有効なものを1959年頃から1968年頃にかけて，体系的に9つの分野に分けて編纂したものである。これに記載されない法律は1968年12月31日をもって失効した（山田晟著『ドイツ法律用語辞典』改訂増補版（大学書林・1995年）816頁参照）。その体裁は頁に穴をあけてバインダーに綴じられているが，その内容は加除式でなく，固定式図書と同一で1968年12月末日に有効なすべての法律を含んでいる。

これに収録されてから以後の法律の改廃は次の Bundesgesetzblatt の検索資料で確かめることができる。

〈法源索引〉

Fundstellennachweis（法源索引）［東外］（W 333-BS 867）［国］（CG 4-1-2）

これは年刊であり，Teil A，Teil B，Teil C に分かれる。

Teil A は Bundesrecht ohne völkerrechtliche Vereinbarung und Verträge mit der DDR で Teil B は Völkerrechtliche Vereinbarung und Verträge mit DDR である。

この Teil A は Bundesgesetzblatt, Teil I に対する索引でドイツ連邦共和国と各ラントの法令を対象とし，Bundesgesetzblatt, Teil III の分類番号と同一の番号で法令を分類し，本文は法令の正式な名称と公布年月日および官報における登載箇所をあげ，巻頭に分類順の目次と巻末に件名索引と略語索引をつける。また，EC の法律の規定と関連のあるものの場合には EC の官報の記載箇所との対照表がある。これによって BGBl. Tl. III において体系的に編纂された法令のその後の変遷も判明する。

たとえば，この BGBl. Tl. III の Sachgebiet 7. Wirtschaftsrecht の分類番号7620-1にある Gesetz über die Deutsche Bundesbank v. 26. 7. 1957 について，この法律の制定されてから以後の変遷を知るにはこの Fundstellennachweis Tl. A の同じ7620-1の番号の所を見れば，この法令のそれ以後の変遷が条文毎に出ている（後に詳述）。

Tl. B は BGBl. Tl. II に対する索引で国名別索引，一定の組織（例 NATO, UNESCO）による索引，ドイツ民主主義共和国との条約，専門分野別（例：人権，平和の維持等）による索引および件名索引がついている。条約は年月日順か件名の索引で探せる。Teil C はヨーロッパ共同体の法律をひくものである。なお，1991 年以降，この検索資料の構成は，Fundstellennachweis A: Bundesrecht ohne völkerrechtliche Vereinbarungen , Fundstellennachweis B: Völkerrechtliche Vereinbarungen und Verträge zur Vorbereitung und Herstellung der Einheit Deutschlands となっている。

また，この Fundstellennachweis A と B には累積索引たる Bundesgesetzblatt Gesamtregister Tl. I, Tl. II があり，前者は件名で，後者は国名と件名でひくことができるが，ともに法令の正式名称と公布年月日および官報における掲載箇所をあげる。しかし，これは BGBl. Tl. III と異なり，体系的に編纂したものではない。これの具体的な使用方法の例は**本章(3)**(i)で述べる。

東西両ドイツ国は 1990 年に統一されたのでドイツ民主共和国は現在は存在しないが，この国の法律で，統一されたドイツ連邦共和国においてもなお有効なものの探し方は第 5 章ドイツ民主共和国の法令の終わりの部分を参照されたい。

② Bundesanzeiger (BAnz.) ⌊東外⌋ (W 333-BA-49) [国]

行政命令や公告の類がこの中で発表される。この中は次の 3 つの部分に分かれる。

(a) Amtlicher Teil 法規，命令，官庁および裁判所の告示類を載せる。

(b) Nichtamtlicher Teil 議会の議事結果，法案審議状況一覧を載せる。(これは Juristenzeitung と併用するとよい。後述の**第 3 章ドイツ連邦共和国の立法過程**を参照)。

(c) Beilage-Zentralhandelsregister 商業の登記と破産の訴訟手続に関する裁判所の公示等を含む。

また，この BAnz. には 3ヶ月毎に Sachverzeichnis というものが発行される。この中は Amtlicher Teil と Nichtamtlicher Teil とに分けられ，後者はさらに Gesetzesvorlagen と Sonstige Vorlagen とに分けられた中を件名のアルファベット順で探せるようになっている。また，この巻末にはこの出版物についた付録を年代順に探せる Übersicht der Beilagen zum Bundesanzeiger がついている。

③　その他の官報

以下の大部分は国会図書館が所蔵している。

Gemeinsames Ministerialblatt (GMBl).

Ministerialblatt des Bundesministers der Finanzen (MinBlFin, BFMBl).

Ministerialblatt des Bundesministers für Wirtschaft (BWMBl).

Bundessteuerblatt (BStBl).

Bundeszollblatt (BZBl).

Bundesarbeitsblatt (BArbBl).

Arbeits- und Sozialstatistische Mitteilungen.

Bundesgesundheitsblatt.

Patentblatt (PatBl).

Tarif- und Verkehrsanzeiger der Eisenbahn.

Verkehrsblatt (VkBl).

Ministerialblatt des Bundesministeriums für Verteidigung (VMbl).

(ii)　各ラントの官報

Gesetzblatt für Baden-Württemberg (BWGBl). (vol. 1: 1952-).

Bayerisches Gesetz- und Verordnungsblatt (BayerGVBl).

Gesetz- und Verordnungsblatt für Berlin (BerlinGVBl) (called: Verordnungsblatt für Groß-Berlin. during the period 1945-1951, vols. 1-7). [国] (1): 1945-

Gesetzblatt der Freien Hansestadt Bremen (BremGBl) (1849-).

Hamburgisches Gesetz- und Verordnungsblatt mit amtlichen Anzeiger (HambGVBl) (1921-).

Gesetz- und Verordnungsblatt für das Land Hessen (HessGVBl) (vol. 1: 1945-).

Niedersächsisches Gesetz- und Verordnungsblatt (NdsGVBl) (vol. 1: 1947-).

Gesetz- und Verordnungsblattt für das Land Nordrhein-Westfalen (NWGVBl) (vol. 1: 1947-).

Gesetz- und Verordnungsblatt für das Landesregierung Rheinland-Pfalz

(RhPfGVBl) (vol 1.2: 1948-, previously: Verordnungsblatt der Landesregierung).

Gesetz- und Verordnungsblatt für Schleswig-Holstein (SchHGVBl) (1947-). ［国］ 9: 1966-

Amtsblatt des Saarlandes (SaarlABl) previously from 1946: Ab. der Verwaltungskommission des Saarlandes; from 1947 Ab. des Saarlandes.

Amtsblatt für Schleswig-Holstein. ［国］ 24: 1966-

Gesetz- und Verordnungsblatt Brandenburg, 1990-.

Gesetz- und Verordnungsblatt für das Land Mecklenburg-Vorpommern, 1991-.

Gesetz- und Verordnungsblatt für das Land Sachsen-Anhalt, 1990-.

Sächsisches Gesetz- und Verordnungsblatt, 1990-.

Gesetz- und Verordnungsblatt für Schleswig-Holstein, 1947-.

Gesetz- und Verordnungsblatt für das Land Thüringen, 1990-.

これらは Szladits. -Guide to foreign legal materials. p. 215 および法図連における藤田初太郎氏の講演などを参考にした。

（2） 法 令 集

(i) 連邦の法令集

(a) 広い分野を対象とするもの

① Das Deutsche Bundesrecht: Systematische Sammlung der Gesetze und Verordnungen mit Erläuterungen, Baden-Baden, Nomos, Losebl.-Ausg. ［東外］ (W 333-D 49)

分類別で加除式。件名索引つき。法令の公布年月日，官報における掲載箇所を記しているために，正式名や内容，公布年月日の不明な時に調べることができる。ただし，ドイツ連邦共和国成立以前の法令で現在なお有効なものは収めていない（第3章(2)(iii)(c) 46頁で詳述)。

② Schnellkartei des deutschen Rechts, Köln, O. Schmidt, Losebl.-Ausg.私法，刑法，租税法に大別して分類している。

(b) 個々の分野の法令集

この代表的なものは Beck'sche rote Textausgabe であり，各分野別に編集されている。それらの中で次の5つの法令集がとくに重要なものと考えられている。

① Sartorius, Verfassungs- und Verwaltungsgesetze der Bundesrepublik Deutschland, München, Beck, Losebl.-Ausg. ［東外］（W 333-BA 51）

2部に分れ Teil I は基本法その他憲法・行政法関係の諸法令を，Teil II は国際条約を収めている。本文は法条順で，分類索引と件名索引がつき，官報における掲載箇所を示している。

② Schönfelder, Deutsche Gesetze. Sammlung des Zivil, Straf- und Verfahrensrechts. München, Beck, Losebl.-Ausg. ［東外］（W 333-BA 51）［国］

民法，商法，刑法，訴訟法，無体財産法関係の法令集。ただし，海商法の部分は載っていない。内容目次と件名索引つき，官報の掲載箇所を示す。法律の変遷を示しているので便利である。

③ Nipperdey, Arbeitsrecht. München, Beck, Losebl.-Ausg. ［東外］（W 333-BA 51）

労働法関係の法令を集め，内容目次と件名索引つき。法令公布年月日と官報中の掲載箇所を示す。

④ v. Laun, Seerecht, München, Beck, Losebl.-Ausg.［東外］（W 333-BA 51）

海商法，海法関係の法令集で件名索引つき。

⑤ Steuergesetze: Textsammlung der Steuergesetze, München, Beck, Losebl.-Ausg.［東外］（W 333-BA 51）租税法関係の法令集で，件名索引つき（山田晟『ドイツ法律用語辞典』改訂増補版（大学書林）815頁）。

Beck'sche rote Textausgabe にはこの他いろいろの分野のものがあり，たとえば，租税法だけでも Steuergesetze; Textsammlung mit Verweisungen und Sachverzeichnis; Steuerrichtlinien; Steuertabellen; Listen, Tabellen und Übersichten für die Steuerpraxis がある。

これらのBeck'sche Textausgabeについては［東外］の所蔵目録たるCatalog of Foreign Law Materials, 1983（以下〔C〕と略す），pp. 60-61を参照。これらはいずれも法令公布年月日と官報中の掲載箇所を示し，件名索引をつけている。

その他Kohlhammer社から民法，刑法，民訴等の各分野に分かれたKohlhammer Gesetzestexteという固定式の図書が出版されている（〔C〕 p. 61参照）。

これ以外の個々のテーマに関する法令集で［東外］所蔵のものは〔C〕pp. 61-63を参照。

(ii) 各ラントの法令集

各ラントの官報を基礎に編成した民間の編年体の法規集にはSammelblatt für Rechtsvorschriften des Bundes und der Länder, Wiesbaden, Engel, 1950-.［東外］(W 333-S 50)［国］(CG 4-3-4)があり法規の公布年月日順で，巻末に件名索引がある。

各州の法令集は［東外］の蔵書目録である〔C〕 pp. 66-75に掲載されている。その中の主要なもの（みな加除式）を次に掲げる。

Verwaltungsgesetze des Freistaates Bayern, München, Beck, 1979. (W 33 B 3 K 5-V 75)

Bereinigte Sammlung des bayerischen Landesrechts, München, Beck, 1968-. (W 33 B 3-B 68)

Berliner Gesetze, Berlin, Kulturbuch, 1979-. (W 33 BE 3-B 53)

Gesetze des Landes Baden-Württemberg, München, Beck, 1979-. (W 33 BW 3-G 74)

Hessische Verfassungs- und Verwaltungsgesetze, München, Beck, 1982-. (W 33 HE 3 KO-H 76)

Niedersächsische Gesetze, München, Beck, 1979-. (W 33 N 3-N 73)

Gesetze des Landes Nordrhein-Westfalen, München, Beck, 1980-. (W 33 NW 3-R 80)

Landesrecht in Rheinland-Pfalz, Mainz, Deutscher Fachschriften, 1979-. (W 33 RP 3-L 67)

Sammlung des bereinigten saarlandischen Landesrechts, Saarbrücken, Malstett-Burbacher Handelsdruckerei, 1978-. (W 33 S 3-S 70)

Landesrecht in Schleswig-Holstein, Wiesbaden, Deutscher Fachschriften, 1979-. (W 33 SH 3-L 77)

㈟ Szladits, C., *Guide*, p. 215参照（その他Hirte, H., Der Zugang zu Rechtsquellen und Rechtsliteratur, Köln, C. Heymanns Verlag. 1991, pp. 42-47に多くの例がある)。また，Beck社の出版物はそのアルファベット順の索引の中で単に当該の州の判例集のみでなくSchönfelder, Deutsche GesetzeやSartorius, Verfassungs- und Verwaltungsgesetze der Bundesrepublik Deutschlandをも参照するという長所がある。

(3) 法令の調べ方

(i) 法令の検索資料

Bundesgesetzblattの検索資料（Fundstellennachweis）とその累積索引（Gesamtregister)，およびBundesanzeigerの索引（Sachverzeichnis）については既述した（**本章(1)**)。法令の検索資料にはこの他に以下にあげるものがある。

① Dehlinger, A., Deutsches Recht seit 1867 (Bundes-, Ostzone-, Reichs-, Berliner-, und Besatzungsrecht) und völkerrechtliche Verträge, Stuttgart, Kohlhammer, 27. Ed. 1954, 30. Ed. 1957, 34. Ed. 1961. [東外] (W 336-D 54) [国] (CG 4-1-1)

連邦とラントの両方の法令を対象とし，34. Ed.ならば1961年1月現在において有効な法令の索引である。法令を8の大きな群に分けた中を，さらに件名で分け，件名索引をつけ，Reichsgesetzblatt, Bundesgesetzblatt, GVBl (Gesetz und Verordnungsblatt für Berlin)の掲載箇所を列挙する。

（実　例）

V. Versorgung und Fürsorge.

Kriegsgefangenen-EntschädBG F 8. Dez. 56 I. 907 zu § 44 BVssG Entsch 26. Juni 56 I 633. DV. 1.26. März 54 I 66, Änd 2.16. Okt. 55 I 289 (Bl 58, 219, 618). 3.3. Juni 55 I 271 (Bl 426) (Bk 8. Dez. 56 I 914)

Unterhaltshilfe für Angeh. von Kriegsgefangenen. BG F 30. April 52 I 262 (Bl 397, 464, 654); Änd G 27 Juni 60 I 453, 474 (Bl 620, 637)

Nachrichten über-. Verschleppte u. Vermisste, G 23. April 51 I 267, BG III 244-1.

この中の BG. は Bundesgesetzblatt を Bl は VBl für Groß-Berlin を Bk. は Bekanntmachung を意味する。

② Beck'sche Gesetzes-Index. München, Beck, 1953, 137 p.

Beck 社から発行されたすべての法令集に対する索引であるが，この出版社の出版物は法の全領域をカヴァーしているので，この年代のことを知るには有益なものである。

その他（第 3 章(2)(iii)(c) 46 頁）記述の Das Deutsche Bundesrecht の件名索引も大いに役に立つものである。

③ Schlegelberger/Friedrich, Das Recht der Gegenwart: Ein Führer durch das in der Bundesrepublik Deutschland und im Land Berlin geltende Recht. München, Vahlen, Losebl.-Ausg. [東 外] (W 336-R 74) [国] (CG 4-1-7) (CG 4-1-4, 1955 年版)

現行法令の索引であり，件名のアルファベット順に並べ，短い説明と官報中の掲載箇所と法令集中の頁をあげるが索引はない。実例は(ii)で詳述する。

④ Sommer, Karl, ed., Gesetz-Weiser; Fundstellen-ABC 1867-1954 ff für alle Rechtsgebiete (ausgenommen Steuerrecht und Einzel-Preisrecht), begründet von Karl Sommer, weitergeführt von Werner Oehmann, 5., neu bearb. Aufl., Stand 1. 4. 1962. Nebst Sonderverzeichnis: Fundstellen-ABC für das Arbeits- und Sozialversicherungsrecht, bearb. von Dr. Oehmann, 4., neu bearb. Aufl., Stand 1. 4. 1962, Stuttgart, Forkel-Verlag (1962, c 1949, c 1951). [国] (CG 4-1-6) (CG 4-1-17)

連邦と各ラントと西ベルリン市を対象として現在有効な法令を件名のアルファベット順に並べる。この1962年の本体の以後の変遷を知るために年刊の加除式続編が出ているが，これは［国］では母体の固定式図書から離れて別置されている。

⑤ Systematisches Fundstellenverzeichnis des Preisrechts, nach dem Generalaktenplan der Preisbehörden, ed. W. Funck, 1957, 51 p.

⑥ Germany (Federal Republic, 1949-). Bundestag. Wissenschaftliche Abteilung, Verzeichnis der ganz oder teilweise für nichtig erklärten Bundesgesetze, Stand: 31. Dezember 1973. Bonn, 1974. (its Materialien, 37)

毎年，または2，3年おきに発行されるようである。

なお，注意すべきことはAnweisung（官庁の命令）は当然のことながら法令の検索資料では探せないことである。それはBeck社のVorschriftenによって知ることができる。たとえば，Geschäftsanweisung für Gerichtsvollzieher (GVGA) in der ab 1. April 1980 geltenden Neufassung はBeck社のPiller-Hermann, ed., Justizverwal-tungsvorschriftenの中で見出すことができる。

〈特定事項に関する法令の探し方〉

ある事項についての現行法令を探すには③のSchlegelberger/Friedrich, Das Recht der Gegenwart, München, Vahlen, Losebl.-Ausg.［東外］(W 336-R 74) が便利である（加除式）。たとえば，ワインの箇所をひくとワインに関する連邦および州の法令とその掲載箇所（官報または法令集の頁）が記載されている。実例をあげるとWein, G 14. 7. 71, BGBl. I 893 (zul. g. 4. 8. 80, BGBl. I 1146); G 25. 7. 30, RGBl. I 356 (zul. g. 2. 3. 74, BGBl I 469); VO 15. 7. 71, BGBl I 926 (zul. g. 20. 7. 77, BGBl. I 1416); VO 16. 7. 32, RGBl. I 358 (zul. g. 14. 1. 77, BGBl. 117); VO 31. 8. 17, RGBl. 751 (zul. g. 22. 12. 81, BGBl. I 1625);-Marktorganisation, EWGVO 5. 2. 79, L 54;-Marktstruktur, VO 4. 3. 70, BGBl. I 245 (zul. g. 6. 4. 77, BGBl. I 559);-Orientierungspreise, WEGVO 5. 2. 79, L 54，等と詳細に掲載している。この中でGはGesetzをVOはVerordnungを意味する。上の例は，ワインに関する1971年7

月14日の法律はBundesgesetzblatt 1971年Teil I, S. 893に出ている（同時にこのワインに関する1980年8月4日公布の法律はBundesgesetzblatt 1980年Teil I, S. 1146に出ていることを示している)。また，ワインのMarktorganisationに関するEWG（ヨーロッパ経済共同体）の1979年2月5日のVerordnungは同年のL 54すなわちAmtsblatt der Europäischen Gemeinschaft, L. 54に出ていることを示している。このようにしてワインに関するところだけでも25の項目に分けてそのテーマに関する法律の公布の年月日とその掲載箇所を示している。このように詳細に現行法令全体をテーマによって探せる検索資料は他にはない。また，このSchlegelbergerでは，単に法律の公布年月日とその官報中の掲載箇所だけではなく，個々の法令集中の頁も出てくることも注意すべきである。たとえば，Weinausschank, § 14 Gaststätten G. Sart. I. Nr. 810とあるが，これはこのブドウ酒の居酒屋に関する法律の原文がSartorius, Verfassung- und Verwaltungsgesetze Teil I, Nr. 810 Gaststätten G, § 14に掲載されていることを示している。ただし，このSchlegelbergerでは法令の原文そのものを見ることはできず，その単なる検索資料であることを忘れてはならない。また，加除式なので本書によってある事項に関する以前の法を知ることはできない。Creifelds Rechtswörterbuch, C.H. Beck, Münchenの最新版を見れても比較的新しい法律を知ることができる。

その他**第3章(2)**(iii)(c)（46頁）で述べるDas Deutshe BundesrechtとSchönfelder, Deutsche Gesetze（**本章(2)**(i)(b)② 30頁）は加除式であり，件名索引がついているので，法令や原文そのものや，その公布の年月日や官報の掲載箇所を知ることができる。

(ii) 改正経過の調査

これらの加除式の法令集が印刷され，利用者の手元に輸送され，さらに加除されるまでには，法令が公布されてから若干の時間がかかる。その間の法令の変遷を知るためには連邦官報（Bundesgesetzblatt, BGBl）を見るべきである。これにはTeil I，II，IIIとあるがそれらの内容と相互の関係，さらに毎年発行されるBGBlのFundstellennachweis（法源索引）については**本章(1)**(i)（25頁）連邦の官報のところで既述した。

〈法律改正を調べる一例〉

種々の法令の検索資料や加除式法令集および官報の法源索引を使用して法律の変遷（改正）を調べる具体的な実例を次に述べる。

たとえば，Notenbank（紙幣発行銀行）について，1982年現在どんな法律があるかを調べる。初めにSchlegelberger/Friedrich, Das Recht der Gegenwartを使いNotenbankを調べてみると，Art. 88. GG, Schönf. Nr. 1; G 26. 7. 57, Sart. I Nr. 855という記述が見つかる。巻頭の略語表を見て，Schönfelder, Deutsche Gesetze. GG. (Grundgesetz), Art. 88に出ていることがわかるのでそこをみると，Art. 88,〔Bundesbank〕Der Bund errichtet eine Währungs- und Notenbank als Bundesbank.とあり，また脚注にドイツ連邦共和国の銀行法の公布年月日と官報中の掲載箇所を年代順に列挙し，最後にabgedruckt in Sartorius I Nr. 855と記されている。そこで，Sartorius, Verfassungs- und Verwaltungsgesetze der Bundesrepublik Deutschland, Bd. I. Nr. 855を見ると855. Gesetz über die Deutsche Bundesbank vom 26. Juli 1957とあり最後に（BGBl. III 7620-1）と出ている。一方，仮に現在1982年とすると官報の1982年のTeil Iの法源索引Aの巻末の件名索引でNotenbankをひくと，7620と同じ番号が出ている。次に官報の1982年の法源索引Aの7620のところをみると以下のような記述がみつかる。

なお，官報の法源索引AとBGBl. Tl. IIIとは同一テーマに対して同一番号をつけている。

7620-1 Gesetz über die Deutsche Bundesbank vom 26. 7. 1957 I 745 - Siehe § 12 G 653-3 vom 30. 7. 1965 I 650

-§ 41 Abs. 3 Satz 1 geändert 1. 1. 1967 durch Artikel IV G 2030-1-3 vom 31. 8. 1965 I 1007 ......（中略）

-§ 41 Abs. 3 geändert durch Artikel V § 4 G 2032-11-2 vom 23. 5. 1975 I 1173 ......（中略）

Gesetz(e) zur Änderung des Gesetzes über die Deutsche Bundesbank vom 23. 11. 1967. I 1157 vom 22. 7. 1969 I 877

これを説明すると中間のところではドイツ連邦共和国銀行法の§ 41 Abs. 3が1975年5月23日の法律により改正され，それが官報の同年Teil I. 1173頁に掲載されていることを示す。また，前述のSartorius, Bd, 1, Nr. 855の§ 41 Abs. 3をみると1975年5月23日の法律により変更されたことが記されているので，1984 年 1 月現在東京大学外国法文献センターにある Sartorius の，この銀行法の部分は 1982 年末までの最新の法律までが加除されていることが判明する。

その後の改正はそれ以後の官報の初めの頁に改正された法律名が出ているので，それを次々に見なければならない。または，Juristenzeitung の立法過程に関する記事を参照すべきである。

ここでまたひとつ別の例をあげてみる。先例**本章（3）**(i)（33〜35 頁）の Schlegelberger/Friedrich, Das Recht der Gegenwart で説明した Wein に関する法律を（1983 年現在の場合には）官報の 1982 年の法源索引 A の件名索引の Wein のところでひくと，

Wein
　-Marktstruktur 7840-3-5
Vergünstigungen für 7847-11-4-22
　-V, über 2125-2, 2125-5-1
Weinbaubezirke 7823-2-3
Wein G 2125-5〔Gliederungsnummer doppelt〕
Weingeistgehalt 612-7-4
WeinwirtschaftsG 7845-1

等と出ているのでこれと対照すれば Schlegelberger の中に出ていた法律が 1982 年末現在まだ有効か否かが判明する。Schlegelberger の実例の中で Marktstruktur, VO 4. 3. 70, BGBl. I 245 (zul. g. 6. 4. 77, BGBl. I 559) と出ている法律は，この官報の 1982 年の法源索引 A の中で Wein-Marktstruktur 7840-3-5 と記されているのでそこを見ると，

　7840-3-5 Fünfte Durchführungsverordnung zum Marktstrukturgesetz. Wein vom 4. 3. 1970. I. 245.
　　-1 § neugefasst durch V. vom 6. 4. 1977. I. 559

と説明されているので，これにより 1982 年 12 月末までの法律の変遷が判明する。

なお，法律の公布年と BGBl に掲載されている年度とが同一の場合には前述の BGBl. I 245 のように年度の記載を省略する。また，Teil I と Teil II が分れていなかった時代のものには I，II という文字がついていない。

その他，山田晟『ドイツ法律用語辞典』大学書林，改訂増補版，815〜823 頁

には法律辞書や官報によって条約・法令を探す方法，廃止された法令または条文を調べる方法が詳述されている。

まとめ

あるテーマに関する法律，およびその後の改正，その法律が現行法かどうか等を調べる場合には，既述のように Schlegelberger/Friedrich, Das Recht der Gegenwart や各種の加除式法令集，官報の最新の法源索引（法令の場合は Tl. A，条約の場合は Tl. B）とその後の官報または Juristenzeitung や Bundesanzeiger と週刊や日刊の新聞の立法過程に関する記事を参照することによって，目的を達成することができる。なおコンピューターによる検索も行われている（第3章(4)の終わりの部分参照)。

第3章　ドイツ連邦共和国の立法過程

＊　＊　＊

（1）議会資料

立法過程の調べ方を説明する前に，議会資料について述べる。

ドイツ連邦共和国の議会資料は Drucksachen と Stenographische Berichte（議事録）とに分かれる。

Drucksachen は正式には Verhandlungen des Deutschen Bundestages, [Anlagen zu den stenographischen Berichten] ... Wahlperiode... Bd., ... Drucksachen と呼ばれ，法案（Entwurf），提案理由（Begründung），委員会審査報告（Schriftlicher Bericht）等が含まれている。

連邦議会の本会議の議事録は正式には Verhandlungen des Deutschen Bundestages: Stenographische Berichte, ... Wahlperiode... Bd. ...と称し，選挙期（Wahlperiode）ごとについている索引（Register）は Tl. 1 事項索引（Sachregister）と Tl. 2 発言者名索引（Sprechregister）に分かれる。この事項索引では単に本会議の議事録だけでなく，Drucksachen の内容も検索できる。たとえば，

1965年の第5選挙期の事項索引163頁を見るとII. Bundesländer. A. Allgemein. 1. Raumordnungsbericht 1966 der Bundesregierung: Drs. V/1155と出ている（この事項索引の詳細は本章(2)(iii)(d) 46頁で述べる）。

発言者名索引は1965年の第5選挙期のものを例にとると，発言者名をアルファベット順に並べた中をさらにMüller（München）SPDであればAktuelle Stunde, Bundeshaushalt 1968, Film, Frauen, Grundgesetz等と事項別に分類している。

(2)　立法過程の調べ方

ドイツ連邦共和国の立法過程を調べる場合，その法律の公布時期によって次の3つの場合に分けて考えることができる。すなわち，(i) 最近公布された法律および現在審議中の法案の場合　(ii) 1972～80年の法律の場合　(iii) ドイツ連邦共和国成立（1949年）から現在に至るまでの法律の場合である。

以下の例は1980年を基準にして調査することを前提としている。

(i)　最近公布された法律および現在審議中の法案の場合

次の(a)から(e)の5つの資料がある。

(a)　Juristenzeitung

Juristenzeitungは Jg. 35 (1980)から2，3ヶ月毎に立法過程に関する記事を載せているが，その号の紙表紙にはMit Monatsbeilage Gesetzgebungsdienst JZ-GD (Juristenzeitung Gesetzgebungsdienstの略)と四角に囲って印刷してある。そしてこの記事の冒頭にInhaltとしてVerkündete Bundesgesetze（公布された法令）とWichtige Bundesgesetze in Vorbereitung（審議中の法案）とに分けた中を各々の法令を時系列順にその略称で列挙している。また，その記事の最後の頁に早見表（Schnellübersicht）があり，Verkündete BundesgesetzeとWichtige Bundesgesetze in Vorbereitungとに分けた中を，件名のアルファベット順に並べ，それの掲載されている号と頁を示している。この表はその号

だけでなくその年度中に掲載されたすべての制定法と法案を対象にしている。制定法を例にとると，

AltölG………1，2.

Branntweinmonopol……1，4.

Heizölkostenzuschuss……1，2.

KriegsgefangenenentschG……1，3.

のように出ている。

各年度の最終号にはこの件名のアルファベット順索引(Schnellübersicht)の1年分をまとめたものが載っている。

本文の実例として Jahrgang 35（1980）JZ-GD Hft. 1，S. 3にある Kriegsgefangenenentschädigung（捕虜補償）をあげると，以下のような記載があり，法令の登載箇所，立法過程の資料の所在，法令の内容，発効日がわかる。

Siebentes Gesetz zur Änderung des Kriegsgefangenenentschädigungsgesetzes vom 29. 10. 1979.（BGBl. I S. 1769）（これは1979年の Bundesgesetzblatt Teil. I, S. 1769にこの法令が登載されていることを示す)。

Materialien: Gesetzentwurf aller Fraktionen des BT: BT-Drucks, 8/2651. Beschlußempfehlung und Bericht des BT-Innenausschusses: BT-Drucks, 8/3023:-Gesetzesbeschluß des BT: BR-Drucks, 414/79: -Billigung des Gesetzes durch den BR durch Nichtanrufung des Vermittlungsausschusses: BR-Drucks. 414/79（Beschluß）......

Das Gesetz tritt rückwirkend ab 1. 1. 1979 in Kraft.（BT は Bundestag を BR は Bundesrat を Drucks. は Drucksache を意味する。)

(b) Bundesanzeiger

Bundesanzeiger には毎月中旬に Übersicht über den Stand der Bundesgesetzgebung という，各法律や審議中の法案の立法過程を示す表を掲載している。上述の(a)で述べた法令の立法過程は1979年10月29日以後にまもなく出るはずだが，1979年11月の表にはまだ出ていなく，次の1979年12月14日付の表に次のように出ている（この表が出ている号は初めの頁の内容目次にその旨が記載されている)。

1	2	3	4
Nr.	Bezeichnung des Gesetzes	beantragt von	Bundestag a) eingebracht am b) Nr. der Drucksache c) Erste Beratung d) Zweite bzw. dritte Beratung e) nochmalige Beschlußfassung im Falle der Anrufung des Vermittlungsausschusses

5	6
Bundesrat a) Nr. der Drucksache b) Verabschiedet nach Artikel 77 des Grundgesetzes am c) nochmalige Beschlußfassung im Falle der Anrufung des Vermittlungsausschusses	a) Datum des Gesetzes b) Verkündet im Bundesgesetzblatt (wenn mit Zustimmung des Bundesrates. "(Z)"

上述の1979年10月29日付の法令に関しては次のように出ている。

1	2	3	4
1067	Siebentes Gesetz zur Änderung des Kriegsgefangenenentschädigungsgesetzes (7. KgfEÄndG)	CDU/CSU, SPD FDP	a) 14. 3. 79 b) 2651, 3022, 3023 c) 15. 3. 79. an Ausschüsse Nr. 4, 11, 8 d) 28. 6. 79 angenommen

5	6
a) 414/79	a) 29. 10. 79
b) 28. 9. 79	b) I S. 1769

これにより法案を提出した政党名や提出日，議会議事録中の掲載箇所，審議会の日付，公布日や官報の掲載箇所等が判明する。

ただし，先のJuristenzeitungもこのBundesanzeigerも航空便でとりよせたものを利用しない限り最新の立法の動向をつきとめることはできない。

(c) **Bundesgesetzblatt (BGBl)** (官報)

第2章(1)(i) (25頁) 参照。ただし，年の途中で発行される累積索引はないから，各号の内容目次を次々に見る以外に方法はない。

(d) **Das Parlament**

これは，連邦議会と連邦参議院の審議状況を詳細に報道する週刊新聞である。航空便で継続的に取り寄せ，これにより最新の立法の動向を知ることができる。または，航空便で取り寄せた信用ある日刊や週刊の新聞(Die Welt, Frankfurter Allgemeine Zeitung, Frankfurter Rundschau, Süddeutsche Zeitung, Die Zeit, Der Spiegel, Bild) などの立法に関する記事をフォローする方法もある。

(e) **Stand der Gesetzgebung des Bundes**

これは加除式で，各会期毎に新しく発行され全法案が制定されたか否かにかかわらずその立法過程がヨーロッパ共同体法との関係も含めて判明するようになっている。Hirte. pp.122-124 に図解が出ている。

(ii) 1972～80年の法律の場合

Germany (Federal Republic, 1949-) Deutscher Bundestag. Bundesrat, Gruppe Datenverarbeitung. -Stand der Gesetzgebung des Bundes; Verkündete Gesetze und anderweitig erledigte Gesetzentwürfe, Baden-Baden, Nomos, 1977, 1981, 2 v. 23 cm. Contents. Gesamtband zur 7. Wahlperiode, 1972-1976. Gesamtband zur 8. Wahlperiode, 1976-1980. [国] (CG 4-1-22)

このStand der Gesetzgebung des Bundesにより先の例の1979年10月29日付のKriegsgefangenenentschädigungsgesetzの立法過程を調べてみる。

巻頭の内容目次のB 62を見るとKriegsgefangenenentschädigungsgesetz/7 Änd. ...... 62とあり，また巻末の件名索引を見てもKriegsgefangenenentschädigungsgesetz/7 Änd. ...... 62とある。それで本文62頁を見ると，次のように，立法過程に関する情報が得られる。

Sachgeb.-Nr.: 84

Kurzbez.: Kriegsgefangenenentschädigungsgesetz/7 Änd.

Titel: Siebentes Gesetz zur Änderung Kriegsgefangenenentschädigungsgesetz (7. KgfEÄndG)

Initiative: Eingebracht interfraktionell

Zust.-bed.: Nein (Zustimmungsbedürftig の略)

Schlagwörter: Rentennachteil/Kriegsgefangener

Fst.-Schlagw: Kriegsgefangenenentschädigungsgesetz

Inhalt: Ehemalige Kriegsgefangene, die durch die Bewertung der ......

Änderung auf Grund der Ausschussempfehlung: ......

Gang der Gesetzgebung: BT Drs. 8/2651 vom 14. 3. 79

1. Beratung am 15. 3. 79: An Ausschüsse Nr. 4 (f), 11. und 8 mitberatend und gem. Par. 96 GeschO überwiesen (ohne Aussprache)

Beschlussempfehlung und Bericht des. 4. Ausschusses: Drs. 8/3022 vom 27. 6. 79 mit Änderungsvorschlägen

Bericht des 8. Ausschusses: Drs. 8/3023 vom 27. 6. 79

2. und 3. Beratung am 28. 6. 79, 164. Sitz.: Einstimmige Ann.

BR Drs. 414/79 vom 7. 9. 79: Zuweisung an Innen A (f) und Finanz A 477. Sitz. am 28. 9. 79: Kein Antrag auf Einberufung des Vermittlungsausschusses

Gesetz vom 29. 10. 79, verkündet am 7. 11. 79, BGBl I, Nr. 64, S. 1769, Inkrafttreten am 1. 1. 79.

(iii)　ドイツ連邦共和国成立（1949年）から現在に至る期間の法律の場合

〈公布日の調べ方〉

法令の内容は判明していても公布された年月日が不明の場合には次の種々の資料によりまずそれをつきとめる必要がある。

(a)　**Bundesgesetzblatt, Fundstellennachweis A**（法源索引）A［東外］(W 333-B 867)

これは毎年発行される（**第2章(1)(i)参照** 25～27頁）。1985年版を使用してさきに述べた戦争捕虜補償法の公布日をつきとめてみる。法源索引Aの巻末にある件名索引をみるとKriegsgefangenenentschädigung G 84-2とあるので本文の84-2のところをみると，以下の記述から，この法律の公布日がわかる。

Gesetz über die Entschädigung ehemaliger deutscher Kriegsgefangener/(Kriegsgefangenenentschädigungsgesetz-KgfEG) vom 30. 1. 1954 I 5

—Neufassung

Bek. 2. 9. 1971. I 1545

—§§ 28, 29 und 30 geändert durch Artikel 30

G. 63-15-1 vom 18. 12. 1975 I 3091

—(略)

—Geändert druch Artikel 1.

G. vom 29. 10. 1979 I. 1769

—Geändert

durch Artikel 2. G [bei 242-1]

vom 17. 3. 1980 I 322

[Bezeichnungen des Dritten bis Fünften KgfEGÄndG ausgewiesen in Fundstellennachweis A 1972]

Sechstes Gesetz ……

Siebentes Gesetz zur Änderung des Kriegsgefangenenentschädigungsgesetzes (7. KgfEÄndG)

vom 29. 10. 1979 I. 1769

さらに，このBundesgesetzblattには1990年までを対象とした総索引が発行されていて，それにも巻末に件名索引がついており，上述の1985年版と同様にG 84-2という所に，この時期までのこの法令の変遷が列挙されている。

(b) **Das Recht der Gegenwart**, hrsg. von Schlegelberger, bearb. von W. J. Friedrich, München, Vahlen, Losebl.-Ausg. ［東外］（W 336-R 74）［国］（CG 4-1-7）（CG 4-1-4，1955年版）

現行のドイツ連邦共和国の法令を主題別アルファベット別に配列したもので，法令の公布年月日，題名を検索することができる。上述の法令を第10版のもので探すとKriegsgefangene, -Entschädigung, G. 2. 9. 71, BGBl I. 1545 (zul. g. 29. 10.

79, BGBl I. 1769) とある。これはこのテーマに関する1971年9月2日付の法令が Bundesgesetzblatt 1971 Teil I, S. 1545 に出ており，最終的に変更のあったのは（zul. g.= zuletzt geändert am）1979年10月29日付の法令で，これが Bundesgesetzblatt 1979 Teil I, S. 1769 に出ていることを示している（**第2章**（**3**）(i) 32頁でも既述)。

(c)　**Das Deutsche Bundesrecht**［東外］(W 333-D 49)

加除式の件名索引 (Stichwortverzeichnis) で Kriegsgefangenenentschädigungsgesetz をみると VF 21 とある。それでこの VF 21 のところをみると1954年1月30日付のこの KgfEG という法令にその後どのように変遷があったかを示す表が初めの頁に出ており，1980までに6回変更があったことを示している。

1979年のものを例にとると次のように記載されている。

Paragraph	Art der Änderung	Geändert durch	Datum	Fundstelle
45-46 a, 48, 50, 51, 54 a, 55	geändert	Siebentes Änderungsgesetz[2)]	29. 10. 1979	BGBl I. S. 1769
46 b	eingeführt			

2）In Kraft mit Wirkung vom 1. 1. 1979.

これで改正された条項や各々の法令の公布年月日と Bundesgesetzblatt の中の掲載箇所を知ることができる。なお，この Das Deutsche Bundesrecht は加除式なのでその法令の比較的新しい状態を知ることができる（もっとも最後の加除以後の変化は既述**本章**（**2**）(i)(d)(e)でしたような方法で補充されねばならない)。

〈立法過程の詳細〉

こうして法律の公布年月日が判明すれば議会議事録の件名索引または Bundesanzeiger により立法過程の詳細を知ることができる。

(d)　**議会議事録件名索引**

議会議事録の件名索引による方法を，既述の1979年の10月29日公布の捕虜補償法を例として説明する。

Register zu den Verhandlungen des Deutschen Bundestages und des

Bundesrates 8. Wahlperiode 1976-1980 の Sachregister K-Z で Kriegsgefangenenentschädigungsgesetz をひくと S. 1631 に Siebentes Gesetz zur Änderung und Ergänzung des Kriegsgefangenenentschädigungsgesetz (7. KgfEÄndG) と出ていて以下のことが記載してある。

BT[1)]-GesEntw.[2)] Fraktion der CDU[3)]/CSU[4)]; Fraktion der SPD[5)]; Fraktion der FDP[6)]

14. 03. 79[7)] Drs. 08/2651[8)]

1. Beratung

PlPr.[9)] 08/144 15. 03. 79[10)] S. 11512 C[11)]

beschl: S. 11512 C-Überweisung: InnenA[12)] (fdf)[13)], AfArbSoz[14)], HaushA gem. § 96[15)] GeschOBT[16)]

BeschlEmpfehlung[17)] u. Bericht InnenA 27. 06. 79 Drs 08/3022[18)]

Bericht……Drs 08/3023

2. Beratung

PlPr 08/164[19)] 28. 06. 79 S. 13165 C-13169 B

Redner: Burger CDU/CSU S. 13165 D-13166 C; ......

ZwFr[20)]: Josten CDU/CSU S. 13168 A

Beschl:

3. Beratung

(省略)

BR[21)]-Ges Beschl BT 07. 09. 79 Drs 414/79

Zuweisung: InnenA (fdf), FinanzA

Durchgang

PlPr 477/79 28. 09. 79 S. 256 B-C

Beschl: S. 256 C-kein Antrag auf Einberufung des Vermittlungsausschusses

Beschl: BR 28. 09. 79 Drs 414/79 (Beschluss)

BRg[22)]-Gesetz vom 29. 10. 79-BGBl I 1979 Nr. 64 07. 11. 79[23)] S. 1769

以上の 1)～23)の番号は著者がつけたもので，それぞれ以下の意味がある。

1) BT = Bundestag (連邦議会)

2）GesEntw = Gesetzentwurf（法律の草案）

3）CDU = Christlich-Demokratische Union Deutschlands

4）CSU = Christlich-Soziale Union

5）SPD = Sozial-Demokratische Partei Deutschlands

6）FDP = Freie Demokratische Partei

7）1979年3月14日

8）Verhandlungen des Deutschen Bundestages. 8. Wahlperiode. 1976. Anlagen-Band. 250. Drucksachen. Nr. 2571-2680. 1979. S. 2651.

9）PlPr = Plenarprotokoll（Stenographischer Bericht）（全議事録）

10）08 = 8. Wahlperiode 144 = 144 Sitzung（会期）1979年3月15日

11）Verhandlungen des Deutschen Bundestages 8. Wahlperiode 1976. Bd. 109.（Stenographische Berichte 134-146 Sitzung. 1979）S. 11512のC段

12）……InnenA = Innenausschuss

13）……fdf = federführend

14）……AfArbSoz = Ausschuss für Arbeit und Sozialordnung（労働と社会秩序の委員会）

15）……HaushA = Haushaltsausschuss mit beratend und gemäss § 96（§96条による予算委員会）

16）……GeschOBT = Geschäftsordnung des Deutschen Bundestages（議院規則）

17）……Beschl = Beschluss（決議）

18）……Drs = Drucksache 08/3022 = 8. Wahlperiode S. 3022

19）……PlPr = Plenarprotokoll（Stenographischer Bericht）
08 = 8 Wahlperiode 164 = 164. Sitzung（議会の会期）

20）……ZwFr = Zwischenfrage（中間質疑）

21）……BR = Bundesrat

22）……BRg = Bundesregierung

23）……Bundesgesetzblatt 1979 Teil I. Nr. 64, 1979年11月7日

上述の記述により法律の草案を提案した政党名とその記載されているDrucksachenでの箇所，委員会での審議状況等を探すことができる。このよう

に議会議事録の件名索引には，他の検索資料に比べて最も詳細に立法過程を調査することができるという長所がある。

このほか立法過程を調査する資料としては以下のものがある。

Germany (Federal Republic, 1949-). Bundestag. Wissenschaftliche Abteilung. Die Gesetzgebung des Deutschen Bundestages in der I. Wahlperiode (1949-1953). Bonn, 1970, 227 p.

この後につづいてII. Wahlperiode以下が出版されている。

その他Germany (Federal Republic, 1949-). Bundesministerium der Justiz, Die Bundesgesetzgebung des Deutschen Bundestages, 1, Köln, Verlag; Bundesanzeiger. 30 cm.; „Beilage zum Bundesanzeiger.“も存在する。

(e) **Bundesanzeiger**

この利用方法については，**本章（2）**(i)(b)（41頁）において，詳述。

ただし，(d)の議会議事録の件名索引が発行されている時期のものはこれを利用する方が検索が容易でかつ詳細なことを知り得る。

また，ドイツ連邦共和国の立法過程を説明する図書には次のものがある。

Strätling, Erich, Wie entsteht ein Bundesgesetz? Eine allgemeinverständliche Darstellung des Ganges der Gesetzgebung mit Schaubildern und einer Erläuterung der häufigsten parlamentarischen und staatsrechtlichen Begriffe, 5. Aufl., Bonn, Deutscher Bundes-Verlag, 1955, 38 p.

Baden, Eberhard, Gesetzgebung und Gesetzesanwendung im Kommunikationsprozess: Studien zur juristischen Hermeneutik u. Gesetzgebungslehre, Baden-Baden, Nomos, 1977, 290 p.

邦語には「西ドイツにおける立法過程――労働法を中心として――」（世界の労働第27巻（1977年）第2号52〜55頁）があるが調べ方についてはふれていない。

なお，第2次大戦以後の制定法の立法過程を部分的に解説しているものには次のものがある。

NJW (Neue Juristische Wochenschrift)はJg. 1 (1947) からJg. 11 (1958) まで，その巻頭の索引II Gesetzgebungの中で，選択された法律について，立法過程の状態と，官報中の掲載箇所を叙述した本文の頁を示している。この本文の中では当該法案の掲載箇所が連邦議会または参議院の Drucksache の数字によって（BT-Dr. または BR-Dr. のように）示されている。

Juristische Schulung（JuS）［最］は一つのテーマの下に立法の意図を説明し，連邦議会と参議院の Drucksache の該当する部分を参照している。

Zeitschrift für Rechtspolitik は立法の意図や改正経過を特に叙述している。

Juristenzeitung は既述（本章(2)(i)(a) 40頁）の通りに 1980 年以降のすべての法案について組織的に立法過程を説明している（Walter, R., Wie finde ich juristische Literatur, Berlin Verlag, 1980, p.136 参照）

なお，立法手続の図解は山田晟『ドイツ法律用語辞典』改訂増補版（大学書林）843-844頁にある。

(3)　法律草案の例

Parlamentarischer Rat, Verhandlungen des Hauptausschusses, Bonn, 1948/49.［国］（BG 4-5-1）

Parlamentarischer Rat, Schriftlicher Bericht zum Entwurf des Grundgesetzes für die Bundesrepublik Deutschland (Drucksachen Nr. 850, 854), Bonn, 1948-49.［国］（BG 4-5-2）

Parlamentarischer Rat, Fundstellenverzeichnis zum Grundgesetz (Entwurf), Bonn, 395 p.［国］（BG 4-5-3）

Parlamentarischer Rat, Grundgesetz für die Bundesrepublik Deutschland (Entwürfe), Bonn, 1948/49. 263 p.［国］（BG 4-5-4）

Entwurf eines Verwaltungsgerichtsgesetzes, Berlin, Duncker, 1969, 537 p.［東法］（K 355-E 61-69）

Entwurf einer Verwaltungsprozessordnung, Köln, Bundesanzeiger, [1978] 440 p.［東法］（F 3375-BJ-E 78）

Entwurf eines Aktiengesetzes und eines Einführungsgesetzes zum Aktiengesetz nebst Begründung, Bonn, n. d.［東法］（T 3360-E 61-E）

Entwurf eines Gesetzes zur Regelung der Betriebsjustiz, in Zusammenhang mit dem Alternativ-Entwurf eines Strafgesetzbuches, Tübingen,

Mohr, 1975, 67 p.［東法］（R 331-A 797-E 75）

Entwurf eines Gesetzes zur Änderung des Gesetzes betreffend die Erwerbs- und Wirtschaftsgenossenschaften, Bonn, Heger, 1973.［東法］（F 3375-E 61-73）

Gutachten und Vorschläge zur Überarbeitung des Schuldrechts, Köln, Bundesanzeiger, 1981, 2 v.［東法］（T 3330-BJ-G 81）［京法］

その他，米国の The National Union Catalog の 1958 年以後のものを Germany (Federal Republic, 1949-), Bundesministerium der Justiz という標目で次々にひくと，西独の法律の各分野の草案が出てくる。これを分野別の表にしてみると次のようになる。

行政法
- 1973〜77　Vol. 41, p. 61
- 1979　Vol. 5, p. 461
- 1980　Vol. 6, p. 578

経済法
- 1973〜77　Vol. 41, p. 61
- 1978　Vol. 6, p. 575
- 1981　Vol. 6, p. 6

民　法

婚姻法
- 1973〜77　Vol. 41, p. 61
- 1978　Vol. 6, p. 755

離　婚
- 1968〜72　Vol. 33, p. 496

私生児
- 1968〜72　Vol. 33, p. 496

損害賠償
- 1968〜72　Vol. 33, p. 496

商　法

会社法
- 1958〜62　Vol. 16, p. 486
- 1968〜72　Vol. 33, p. 496

無体財産法

著作権法

1958～62　Vol. 16, p. 486

民事訴訟法

1963～67　Vol. 19, p. 502

1973～77　Vol. 41, p. 61

経済刑法

1973～77　Vol. 41, p. 60

刑　法

1958～62　Vol. 16, p. 485-486

1973～77　Vol. 41, p. 61

1978　Vol. 6, p. 755

刑事訴訟法

1958～62　Vol. 16, p. 485

1968～72　Vol. 33, p. 496

1973～77　Vol. 41, p. 61

1978　Vol. 6, p. 755

（4）　インターネットによる情報の入手方法

連邦議会のサイト(http://dip.bundestag.de/)からは法案，政府提出資料など豊富な情報が入手可能である。指宿信編著『インターネットで外国法』（日本評論社，1998年）115頁と指宿信『法律学のためのインターネット』（日本評論社，1996年）65頁および同信『法律学のためのインターネット2000』（日本評論社，2000年）88頁を参照。

また，最新の法例をインターネットを通じて調べる方法については，大村敦志ほか『民法研究ハンドブック』（有斐閣，2000年）224頁を参照。この図書はその他の点においてもよく参考になる。

第 4 章　ドイツ連邦共和国の判例

* * *

（1） 序

(i) はじめに

ドイツ連邦共和国は成文法主義の国であるから同国における法令の重要性は当然のことであるが，判例もまた無視できないものであることを次のように五十嵐清教授は述べておられる。すなわち，「大陸法系の成文法主義も批判を免れない。そこでは，判例法の重要性が強調されている。抽象的法規範を具体的事実に適用する場合には裁判官の解釈が必要であり，一度判決がなされると，それは自ずから，後の解釈に影響を与える。この現象は成文法が古くなり，裁判官の法解釈および創造の可能性が増大するとともに重要性を増す。フランスでは19世紀末，ドイツでは第1次世界大戦後に早くもその時期を迎えた。大陸法の下でも，今日では判例の法源性を認める見解が有力になっている。」「大陸法において制定法はつねに判例によって実現され，補充され，修正せしめられているのである」（五十嵐清『比較法入門』日本評論社，1972年，119，128頁）と。

本書がきわめて詳細に，ドイツの判例について記述した理由は，このような重要性を認識したためである。

ドイツの重要な判例は，普通 BGHZ，13，95 というふうに引用されているが，これは Entscheidungen des Bundesgerichtshofs in Zivilsachen Bd. 13, S. 95.すなわち連邦通常裁判所民事判例集13巻95頁の略であるからその判例をすぐ発見することができる。しかし，判例について探すべき事項にはその他いろいろあり，たとえばこの判例はその他にどんな図書の中に出てくるか，その解説や評釈はどこにあるか，その下級裁判所の判例はどうして探すことができるか（もしその判例が下級裁判所であったなら上級裁判所の判例のつきとめ方如何）等の問題が出てくる。これらの探し方を説明するのが本章の目的である。とくにドイツ，フランスのような成文法主義の国の場合には，アメリカ，イギリスのような判例法主義の国の場合より文献探索が簡単だと思われているためか，英米法ほどに詳細な文献探索の図書を未だ原語でも見たことがなく，そのためにドイツ法やフランス法の研究者が必ずしも重要なことを知らない場合も皆無ではなかったかとも思われる。

ドイツの判例に関連した出版物としてはコメンタール以外に (1) 公撰判例集および私撰判例集，(2) 判例の検索資料，(3) 判例または判例評釈を掲載する法律雑誌がある。これらを法律の各分野毎に分類して，列記し，とくに重要な判例検索資料と雑誌については別項を設けその特徴や付属している索引（の使用方法）を記述したいと思う。とくに，法律雑誌については種々の雑誌に判例の詳細な紹介または評釈が掲載されているので，それを参照せずには本当の研究が不可能なばかりではなく，それらの雑誌の中にも検索のための有益な索引があり，それを利用することにより効果的な検索ができることを強調したい。また，公撰判例集の中にも重要な判例の検索の手段（例：原判決裁判所名索引等）があることを忘却してはならない。この公撰および私撰判例集と判例の検索資料，雑誌の（本文や索引の）長所を総合的に把握してこそ効果的で迅速な判例の検索が可能である（後述の**本章**（3）⑤ 99 頁および**本章**（6）122 頁を参照）。

(ii) ドイツ連邦共和国の裁判権

各種の判例集やその検索資料について述べる前に，まず同国の裁判権の特徴について記さねばならない。

同国では裁判権は通常裁判権，行政裁判権，財政裁判権，労働裁判権，社会裁判権の 5 系列に分かれており，それぞれの最終審としての連邦裁判所は連邦通常裁判所，連邦行政裁判所，連邦財政裁判所，連邦労働裁判所および連邦社会裁判所がある。また，同国の基本法では上記の 5 つの系列に属するいかなる裁判所にも憲法問題について判断を下す権限を与えず，これを連邦憲法裁判所ないし州の憲法裁判所の排他的権限としている。また，上記 5 つの連邦裁判所の合同法廷に判例の統一という任務を課している（村上淳一「ドイツ法」『外国法の調べ方』東京大学出版会，195〜201 頁および山田晟『ドイツ法律用語辞典』大学書林，増補改訂版，852〜858 頁参照）。

(iii) 判例索引の種類

判例の検索をする場合には，索引の種類とその利用方法を会得することが必要である。最も一般的な索引の種類としては次のものがある。

(a) 判決言渡年月日順索引（Entscheidungs-Register）

裁判所別，判決言渡年月日順に判例を並べ，記載箇所を対照させたもの。資料によっては，判決言渡年月日順の判例の次に文書整理番号，公撰判例集中の登載箇所，その判例を掲載している雑誌名とその箇所，その資料における掲載箇所を表にした判例検索表（Fundstellenverzeichnis）の形になっているものもある。

(b) 件名索引

テーマ別に判例を並べ記載箇所を対照させたもの。テーマは，アルファベット順に配列される。

(c) 条文索引

ドイツは成文法主義の国であるので，判決を言渡すに際して参照された法令の条文が重要な問題となる。参照条文順に構成されている判例要旨集（加除式のものが多い）にはこの条文索引は省略されていることが多い。

(d) 原判決裁判所名索引

下級裁判所の判決が連邦裁判所に上告された結果を調べる場合に役に立つ。

(e) ある判決の公撰判例集の登載箇所とその資料における掲載箇所との対照表

次節以下，判例の検索資料はもとより私撰判例集でも，その判例を掲載している雑誌名を参照しているものは可能な限りその旨を明記するように努力した。

(iv) 判例の引用方法

判例は通常，次のように裁判所名，判決言渡年月日，文書整理番号の順で引用される。

連邦通常裁判所（BGH）の判決は BGH, Urteil vom 8. 12. 1954-II ZR 291/53 のように示される。

上級地方裁判所（OLG）の判決は OLG Celle, Urt. v. 29. 1. 1957-2 Ss 422/56 のように示される。

第 1 審の地方裁判所（LG）の判決はLG Traunstein, 4. Zivilkammer, Beschluss vom 14. 10. 1954-4 T 340/54 のように示されるが，これはトラウシュタインの地方裁判所，第 4 民事部，1954 年 10 月 14 日付けの判決を意味する。

区裁判所（AG）の判決は AG Köln, Beschluss vom 12. 6. 1954-85-M 1920/54 のように示されるが，これはケルンの区裁判所の 1954 年 6 月 12 日の判決で同年の 1920 番目の判決の失効に関する訴訟名簿番号 85 を意味する。

BVerwGE 1, 104 は連邦行政裁判所判例集，第 1 巻，104 頁を意味する。

DRspr. BGH I (133) 19 a は Deutsche Rechtsprechung（本章（3）①参照），Bundesgerichtshof の判決の第 1 巻，見出し番号 133，19 頁条項 a を意味する。

LM-BGB §765 (1)はLindenmaier/Möhring, Nachschlagewerk des Bundesgerichtshofs（本章（3）⑦）の BGB に関する巻の中の§ 765 (1)を意味する。

以上は Szladits, C., *Guide to foreign legal materials*, N.Y., Oceana, 1959, pp. 245-247 の要約である。

(v) 略語辞典

上述のようにドイツの重要な判例は教科書や注釈書の中で略語で引用されているので，この略語の意味を知ることが必要になる。このために最も役に立つものは Kirchner, H., ed., Abkürzungsverzeichnis der Rechtssprache, 3. Aufl., Berlin, W. de Gruyter. 1983 の Teil 2 の 3 の雑誌と判例集の略語表 Empfehlungen für Abkürzungen von Zeitschriften und Entscheidungssammlungen, S. 256-292 である（この書はこの他にも官報や法令の略語もその対象にしている)。この Kirchner の Teil 2 の 3 は雑誌や判例集の正式名をアルファベット順に並べそれに対応する略語をあげているが，Teil 1 はあらゆる種類の略語をアルファベット順に並べ，それに対応する正式名を記しているものであり，実例をあげれば

EBAfH Entscheidungen des Bundesamtes für das Heimatwesen (1. 1873-96. 1940)

EFG Entscheidungen der Finanzgerichte (1. 1953 ff.)

NW: Ges. ü. d. Finanzierung d. Ersatzschulen (Ersatzschulfinanzgesetz) v. 27. 6. 1961 (GVBl. S. 230)

BGHSt Entscheidungen des Bundesgerichtshofs in Strafsachen (1. 1951 ff.)

RGSt. Entscheidungen des Reichsgerichts in Strafsachen (1. 1880-77. 1944)

のように出ている。このように19世紀の判例集の略語も含めていて，かつその判例集の対象とする年代を明記しているところに注意すべきであろう。(これ以外のドイツ法の略語の詳細を調査する方法は**第13章（5）**［5］378頁を参照)

なおこの他，ドイツの判決の見方や読み方については村上淳一「ドイツ法」(『外国法の調べ方』東京大学出版会，206〜227頁)，山田晟「ドイツの判決の探し方と見方」(別冊ジュリスト『ドイツ判例百選』所収)，山田晟「ドイツの法令判決の見方と法律文献の引用方法」(法学教室，第6号，270〜276頁)，山田晟「判決の読み方」(『ドイツ法律用語辞典』大学書林，増補改訂版，858〜866頁) を参照。とくに最後のものは判決文と邦訳およびその解説がついていて有益である。

（2） 判例集・判例の検索資料・判例掲載雑誌

(i) 一般的判例検索資料

Deutsche Rechtsprechung (DRspr): Entscheidungsauszüge und Aufsatzhinweise für die juristische Praxis, hrsg. von G. Feuerhake, Hannover, 1948-, Losebl.-Ausg. ［日大法，阪大法，大阪学院大図］

あらゆる種類の（下級裁判所をも含めた）裁判所の判例要旨を対象とする（**本章（3）**① 88頁で詳述)。

Stoldt, Egon, ed., Rechtsprechung der Bundesgerichte: Übersicht über die veröffentlichten Entscheidungen des Bundesverfassugsgerichts, Bundesarbeitsgerichts, Bundesdisziplinarhofs, Bundesfinazhofs, Bundesgerichtshofs, Bundessozialgerichts und Bundesverwaltungsgerichts. Flensburg, K. Gross, 1957, Losebl.-Ausg.

Nachschlagewerk des Bundesgerichtshofs, hrsg. von Lindenmaier/Möhring (LM), München, Beck, 1951-. ［東外］(W 336-N 61)

連邦通常裁判所の判決を中心とする（**本章（3）**⑦ 106頁で詳述)

Neue Juristische Wochenschrift Fundhefte (NJWF), München, Beck. ［東法］［国］

第2次大戦以後現在までに（刑法の部門を除いて）継続的に発行されているもので，刑法，民法，公法，補償法，労働法，租税法の各部門に分けて出版されている。刑法部門はBd. 1（1948）〜Bd. 5（1958）だけでそれ以後廃刊となっている。

全部門を通じて本文は法条順に並べられ同一法条の中で，単行本，雑誌論文，判例が一度にひけるように製作されている。内容と使用方法は**本章（3）②**（88頁）で詳述する。またこの中で公法の巻 Fundheft für Öffentliches Recht と民法の巻 Fundheft für Zivilrecht は**本章（3）③と⑤**（91・99頁）で詳述する。

Hofmann, Klaus., Index der Entscheidungen des Bundesgerichtshofes in Zivil- und Strafsachen 1950-1965: mit den Fundstellen in den großen juristischen Zeitschriften: Auf der Grundlage der Fundstellenverzeichnisse aus dem Nachschlagewerk des Bundesgerichtshofes von Lindenmaier/Möhring, 3. Aufl., Stand 1, Januar 1966, München, C. H. Beck, 1966, 347 p. tables. ［東法］（W 336-I 66）

連邦裁判所の1950〜1965年間の判例の索引。これは判例検索表（判決言渡年月日順）と条文索引に分かれる。前者は判決を一つ毎にその書類整理番号，Lindenmaier/Möhring, Nachschlagewerk des Bundesgerichtshofs の本文中の掲載箇所，連邦通常裁判所民事または刑事判例集の中での掲載箇所，Neue Juristische Wochenschrift, Monatsschrift für Deutsches Recht, Juristische Zeitung, Betriebsberater の中での掲載箇所を表にして示している。

(ii) 判例の分野別資料

ここでは各分野別に，たとえば公法全体にわたるものを初めにあげ，次にその中を憲法，行政法と細分し，その各々毎に判例集，判例の検索資料，判例掲載雑誌の内容および使用方法を述べる。ただし，大きな分野で述べたものは下位の分野では原則として繰り返さない。たとえば，公法全体の所で述べたものは行政法の所では繰り返さないが，広い分野を対象とするものは利用価値の大きいものが多いので見落とされないように留意されたい。

① 公 法

判例の検索資料

Neue Juristische Wochenschrift, Fundheft für Öffentliches Recht, München, Beck, 1948-. [東法] [国]

公法全体を対象とするから，連邦憲法裁判所や連邦行政裁判所の判例を対象とする。内容と使用方法は**本章(3)③**（91 頁）で詳述する。

判例の掲載雑誌

Archiv des öffentlichen Rechts (ArchÖffR, AöR), Freiburg, 1886-. [東法] (Z 33-D 56)

Oberverwaltungsgericht の判例をも含み目次はあるが索引はない。

② 憲 法

判 例 集

Entscheidungen des Bundesverfassungsgerichts (BVerfGE)（連邦憲法裁判所判例集), Tübingen, Mohr, 1 (1952)-. [東外] (W 335 K 1-E 52) [最] [国]

索引は件名と法条順，本文は判決言渡年月日順。

Verfassungsrechtsprechung in der Bundesrepublik (Entscheidungssammlung verfassungsgerichtlicher Entscheidungen aller Gerichte) (VerfRspr. BRD)（連邦共和国における憲法判例集). Frankfurt a. M., Kommentator, 1956-, Losebl.-Ausg. [東外] (W 335 K 1-V 56) [最] [国]

加除式の私撰判例集で，本文は法条順に分けられ，索引の巻は年月日順と件名に分けられる。下級裁判所の判例も含む。そして本文中の各判例要旨の次に公撰判例集と判例を掲載している雑誌の箇所をあげ，その雑誌が判決要旨だけの場合には（nur Leits）と記している。判決言渡年月日順索引は Fundheft für öffentliches Recht では 1958 年からであるが，この判例集は 1950 年まで遡る。索引は次のような記載方法をとっている。

1953

Datum	Aktenzeichen	VerfRspr.
24.7	1 Bv R 293/52	Allg Verf R (Rechtsstaatsprinzip) Nr. 13.
		Art. 3 Abs. 1. GG Nr. 38.

これは連邦憲法裁判所の1953年7月24日付の判決の書類整理番号と判決に際して考慮された法条（この場合は2つであるが，判決によっては11もあるものもある）を示している。本文でこの法条のところを見るとそれぞれこの1953年7月24日付の判決が出ている。

Sammlung von Entscheidungen des Bayerischen Verwaltungsgerichtshofs mit Entscheidungen des Bayerischen Verfassungsgerichtshofs, des Bayerischen Dienstgerichtshofs für Richter u. des Bayerischen Gerichtshofs für Kompetenzkonflikte (BayVGH (n.F)), Müchen, Schweitzer. ［東外］（W 33 B 5 KO-S 60）NF 13（1960）- 32 （1979）

本文は，ほぼ判決言渡年月日順で判決言渡年月日順，件名，法条順の索引がある。

Verwaltungsrechtsprechung in Deutschland: Sammlung obergerichterlicher Entscheidungen aus dem Verfassungs- und Verwaltungsrecht (Verw Rspr.)（ドイツ行政法判例集）, München, Beck, 1947-. ［東外］（W335KO-V 49）［最］

行政法の所で詳述，索引には年月日順と件名がある。

Entscheidungen des Niedersächsischen Staatsgerichtshofs, Münster, Aschendorff, 1（1957）-. ［東外］（W 33 N 5 RO-E 78）1977＋

本文は，判決言渡年月日順で，内容目次と件名と条文の索引がある。

なお，行政法の判例集で憲法の判例を含むものが若干あることに注意されたい。

判例の検索資料

Nachschlagewerk der Rechtsprechung des Bundesverfassungsgerichts (NBVerfG), Heidelberg, Decker, Losebl. Ausg. ［東外］（W 336-N 78）

連邦憲法裁判所の判例を対象とし，本文は法条順で件名索引がついている。所々に Hinweis auf Gesetzesregister がある。また，独立した件名索引の巻がある。

Hofmann, K., ed., Index der Entscheidungen des Bundesverfassungsgerichts und des Bundesverwaltungsgerichts, 1951-1964 mit den Fundstellen in den großen juristischen Zeitschriften, München, Beck, 1965, 134 p.

本章（2）(i)であげた同編纂者による図書と内容が類似していると思われる。

③ 行 政 法

判 例 集

Entscheidungen des Bundesverwaltungsgerichts (BVerwGE) (連邦行政裁判所判例集), Berlin, Heymann.［東外］(W 335 K.5-E 55) Bd. 1 (1953)-［最］［国］

個々の巻では本文は判決の言渡年月日順で巻末の分野別の索引は，次のように区分されている。1. Verfassungsrecht, 2. Gerichtsverfassungs- und Gerichtsverfahrensrecht, 3. Verwaltungsverfahrensrecht, 40. Abgabenrecht, 41. Boden-, Bau- und Wegerecht, 42. Recht der Vertriebenen, politischen Hähtlinge, Heimkehrer und Kriegsgefangenen, 43. Freie Berufe (ohne Heilberufe und Notare), 44. Sozialrecht, 45. Gesund heitsrecht, 46. Kommunalrecht, 47. Lastenausgleichsrecht und Zugehöriges Recht (LAG, FG, BFG, RepG), 48. Recht des öffentlichen Dienstes einschliesslich der Notare, 49. Ordnungsrecht (Polizeirecht), 50. Immissionsschutzrecht, Atomrecht, Abfallbeseitigungs, 51. Sachleistungsrecht, Besatzungsschädenrecht 52. Schul- und Hochschulrecht, 53. Statusrecht, 54. Wasserrecht, Luftrecht, 55. Wehrpflichtrecht, 56. Wirtschaftsrecht (einschließlich des Rechts der Landwirtschaft, des Handwerks, des Verkehrswesens, der Banken und Versicherungsunternehmen), 57. Wohnungsrecht, Wohnungsbaurecht, 58. Verschiedenes, 6. Recht der Deutschen Einheit, 60. Staatsverträge, 61. Vermögensrecht, 62. Entschädigungs- und Leistungsausgleichsrecht, 7. Europarecht, 8. Völkerrecht

また件名と条文の索引がついている。累積索引(10巻毎)の本文は分類順で年月日順，件名，法条別の索引がついている。

Entscheidungen des Oberverwaltungsgerichts Berlin, 1954-.［慶大法］1 (1954)-［九大法］1 (1954) - 11 (1973)

Entscheidungen des Hessischen Verwaltungsgerichtshofs u. des Verwaltungsgerichtshofs Baden-Württemberg, mit Entscheidungen der Staatsgerichtshöfe beider Länder (ESVGH), Karlsruhe, Müller, 1 (1951)-［東外］(W 33 HE 5 K 5-E 52)

件名と分類順の索引がついている。

Entscheidungen der Oberverwaltungsgerichte für das Land Nordrhein-

Westfalen in Münster sowie für die Länder Niedersachsen und Schleswig-Holstein in Lüneburg mit Entscheidungen des Verfassungsgerichtshofes Nordrhein-Westfalen und des Niedersächsischen Staatsgerichtshofes, Münster, Aschendorff, 1 (1949)-.［東外］(W 33 NW 5 K 5-E 51)

本文は，判決言渡年月日順で分類順索引以外に年月日順，件名，法条の索引がある。累積索引も同じである。

Amtliche Sammlung von Entscheidungen der Oberverwaltungsgerichte Rheinland-Pfalz und Saarland (AS), Koblenz, Görres-Druckerei, 2 (1955) - 11 (1972).［東外］(W 33 RP 5 K 5-A 55) (Wanting: 3.)

年月日順，件名，条文索引以外に大項目による索引がある。

Verwaltungsrechtsprechung in Deutschland: Sammlung obergerichtlicher Entscheidungen aus dem Verfassungs- und Verwaltungsrecht (Verw Rspr)（ドイツ行政法判例集）. München, Beck.［東外］(W335KO-V49) 1 (1947)-［最］

連邦と州の両方にわたり，憲法裁判所と行政裁判所の判例を掲載。年月日順と件名の索引がある。また，Verzeichnis der Entscheidungen nach Materien geordnet がありA. Verfassungsrecht, B. Materielles Verwaltungsrecht, C. Verfahrensrecht と大別した中をBならばさらに Baurecht, Sozialrecht 等に区分している。私撰判例集である。

Sammel- und Nachschlagewerk der Rechtsprechung des Bundesverwaltungsgerichts, hrsg. von K. Buchholz (Buchholz). Berlin, Heymann, 1957-, Losebl.-Ausg.［国］

〈行政法の個々の分野の判例集〉

Entscheidungen des Bundesdisziplinarhofs (BDH)（連邦懲戒裁判所判例集）, Berlin, Heymann, 1 (1955) - 7 (1967). Absorbed by Entscheidungen des Bundesverwaltungsgerichts.［東外］(W 335 K 6-E 55) Bd. 1 (1955) -7 (1967)［最］

年月日順，件名，条文の索引つき。付録として Dienststrafhof des Landes（州服務刑事裁判所）の判例が Bd. 1-4 までついている。

Entscheidungen der Ehrengerichtshöfe der Rechtsanwaltschaft des Bundesgebietes einschl. des Landes Berlin, Präsidium der Bundesrechtsanwaltskammer. Berlin, 1956-. ［最］1 (1956) - 5 (1959) ［九大法］1 (1956) - 5 (1959)

Verkehrsrechtssammlung: Entscheidungen aus allen Gebieten des Verkehrsrechts (VRS, VerkRSamml)（交通法判例集）, Berlin, Schmidt. ［東外］(W335K7-V49) 1 (1949)- (Wanting. Bd. 21) ［最］Bd. 31 (1966) -

私撰の判例集で下級裁判所の判例を含む。各巻と総索引の双方についている索引は年月日順，件名，条文である。

判例の検索資料

Taschenlexikon staats- und verwaltungsrechtlicher Entscheidungen (TSVE). Bielefeld, Schmidt, 1980-. Losebl.-Ausg. ［東外］(W 336-T 60)

下級裁判所判例を含み，加除式で本文は判決の要旨を件名のアルファベット順に並べ，その次に裁判所名，判決言渡年月日，書類整理番号，その判例を掲載している雑誌名と掲載箇所をつける。条文索引と（参照つきの）件名標目表がある。

Rechtsprechung und Schrifttum: Sammlung sämtl. Entscheidungen und des Schrifttums auf dem Gebiete des Justiz- und Verwaltungsrechts, 1. Jahrg. Darmstadt, Fachverlag, Dr. N. Stoytcheff, 1949-, v. Monatlich.

1. Jahrg. は Entscheidungen und Schrifttum とよばれた判例要旨集で判決の登載箇所を参照している。［最］はごく一部だけを所蔵している。

Taschenlexikon bau- und architektenrechtlicher Entscheidungen (TBAE), Bielefeld, Schmidt, 1978-, Losebl.-Ausg.. ［東外］(W 336-T 60)

本文の構成は上述の TSVE と同様である。索引は件名標目表（参照と相互参照がよくできている）と条文索引である。個々の判決の要旨毎にその判例の掲載誌名とその箇所をあげる。下級裁判所の判例をも含んでいる。

Taschenlexikon Personalrechtlicher Entscheidungen des öffentlichen Dienstes (TPE), Bielefeld, Schmidt, 1974, Losebl.-Ausg. ［東外］(W336-T 60)

下級裁判所の判例の要旨を含み本文の構成は前述の TSVE と同様である。年月日順と条文索引の他に（参照つき）件名標目表がある。

Lexikon straßenverkehrsrechtlicher Entscheidungen (LSE). Bielefeld, Schmidt, 1978-, Losebl.-Ausg. ［東外］(W 336-T 60)

下級裁判所の判例の要旨を含み本文の構成や内容は上述の TSVE と類似し

ている。各種の表を含み（参照つきの）件名標目表と条文索引がある。

判例掲載雑誌

Deutsches Verwaltungsblatt (DVBl), Köln, Heymann, 1950-. [東法] (Z 33-D 87) [最]

下級裁判所の判決をも含み，年月日順と件名の索引がある。

Der öffentliche Dienst (DöD), Köln, 1948-. [最]

年月日順と件名の索引があり前身は Justizverwaltungsblatt である。

Die Öffentliche Verwaltung: Zeitschrift für Verwaltungsrecht und Verwaltungspolitik (Öff.Vw., DÖV, ÖV), Stuttgart, Kohlhammer. [東法] (Z 33-0.3) 1948- [最]

年月日順，件名，条文の索引がある。

Die Deutsche Richterzeitung (Driz), Köln, Heymann, 1909-. [東法] (Z 33-D 37)

年月日順と件名索引があり，前者には判決の要旨がついている。

Zeitschrift für Beamtenrecht (ZBR), Stuttgart, 1953-. [慶大，早大社研，名大等]

Neue Zeitschrift für Verwaltungsrecht (NVwZ), Beck, 1982-.

Die Verwaltung, Duncker & Humblot, 1968-.

Zeitschrift für Luft und Weltraumrecht (ZLW), Berlin, Heymann, 1953-. [東法] (Z 33-Z 71) 1961- [最]

地方裁判所の判例をも含み，目次では裁判所別に判例をあげ，件名索引をつける。

〈第２次大戦終了以前のもの〉

Bayerische Verwaltungsblätter (BayVBl), München, 1925-1933. [九大法]

Verwaltungsarchiv (Vw. Arch, Verw Arch), Köln, Heymann. [東法] (Z 33-V 52) 1893-

Oberverwaltungsgericht (OVG) および Verwaltungsgerichtshof (VGH) の判例を含む。目次と年月日順索引がある。

④ 経 済 法

判 例 集

Höchstrichterliche Finanzrechtsprechung (HFR), Boon, Stollfuss.［東外］(W 335 M 1-H 79) 1979-

内容は Teil. I, Entscheidungen des Bundesfinanzhofs in Kurzform mit Anmerkungen. Teil. II, Entscheidungen des Bundesverfassungsgerichts. Teil. III, Entscheidungen anderer oberster Bundesgerichtshöfe. Teil. IV, Entscheidungen des Europäischen Gerichtshofs. Teil. V, Berichte über schwebende Verfahren. と分かれている。

年月日順，件名，条文の索引があり，その他に Stichwortverzeichnis zu den Berichten über schwebende Verfahren がついている。

Sammlung der Entscheidungen des Bundesfinanzhofs (BFHE, SlgBFH)(連邦財政裁判所判例意見集), Bonn, Stollfuss. Frühere Ausg.: 1-53, Sammlung der Entscheidungen u. Gutachten des Reichsfinanzhofs. 54, Sammlung der Entscheidungen und Gutachten des Reichsfinanzhofs und des Obersten Finanzgerichtshofs. 55-77, Sammlung der Entscheidungen und Gutachten des Bundesfinanzhofs.［東外］(W 335 M 1-S 20) 1 (1920) -［最］［国］(Bd. 87 以降)

各巻および累積索引に年月日順，件名，条文の索引がつき Bundesgesetzblatt や Bundessteuerblatt の掲載箇所が示されている。

Entscheidungen der Finanzgerichte, Bonn, 1953-.［慶大法］1 (1953) -［横浜国大経済分］1 (1953) - 22 (1974)

Entscheidungen in Jagdsachen der ordentlichen Gerichte, der Arbeitsgerichte, der allgemeinen Verwaltungsgerichte sowie der Finanz- und Sozialgerichte, Hamburg, Parey, 1963-［東外］(W 335 N 6-E 63)

索引なし。Jagdbezirke, Jagderlaubnis, Jagdpacht 等と大分類をして，判例をあげる。

Sammlung von Entscheidungen agrarrechtlichen Inhalts, insbesondere aus dem Höferecht, dem Pachtschutzrecht und der Verfahrensordnung für Landwirtschaftssachen, Heft 1, hrsg. von A. Kollmeyer, Münster, Aschendorff, 1949.［東外］(W 335-N 6-S 49)

判例の検索資料

Beck'sches Nachschlagewerk der Entscheidungen des Bundesfinanzhofs, Ser. 1971...(BFH-N) München, Beck, Losebl.-Ausg.; Kurzausgabe, 1951-1965, 1966-1970; Sammelausgabe, 1971-1975 & Register (zu 1971-1975) ［東外］(W 336-B 71)

本書は（LM）（**本章**（**3**）⑦106頁で後述）と同一の出版社から出版されていて，内容構成もLMに類似している。そして単に連邦財政裁判所の判決だけでなく，他の連邦裁判所（連邦憲法裁判所をも含む）の判決でも，租税法に関係のある重要なものは含んでいる。本体は判示事項，判決言渡年月日，書類整理番号，連邦財政裁判所判例意見集（BFHE）とBundessteuerblatt（BStBl）中の掲載箇所，事実の説明，判決理由の要旨の順に個々の判決を法条順に並べている。本文に付属する索引の巻，即ちFundstellen und Sachverzeichnisは判例検索表と件名索引である。前者は判決を判決言渡年月日順に並べたもので，書類整理番号，連邦財政裁判所判例意見集（BFHEまたはSlgBFH），Bundessteuerblatt（BStBl）とこのBFH-N中における掲載箇所を表にしている。Kurzausgabe 1951-1965, 1966-1970は本体から事実の説明と判決理由の要旨を取り除いた部分を法条順に並べ，巻末に前述の本体の索引と類似した判例検索表と件名索引をつける。Sammelausgabe 1971-75, Bd. 1, 2は本文も，索引の内容も前述の本体と同様であるが，ただ1971〜75年間のものを固定式の図書にまとめたものである。

Taschenlexikon wirtschaftsrechtlicher Entscheidungen (TWE), Bielefeld, Schmidt, 1977-, Losebl.-Ausg. ［東外］(W 336-T 60)

下級裁判所の判例をも含み，加除式で本文は判決の要旨を件名のアルファベット順に並べ，各判決の要旨の次に裁判所名，判決言渡年月日，書類整理番号，その判例を掲載している公撰判例集や雑誌名の箇所をつける。条文索引と（参照つきの）件名標目表がある。

Taschenlexikon handwerksrechtlicher Entscheidungen (THwE), Bielefeld, Schmidt, 1980-, Losebl.-Ausg. ［東外］(W 336-T 60)

前述のTWEと内容が類似していて，加除式で，下級裁判所の判例をも含み，本文は判決の要旨を件名のアルファベット順に並べ，その次にTWEと同一種類のものをつける。条文索引と（参照つきの）件名標目表がある。

判例の掲載雑誌

Der Betrieb (DB), Düsseldorf, Handelsblatt, 1948-. [東法] (Z 33-B 31)

租税法，経済法，労働法，社会法を対象とする。下級裁判所をも含む。年月日順と件名の索引がある。

Der Betriebs-Berater (BB), Heidelberg, Recht und Wirtschaft, 1946-. [東法] (Z 33-B 34) [最]

経済法，租税法，社会法を対象とする。Landesarbeitsgericht 等の下級裁判所の判例を含む。年月日順と件名の索引がある。

Finanz-Rundschau (FR), Köln, O. Schmidt, 1946-. [神戸大学]

Recht der Internationalen Wirtschaft (RdIntWi., RiW, RIW), Heidelberg, Recht und Wirtschaft, 1975-. [東法] (Z 33-A 97) Jg. 8 (1962)-

地方裁判所の判例をも含む。年月日順と件名の索引がある。

Wirtschaft und Wettbewerb (WuW), Düsseldorf, Handelsblatt, 1951-. [東法] (Z 33-W 60-1) Jg. 8 (1958)-

上級地方裁判所の判例を含む。年月日順と件名の索引および著者名と書評の索引がある。

⑤　租　税　法

判　例　集

Sammlung der Entscheidungen des Bundesfinanzhofs (BFHE, SlgBFH) (連邦財政裁判所判例意見集), Bonn, Stollfuss. [東外] (W 335 M 1-S 20) 1920- [最]

経済法の所で既述。

Das Steuerrecht der Unternehmung, von P. Herbert, Hagen, Linnepe, 1956-, Losebl.-Ausg. [東外] (W 335 M 4-S 56)

法令，判例を分類順に並べる。各巻の初めに目次があり，年月日順と件名の索引がある。

Verfassungsrechtsprechung zum Steuerrecht: Die Entscheidungen des Bundesverfassungsgerichts der Bundesrepublik Deutschland (租税法関係憲法判決集), Frankfurt am Main, Athenäum, 1971. [最]

1953年4月から1971年3月を対象とする。本文2巻，索引1巻。索引は年月日順，条文の2種類に分かれている。

Blattei-Handbuch: Rechts- und Wirtschaftspraxis, Stuttgart, Forkel. ［国］（CG 4-3-6）

判例要旨を法条順にあげる。租税法が中心。

Steuerrechtsprechung in Karteiform (neue Mrozek-Kartei とよばれ StRK と引用される。). Köln, O. Schmidt, 1949-, Losebl.-Ausg.

もっとも包括的な判例要旨集である。

Aktuelle Sammlung der Verfügungen und Erlasse des Bundesfinanzministeriums, der Länderfinanzministerien, der Oberfinanzdirektionen und der Steuerrechtsprechung, Ludwigshafen, Kiehl, 1956, Losebl.-Ausg.

行政的な布告や租税の判例を含む。

判例の検索資料

Fundheft für Steuerrecht: Leitsätze der Entscheidungen-Literaturübersicht, Nachweis der Verwaltungsvorschriften (Steuer-Fund), München, Beck, 1955-. ［東法］（Y 1 U 33-FS-55）［国］

この内容は公法の所で述べた Fundheft für Öffentliches Recht（その内容は**本章(3)③** 91頁参照）と類似していて，単行書，雑誌論文，判例要旨を法条順に述べたものであり，連邦裁判所の判例には◎印を，その他の裁判所の判例には○印をつけ判例要旨の次に裁判所名と判決言渡年月日，書類整理番号，公撰判例集および雑誌の掲載箇所をつける。巻末には件名索引がある。

Beck'sches Nachschlagewerk der Entscheidungen des Bundesfinanzhofs (BFH-N), München, Beck, 1951-. ［東外］（W 336-B 71）

経済法判例の検索資料の所（**本章(2)④**）で既述。

Taschenlexikon steuerrechtlicher Entscheidungen (TStE), Bielefeld, Schmidt, 1980-, Losebl.-Ausg. ［東外］（W 336 T 60）

下級裁判所（例：Finanzgerichte）の判例をも含み加除式で本文は判決の要旨を件名のアルファベット順に並べ，各判決の要旨の次に裁判所名，判決言渡年月日，書類整理番号，公撰ならびに私撰判例集および判例の掲載雑誌中の掲載箇所をつける。索引には年月日順，条文の他に（参照つきの）件名標目表がある。

本文に引用される文献は下記のようであるが，その初めに Bundessteuerblatt (BStBl) Teil I または Teil II をあげる。従って，もしある論文中に BStBl のみが引用されこの判例を載せている他の文献が不明の時，または論文中で他の文献が引用されこの BStBl の登載箇所が不明の時に仮にその判例の件名または判決言渡年月日や関連する法条が判明していればこの TStE をつかってつきとめることができる。

この TStE の本文に引用される文献を列挙すると BB（Der Betriebs-Berater），BFHE（Sammlung der Entscheidungen und Gutachten des Reichsfinanzhofs, des Obersten Finanzgerichtshofs und des Bundesfinanzhofs.），BStBl. I.（Bundessteuerblatt Teil I.），DB（Der Betrieb），DStR（Deutsches Steuerrecht），DStZA（Deutsche Steuer-Zeitung, Ausgabe A），DStZB（Deutsche Steuer-Zeitung, Ausgabe B），EFG（Entscheidungen der Finanzgerichte），FR（Finanz-Rundschau），HFR（Höchstrichterliche Finanzrechtsprechung），StBp（Die steuerrechtliche Betriebsprüfung），StRK（Steuerrechtsprechung in Karteiform），StZBl（Steuer-und Zollblatt），UStR（Umsatzsteuer Rundschau）である。序文の中にはこれらの文献のより詳細な引用法が示されている。

Steuerrechts-Register 1960, Heidelberg, Recht und Wirtschaft, 1961.［東法］（W 336-M 4-S 64）

全巻が件名により並べられ判例や雑誌論文もひける。

判例掲載雑誌

Der Betrieb（DB），Düsseldorf, Handelsblatt.［東法］（Z 33-B 31）

下級裁判所の判例をも含み索引は年月日順と件名である。

Betriebs-Berater（BB），Heidelberg, Recht und Wirtschaft, 1946-.［東法］（Z 33-B 34）［慶大法］35（1980）-

下級裁判所の判例をも含み索引は年月日順と件名である。

Blätter für Steuerrecht, Sozialversicherung und Arbeitsrecht（BlSt. Soz. ArbR），Neuwied, Luchterhand, 1945-.

Deutsche Steuer-Rundschau（DSt. Rdsch., DStR），Hamburg, Nolke, 1951-.

Deutsche Steuer-Zeitung（DStZ），Bonn, Stollfuss, Konstanz, Gehlen, 1928-.［東法］（Z 33-D 40-1）Jg 68（1980）-［京法等］

下級裁判所の判例をも含み索引は年月日順と件名である。

Deutsches Steuerrecht（DStR），München, Beck, 1962-.［東法］（Z 33-D 84-1）Jg 16（1978）-

下級裁判所の判例をも含み索引は年月日順と件名である。

この雑誌に 1962～1972 年までに掲載された判例や雑誌論文，書評の累積索引が

Deutsches Steuerrecht: Zeitschrift für Praxis und Wissenschaft des gesamten Steuerrechts zugleich Organ der Bundeskammer der Steuerbevöllmächtigten, Zehnjahres Register, 1962-1972, München, Beck, 1973, 306 p. ［東法］（W 336-D 73）である。これには雑誌論文の執筆者名のアルファベット順索引や，書評の被批評者名による索引，官庁の指令の年月日順索引，裁判所別の判決の年月日順索引（下級裁判所をも含む）があり，巻末に件名索引をつける。

Finanz-Rundschau（FinRdsch., FR）, Köln, O. Schmidt, 1946-. ［東法］（Z 33-F 32）Jg 35（1980）-

Erlasse der obersten Finanzbehörden der Länder をも含み，索引は年月日順と件名である。

Steuer und Wirtschaft（StuWi., StW）, Berlin, Springer, 1921-. ［東法］（Z 33-S 93）

下級裁判所の判決をも含み，索引には年月日順と件名がある。

Steuerberater, Verlag Recht und Wirtschaft, 1950-.

Steuerberatung（Stbg）, Stollfuss, 1958.

この 2 つのものは月刊で判例をのせるが論文に多くのスペースをさいている。

⑥ 社会法・労働法

判 例 集

Entscheidungen des Bundessozialgerichts（BSG）（連邦社会裁判所判例集）, Köln, Heymann, Bd. 1（1956）-. ［東外］（W 335 PO-E 56）Bd, 1（1956）- ［最］［国］

各巻の本文は判決の言渡年月日順で件名と条文索引をつける。

この総索引は (1) 略語表，(2) 法条順の判決の要旨の索引，(3) 件名索引，(4) 法条順索引，(5) 判決言渡年月日順索引に分かれている。

Wende, G./Peters, H., Sozialgerichtliche Entscheidungssammlung. Stuttgart, Kohlhammer, Losebl.-Ausg., 1948-1957 mit 21 Supplementen in 4 Vols.

Entscheidungen des Bundesarbeitsgerichts（BAG, BArbG）（連邦労働裁判所判例集）, Berlin, Gruyter. ［東外］（W 335 P 1-E 55）Bd. 1（1954）- ［最］［国］

総索引および各巻につく索引は年月日順，件名，法条順に分かれている。

本文中に第1審と第2審の裁判所名と原告名が出ている（この点が後に述べる労働法の判例検索資料たるAP（**本章(3)④** 94頁参照）と異なる）。

判例の検索資料

Medizin im Sozialrecht: Sammlung von Entscheidungen zu medizinischen Fragen der Kranken-, Renten-, Unfall-, Arbeitslosenversicherung und des Versorgungswesens, von W. Gercke, Berlin, Luchterhand, 1971.［東外］(W 336-M 70)［最］

本文は判例要旨を分類順に並べ，年月日順，法条別の索引がつく。

Die Rechtsprechung des Bundessozialgerichts aus der Leitsatzsammlung der Zeitschrift „Soziale Sicherheit“ hrsg. von G. Schroeder-Printzen et al., 1-2. Köln, Bund-Verlag, 1969-1974.［東外］(W 336-R 69)

本文は法条順で索引はなく，各判決の要旨毎に，判例を掲載する雑誌名とその箇所をあげる。

Taschenlexikon sozialversicherungsrechtlicher Entscheidungen (TSE), Bielefeld, Schmidt, 1980-, Losebl.-Ausg.［東外］(W 336-T 60)

下級裁判所の判例を含み本文は判決の要旨を件名のアルファベット順に並べたもので，判決の要旨の次に裁判所名，判決言渡年月日，書類整理番号，判決を掲載する雑誌名をつける。件名標目表の他に年月日順，法条別の索引がある。

Fundheft für Arbeitsrecht, München, Beck, 1945-.［東法］1945-［最］［国］

この内容はFundheft für Öffentliches Recht（**本章(3)③** 91頁で後述）と類似していて，単行書，雑誌論文，判決の要旨を法条順に並べたものである。下級裁判所の判例も含んでいるのが長所であり，固定式である。判決の要旨の次に裁判所名と判決言渡年月日，書類整理番号，公撰判例集と雑誌の掲載箇所をつける。巻末には判決言渡年月日順（Bd. 22 (1976) から）と件名と著者名の索引がある。

Arbeitsrechtliche Praxis, hrsg. von A. Hueck et al., Jahrg. 1951-1954 & Gesamtregister, München, Beck, 1954.［東外］(W 336-N 51)

これは固定式であるが，次にあげる加除式のAPが，この後身である。

Nachschlagewerk des Bundesarbeitsgerichts; Arbeitsrechtliche Praxis, die Rechtspyechung des Bundesarbeitsgerichts und die arbeitsrechtlich bedeutsamen Entscheidungen anderer Gerichte mit erläuternden Anmerkungen, (AP) hrsg. von Hueck, Nipperdey und Dietz, München, Beck, 1954-, Losebl.-Ausg. ［東外］（W 336-N 51）

詳細な内容と使用方法は**本章（3）④**（94頁）で述べる。

Taschenlexikon arbeitsrechtlicher Entscheidungen（TAE）, Bielefeld, Schmidt, 1979-, Losebl.-Ausg. ［東外］（W 336-T 60）

下級裁判所の判例をも含み，加除式である。本文は判決の要旨を件名のアルファベット順に並べ，判決の要旨の次に裁判所名，判決言渡年月日，書類整理番号，公撰判例集中の登載箇所，AP（Arebitsrechtliche Praxis）やその判例を掲載している雑誌中の掲載箇所をつける。年月日順索引（連邦労働裁判所のみ），条文索引および（参照つきの）件名標目表がある。

判例掲載雑誌

〈社 会 法〉

Bundesversorgungsblatt（BVBl., BVersBl.）, Stuttgart, Kohlhammer, 1952-. ［東法］（Z 33-B 79） 1962-

法条別索引つき。

Zentralblatt für Jugendrecht und Jugendwohlfahrt（ZblJugR）, Berlin, 1924-. ［最］

Neue Zeitschrift für Arbeits- und Sozialrecht（NZA）, Beck, 1984-.

月2回発行

Die Sozialgerichtsbarkeit, Chmielorz, 1954-.

〈労 働 法〉

Arbeit und Recht: Zeitschrift. für Arbeitsrechtspraxis（ArbuR）, Köln, Bund-Verlag, 1953-. ［東法］（Z 33-A 41）

下級裁判所の判例をも含み年月日順と件名の索引がある。

Der Betrieb（Betrieb, DB）, Düsseldorf, Handelsblatt, 1948-. ［東法］（Z 33-B 31） Jg. 5（1952）-

年月日順，件名の索引がある。

Betriebs-Berater: Zeitschrift für Recht und Wirtschaft（BB）, Heidelberg, Recht und Wirtschaft, 1946-. ［東法］（Z 33-B 34） Jg. 2（1947）- ［最］

社会法と労働法を含む。下級裁判所をも対象とする。年月日順と件名の索引がある。

Recht der Arbeit (RdA, RdArb), München, Beck, 1948-. ［東法］(Z 33-R 23) 1948- ［最］

下級裁判所の判例をも含み，年月日順と件名の索引がある。

Neue Zeitschrift für Arbeitsrecht (NZArbR), Mannheim, Bensheimer, 1921-1933. ［東法］(Z 33-N 43) Jg. 2-9 (1923-1929)

下級裁判所の判例をも含み，件名と条文の索引がある。

〈補 償 法〉

Rechtsprechung zum Wiedergutmachungsrecht (NJW/RzW, RZW) (補償法関係判例集), München, Beck, 1949-. ［東外］1954-56 ［最］1949-81 ［一橋大図］1949- ［国］1952-

雑誌 Neue Juristische Wochenschrift の付録として1950年以降発行された。ナチスの圧制による犠牲に対する補償に関する判例要旨をのせる。裁判所別，判決言渡年月日順索引には注釈つきのものには注釈者名をつけ，その他に件名と条文の索引をつける。

Wiedergutmachungsrecht 1945-1956, München, Beck, 247 p. ［国］(CG 4-1-13) 内容目次と件名索引だけがつく。

Oberstes Rückerstattungsgericht 1. Senat. Urteile Jahre 1959-1967, 5 v.; do. 2. Senat. Urteile Jahre 1957-1968, 8 v. ［国］(CG 4-2313-2)

なお，**本章(3)⑦**で詳述する Lindenmaier/Möhring, Nachschlagewerk des Bundesgerichtshofs (LM). ［東外］(W 336-N 61) の中に BEG という巻があり，これにはナチスの迫害による損害の補償に関する判例が出ている。

⑦　刑法・刑事訴訟法

判 例 集

Entscheidungen des Bundesgerichtshofes in Strafsachen (BGHSt) (連邦通常裁判所刑事判例集), Köln, Heymann. 1 (1951)-. ［東外］(W 335 RO-E 51) 1951- ［最］［国］

各巻毎に年月日順，件名，条文索引の他に Senat 別の書類整理番号順の判決（判決言渡年月日つき）と登載頁の対照表および原判決裁判所名索引がある。総索引は年月日順と件名の索引および(判決要旨を法条順に並べたものと法条と判例登載の巻・頁だけを対照し，表にしたものの2種類の）法条索引から成り立っている。

Entscheidungen der Oberlandesgerichte zum Straf- und Strafverfahrensrecht (OLGSt.)（刑法および刑事手続法の上級地方裁判所判例集）, Berlin, Luchterhand, 1964-, Losebl.-Ausg. ［東外］（W 335 RO-E 64）［最］

本文は，法条順で各グループ毎に年月日順索引がつく。

Entscheidungen des Bayerischen Obersten Landesgerichts in Strafsachen (BayObLGSt.)（バイエルン州最高裁判所刑事判例集）, München, Beck, 1949-. ［東外］（W 33 B 5 RO-E 51）［国］（CG 4-3113-1）

Gesamtregister 1949-1964があり，各巻の索引と累積索引は件名と条文の索引である。

Entscheidungen des Obersten Gerichtshofes für die Britische Zone in Strafsachen (OGHbrZ. St, OGHSt.)（英国占領地区最高裁判所刑事判例集）, Berlin, Walter de Gruyter, 1974-. ［最］

刑事編は1～3巻（1947～1951年）に分かれ，被占領時代の重要判例が掲載されている。年月日順，件名，条文索引がある。判決言渡年月日順索引には原告名と被告名がついている。

判例の検索資料

Fundheft für Strafrecht, München, Beck, Bd. 1 (1950) - 5 (1959). ［東法］［最］

これは公法の検索資料のところで既述したFundheft für Öffentliches Rechtと類似した構成をもつもので，単行書，雑誌論文，判決の要旨が法条順にまとめてあり，巻末に件名索引がついている。しかし，Bd. 5. (1959)を最後に廃刊となっている。

Lindenmaier/Möhring, Nachschlagewerk des Bundesgerichtshofs ［LM］, München, Beck, 1961-, Kurzausgabe. ［東外］（W 336-N 61）

10年または5年毎に出版される。この中のStGB（Strafgesetzbuch），StPO（Strafprozessordnung）とStrafsachenの所が参考になる。判決要旨の次に判決（またはその評釈）掲載雑誌名とその箇所をあげる。よく見ると刑法の刑訴の部分には下級裁判所の判決もある程度までは含んでいることがわかる。また，連邦通常裁判所刑事判例集を中心にした判例検索表（判決言渡年月日順）がついている。本章（3）⑦（106頁）で詳述する。

Deutsche Rechtsprechung (DRspr.)（ドイツ裁判便覧）［日大法，阪大法，大阪学院大図］

あらゆる種類の裁判所の判例を下級裁判所のそれをも含めて検索できるものである。(本章(3)① 88頁で詳述)

判例掲載雑誌

Der Deutsche Rechtspfleger (Rpfleger, (früher) Zeitschrift der Bundes Deutscher Justizamtmänner, ZDJustAmtm), Bielefeld, Gieseking.［東法］(Z33-D 31) Jg 56 (1948)-［最］

下級裁判所の判例をも含み条文索引がある。

Goltdammer's Archiv für Strafrecht (GoltdA, GA), Heidelberg, R. V. Decker, 1953-.［東法］(Z 33-G 85)

変遷前誌：Deutsches Strafrecht, 1 (1934) - 11 (1944)［日大法］等

裁判所別，判決言渡年月日順索引と法条別索引がある。下級裁判所の判決も含み，とくに法条別索引は詳細で便利である。

この法条別索引をBd. 129 (1982)を例にして説明すると全体を次の8つの部分すなわち，1) Strafrecht und Strafverfahrensrecht　2) Bürgerliches Recht　3) Öffentliches Recht　4) Sonstiges Bundesrecht　5) Landesrecht　6) Recht der DDR　7) Zwischenstaatliches Recht　8) Ausländisches Recht に大別する。その中をさらに具体的に述べると，Strafgesetzbuch (1871) i.d.F. vom 1. Sept. 1969.は24箇条を，Strafgesetzbuch vom 15. Mai 1871. i.d.F. vom 2. Januar 1975. Letzte Änderung vom 7. August 1981 は301箇条を，刑事訴訟法は268箇条を，裁判所構成法は86箇条をあげて，それに該当する判例の掲載箇所を示している。

Rechtsprechung（裁判所別，判決言渡年月日順索引）は2頁にわたるもので，裁判所別にこのBd. 129に掲載された判例の数を列挙すると，

Bundesverfassungsgericht 1, Bundesgerichtshof 19, Bayerisches Oberstes Landesgericht 9, Kammergericht 2, Oberlandesgericht Braunschweig 1, do. Celle 2, do. Düsseldorf 13, do. Frankfurt/Main 5, do. Hamm 1, Karlsruhe 3, Oberlandesgericht Koblenz 5, do. München 3, Schleswig-Holsteinisches Oberlandesgericht 1, Oberlandesgericht Zweibrücken 4, Oberverwaltungsgericht für das Land Nordrhein-Westfalen 2 のようになる。

Neue Zeitschrift für Strafrecht（NStZ）, Beck, 1981.

GoltdA. よりもより広範囲な刑法の判例を含み，その中のあるものには注釈がついている。

Juristenzeitung（JZ）, Tübingen, Mohr, 1946-. Frühere Ausg.: Deutsche Rechtszeitschrift, Bd. 1（1946）－5（1950）.

Juristische Rundschau（JR, JurRdsch.）, Berlin, W. de Gruyter, 1947-.

Juristische Schulung（JuS）, München, Beck, 1961-.

Monatsschrift für Deutsches Recht（MDR）, Hamburg, O. Schmidt, 1947-.

Neue Juristische Wochenschrift（NJW）, München, Beck, 1947-.

以上の判例掲載誌については本章（4）(ii)（112頁）以下で詳述する。

Deutsche Strafrechtszeitung（DStrZtg., DSrZ）, Berlin, O. Liebmann, 1914-.［東法］（Z 33-D 42）1914-1922

件名索引と裁判所別索引がある。

Juristische Wochenschrift（JW）, Berlin, W. Moeser Buchhandlung, 1872-1939.［東法］（Z 33-J 96）1880-1939

下級裁判所の判決をも含み件名索引がある。

Leipziger Zeitschrift für Deutsches Recht（LZ）, München, J. Schweitzer Verlag, 1907-1933.［東法］（Z33-L4）Bd. 8（1914）－17（1923）, Bd. 26（1932）－27（1933）

下級裁判所の判決をも含み件名索引がある。

Das Recht; Juristisches Zentralblatt für Praktiker, Berlin, Heymann, 1901-1932.［東法］（Z 33-R 21）1928-32

件名索引がある。

⑧ 民事法全般

判 例 集

Entscheidungen des Bundesgerichtshofes in Zivilsachen（BGHZ）（連邦通常裁判所民事判例集）, Berlin, Heymann, 1951-.［東外］（W 335-T 00-E 51）1951-［最］［国］等

この中に民法，商法，特許法，不正競争法，VVG（保険契約法），民事訴訟法に関する判例が含まれる。各巻に年月日順，件名，条文および原審裁判所名索

引がつき，累積索引には上述の中の初めの3つのものがある。この条文索引には判決要旨を法条順に並べたTl. IのSystematisches Sachregisterと Tl. IIIのQuellen-Registerがあり，後者にはさらにA. Alphabetisches Gesetzesregister（法令名をアルファベット順に並べたもの）とB. Gesetzesregister（法令をHauptgesetzeは法条順に，その他の法令は公布された年月日順に並べReichsgesetzblattまたはBundesgesetzblattの登載箇所を示し個々の法令に関連性のある判例の登載箇所を表にして対照させたもの）とがある。

これを実例をあげて示すと，Bd. 61〜70の総索引のTl. IIIのAの部ではBundesbaugesetz s. 23. 6. 1960とあるのでBの部でそれに対応するところをみると，

1960. 23 Juni Bundesbaugesetz（I. 341; III. 213-1）neu gefasst.

18. August 1976（I. 2256, 3617）

§1. 63, 245; 64, 379; 66, 322 f......とある。括弧の中の数字はBundesgesetzblatt 1960 Tl. I. S. 341; Tl. III. 213-1およびBundesgesetzblatt 1976 Tl. I. S. 2256, S. 3617にこの法令が登載されていることを示す。また，63, 245; 64, 379等はこの法令に関連性のある判例がこのBGHZ, Bd. 63, S. 245; Bd. 64, S. 379などに登載されていることを示している。

また，本文の判例要旨の次にはその判決の第1審と第2審の裁判所名をI. Landesgericht Köln II. Oberlandesgericht Kölnのように書き出している。ただし，下級裁判所の書類整理番号や判決言渡年月日は記述していない（『外国法の調べ方』207〜209頁の判決の図解と説明および山田晟『ドイツ法律用語辞典』519〜521頁参照）。

なお，BGHの最近の判例を知るにはEildienst Bundesgerichtliche Entscheidungen（EBE）（週刊）（Boorberg加除式）があり，これには公撰判例集には発表されない判例を含んでいる。

Warneyer, Rechtsprechung des Bundesgerichtshofs in Zivilsachen (BGHWarn).［最］1961 - 1972

この判例集は前記のBGHZと同様に連邦通常裁判所の判決を掲載しているが，その内容はBGHZと同一ではなくBGHZの中で印刷されていないBGHの殆んどすべての判決を含んでいる。たまたま同一の判決を対象にしていても，全く別の文章で表現されている。年月日順・件名・条文および原審裁判所名索引がある。

Entscheidungen der Oberlandesgerichte in Zivilsachen (OLGZ)（上級地方裁判所民事判例集）, München, Beck, 1951-.［東外］（W 335-TOO-E 65）1965-［最］

東北大法は Bd. 1 (1951) から所蔵する。年月日順，件名・条文の索引がある。

Entscheidungen des Bayerischen Obersten Landesgerichts in Zivilsachen (BayObLGZ)（バイエルン州最高裁判所民事判例集）, München, Beck, 1948-.［東外］（W 33 B 5 TOO-E 51）［国］

Gesamtregister 1948-1966, 1967-1974 がある。各巻および累積索引とも年月日順，件名，条文の索引がある。

Entscheidungen des Obersten Gerichtshofes für die Britische Zone in Zivilsachen (OGHbrZ)（英国占領地区最高裁判所民事判例集）, Berlin, W. de Gruyter, 1948-50.［東外］（W 335-TOO-E 49）Bd. 1-3［最］Bd. 1-4

民事編は 1 ～ 4 巻 (1948～50)，刑事編は 1 ～ 3 巻 (1947～51) ある。被占領時代の重要な判例が掲載されている。年月日順，件名，法条別の索引がある。

判例の検索資料

Fundheft für Zivilrecht, München, Beck, 1954.［東法］［国］

本章（3）⑤（99 頁）で詳述。

Lindenmaier/Möhring, Nachschlagewerk des Bundesgerichtshofs (LM), München, Beck.［東外］（W 336-N 61）**本章（3）⑦**（106 頁）で詳述。

Deutsche Rechtsprechung: Entscheidungsauszüge und Aufsatzhinweise für die juristische Praxis, Jg. 1-1948, Hannover, Deutsche Rechtsprechung, Losebl.-Ausg.［日大法，阪大法，大阪学院大図］**本章（3）①** で詳述。

Sächsisches Archiv für Rechtspflege (SächsArch. frühere Ausg. Sächsisches Archiv für Bürgerliches Recht und Prozess, Sächsisches Archiv für Deutsches Bürgerliches Recht), Leipzig, Rossberg, 1906-1923.［東法］（Z 33 S 13）

地方裁判所の判例をも含み年月日順，件名，条文の索引がある。

⑨　民事法の諸分野

以下，民事法の個々の分野に関する判例集，判例の検索資料，判例の掲載雑誌を次の項目別に記述する。

(a) 借地，借家法，(b) 責任法，(c) 家族法，(d) 商法，(e) 保険法，(f) 民事訴訟法

(a) 借地，借家法

判例の検索資料

Taschenlexikon miet- und wohnungsrechtlicher Entscheidungen (TME), Bielefeld, Schmidt, Losebl.-Ausg.［東外］(W 336-T 60)

本文は判例要旨を件名のアルファベット順に並べ，裁判所名，判決言渡年月日，書類整理番号とその判例を掲載する雑誌の箇所をあげる。下級裁判所の判決をも含んでいて加除式であり，件名標目表と年月日順と条文索引をつける。

(b) 責任法

判例の検索資料

Taschenlexikon haftpflichtrechtlicher Entscheidungen (THE), Bielefeld, Schmidt, 1980-.［東外］(W 336-T 60)

下級裁判所の判決をも含み加除式で本文は件名のアルファベット順に判例要旨を並べ，裁判所名，判決言渡年月日，書類整理番号とその判例を掲載する雑誌名とその箇所をあげる。条文索引と件名標目表がある。

責任法については本章(3)⑤（99頁）をも参照。

(c) 家族法

判例集

Entscheidungssammlung zum gesamten Bereich von Ehe und Familie (FRES), Baden-Baden, Nomos, 1 (1979)-.［東外］(W 335 T 40-E 79)

固定式で下級裁判所の判決をも含む。その内容目次は判決番号順で，判決の要旨をつける。本文は判決番号順であり，専門家の寄稿文よりなる。参考となる単行書や判例をあげていることが有益である。

索引として，Gerichtsregister は Gerichtsbarkeit und Gericht の次に判決言渡年月日順により分けられ，判決の要旨をつける。その他，判決言渡年月日順索引，書類整理番号順索引（文字とアラビア数字，ローマ数字順に並び，それに裁判所名，判決言渡年月日がつく），条文索引(判決の要旨つき)，件名索引(判決の要旨つき)，寄稿者名索引がある。

判例の掲載雑誌

Zeitschrift für das gesamte Familienrecht: Ehe und Familie im privaten und öffentlichen Recht (FamRZ), Bielefeld, Gieseking, 1954-.［東法］

(Z 33-Z 33) 1954- ［最］

地方裁判所，上級地方裁判所の判例をも含み，件名と条文の索引の他に分類順の索引がある。

(d) 商　法

判 例 集

Entscheidungen zum Abzahlungsgesetz, Frankfurt a. M., Kommentator, 1958-, Losebl.-Ausg. ［東外］ (W 335 T 50-E)

本文は法条順で，年月日順索引がある。

判例掲載雑誌

〈第 2 次大戦以後のもの〉

Die Aktiengesellschaft (AktG, AG), Hamburg, Trede, 1956-. ［東法］ (Z 33-A 27) Jg. 9 (1964)-

地方裁判所等の下級裁判所の判決をも含み年月日順と件名の索引がある。

GmbH-Rundschau (GmbH-Rdsch), Köln, O. Schmidt, 1963-. ［東法］ (Z 33-G 47-2) 1974- ［中大図，関西学院図］

地方裁判所の判決をも含み，年月日順と件名の索引がある。前身は Rundschau für GmbH. 40 (1949) - 53 (1962) である（その前身は Centrale Rundschreiben である）。

Der Betrieb. Verlagsgruppe Handelsblatt, 1948-.

会社に関係のある租税法，労働法と商法の判例の要旨を毎週載せる。

Betriebs-Berater, Verlag Recht und Wirtschaft, 1940-.

前掲の雑誌と同一の分野のものの要旨を毎月のせる。

Zeitschrift für Wirtschaftsrecht (ZIP), Verlag Kommunikationsforum Recht, Wirtschaft, Steuern, 1980-.

破産法を含む経済全般に関する判例の要旨か，時には注釈つきの判例を載せて毎月 2 回発行される。

〈戦前のもの〉

Archiv für deutsches Wechselrecht und Handelsrecht, Leipzig, B. Tauchnitz, 1851-1896. ［東法］ (Z 33-D 97) 6 (1856) - 18 (1868)

件名索引だけがある。

Central-Organ für das deutsche Handels- und Wechselrecht, Elberfeld,

R.L. Friderichs, 1865-1873. [東法] (Z 33-Z 97)

判例評釈をのせ，件名索引をつける。

Hanseatische Gerichtszeitung (HansGZ, HGZ), Mannheim, F. Vahlen, 1924-1941. [東法] (Z 33-H 36)

索引は何もない。

(e) 保 険 法

判 例 集

Deutsche Seeversicherung, 1923-1975, bearb. von J. Sasse, Karlsruhe, Versicherungswirtschaft, 1958. [東外] (W 335-T 76-D 58)

索引は次の 4 つがある。(i) Fundstellenregister（同一判例の公撰判例集の登載箇所と同書における掲載番号との対照表），(ii) 船名索引，(iii) 法条索引，(iv) 件名索引

判例の検索資料

Taschenlexikon versicherungsrechtlicher Entscheidungen (TVE), Bielefeld, Schmidt, 1980-, Losebl.-Ausg. [東外] (W 336-T 60)

下級裁判所の判例をも含み，加除式で本文は判例の要旨を件名のアルファベット順に並べ，裁判所名，判決言渡年月日，書類整理番号とその判例を掲載する雑誌名とその箇所をあげる。法条別索引と件名標目表がある。

判例掲載雑誌

Deutsche Versicherungszeitschrift für Sozialversicherung und Privatversicherung (DVersZ, DVZ), Berlin, E. Schmidt, 1947-. [一橋大等]

社会保険と私的保険の双方を取り扱う。

Versicherungsrecht (VersR), Karlsruhe, Versicherungs-Verlag, 1950-. [東法] (Z 33-V 45)

下級裁判所の判例をも含み年月日順，件名，条文の索引がある。

Zeitschrift für die gesamte Versicherungswissenschaft, Berlin, E.S. Mittler, 1901-. [東法] (Z 33-Z 58) Bd.3 (1903) - 35 (1935) [北大図，一橋図等]

下級裁判所の判例をも含み，判例の分類別索引があり要旨を述べる。

Versicherungsrecht: Juristische Rundschau für die Individualversicherung (Versicherungsgesellschaft), 1950-.

1年に48回発行され，単に私的な保険法に関する判例を載せる。

(f) 民事訴訟法

判 例 集

Kostenrechtsprechung (KostRspr.), Köln, Schmidt, 1961-, Losebl.-Ausg.［東外］(W 335 S 6-K 61)

本文は，法条順で所々に件名索引がつく。

判例の掲載雑誌

Anwaltsblatt (AnwBl), München, Beck, 1950-.［東法］(Z 33-A 39-1)［最］

下級裁判所の判例をも含み，年月日順，件名，条文の索引がある。

Deutsche Notarzeitschrift (DNotZ), München, Beck, 1901-.［東法］(Z 33-D 29-1)

前身はZeitschrift des Deutschen Notarvereins (DNotV) (1901-1933)である。地方裁判所の判例をも含み年月日順索引がある。

Zeitschrift für Zivilprozess (ZZP), Köln, Heymann, 1879-.［東法］(Z 33-Z 88)

連邦通常裁判所の判例が中心であるが，上級地方裁判所の判例をも含む。件名索引をつける。

⑩ 無体財産法

判 例 集

Entscheidungen des Bundespatentgerichts (BpatGerE)（連邦特許裁判所判例集）, München, Heymann, 1962-.［東外］(W 335-T 82-E 62)［最］

年月日順および件名索引と条文索引（判例の要旨を法条順に並べたもの）があるが，これ以外に法条と登載頁を対照にした索引もついている。

Entscheidungssammlung Gewerblicher Rechtsschutz (EGR), bearb. von D. Gaul et al. Köln, Schmidt, 1979-, Losebl.-Ausg.［東外］(W 335 T 82-E 72)

本文は，法条順で索引には年月日順と件名がある。個々の判例を掲載する雑誌の箇所を記している。

Rechtsprechung im gewerblichen Rechtsschutz, hrsg. von K. Schroeter, E. Sturm & G. Rothe. Berlin, Heymann, 1950-, Losebl.-Ausg.

特許権と実用新案権を取り扱う。

Rechtsprechung zum Urheberrecht（著作権法判例集）, hrsg. von Schulze, München, Beck, 1980-, Losebl.-Ausg.［東外］（W 335 T 85-R 54）［最］［国］

本文は，法条順で索引の巻は年月日順と件名の索引以外に注釈者名索引，略語表，文献一覧からなる。各判決の終に署名入りの評釈がついている。ドイツ連邦共和国以外の諸国の判例をも含んでいる。また，裁判所別の判決番号順索引はSchulze. BGH Nr. 22. BGHZ 19, 227. NJW 1956, 377. Volksfest (Gastwirt)のように，公撰判例集とNJWの掲載箇所と，簡単な件名をつける。年月日順索引には，書類整理番号，裁判所名，（判例の）評釈者名，判決番号がついている。なお，Lindenmaier/Möhring, Nachschlagewerke des Bundesgerichtshofs (LM)（本章(3)⑦）の判例検索表を利用すれば，NJW（Neue Juristische Wochenschrift）以外の他の雑誌に出ている判例をも探すことができる。

判例の検索資料

GRUR-Entscheidungsregister, hrsg. von der Deutschen Vereinigung für gewerblichen Rechtsschutz und Urheberrecht, Weinheim, Chemie (c 1973).［東法］（W 336-T 82-G 73）

この使用方法については本章(3)⑥（104頁）で詳述する。

Lindenmaier/Möhring, Nachschlagewerk des Bundesgerichtshofs, Gesetz gegen des unlauteren Wettbeberb (UWG).［東外］（W 336-N 61）

これには件名索引がついている。

判例掲載雑誌

〈第2次大戦終了以後〉

Archiv für Urheber-, Film- und Theaterrecht (UFITA, Ufita), Berlin, Springer, 1928-.［東法］（Z 33-A 89）1933-1940

目次のみ，索引なし。

Blatt für Patent-, Muster- und Zeichenwesen (BlPMZ, BlfPMZ), Berlin, Heymann, 1894-.［東外］（W 331-T 82-B 894）

目次と件名索引がある。

Gewerblicher Rechtsschutz und Urheberrecht (GRUR), Weinheim, Chemie, 1932-.［東法］（Z 33-G 55）

この「産業の法的保護および著作権法」という雑誌には特許事件および意匠法や商標法，著作権法に関する判決が比較的網羅的に収録されている。

年月日順と件名の索引があり，その他，分類順の目次がある。

Gewerblicher Rechtsschutz und Urheberrecht , Auslands - und Internationaler Teil (GRUR. Ausl.), Weinheim, Chemie, 1967-. ［東法］(Z 33-Q 55-2)

分類順目次と件名索引がある。

Wettbewerb in Recht und Praxis (Wettb. RuPr., WRP), Frankfurt am Main, Deutscher Fachverlag, 1955-. ［東法］(Z 33-W 50-1) 1979-

これには 1) Sachregister (件名索引)　2) Autorenverzeichnis (著者名索引)　3) Aus der Praxis—Für die Praxis　4) Rechtsprechungsübersicht (年月日順索引，書類整理番号つき) がある。

Mitteilungen der Deutschen Patentanwälte (Mitt. DPat. Anw, Mitt Dtsch, PatAnw.). ［東法］(Z 33-M 29-2) Jg. 47 (1956)-　［中大比較法研究所］Jg. 61 (1970)-

裁判所別索引と件名索引がある。

Archiv für Pressrecht (AfP), Zeitungs Verlag und Zeitschrift Verlag, 1953-.

月刊で単に著作権法のことのみでなく，広告や印刷法に関することも載せる。

Zeitschrift für Urheber- und Medienrecht, Institut für Filmrecht, 1957-.

著作権及び映画とテレビジョン法に関する判例の要旨をのせる。月刊。

〈第 2 次大戦終了以前のもの〉

Blatt für Patent-, Muster- und Zeichenwesen (BlPMZ, BlfPMZ), Berlin, Heymann, 1894-. ［東外］(W 331-T 82-B 894)

戦前のものには目次のみで索引はない。

Juristische Wochenschrift (JW), Berlin, W. Moeser, 1872-1944. ［東法］(Z 33-J 96) 1880-1939

年月日順，件名，条文索引がある。

Markenschutz und Wettbewerb: Monatsschrift für Marken-, Patent- und Wettbewerbsrecht (MuW), Berlin, 1901-1941. ［京法］［一橋図］

⑪ 国際私法

判例集

Die deutsche Rechtsprechung auf dem Gebiet des internationalen Privatrechts（IPRspr）（国際私法関係ドイツ判例集），Tübingen, Mohr, 1933-.［東外］（W 335 T 90-D 35）［最］

本文は分類順で，件名，条文索引の他に裁判所別索引と判例を登載した出版物の掲載箇所と判決番号の対照表がある。この対照表を1978年版を例に説明すると

Arbeitsrechtliche Praxis（AP）Betr. VG 1972 § 114 Nr. 1......39 とあるが，

これは Hueck/Nipperdey, Nachschlagewerk des Bundesarbeitsgerichts すなわち，AP のこの Betr. VG 1972 § 114 Nr. 1 以下にこの IPRspr の1978年版の39番目に掲載されている判決が出ていることを意味する。

なお，1926―44年に対する総索引が出ている。

Sammlung der deutschen Entscheidungen zum interzonalen Privatrecht（IzRspr.），1945/53-1966/67, von U. Drobnig, Berlin, de Gruyter, 1957-1971, Microfilm.［東外］（W 335 T 90-S 45）

第2次大戦後のドイツの占領地区相互間の私法に関する判例集。

判例掲載雑誌

Praxis des Internationalen Privat- und Verfahrensrechts（IPRax），Gieseking, 1981-.

半月毎に出版され，ドイツ連邦共和国のこの分野のすべての判例と，その要旨を含む。

Rabels Zeitschrift für ausländisches und internationales Privatrecht（RabelsZ, ZAuslR），Berlin, de Gruyter, 1927-.［東法］（Z 33-R 13）

内容目次以外に件名索引がついている。後者にはE（判例），EAnm.（注釈つき判例），Lit（書評）等の区別をする略語がついている。

⑫ 国際公法

これは公法であるので憲法，行政法の次におくべきかと思ったが，一応ここで述べることにする。

Fontes iuris gentium, Ser. A, Sec. II, bearbeitet im Max-Planck-Institut für ausländisches öffentliches Recht und Völkerrecht, 1931-1989+

Contents.:

Tom. 1　Die Entscheidungen des deutschen Reichsgerichts in völkerrechtlichen Fragen, 1879-1929, Heymann, Berlin, 1931.

Tom. 2　Entscheidungen des deutschen Reichsgerichts in völkerrechtlichen Fragen, 1945-1949, Heymann, Köln, 1960.

Tom. 3　Deutsche höchstrichterliche Rechtsprechung in völkerrechtlichen Fragen, 1945-1949, Heymann, Köln, 1956.

Tom. 4　Rechtsprechung der höchsten Gerichte der Bundesrepublik Deutschland in völkerrechtlichen Fragen, 1949-1960, Heymann, 1970.

Tom. 5　Deutsche Rechtsprechung in völkerrechtlichen Fragen, 1961-1965, Springer 1978.

Tom. 6　Do., 1966-1970, Springer, 1979.

Tom. 7　Do., 1971-1975, Springer, 1979.

Tom. 8　Do., 1976-1980, Springer, 1982.

Tom. 9　Do., 1981-1985, Springer, 1989.［東外］(W 335 H 00-F 31)

判例の検索資料

Fundheft für Öffentliches Recht（本章（3）③ 91 頁で詳述）はドイツ語以外の他の西ヨーロッパ語の国際公法の文献をも含む。巻頭に Vertragsregister zum Teil. III (Europarecht)がありそれは,

1　Vertrag zur Gründung der Europäischen Wirtschaftsgemeinschaft (EWGV). 法条順

2　Verordnung der EWG. 番号順

3　Vertrag über Gündung der E.G. für Kohle und Stahl (EGKSV). 法条順

4　Vertrag zur Gründung der Europäischen Atomgemeinschaft (EAGV). 法条順

のように分かれている。

判例掲載雑誌

Zeitschrift für ausländisches öffentliches Recht und Völkerrecht (ZaöR, ZAusl. ÖffR), Stuttgart, Kohlhammer, 1927-.［東法］(Z 33-Z 22)

Jahrbuch für Internationales Recht (JbIntR, JfIR), Göttingen, Vandenhoeck und Ruprecht, 1948-.［東法］(Z 33-J 44)

この2つの雑誌はドイツおよびドイツ以外の国々の裁判所の判例にふれる。

(3)　主要な判例検索資料の使用法

①　法律全般　Deutsche Rechtsprechung (DRspr)（ドイツ裁判便覧）: Entscheidungsauszüge und Aufsatzhinweise für die juristische Praxis, hrsg. von G. Feuerhake, Hannover, 1948-, Losebl.-Ausg.［日大法，阪大法，大阪学院大図］(北大は1982年に，最高裁は1950年に購入を停止した。)

加除式で，法律のあらゆる分野にわたり連邦裁判所のみならず下級裁判所の判決と重要な論文の要旨を，法条順に編纂したもので判例要旨を知る際，かつその判決がどの判例集または雑誌に掲載されているかを知る際に便利である。また，法条毎に問題点について（加除式のために）雑誌に発表された最新の見解をつきとめられるので，判例の第1級の検索資料ということができよう。

図1＝Szladits-1959

Plate 7. Page from Deutsche Rechtsprechung, a leading digest of case law.（次頁掲載）

その内容を図解によって説明する。

初めに次の5つの区分，すなわち民法，民法の付属領域，刑法，手続法，公法に分けた中〔図の(イ)〕を，さらに件名標目を示すアラビア数字で細分する。これらの数字〔図の(ロ)の1 (113)〕は各頁の右上に記され，中央には主要な件名標目〔図の(ハ)〕が，その下にその頁に印刷されている判例または雑誌論文の主眼点を示す細分の題名〔図の(ニ)〕が出ている。また，判例と雑誌論文が完全に出ている文献を参照する〔図の(ホ)(ヘ)(ト)〕。図のａ，ｂ，ｃは判例と論文の要旨である。

さらに件名索引があり，その他一定の期間に発表された判例と雑誌論文を示す梗概表ともいうべきÜbersichtsblätter（黄色）とさらに最近に発表されたこれらのものを探せるSchnellübersichtsblätter（緑色）がある。

②　法律全般　Neue Juristische Wochenschrift, Fundhefte (NJWF),

Within this number the entries are made in the order of the articles (§1, §2 etc.) of the relevant code, statute or decree. These entries contain references to books and articles dealing with the subject of that provision, and to court decisions on the

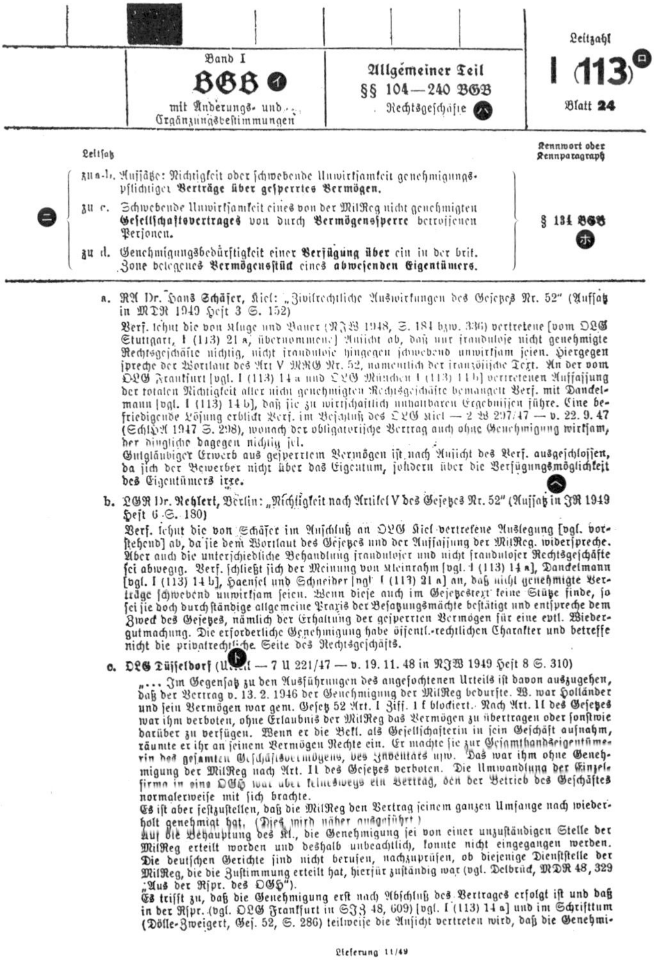

Band I
BGB ㋑
mit Änderungs- und Ergänzungsbestimmungen

Allgemeiner Teil
§§ 104—240 BGB
Rechtsgeschäfte ㋩

Leitzahl
I (113) ㋺
Blatt 24

Leitsatz

Kennwort oder Kennparagraph

㋥ zu a-b. Aufsätze: Nichtigkeit oder schwebende Unwirksamkeit genehmigungspflichtiger **Verträge über gesperrtes Vermögen.**

zu c. Schwebende Unwirksamkeit eines von der MilReg nicht genehmigten **Gesellschaftsvertrages** von durch **Vermögenssperre** betroffenen **Personen.**

zu d. Genehmigungsbedürftigkeit einer **Verfügung über** ein in der brit. Zone belegenes **Vermögensstück** eines **abwesenden Eigentümers.**

§ 134 BGB ㋭

a. RA Dr. Hans **Schäfer**, Kiel: „Zivilrechtliche Auswirkungen des Gesetzes Nr. 52" (Aufsatz in MDR 1949 Heft 3 S. 152)

Verf. lehnt die von Kluge und Bauer (NJW 1948, S. 184 bzw. 336) vertretene [vom OLG Stuttgart, I (113) 21 a, übernommene] Ansicht ab, daß nur fraudulose nicht genehmigte Rechtsgeschäfte nichtig, nicht fraudulose hingegen schwebend unwirksam seien. Hiergegen spreche der Wortlaut des Art V MRG Nr. 52, namentlich der französische Text. An der vom OLG Frankfurt [vgl. I (113) 14 a und OLG München I (113) 14 b] vertretenen Auffassung der totalen Nichtigkeit aller nicht genehmigten Rechtsgeschäfte bemangelt Verf. mit Danckelmann [vgl. I (113) 14 b], daß sie zu wirtschaftlich unhaltbaren Ergebnissen führe. Eine befriedigende Lösung erblickt Verf. im Beschluß des OLG Kiel — 2 W 297/47 — v. 22. 9. 47 (SchlHA 1947 S. 298), wonach der obligatorische Vertrag auch ohne Genehmigung wirksam, der dingliche dagegen nichtig sei.
Gutgläubiger Erwerb aus gesperrtem Vermögen ist nach Ansicht des Verf. ausgeschlossen, da sich der Bewerber nicht über das Eigentum, sondern über die Verfügungsmöglichkeit des Eigentümers irre. ㋬

b. LGR Dr. **Rehlert**, Berlin: „Nichtigkeit nach Artikel V des Gesetzes Nr. 52" (Aufsatz in JR 1949 Heft 6 S. 180)

Verf. lehnt die von Schäfer im Anschluß an OLG Kiel vertretene Auslegung [vgl. vorstehend] ab, da sie dem Wortlaut des Gesetzes und der Auffassung der MilReg. widerspreche. Aber auch die unterschiedliche Behandlung frauduloser und nicht frauduloser Rechtsgeschäfte sei abwegig. Verf. schließt sich der Meinung von Kleinrahm [vgl. I (113) 14 a], Danckelmann [vgl. I (113) 14 b], Haensel und Schneider [vgl. I (113) 21 a] an, daß nicht genehmigte Verträge schwebend unwirksam seien. Wenn diese auch im Gesetzestext keine Stütze finde, so sei sie doch durch ständige allgemeine Praxis der Besatzungsmächte bestätigt und entspreche dem Zweck des Gesetzes, nämlich der Erhaltung der gesperrten Vermögen für eine evtl. Wiedergutmachung. Die erforderliche Genehmigung habe öffentl.-rechtlichen Charakter und betreffe nicht die privatrechtliche Seite des Rechtsgeschäfts.

c. **OLG Düsseldorf** (U㋣l — 7 U 221/47 — v. 19. 11. 48 in NJW 1949 Heft 8 S. 310)

„... Im Gegensatz zu den Ausführungen des angefochtenen Urteils ist davon auszugehen, daß der Vertrag v. 13. 2. 1946 der Genehmigung der MilReg bedurfte. W. war Holländer und sein Vermögen war gem. Gesetz 52 Art. I Ziff. 1 f blockiert. Nach Art. II des Gesetzes war ihm verboten, ohne Erlaubnis der MilReg das Vermögen zu übertragen oder sonstwie darüber zu verfügen. Wenn er die Bekl. als Gesellschafterin in sein Geschäft aufnahm, räumte er ihr an seinem Vermögen Rechte ein. Er machte sie zur Gesamthandseigentümerin des gesamten Geschäftsvermögens, des Inventars usw. Das war ihm ohne Genehmigung der MilReg nach Art. II des Gesetzes verboten. Die Umwandlung der Einzelfirma in eine OHG war aber keineswegs ein Vertrag, den der Betrieb des Geschäftes normalerweise mit sich brachte.
Es ist aber festzustellen, daß die MilReg den Vertrag seinem ganzen Umfange nach wiederholt genehmigt hat. (Dies wird näher ausgeführt.)
Auf die Behauptung des Kl., die Genehmigung sei von einer unzuständigen Stelle der MilReg erteilt worden und deshalb unbeachtlich, konnte nicht eingegangen werden. Die deutschen Gerichte sind nicht berufen, nachzuprüfen, ob diejenige Dienststelle der MilReg, die die Zustimmung erteilt hat, hierfür zuständig war (vgl. Delbrück, MDR 48, 329 „Aus der Rspr. des OGH").
Es trifft zu, daß die Genehmigung erst nach Abschluß des Vertrages erfolgt ist und daß in der Rspr. (vgl. OLG Frankfurt in SJZ 48, 609) [vgl. I (113) 14 a] und im Schrifttum (Dölle-Zweigert, Ges. 52, S. 286) teilweise die Ansicht vertreten wird, daß die Genehmi-

Lieferung 11/49

Plate 7. Page from the *Deutsche Rechtsprechung*, a leading digest of case law.

図1＝Szladits-1959

München, Beck. ［東法］［国］

第2次大戦以後現在までに継続的に発行されているもので，刑法（Bd.1(1948)-Bd.5(1958)だけで以後廃刊)，私法，公法，補償法，労働法，租税法の各部門に分けて出版されている。

NJWF の各部門の索引の有無

	判例索引（年月日順）	著者名索引	件名索引
公法	○①	②○	○
労働法	○③	④○	○
補償法	○	×	×
租税法	×	×	○
私法	×	×	○
刑法	×	×	○

①Bd. 9（1958）からつく　②Bd. 27（1976）からつく

③Bd. 22（1976）からつく　④Bd. 3（1956）からつく

全部門を通じて本文は法条順に並べられ，同一法条の中で単行本，雑誌論文，判例が一度にひけるように編成されている。

その内容は部門毎に若干異なるが，(1) 内容目次，(2) 略語表(雑誌，官庁出版物，法令，判例集を対象とする)，(3) 本文，(4) 条約索引（公法のみにあり）・判例索引(裁判所別，判決言渡年月日順に判例を並べ，その書類整理番号と同書中の掲載箇所を示す。公法，労働法，補償法のみにあり)，(5) 執筆者名索引(公法，労働法のみにあり。これで判例の評釈者名も書評の執筆者名もひける)，(6) 件名索引である。

この NJWF が公撰判例集を補充する役割をもっていることは〔外〕207〜227頁を参照。

この Fundhefte を使用するに際しては次のような2つの限界が存在することを忘却してはならない。

第1のそれはこの図書の対象とする材料の範囲から由来している。たとえば，租税法または労働法の雑誌における私法的な記述を探す場合に，Fundheft für Zivilrecht がその雑誌をその対象の中に入れていなければ，この検索資料の中でそれを探し出すことはできない。第2の限界は問題を捕捉する方法である。この Fundhefte の中では判例は判決要旨を基礎にして分類されるが，判決要旨は担当者の主観によって作製されるために，これが判決の正しい内容を充分には表現していないことがあり得る。

ただし，普通の書誌ではひけない判決の評釈も検索できることはその長所と考えるべきである。また，判決が発表されてから，この書誌が作製され，印刷され，発売されるまでには相当の時間の遅れがあるので，これをうめるためにNJW-Leitsatzkartei を利用することができる。これはカードに，ばらばらに切って使用できるような状態で，毎週 Neue Juristische Wochenschrift の中で発行され，それによって，判決の現状を知ることができる（そして法条順に編成されている）。この判例要旨のカード式索引は同時に CD-ROM-Datenbank の基礎となるものである。

これらの検索資料を利用して雑誌論文を探し出しても，雑誌論文は問題の組織的な完全な把握をしていることが稀なので，この欠点を補うために Kommentar を参照するべきである。この注釈書では専門家が問題を広範囲の立場で理解し，他の領域における類似な事件に対する判例の発展をも含めて，述べていることが多いからである。この長所を持たないことが Datenbank の主要な欠点の１つであるといえよう（Hirte, p.79 より）。

③ 公法関係 NJW Fundheft für Öffentliches Recht (FföR), München, Beck, 1948-. ［東法］［国］

NJWF のこの公法の部門には判例言渡年月日順索引（Bd. 9 (1958) 以降），著者名索引（Bd. 27 (1976) 以降）および件名索引がついている。判例は判決の要旨の次に，裁判所名，判決言渡年月日，書類整理番号および，その判例を掲載している雑誌名が列挙してある。その利用方法を第 23 巻の序文を参考にして説明する。

この資料の中では文献の引用方法は発行年度と頁数によって示される。たとえば NJW 67, 1003 は NJW Jg. 1967, Seite 1003 を意味する。過去に遡って参照する場合には約５年以前の出版物にまで遡って行う。さらに，５年以上も前に遡って参照すべき出版物が存在する場合には，“u. RV.” という付加語によって示される。たとえば，“Siehe auch 65, 2458 ff. u. RV.” は「Fundheft 1965 の Nr. 2458 ff. にそれより以前の文献への参照があげられている」ということを意味する。

判決要旨が多くの法律問題を取り扱っているときには，それは個々の法領域に分けられる。他方，1つの判決要旨において取扱われた法律上の問題が多くの法領域に該当するのならば，これは各々の該当する法領域において繰返される。判例評釈は評釈者の名をつけて示される。

利用者が自己の探す法律の本文を早く探すことができるように本文の中にはSartorius, Verfassungs- und Verwaltungsgesetzessammlung (Sa); Sartorius, II Internationaler Verträge und des Europarats (Sa II); Die Gesetzsammlung Schönfelder ("Deutsche Gesetze", Sch); die Textsammlung „Reichsversicherungsordnung" von Aichberger (Ai)の該当するFundnummerがつけられている。

他方，最新の資料を補うために1972年1月1日から現れたNJWの判決要旨のカード式索引と連結をつけるために個々の章や節に判決要旨のカード式索引の鍵の数字（LK）がつけられている（例："Grundgesetz (Sa: 1, Sch: 1, LK: C/1")。ある法領域の中では単行本，論文と判例が並べられる。そして判例は連邦裁判所の判例から公布の日付順に並べられる。単行本の書名は＋印で囲まれ，論文名は—印で囲まれて示される。

この第23巻には第5巻から第23巻までを包括する詳細な事項索引がつけられているが，上述のような過去に遡る参照の方法をとっているので，それは第4巻についている第1巻から第4巻までの事項索引も補うから，この両事項索引により今までの全巻の内容をあますところなく探すことができる。さらに，判例索引がついているが，その中では判例は裁判所別に日付順に並べられている。この判例索引はとくに判例が文献の中で単に日付と書類整理番号だけで引用されているために，Fundheftの中で直ちに発見できない場合に役に立つものである。

個々の主な章を容易に探しあてるために，本体の他にボール紙がつけ加えられている。

このFundheft für Öffentliches Rechtの中には，国際法，憲法，財政法，地方自治法，公務員法，行政法，社会保険法，戦争犠牲者救護法等が含まれている。とくに国際法の部分では単にドイツ語の文献だけでなく，英語，仏語等の文献も対象としていることに注意されたい。

この図書の内容を次の図解によって説明する。

FföR Bd. 27 (1976)の本文 S. 352

(イ) § 26 Siehe auch (ロ) 74, 7634 ff; 75, 8268 ff

(ハ) 8684. (ニ) + (ホ) Selektiver Vertrieb und Kartellrecht (d. Automobilabsatz als Bsp. f. d. Behandlg. vertikaler Wettbewerbsbeschränkungen im dt. GWB u.i. amerik. AntitrustRe.) +

(ヘ) Jost J. Schmitt; (ト) Stuttgart (チ) 1975 (リ) 398 S; (ヌ) bespr. JZ 77, 40 (Bernhard Grossfeld, Prof.); DB 76, 1921 IV

(ル) 8685. Anwendung des erweiterten Diskriminierungsverbots (§ 26 II S 2) auf den Vertrieb von Markenartikeln.

BKartA, Inform., 14. 1. 77; DB 77, 198

(ヲ) 8686. 1. Für die Beurteilung, ob ein Handelsunternehmen von einem Lieferunternehmen in der Weise abhängig ist, dass eine ausreichende und zumutbare Möglichkeit, auf andere Unternehmen auszuweichen, nicht besteht, ist in 1. Linie Ansehen und Geltung der Ware des Lieferunternehmens auf dem Markt maßgebend.

2. Eine Feststellung dahin, der Kl. sei mangels einer unerlaubten Handlung iSd. §§ 26 II, 35 nicht verpflichtet, „etwaige künftige Aufträge“ des Bekl. anzunehmen, ist nicht zulässig.

(ワ) BGH, U 20. 11, 75 (カ) KZR 1/75; (ヨ) NJW 76, 801 m. Hinw. Red.; GewArch. 76, 130; MDR 76, 472; weitere (タ) Fundst. 75, 8273

§ 27 Siehe 73, 7529/30 u. RV

§ 28 Siehe 71,7124 u. RV

§ 34 Siehe auch 71,2125 u. RV, 72, 7270/1; 74, 7646/7; 75, 8274 ff

8691.

1. In einem formularmäßigen Automatenaufstellvertrag mit Ausschließlichkeitsklausel unterliegt auch die Vereinbarung der Parteien über Zahl und Art der unter den Vertrag fallenden Automaten dem Schriftformerfordernis des § 34.

2. Von der Nichtigkeitsfolge eines dem Schriftformerfordernis nicht genügenden Ausschließlichkeitsvertrags wird die Ausschliesslichkeits-

klausel mit allen dazugehörigen und in ihrer sachl. Gestaltung von der Ausschliesslichkeitsvereinbarung abhängigen Vertragsbestimmungen erfaßt.

BGH, U 12. 5. 76 KZR 17/75; NJW 76, 1743; MDR 77, 29; DB 76, 1860 8692.

1. Zum Schriftformerfordernis bei wettbewerbsbeschränkenden Verträgen.

2. Alleinvertriebsverträge und EWG-Recht.

3. Vorlagepflicht nach Art. 177 EWGV bei vorläufigen Verfahren. (レ) Stuttgart OLG, U 23. 1.76 (ソ) 762 U (Kart) 206/75; (ツ) BB 76, 380

FföR 1976 年の本文 352 頁の説明

(イ) GWB (Gesetz gegen Wettbewerbsbeschränkungen) § 26 (ロ) 本書 1974 年版通し番号 7634 以下，1975 年版通し番号 8268 以下をも見よ (ハ) 本書の中で文献につけられた通し番号 (ニ) 単行書であることを示す印 (ホ) 書名 (ヘ) 著者名 (ト) 出版地名 (チ) 出版年 (リ) 頁数 (ヌ) この通し番号 8684 がつけられた図書の書評を Juristische Zeitung 1977 S.40 で B. Grossfeld 教授が書いている (ル) 本書の中で文献につけられた通し番号 (ヲ) 判例要旨 (ワ) Bundesgerichtshof 1975 年 11 月 20 日の判決 (カ) 判決につけられた書類整理番号 (ヨ) Neue Juristische Wochenschrift 1976, S.801，以下にさらに参考になる次の文献をあげて論じられている。Gewerbearchiv. 1976, S. 130; Monatsschrift für Deutsches Recht 1976, S.472. (タ) さらに Fundheft für öffentliches Recht, 1975, 通し番号 8273 を参照 (レ) Oberlandesgericht Stuttgart の 1976 年 1 月23日の判決 (ソ) 判決につけられた書類整理番号 (ツ) Betriebs-Berater 1976, S. 380 にこの判決が出ている

④　労働法関係　Nachschlagewerk des Bundesarbeitsgerichts (AP) (früher Arbeitsrechtliche Praxis), die Rechtsprechung des Bundesarbeitsgerichts und die arbeitsrechtlich bedeutsamen Entscheidungen anderer Gerichte mit erläuternden Anmerkungen, hrsg. von Hueck, Nipperdey und Dietz, München, Beck, 1954-, Losebl.-Ausg.; do., Kurzausgabe, 1954-1970. Supersedes Arbeitsrechtliche Praxis. [東外] (W 336-N 51)

これは，後述(第4章(3)⑦106頁)する Lindenmaier/Möhring, Nachschlagewerk des Bundesgerichtshofs (LM)と同一の出版社から発行されているため，本文の構成や索引の内容がこれと類似している。副書名の示すように連邦労働裁判所以外の他の裁判所の判例でも，重要なものは含んでいる。Kurzausgabe（簡略版）の巻を除いては加除式で本体は個々の判例の判示事項，判決理由，評釈を法条順に配列し，判示事項の次に裁判所名，判決言渡年月日，書類整理番号，第2審の裁判所名を示している。この AP の本体の一部を図解により説明してみる。

AP 本文の一部による例

(イ) (Nr2[1]) §1 KSchG 1969 (ロ) (Nr. 2) KSchG (i.d.F. vom 15. Januar 1972, BGBl. I, 13) (ハ) §1 Widerspruch des Betriebsrats; (ニ) Betriebsbedingte Kündigung; (ホ) BetrVG 1972 §§ 99, 102 (ヘ) BAG

(ト) 1. Das dem Betriebsrat im Falle der ordentlichen Kündigung zustehende Widerspruchsrecht (§ 102 Abs. 3 Betr VG 1972) hat den individuellen Kündigungsschutz der Arbeitnehmer gemäß § 1 KSchG in keinem Fall verschlechtert.

2. Auch wenn der Betriebsrat einer ordentlichen Kündigung nicht nach Maßgabe des § 102 Abs. 3 BetrVG 1972 widersprochen hat, sind die in § 1 Abs. 2 Satz 2 KSchG (§ 102 Abs. 3 Nr. 2 bis 5 BetrVG 1972) genannten Widerspruchsgründe zumindest insoweit bei der Interessenabwägung nach § 1 Abs. 2 Satz 1 KSchG zu berücksichtigen, wie es sich um Tatbestände handelt, die schon nach der bisherigen Rechtslage der Annahme entgegenstehen konnten, die Kündigung sei durch dringende betriebliche Erfordernisse bedingt.

3. Zu diesen ohne Widerspruch des Betriebsrates zu berücksichtigenden Umständen gehört die Möglichkeit, den gekündigten Arbeitnehmer auch unter schlechteren Arbeitsbedingungen auf einem anderen freien Arbeitsplatz weiterzubeschäftigen, jedenfalls dann, wenn der Arbeitnehmer sich hierzu im unmittelbaren Anschluß an die Kündigung bereiterklärt hat (im Anschluß an BAG AP Nr. 2. zu § 1 KSchG Betriebsbedingte Kündigung).

(チ) Bundesarbeitsgericht, 2. Senat

(リ) Urteil vom 13. 9. 1973 (ヌ) 2 AZR 601/72

(ル) 2. Instanz; Landesarbeitsgericht Hamm

Die Kl. war bei der Bekl. seit Januar 1970 als Arbeiterin beschäftigt. In Mai 1970 wurde sie ins Angestelltenverh. übernommen und als Schreibkraft der Betriebsleitung insbes. mit Aufgaben der Betriebsabrechnung befaßt. Ihr letztes Monatsgehalt betrug 1014 DM brutto.

(ヲ) Die Bekl. hat der Kl. am 14. 2. 1972 zum 31. 3. 1972 mit der Begründung gekündigt, daß bislang von der Kl. erledigten Aufgaben von der EDV-Anlage übernommen würden. Der vor Ausspruch der Künd. angehörte BetrR hat Künd. nicht widersprochen.

Die Kl. hat noch am Tag des Zugangs der Künd. dieser schriftl. widersprochen, den Wegfall ihres ArbPlatzes bestritten und die Bekl. gebeten, sie künftig in der EDV-Anlage einzusetzen. Mit einem weiteren Schr. vom 19. 2. 1972, das der Bekl. am 21. 2. 1972 zugegangen ist, hat die Kl. der Bekl. mitgeteilt, sie sei im Interesse der Fortsetzung des Arb Verh. bereit, jede Arbeit auch in der Produktion, im Lager oder als Reinigungskraft auszuführen, und bewerbe sich deshalb um jeden nur denkbaren ArbPlatz. Bei einem entspr. Angebot werde sie die Künd. vom 14. 2. 1972 als Änderungskünd. betrachten. Die Bekl. ist hierauf nicht eingegangen, sondern hat im März 1972 eine Locherin für die EDV-Anlage und im April 1972 eine Arbeiterin für ihre Produktionsabt. neu eingestellt.

APの本文の図解による説明

(イ) 1969年のKündigungsschutzgesetz(解雇保護法)§1, (ロ) 解雇保護法(官報1972年第1部13頁掲載の同年1月15日公布), (ハ) §1事業所委員会(通常は経営協議会と訳される)の反対(抗言), (ニ) 事業所の事情による解雇告知, (ホ) Betriebsverfassungsgesetz 事業所組織法 1972 §§99, 102(通常は経営組織法と訳す), (ヘ) 連邦労働裁判所判例, (ト) 判示事項, (チ) 連邦労働裁判所第2判事会, (リ) 1973年9月13日の判決, (ヌ) 書類整理番号, (ル) 第2審:ハム州労働裁判所, (ヲ) 事実の説明 (これは野川忍氏から教えられた東大労働法研究室の訳語による)

AP Fundstellen und Sachregister

APの本体にはFundstellen und Sachregisterという索引の巻があり，その中は略語表と判例検索表および件名索引とに分かれている。この判例検索表(Fundstellenverzeichnisse)は判決を1）Bundesarbeitsgericht，2）Bundesverfassungsgericht，3）Gerichtshof der Europäischen Gemeinschaften，4）Andere Oberste Gerichtshöfe des Bundes，5）Landesarbeitsgerichte，6）Oberlandesgerichte，7）Oberverwaltungsgerichte，8）Arbeitsgerichte，9）Sonstige Gerichteの9種類に分けた後にLfg. Nr.の順に(大部分は結果として判決言渡年月日順に近くなる)並べ次に書類整理番号，連邦労働裁判所判例集中の登載箇所や各種の雑誌の中での掲載箇所等を示したものである。例をあげると，前述の連邦労働裁判所の1973年9月13日言渡の判決は次のような表になっている。

(イ)	(ロ)	(ハ)	(ニ)	(ホ)	(ヘ)	(ト)
Lfd. Nr. 3400	Datum 13.9	Aktenzeichen 2AZR601/72	Ap. Nr. zu § 2 §1KSchG 1969 (G. Hueck)	Jg. Bl. 74. 754	BAG 25, 278	RdA 74, 62

(チ)	(リ)	(ヌ)	(ル)	(ヲ)	(ワ)
BB 73, 1635	Betrieb 73, 2534	NJW —	Prakt-ArbR —	Ar-Blätter Kündigungsschutz, Entsch. 146 (Herschel)	SAE 75.1 (Otto)

(カ)	(ヨ)
AuR 73, 345; 74, 59	Sonstige MDR 74, 172, JUS 74, 123; ARST 74, 17; Betr. R 74, 32; Arbu-SozR 74, 33; SozArb 74, 220; BlfSt. 74, 140

以上の表は以下のことを意味する。

(イ) 判決につけられた番号，(ロ) 1973年9月13日，(ハ) 書類整理番号，(ニ) この Arbeitsrechtliche Praxis の中でこの判決が掲載されている箇所，すなわち KSchG (Kündigungsschutzgesetz) §1 Nr. 2 にこの判決が G. Hueck の注釈つきで出ている，(ホ) Jahrgang Blatt 1974年754頁，(ヘ) BAG は Entscheidungen des Bundesarbeitsgerichts, Bd. 25, S. 278，(ト) RdA は Recht der Arbeit 1974年62頁，(チ) BB は Der Betriebs-Berater 1973年1635頁，(リ) Betrieb は同誌1973年2534頁，(ヌ)(ル)はこの判例は Neue Juristische Wochenschrift や Sammlung Müller-Gröninger, Praktisches Arbeitsrecht, Kommentator には掲載されていないことを示す。(ヲ) Arbeitsrecht-Blätter, Forkel, Stuttgart には Kündigungsschutz Entsch. 146 の所で Herschel の評釈つきで掲載されている。(ワ) Sammlung arbeitsrechtlicher Entscheidungen 1975年1頁以下に Otto の評釈つきで出ている。(カ) Arbeit und Recht 1973年345頁と1974年59頁，(ヨ) Sonstige(他の出版物)はこの判例が Monatsschrift für Deutsches Recht 1974年172頁；Juristische Schulung 1974年123頁；Arbeitsrecht in Stichworten 1974年17頁；Betriebsrat 1974年32頁；Arbeits-und Sozialrecht 1974年33頁；Soziale Arbeit 1974年220頁；Blätter für Steuerrecht 1974年140頁に出ていることを示している。

この判例は AP の件名索引では Betriebsrat の所で Widerspruch gegen Kündigung §1 KSchG 1969 Nr. 2. および Kündigung の所で Widerspruch des Betriebsrats §1 KSchG 1969 Nr. 2. さらに Widerspruch von Betriebsrat gegen Kündigung §1 KSchG 1969 Nr. 2. と出ている。さらに，判例索引があり，判例を判決言渡年月日順に並べ，次に書類整理番号，注釈者名，この AP の本文中に掲載されている箇所を記している。

また，この AP には **Kurzausgabe**（簡略版）1954-1961, 1962-1970 があるが，その内容は本体中の記事から判示事項や事実の説明を取り除いた部分を，法条順にまとめたものである。また，この簡略版には本文につけられている索引の巻と類似した判例検索表と件名索引がついている。

この AP を利用すればドイツ連邦共和国の労働法関係の各裁判所の判決の判示事項，判決理由および判例評釈を，本文を使用する場合には判例に関連性のある法条で，判例検索表を使用する場合には判決言渡年月日で，件名索引を使用する場合には件名でつきとめることができ，さらに（判例検索表や本文をみることによって）その判例の BAG（連邦労働裁判所判例集）や法律雑誌中の掲載箇所や，その判決の原審の裁判所名を知ることができる。この AP の本文には第2審の裁判所名だけしか記載していないが，公撰判例集たる BAG には第1審と第2審の両方の裁判所名と原告名と被告名が出ている。また，このBAGには年月日順，件名，条文の索引がついている。

⑤ 私法関係 NJW Fundheft für Zivilrecht, München, Beck, 1954-.〔東法〕〔国〕

本書はFundheft für Öffentliches Recht（**第4章（3）③**）と内容の構成が類似している。ただこの民事法の部分には裁判所別判決言渡年月日順索引や著者名索引はなく，件名索引がある。

同書をBd. 7 (1960)を例として説明する。

本文の大分類の番号はSchönfelder, Sammlung der Deutschen Gesetzeのそれにのっとって，たとえば商法は50，会社法は51のようにつけられ，さらに該当法令の条文番号順に並べられる。このSchönfelderの分類番号から簡単には探せないか，もしくはその中に含まれない法律は，内容目次を参照すれば探すことができる。

各々の段階においては件名が文献の初めに置かれる。件名は最初の主要語をとり，それをアルファベット順に配列する。各々の件名の内では，法律の規定全体を取り扱ったもの以外は単行本と論文が最初に置かれ，次に，判例が記載される。論文は執筆者名のアルファベット順に，判例はその日付順に並べられる。

単行本——左端に＋印がつけられている。単行本は特別な問題を取扱わない限り，一つの条文の中で最初に，著者名のアルファベット順に並べられる。その図書に対する書評の出ている場所は〔　〕という印で示される。当該の図書の新版について何らかの書評が発表されない場合には，より以前の版に対する書評の出ている雑誌名が示される。最新版の書評とそれ以前の版の書評とが共に存在する場合には，より以前の版の書評は最新版に対する書評の次に“vgl.”の印をつけて示される（ただし，単行書はBd. XII (1965)からは収録の対象から除外されて検索できなくなった）。

論 文——論文は長いものでも，短いものでも左端に×印がつけられる。1つの法律全体もしくは，多くの関連する法律上の規定に関係のある論文は該当する法律のAbschnittの最初の段階の前に置かれる。

判 例——多くの法律上の規定に関連性のある判例は該当する判決要旨をつけてその関係のあるVorschriftのところであげられる。

連邦裁判所（Bundesverfassungsgericht, Bundesgerichtshof, Bundesverwaltungsgericht, Bundesfinanzhof, Bundesarbeitsgericht, und Bundessozialgericht）の判例であることを示す符号は条文番号の前につけられた●印である。他の裁判所の判例であることを示す符号は○である。

雑誌において単に既にFundheftにおいてとりあげられた判決要旨が判決理由書をつけることなく印刷されているのならば，その場所には判決要旨だけであることを示すLという符号がつけられる。判例の評釈の場合には執筆者名が括弧をつけて示される。評釈者の判例に対する態度は“zust.”（賛成）または“abl.”（反対）という言葉をつけ加えてあるので判明する。

判決要旨は原則的にその公的表現方式において印刷される。判決要旨だけでは法律問題が明瞭には示されず，内容が複雑で読者にわかりにくい場合には，編者は判例の本質的な内容を要約し，丸括弧（　）にかこんで公的な判決要旨に付加して説明をする。それによってFundheftの利用者はその判例が自己に興味のあるか否かを短時間で判断することができる。

判例のFundstelleはNJW(a)，LM(b)，BGHZ(c)，JR(d)，JZ(e)，MDR(f)，の順に並べられる。その次に他の雑誌と判例集のFundstelleがアルファベット順に並ぶ。雑誌名と判例集名は巻頭の雑誌の表（第7巻ならXページ以下にあり）にのっとり，短い記号で示され，原則的には，出版年と頁数によって引用される（例：59，412＝1959年，412頁）。

件名索引――Schönfelderの分類番号の中に含まれない法律に関する図書と判例の検索には内容目次が役に立つ。それでも不明の場合には巻末の事項索引を参考にすべきである。件名のアルファベット順の配列に対しては最初の主要語が基準となる。ä，ö及びüはa，o及びuと看做して扱われる。

ローマ数字のⅠ～Ⅵは（この第7巻の）前の巻を，Ⅶはこの巻を示す。太く印刷されたアラビア数字は内容目次に相当する法律を，細いアラビア数字はその項目，すなわちArtikelを，そして第Ⅰ巻から第Ⅲ巻におけるイタリック字体に印刷された文字と数字（例：“A 80”）は条文番号順に並べられた法律の条款における個々の出版物を示す。これに反して第Ⅳ巻から第Ⅶ巻までにおいては細いアラビア数字の項目の数字は多くの場合にはその文献につけられた数字を示す。

他の法律の条款を参照するに際して最初の数は内容目次にのっとって該当する法律の数を，第2の数“§”は段落または項目を，第3の数“Nr”は個々の論文または個々の判例を示す。ZF I は Bd. I. des Fundheftes “Zivilrecht”を示す。

それ以上の言葉がつけ加えられずに単に以前の Fundheft を参照するように書いてあるもの（例：ZF III とただ書いてあるだけのもの）は該当する巻の同一の法律の同一の節を見よという意味である。第 I 巻から第III巻までは個々の Fundstelle は内容目次にのっとった順序の数字とパラグラフの数にイタリック字体に印刷された文字と数の結合で示される。たとえば，“BGHZF III. 20 vor § 1353 R 444” または “ebenso die Entscheidungen ZF II, ZF III. 20 § 823 S 367 ff” のように，第IV巻から第VII巻まではあらゆる出版物は（単行本，論文，判例の区別なく）一緒に通し番号で数えられるから，これらの巻では “ZF VII Nr. 6560.” または “ZF VII 20 § 242 Nr. 1710” のように引用される。

要するにこの書誌は法律の条文とそれに該当する単行本およびその書評，雑誌論文，学位論文，判例およびその評釈が一度にひける点にその特徴がある。そして前述のように巻頭に内容目次があり，巻末に事項索引がついているが，判決言渡年月日順の索引と，人名索引はない。なお，10 年毎に累積索引（件名）が出ているが最後のものは Bd. 40 についていて Bd. 31-40 を対象にしている。

(注) (a) Neue Juristische Wochenschrift (NJW).（本章（4）(ii)(a)で詳述）
(b) Lindenmaier-Möhring. -Nachschlagewerk des Bundesgerichtshofs (LM).（本章（3）⑦で詳述）
(c) Entscheidungen des Bundesgerichtshofs in Zivilsachen (BGHZ)（連邦通常裁判所民事判例集）.
(d) Juristische Rundschau (JR).（本章（4）(ii)(c)で詳述）
(e) Juristenzeitung (JZ).（本章（4）(ii)(b)で詳述）
(f) Monatsschrift für Deutsches Recht (MDR).（本章（4）(ii)(d)で詳述）

Fundheft für Zivilrecht のひき方の具体例

たとえば，Deutsches Ärzteblatt, Bd. 36 (1978), S. 1984 に「さしあたりもう一度法律的な事情を明瞭にしよう。法律的に有効な（患者側の）同意によって守られない手術は違法な身体傷害である。この同意は単に手術以前に医師が種々の事情を（患者に）説明した場合にのみ法律的に有効である。その説明の中には，医師の手術の結果，患者の身体に損傷が加えられないことを保証することが必ずしも現実にはできないということを含んでいる。(OLG Saarbrücken.

1974)」とのみあってこの判決の言渡年月日も詳細な記事も記述していなかった。これについてより詳細な内容をつきとめるにはどうすればよいか？

これをFundheft für Zivilrecht, Bd. 23 (1977)で調べてみる。これには裁判所別の判決言渡年月日順索引はなく，検索するには，第1に法条順によるもの，第2に件名によるものの2つの方法がある。

本文が法条順に並んでいるので，第1の法条順で探してみると，20 BGB § 823のUnerlaubte Handlungの中はAufsätze, Abmahnungskosten, Abschleppen eines Kfz, Ärzte, Aufsichtspflichtverletzung, Betrug, Boykott, Datenverarbeitung, Drittschaden, Ehre……と太字で分類されていてその中に個々の文献が並んでいる。Ärzteの所をみると，Ärzte (Chefarzt an Krankenhaus.), Vgl. 20 § 31 Nr. 41. -(Haftung). Vgl. 20 § 276 Nr. 638 f.とある。それで§ 276 BGB Nr. 638以下を見る。Nr. 654に654, Zu den Anforderungen an die Aufklärungspflicht des Arztes hinsichtlich der Risken einer Gebotenen, aber nicht dringlichen Myelographie, und einer vertretbarerweise als Notfallseingriff beurteilten Freilegung des Rückenmarks, OLG Saarbrücken 29. 10. 74 (7 U 22/74) VersR 77, 872.と出ている。

なお，第2の件名索引をみるとHaftungの所はArbeitnehmer, Architekt, Arzt, Bauunternehmer……と区分されていてArzt XXII, XXIII 20, 276.とある。これはBd. 22とBd. 23のBGB 20 § 276を意味する。

次に『外国法の調べ方』207～227頁で，村上淳一教授が述べられたように，判決の正確な内容は判決要旨や公撰判例集を読むだけでは不充分で，法律雑誌に掲げられた判例を併せて参照すべきであるので，この判決について前述のようにFundheft für Zivilrecht, Bd. 23 (1977)に引用されているVersicherungsrecht（雑誌名）の1977年S. 872を見るとBGB § 823. Zu den Anforderungen an die Aufklärungspflicht……と要旨が出ていて(807) Urteil des OLG Saarbrücken vom 29. 10. 1974 (7 U 22/74) [Bemerkung: Die Revisionen des Kl. und der im Berufungsrechtszug unterlegenen Bekl. zu 2) und 3) wurden durch Beschluss des BGH vom 10. 5. 1977 (VI ZR 244/74) nach dem BGH-EntlG zurückgewiesen]とあり，内容が2頁にわたり解説されている。

この**Versicherungsrecht**という雑誌の判例検索の方法は便利にできているのでその内容を次に述べる。この1977 (28 Jahrgang) をみるとStichwortverzeichnisの中はI. Aufsätze, II. Literaturhinweise, III. Buchbesprechungen, IV. Entscheidungen und Anmerkungen と分かれ，IV.の中はA. Versicherungsaufsichtsrecht, Versicherungsvertragsrecht, Agenten- und Auslandsrecht. と B. Haftpflichtrecht einschließlich Schiffahrts- und Sozialversicherungsrecht と分かれているのでB.を見るとこの判例については，

Arzt-Einzelfälle
-Myelographie……872
Arzt
-Notfallseingriff……872

と出ている。さらにこの雑誌には裁判所別の判決言渡年月日順の索引があり，その中に

OLG Saarbrücken.

(年　月　日)	(書類整理番号)	(掲載の頁)
29．10．1974	（7 U　22/74）	872
9．5．1975	（3 U　15/72）	1163
13．2．1976	（3 U　23/75）	727

と出ている。この雑誌には，この他に判決にあたって考慮された法条順の索引もついているので単独でも判例を検索する便利な方法を備えているといえよう。それでこの種の責任法に関する判例が，この雑誌に多く掲載されていることを予め知っている研究者は，初めから（他の検索資料を調査することなく）この雑誌のその問題となっている判決の言渡された年代付近の巻の索引に直接あたれば，速やかに判決の内容を詳細に知ることができる。このように判例を検索するに際して，判例を掲載しかつ詳細な索引を備えた雑誌に直接あたった方が他の方法によるよりも，迅速に問題を解決しうる場合があることは他の分野の法律雑誌についても該当することを銘記すべきである。また，前述の解説の記事では，連邦通常裁判所の判決にもふれていることを看過してはならない。

また，この判決を，判例の他の検索資料たる Taschenlexikon haftpflichtrechtlicher Entscheidungen (THE), Bielefeld, Schmidt.［東 外］(W 336-T 60) で調べてみると，件名索引には Aufklärungspflicht s.a. Anlagevermittlungsgesellschaft; Arzt, Bank......等とあるので Arzt の所を見ると 97 頁に Arzt-Aufklärungspflicht, Eingriff zu Diagnosezwecken としてこの 1974 年 10 月 29 日のザールブリュツケンの上級地方裁判所の判決の要旨が

出ていて，それを掲載している雑誌名として Vers.R. 1977, 872 を記している。

また，法条索引でこれを探すと§823 の所に 297 ff, 348, 359......とあり，これは判例要旨につけられた番号を意味し，前述の判決要旨には第 298 番という番号がついている。

なお，**本章**(3)⑦(106 頁)で詳述する Lindenmaier/Möhring, Nachschlagewerk des Bundesgerichtshofs (LM)は連邦通常裁判所の判決が中心になっているので，このザールブリュツケンの判決はひいても出てこない。

⑥ 無体財産法関係 GRUR-Entscheidungsregister, hrsg. von der Deutschen Vereinigung für Gewerblichen Rechtsschutz und Urheberrecht, e.V. Bearb. von Helmut Eichmann, Weinheim, Chemie [c 1973] 1 v. Losebl.-Ausg.

Weiter Title: BGH-Fundstellenverzeichnis, BGH-Stichwortverzeichnis, BGH-Sachverzeichnis: RG-Fundstellenverzeichnis, RG-Stichwortverzeichnis. [東法] (W 336-T 82-G 73)

この GRUR は Gewerblicher Rechtsschutz und Urheberrecht の略語である。

BGH の判例検索表の 1950 年の Nr. 2

(イ)	(ロ)	(ハ)	(ニ)	(ホ)	(ヘ)	(ト)	(チ)	(リ)	(ヌ)	(ル)	(ヲ)	(ワ)	(カ)	(ヨ)
Nr.	Datum	Aktz.	Stichwort	Sachgebiet	GRUR	BGHZ	Bl	LM	MdR	BB	DB	NJW	WRP	Sonstige
2	19, 12	1ZR 62/50	Storchen-zeichen	Wz-Unlw	51, 159	1, 31	51, 157	24 WZG	51, 225	51, 206	—	51, 272	—	—

これを説明すると，これは 1950 年 12 月 19 日に言渡された判決が出ている文献の表であり即ち，(イ) 判決につけられた番号，(ロ) 判決言渡年月日，(ハ) 書類整理番号，(ニ) 標語，(ホ) 専門分野即ち Warenzeichen Unlauterer Wettbewerb, (ヘ)Gewerblicher Rechtsschutz und Urheberrecht. 1951, S. 159, (ト)

Entscheidungen des Bundesgerichtshofes in Zivilsachen. Bd. 1, S. 31, (チ) Blatt für Patent, Muster- und Zeichenwesen. 1951, S. 157, (リ) Lindenmaier-Möhring.-Nachschlagewerk des Bundesgerichtshofs. 24 WZG (Warenzeichengesetz), (ヌ) Monatsschrift für Deutsches Recht. 1951, S. 225, (ル) Der Betriebs-Berater. 1951, S. 206, (ヲ) Der Betrieb. なし, (ワ) Neue Juristische Wochenschrift. 1951, S. 272. (カ) Wettbewerb in Recht und Praxis. なし, (ヨ) 他の出版物になしという意味である。

この判決はBGH-Stichwortverzeichnis（件名索引）ではStorchenzeichen...50/2と出ている。

BGH-Sachverzeichnis（分類索引）の中ではこの1950年の第2番目の判決はWarenzeichenR(echt)の大項目の下で

Kennzeichnungskraft, Steigerung
durch Verkehrsgeltung 50/2...
Überleitungsrecht
1. ÜberleitungsG 50/2
Unterscheidungskraft
bildliche Darstellung von
Tieren 50/2, ...
Verwechselungsgefahr
bei
Bildzeichen 50/2

と出ている。

RG-FundstellenverzeichnisとRG-Stichwortverzeichnisは第2次大戦終了以前のReichsgerichtの判例検索表と件名索引でその構成はBundesgerichtshof (BGH)のそれと類似している。

判例検索表は判決番号順に並び，判決言渡年月日，書類整理番号，標語，専門分野，Gewerblicher Rechtsschutz und Urheberrecht, Entscheidungen des Reichsgerichts in Zivilsachen, Blatt für Patent-, Muster- und Zeichenwesen, Mitteilungen der Deutschen Patentanwälte, Markenschutz und Wettbewerb, Juristische Wochenschriftに掲載されている箇所を表にしている。

⑦　連邦通常裁判所　Lindenmaier/Möhring, Nachschlagewerk des Bundesgerichtshofs（LM）（連邦通常裁判所判例便覧）, München, Beck, 1961-, Losebl.-Ausg.; do., Kurzausgabe; do., Fundstellen und Sachregister.［東外］（W 336-N 61）

本書は Kurzausgabe（簡略版）とその索引を除いては加除式で，諸種の法律の条文毎に，その条文に関連する判決の要旨があげられている。LM という略字は Lindenmaier-Möhring の頭字をとったもので，この名称は連邦通常裁判所が裁判の参考にするために集めて整理した判例要旨集を，以前のライヒ最高裁判所部長 Fritz Lindenmaier と連邦通常裁判所付弁護士 Philipp Möhring の勧めにより，実務の便をはかるために，連邦通常裁判所長の了解を得，多数の裁判官，弁護士の協力を得て公刊したためにつけられたものである。

この本体は個々の判例の判決の要旨，判決理由，評釈を法条順に配列したもので，判決の要旨の次に裁判所名，判決言渡年月日，その判決の原審の裁判所名と書類整理番号，公撰判例集中の登載箇所，その判例を掲載している雑誌名とその掲載箇所を示している。これには **Fundstellen und Sachregister** という索引の巻がある。この巻は 1984 年現在は前者，すなわち判例検索表は 1979 年以降を，後者すなわち件名索引は 1981 年以降を対象として加除式の形をとっているが，その中に，法令の略称のアルファベット順索引と Fundstellenverzeichnis（判例検索表）というものがあり，後者はその中を民事部，刑事部に分けた上で判決を判例言渡年月日順に並べ，それがこの LM，連邦通常裁判所の公撰判例集や後述の簡略版の所でのべる 4 つの雑誌に掲載されている箇所を表にして示している。

この索引の巻の中にはこの他に件名索引があり，その件名に該当する部分が LM の本体中の何処に掲載されているかを示している。さらに，この巻の巻頭に次に図解で示すような判決索引がある。

例（Entscheidungsregister für Heft 1-6/1981 より）

(イ) Datum	(ロ) Aktenzeichen	(ハ) Anmerkung von A. Zivilsachen	(ニ) Fundstelle
14. 3. 1977.	IIZR 139/75	L.	N. 14 zu WG Art. 1.
21. 3. 1977.	NotZ 11/76	Börtzler	Nr. 4 zu BNot0 §3

これは次のことを意味する。(イ)判決言渡の年月日，(ロ)書類整理番号，(ハ)本体の中で判決要旨だけの場合はLを，評釈のあるものはその名を記す，(ニ)LMの本体中の掲載箇所。

また，これには **Kurzausgabe**（簡略版）（10年または5年毎にまとめられる）（固定式）があるが，これは本体中の註釈や判決理由を除いた部分を法条順にまとめたものである。この簡略版の中には法令名を略語のアルファベット順に並べたGesetzes ABCの他に，本体に附属しているものと内容が類似する判例検索表と件名索引がついている。さらに，この簡略版の個々の判決に関する記述の末尾では個々の判決についてこのLMの本体において簡略版でのべたもの以外にどのような記載があるかを次に括弧の中で示すような記号で教えている。すなわち，単に判決の要旨だけであるか(LM：L)，判決の要旨以外に判決理由の抜粋がついているか（LM：LG)，判決の要旨以外に判決理由と評釈がついているか（LM：LGA)，判決の要旨以外に単に評釈だけがついているか（LM：LA）がそれである。

次にKurzausgabe（簡略版）1961-1965の本文（法条順）の一部を別表の図解によって説明する。

Gesetz gegen Wettbewerbsbeschränkungen

Vom 27. Juli 1957

(イ)(BGBl. I 1081)

§ 1 (2/3). (ロ)GWB §§ 1, 25, 28, 29, 87, 92; (ハ)BGB § 25; (ニ)ZPO §§ 528, 551 (ホ)Ziff. 4, 566

a) (ヘ)Daß im vorhergehenden Rechtszug ein für Kartellsachen zuständiger Spruchkörper hätte entscheiden müssen, kann im Berufungs-oder Revisionsrechtszug nur nach Maßgabe des § 528 ZPO geltend gemacht werden. b) Eine die Marktverhältnisse beeinflussende Beschränkung des Wettbewerbs kann auch in einer Beschränkung der Werbung liegen. c) Verträge und Beschlüsse sind, wenn die in § 1 GWB bestimmten Voraussetzungen gegeben sind, auch dann unwirksam, wenn sie auf die Einhaltung von Wettbewerbsregeln (§ 28 GWB) gerichtet sind. Etwas anderes gilt nach § 29 BWB nur, wenn die Wettbewerbsregeln in das Register eingetragen sind. d) Ein "anderes" Unternehmen, gegen das eine Vereinigung von Unternehmen nach § 25 Abs. 1 GWB nicht in der dort genannten Weise vorgehen darf, kann auch ein der Vereinigung als Mitglied angehörendes Unternehmen sein. Vereinsstrafen einer Unternehmensvereinigung gegen ein Mitgliedsunternehmen können daher vom ordentlichen Gericht darauf nachgeprüft werden, ob sie gegen § 25 Abs. 1 GWB verstoßen.

(ト)Urt. v. 26. 10. 1961 (チ)KZR 3/61 (KG Berlin)　(リ)BGHZ 36, 105＝(ヌ)NJW 62, 247/391＝(ル)MDR 62, 111＝(ヲ)JZ 62, 363＝(ワ)BB 62, 7; (カ)LM：LA

(イ) Bundesgesetzblatt. 1957, Teil I, S. 1081にこの法令が掲載されている, (ロ) Gesetz gegen Wettbewerbsbeschränkungen (ハ) Bürgerliches Gesetzbuch (ニ) Zivilprozessordnung (ホ) Nr. 4. (ヘ)判決の要旨, (ト) 1961年10月26日判決言渡, (チ) ベルリン高等裁判所の書類整理番号, (リ) Entscheidungen des Bundesgerichtshofs in Zivilsachen. Bd. 36, S. 105 連邦裁判所民事判例集第36巻105頁, (ヌ) Neue Juristische Wochenschrift. 1962, S. 247, S. 391 (ル) Monatsschrift für Deutsches Recht. 1962, S. 111. (ヲ) Juristische Zeitung. 1962, S. 363. (ワ) Betriebs-Berater. 1962. S. 7. (カ) 本体では判決の要旨以外に単に評釈だけがついている。

この判決の要旨と判決言渡年月日, 判例を掲載する文献の部分の記述様式はこのKurzausgabeも本体も同様である。

この同一の判決は件名索引ではKartellsache, sachliche Zuständigkeit; absoluter Revisionsgrund, wenn i. vorhergehenden Rechtszug nicht Kartellsenat d. OLG entschieden hatte? "Speditionswerbung" III § 1 GWB (2/3)またはSpeditionswerbung—Urt. III § 1 GWB (2/3)と出ている。

さらに，判例検索表では前述の判決は次のように表現されている。

(イ)	(ロ)	(ハ)	(ニ)	(ホ)	(ヘ)	(ト)	(チ)
Datum	Akten-zeichen	LM-Nr. zu §	BGHZ	NJW	MDR	JZ	BB
(1961)26,10	KZR3/61	(2/3) §1GWB	36,105	62,247/391	62,111	62,363	62,7

これを説明すると，(イ)判決言渡年月日，(ロ)書類整理番号，(ハ)この判決がLMの本文の中で記載されている箇所を意味する，(ニ)(ホ)(ヘ)(ト)(チ)は前述の簡略版の本文の図解で説明したようにこの判決の掲載されている文献の箇所を示している。

このLMを利用すれば，主として連邦通常裁判所の判決要旨，判決理由および判例評釈を，判例を言渡すに際して考慮された法条，判決言渡年月日，件名の3つによりつきとめられ，さらにその判例の連邦通常裁判所の判例集や前述の4つの法律雑誌中の掲載箇所や，その判決の原審の裁判所名とその書類整理番号を知ることができる。また，このLMはOberlandesgericht（上級地方裁判所）やLandgericht（地方裁判所）の判例も重要なものは，ある程度までは含んでいて，法条や件名および判決言渡年月日でひけるようになっていることを忘れてはならない*)。判決検索表の中で，連邦通常裁判所の判例にはBGHZ（連邦通常裁判所民事判例集）またはBGHSt（同刑事判例集）の欄に巻，頁を記載し，下級裁判所の判例の場合にはその欄には——と記されている。[東外]の所蔵するLMの本体の初めの年代は欠けているものがあり，それはKurzausgabeで補うことになっている。

*) Szladits, Charles, *Guide to foreign legal materials: French, German, Swiss*, Oceana, 1959のような著名な図書でも「本書（LM）は連邦通常裁判所の判決と判決に対する評釈だけに限定されている」と述べているが（p. 236）これは誤解であり，連邦通常裁判所以外の他の裁判所の判決もある程度までは含んでいる。

公撰判例集とLMとの総合的利用方法

ある上級地方裁判所の上告審たる連邦通常裁判所での判決を調査する場合にLMの法条順の本体や件名索引でつきとめることも可能であるが，それよりも連邦通常裁判所の判例集の（民事および刑事に分かれている）各巻の巻末にある原判決裁判所索引によって調べる方がより迅速に見つけることができることがある。1例をあげると Landgericht Stuttgart 1979 の StGB §274 に基づく Urkundenunterdrückung に関する判決の上告審たる連邦通常裁判所における判決を知るためには1979年以後の連邦通常裁判所刑事判例集の巻末にある原判決裁判所索引をみると Bd. 29（1980年）の巻末索引に Stuttgart……168, 192, 315, 317 と出ているから，それを次々に見てゆくと，192頁に第43番目の判決として1980年1月29日付の連邦通常裁判所の StGB §274 に関する判決が登載されていて，判決要旨の次に Landgericht Stuttgart と出ている。また，法条索引で，この場合の連邦通常裁判所の判決を探す場合には，1979年以後の連邦通常裁判所刑事判例集の法条索引の StGB §274 の所を次々に見てゆくと Bd. 29（1980年）の192頁に出ている判決の判例要旨の次に Landgericht Stuttgart と出ているので，判明する。（また，LM の本文は加除式で法条順に並んでいるので StGB §274 の所を見ると判例要旨の次に Landgericht Stuttgart と原審の名をつけているものが，求めるものであることがわかる。）

また，これを件名索引でひく場合には，1979年以後の連邦通常裁判所刑事判例集の件名索引を Urkundenunterdrückung でひくと Bd. 29（1980年）には Urkundenunterdrückung—durch den Eigentümer der Urkunde......192 と出ているので192頁をみると上述の判例が登載されている。

〈**Fundheft für Zivilrecht と LM との相違点の対照**〉

	Fundheft für Zivilrecht	LM
対　　照	下級裁判所の判例をも含む	連邦通常裁判所の判例が中心①
内　　容	判決の要旨を記載するが，注釈の原文等は含まない	判決要旨，判決理由，注釈そのものを記載する
上告審に対する原審の判決	つきとめるのに面倒である②	判決要旨毎に明示してある
一定のテーマについて調査する場合	固定式のため，年刊の各巻と累積索引を何冊も見ねばならない	本体は加除式のため，小部分を見ればよい
判決言渡年月日順索引	なし	あり（ただし連邦通常裁判所が中心）
検索の範囲	判例の他に，単行書③や学位論文，雑誌論文もひける	判例のみを対象とする
参照する雑誌	多数④	4種類のみ⑤

① ただし連邦通常裁判所の判決要旨の次に，その判決の原審の裁判所名を示しているし，下級裁判所の要旨も重要なものはある程度までは載せている。

② 上告審の判例要旨の後に，それより以前の巻の箇所を参照している場合もある。

③ ただし Bd. VI (1965)以後は単行書を含まなくなった。

④ Fundheft für Zivilrecht (ZF), 1979 を例にすると，雑誌と判例集を合わせて130種類が参照されている。

⑤ Neue Juristische Wochenschrift, Monatsschrift für Deutsches Recht, Juristenzeitung, Betriebs-Berater の4種類の雑誌と連邦通常裁判所の判例集の掲載箇所を参照する。

(4)　主要な判例掲載雑誌の利用法

(i)　判例研究における法律雑誌の重要性

「ドイツの判例集は，たとえばBGHZ（連邦通常裁判所民事判例集）のような準公式の判例集でさえも，日本の高等裁判所判例集とはちがって判例全文を忠実に紹介していない場合が多いから，同じ判例について判例集のほかに，法律雑誌に掲載されている文章を併せて吟味しなければならず，その意味で法律雑誌の価値は大きい」（『外国法の調べ方』205頁の村上淳一教授の言葉)。そして同教授は厳密な判例研究を行うためには，判例集だけでは不充分でNeue Juristische Wochenschrift等の法律雑誌を読むことによって，はじめて重要なことが判明することを詳細な実例をあげて指摘している。それで前述の判例の検索資料たるLMやNJWFやDRsprの中で，個々の判例要旨を記述し，さらに，その判例（およびその評釈）を掲載している法律雑誌の箇所を示していることの理由が判明する。また，刑法や刑訴(**本章(2)**(ii)⑦)，医療過誤の判例の検索のところ(**本章(3)**⑤）でもふれているが，判例（評釈）を掲載する雑誌には下級裁判所の判例をも含む詳細で便利な索引がついている場合が多く，これらと各種の索引のついた判例集と判例の検索資料の3者を総合的，かつ有機的に利用することによって，判例の能率的かつ有効な検索と研究が可能となるのである。

(ii)　判例を掲載する代表的な法律雑誌

ドイツの主要な法律雑誌たるNeue Juristische Wochenschrift（NJW); Juristenzeitung (JZ); Juristische Rundschau (JR); Monatsschrift für Deutsches Recht（MDR); Deutsche Richterzeitung（DRiZ, DRZ); Juristische Schulung（JUS)の内容を簡単に説明する。

(a)　Neue Juristische Wochenschrift (NJW), München, Beck, 1947-.

1947年以後発行されている週刊の法律雑誌で，論文のほかに民事法，刑事法等の判例が毎号掲載されている。この週刊のものには最も重要なごく最近の判例の総括的な概観がついているが，これらの判例は将来NJW等の中で詳細に報道されるであろうとの注がついている。6ヶ月ごとに総索引が発行され，6ヶ月間に掲載された論説，判例の索引が載っている。それにつけられている索引等をのべると

i）掲載された論文の執筆者名のアルファベット順の表，ii）報告，iii）書評索引（被批評者名のアルファベット順），iv）判例索引（判例を裁判所別に分類した中をさらに判例言渡の年月日順に並べたもの），v）判例の評釈者名索引（アルファベット順），vi）各種判例集とNJWの掲載箇所の対照表（連邦憲法裁判所，連邦通常裁判所，Bayerisches Oberstes Landesgericht の判例集とNJWの掲載箇所の対照表），vii）法条索引（判例言渡に際して考慮された法条別に判例をまとめたもの），viii）件名索引，ix）略語表，x）訂正事項である。判例検索の1例として

1．Bundesgerichtshof．a）Zivilsachen．1978 の所をみると

(イ) 19．12 (ロ)(VII ZR 218/76)(ハ) 79 760 (ニ)(Rudolff)(ホ)(BGHZ 73，109 (ヘ) LM § 844 Abs．2．BGB Nr．55)の順で出ている。

これは(イ)判例言渡年月日すなわち1978年12月19日，(ロ)書類整理番号，(ハ)この判例はNJW 1979年760頁以下に出ている，(ニ)評釈者名，(ホ)この判例は連邦通常裁判所民事判例集第73巻109頁以下に出ている，(ヘ)判例の検索資料たる Lindenmaier/Möhring，Nachschlagewerk des Bundesgerichtshofs（LM）（**本章（3）⑦** 106頁で詳述）における掲載箇所を示す（既述のようにLMにはこの判例を掲載している4種類の法律雑誌の箇所が列挙してある）。

さらにこの判例索引の中には，既判力のない判例の手続きの進展の項があり，実例をあげると

LG Stuttgart．NJW 77，535 erledigt durch Antragsrücknahme，vgl．NJW 80，2152．とある。これは Stuttgart の Landgericht の NJW 1977年535頁に掲載された判例は告訴取下げにより解決した。NJW 1980年2152頁を参照せよ，ということを意味する。

次に，J．Erledigung von Vorlagebeschlüssen という項があり，実例をあげると VG（Verwaltungsgericht）．Freiburg，NJW 75，1672，erledigt durch BVerfG（Entscheidungen des Bundesverfassungsgerichts），NJW 80，383 と出ている。

vi）は判例集の登載箇所とNJWの掲載箇所の対照表で，実例をあげると

1．Entscheidungssammlungen des BVerfG（BVerGE）Band 52 のところをみると

(イ) 52, 131 (ロ) (25. 7. 79 (ハ) BVR 878/74) (ニ) NJW 79 1925 (ホ) (Stürmer)
と出ている。

これは(イ)連邦憲法裁判所判例集第52巻131頁以下，(ロ)判例言渡年月日すなわち1979年7月25日，(ハ)書類整理番号，(ニ)NJW 1979年1925頁以下，(ホ)評釈者名を意味する。

vii) の法条索引は，ドイツは成文法主義の国なので，判例にあたって考慮された法令の条文に該当する判例のNJWの中での掲載箇所を示すものである。実例をあげると，上述のvi)で述べた連邦憲法裁判所判例集第52巻131頁以下の1979年7月25日言渡の判決はGG (Grundgesetz für die Bundesrepublik Deutschland v. 23, 5, 1949) Art. 2 79のところに1363, 1365, 1403, 1475, ...1925, 1930, 1981......2625と49件出ている中の1925に該当し，1979年版1925頁以下に出ていることを示している。

viii) 件名索引には文献に次の印がついているので便利である。すなわち，A (論文)，B (書評)，+ (連邦憲法裁判所の判例)，++ (上級裁判所の共通のSenatの判例)，+ (連邦の5つの裁判所の判例)，* (注釈つき) である。上述のvi) で述べた連邦憲法裁判所の1979年7月25日言渡の判決は件名索引では

Arzthaftung wegen Behandlungsfehlers
　Beweislast
　des Patienten 79 1925+, 2334 A

とあるが，これは上述の連邦通常裁判所の判例がNJW 1979年版1925頁以下にあり，これを論じた論文がNJW 1979年版2334頁以下に出ていることを示している。

さらに，別冊のNJW Gesamtregister (5年毎の累積索引) にはおのおのその対象とする年代の判例の前述のv) からviii) に相当する索引が含まれている。そしてこの累積索引においても判例検索表には評釈のあるものは評釈者名を付し，公撰判例集とNJWの掲載箇所の対照表と件名索引では評釈のあるものには星印をつけている。

(b)　Juristenzeitung (JZ), Tübingen, Mohr, 1951-.

これに掲載されている判例の数はNJWより少いが，その半分はNJWより詳細な注がついている。序文の部分には最近の判例の要旨集がついている。

これについている目次や索引には，i) 掲載する雑誌論文の目次 (大項目別に

分類される)，ii）判例検索表，iii）各種報告の目次，iv）書評索引（被批評者名のアルファベット順)，v）法条索引，vi）件名索引がある。

この中でii）の判例検索表は裁判所別にした中をさらに判決の年月日順にし，その次に各種の公撰判例集中の登載箇所とJZ中の掲載箇所の対照を示している。評釈のついているものは評釈者名を括弧で囲って示している。

件名索引はそのテーマの該当頁を示すが，この索引だけでは評釈の有無は(本文を見ない限り）不明である。

その他Gesetzgebungsdienstという付録があり，公布された法律と，現在議会に上程されている重要な法案とを列挙している（**第3章（2）**(i)(a)で詳述)。

(c) Juristische Rundschau (JR), Berlin, de Gruyter, 1947-.（月刊）

これはJZのように限られた少い判例に詳細な注をつけている。また，その特色は連邦労働裁判所の最近の判例の要旨集を載せていることである。

これについている索引は，i）論文目次(執筆者名のアルファベット順)，ii）書評索引，iii）件名索引，iv）法条索引，v）判例索引（年月日順)，vi）Konkordanzenverzeichnis(判例を公撰判例集の登載箇所の巻，頁順に並べ，次に判決言渡年月日と書類整理番号，JRの掲載箇所と評釈者名をつけたもの)である。このv）とvi）の双方に評釈者名をつけている。

例をあげるとJR 1979年24頁には次のように出ている。

§30 KO

Zur Anfechtung im Konkurs des Gläubigers des Lastschriftverfahrens

Urteil des BGH v. 21. 12. 1977-VIII ZR 255/76とある判例について調べてみるとiii）の件名索引ではLASTSCHRIFTVERFAHREN KONKURSANFECHTUNG 24と出ている。

iv）の法条索引（Gesetzesstellen）には次のような記載がある。

KO（Konkursordnung）

1	447
7	25
12	158
⋮	
30	24

これはKO（破産法）第30条に関する判例がJR 1979年24頁に出ていることを示している。

v）判例索引では例をあげると

A. Zivilsachen

1. Bundesgerichtshof.

(イ) 21. 12. 1977 (ロ) VIII ZR 255/76 (ハ) Anm: Olzen (ニ) JR 1979. 24

とある。

これは(イ)判例言渡年月日1977年12月21日，(ロ)書類整理番号，(ハ)評釈者名，(ニ) JR 1979年24頁を意味する。

vi）Konkordanzenverzeichnisでは1例をあげると

Amtl. Sammlung des BGH in Zivilsachen（BGHZ）.

(イ) 70，177 (ロ)(21，12. 1977. (ハ) VIII ZR 255/76) (ニ) JR 1979. 24. (ホ)(Olzen)と出ている。

これは(イ) BGHZ Bd. 70，S. 177 (ロ)判決言渡年月日すなわち1979年12月21日，(ハ)書類整理番号，(ニ) JR 1979年24頁，(ホ)評釈者名を意味する。

(d) Monatsschrift für Deutsches Recht（MDR），Hamburg，1947-.

他の法律一般の雑誌より多くの判例を載せるが，より簡単に紹介している。

これについている索引は，i）論文の執筆者名索引（執筆者名のアルファベット順），ii）件名索引，iii）法文索引（法条順），iv）判例索引，v）公撰判例集との対照表Fundstellen der in der Amtlichen Sammlung veröffentlichten Entscheidungen（後述），vi）書評索引（被批評者名のアルファベット順）である。

ii）の件名索引ではMDRの中での掲載箇所を示すが，それが図書か，判例かの区別を示す記号はついていない。

iv）の判例索引は判例を裁判所別，判決言渡年月日順に並べ書類整理番号とMDRの中で掲載されている年度と頁を示す。

v）は判例を裁判所別に分類し，公撰の判例集に登載された順序にならべ，それらのMDRにおける掲載年度と頁とを対照している。

(e) Deutsche Richterzeitung（DRiZ，DRZ）. Berlin，Heymann，1909-.

この特徴は司法官に重点を置いている点にある。

その内容は，i）論文，ii）„Kommentar“，iii）件名索引，iv）判例索引，v）新刊紹介に分れる。

判例索引の例を1980年版からあげると

Bundesverfassungsgericht-

：(イ) Beschluss vom 3. 10. 1979.(ロ) 1 BvR 276/78,(ハ)(Zugangfristwahrender Schriftstücke bei Gericht)......(ニ) 31 とあるが，これは (イ) 判決言渡年月日，(ロ) 文書整理番号，(ハ) 判例の内容を簡潔に示す言葉，(ニ) DRZ 1980年版31頁以下に出ていることを意味する。これには法条索引はない。

（f） Juristische Schulung（JuS）. München, Beck, 1961-.

これは学生を主な対象に作製されている。

これについている索引には次のものがある。i）執筆者名索引，ii）論文の大件名による索引，iii）書評索引，iv）判例言渡年月日順索引，v）条文索引，vi）件名索引，vii）略語表，viii）訂正事項，ix）Der klassische juristische Text（Lösungen）であるが，法条索引はその判例がJuSの何頁に出ているかを示し，さらに注釈がついている時にはたとえばm. Anm. Tomuschatのように注釈者名をつけている。

（5） 主要な判例検索資料と法律雑誌の索引の対照表（NJW, JZ, JR, MDR）

検索資料の代表としてLindenmaier/Möhring, Nachschlagewerk des Bundesgerichtshofs （LM）（本章（3）⑦106頁で詳述）とNeue Juristische Wochenschrift, Fundhefte（本章（3）②で詳述）を，法律雑誌としてNeue Juristische Wochenschrift（NJW）; Juristische Zeitung（JZ）; Juristische Rundschau（JR）; Monatsschrift für Deutsches Recht（MDR）を選び，これらに付属している検索資料の特徴を表にまとめた。

雑誌の所蔵については［東法］と［最］における所蔵だけを記しているが，わが国の他の機関でもこれらの雑誌を所蔵しているのでそれは文部省の学術情報センターのNACSIS-CATまたは『学術雑誌総合目録・人文社会科学欧文編』1999年によって調査されたい。

	NJW	JZ	JR	MDR	LM	NJWF
判例言渡年月日順索引						
有　無	○	○	○	○	○	○＊1
評釈者名記載	○	○	○	○	○	○＊2
公撰判例集登載箇所記載	○	○	○	○	○＊3	○
件名索引						
有　無	○＊4	○	○	○	○	○
単行書・雑誌論文・判例の区別	○	×	×	×	×＊5	×＊6
判例に評釈つきの表示（*）	○	×	×	×	×	×
公撰判例集の登載箇所との対照表						
有　無	○	×＊7	○	○	×＊8	×
評釈者名記載	○		○	×		
法条索引の有無	○	○	○	○	×＊9	×＊10

＊1　公法の部門には1958年から，労働法の部門には1976年からこの索引がつくが，私法と租税法の部門にはない。

＊2　本文中に註釈者名をつける。

＊3　Kurzausgabeの判例検索表の中で連邦通常裁判所の判例だけにはBGHZまたはBGHStの欄にその登載箇所を記載するが，下級裁判所の判例の場合にはその欄が——となっている。

＊4　判例には＋印を，評釈つきの判例にはさらに＊印をつける。

＊5　LMではもともと判例だけをその対象にしている。

＊6　本文中にはこの区別をする印がついている。

＊7および＊8　この対照表がなくても，既述の判例（検索）表の中に公撰判例集の登載箇所が記載してあるので，これである程度は代用できると思う。また本文中に公撰判例集の登載箇所が記載されている。

＊9および＊10　本文自身が法条順に並んでいる。

誌名	略語	判決言渡年月日順索引	件名索引	法条索引	公撰判例集との対照表	備考	所蔵館
Der Deutsche Rechtspfleger	DRpfl. oder Rpfleger	○	○	○	×		東 法 最
Deutsche Richterzeitung	DRiZ	○	○	×	×		東 法 最
Europarecht	EuR	○	○	×	×		東 法
Juristenzeitung	JZ	○	○	○	×		東 法 最
Juristische Rundschau	JR	○	○	○	○		東 法 最
Juristische Schulung	JuS	○	○	○	×		東 法 最

誌名	略語	年月日順索引	件名索引	法条順索引	公撰判例集との対照表	備考	所蔵館
Konkurs-, Treuhand- und Schiedsgericht-wesen	KTS	○	○	×	×		東 法
Kritische Justiz	KJ	×	×	×	×	目次のみあり	東 法
Monatsschrift für Deutsches Recht	MDR	○	○	○	○		東 法 最
Neue Juristische Wochenschrift	NJW	○	○	○	○		東 法 最
Recht in Ost und West	ROW	×	○	○	×	目次のみあり	東 法

第2次大戦終了以前のドイツで法律の全領域の判例を掲載する法律雑誌

誌名	略語	年月日順索引	件名索引	法条順索引	備考	所蔵館
Beiträge zur Erläuterung des Deutschen Rechts, begr. v. Gruchot (1857-1933)	Gruch Beitr., Gruchot	×	○	○	目次が法条順	東 法
Deutsche Juristenzeitung (1896-1936)	DJZ	○	○	×		東 法 最
Hamburgische Gerichts-Zeitung		×	○	×	原告対被告の人名表あり	東 法
Hanseatische Rechts- und Gerichtszeitschrift (1924-1938)	Hans. RGZ, HGZ	○	○	×	分類別索引あり	東 法
Juristische Wochen-schrift (1872-1944)	JW, JurW	○	○	○	法令のアルファベット順索引あり	東 法
Leipziger Zeitschrift für Deutsches Recht (1907-1933)	Leipz Z, LZ	○	○	○		東 法 最
Das Recht; Juristisches Zentralblatt für Praktiker. (1901-1932)		×	○	○		東 法
Sächsisches Archiv für Rechtspflege (1906-1923)	Sächs-Arch.	○	○	○		東 法
Fischers Zeitschrift für Praxis und Gesetzgebung der Verwaltung (1880-1941)	FischerZ	×	×	×	目次のみあり	東 法

公法関係

誌　　名	略　　語	年月日順索引	件　名索　引	法条順索　引	備　　考	所蔵館
Archiv des öffentlichen Rechts	Arch ÖffR oder AöR	×	×	×	目次のみあり	東　法
Deutsches Verwaltungsblatt	DVBl	○	○	○	年月日順索引で注釈のあるものは注釈者名をつける	東　法
Der öffentliche Dienst	DÖD					最
Die öffentliche Verwaltung	DÖV	○	○	○		東　法
Verwaltungsarchiv	VwArch oder VerwArch	○	×	×	目次あり	東　法
Zeitschrift für Luft-und Weltraumrecht	ZLW	○	○	×		東　法 最

租税法

誌　名	略　語	年月日順索引	件　名索　引	法条順索　引	備　考	所蔵館
Der Betrieb	DB	○	○	×		東　法
Betriebs-Berater	BB	○	○	×		東　法
Deutsche Steuerzeitung	DStZtg oder DStZ	○	○	×		東　法
Deutsches Steuerrecht	DStR	○	○	×		東　法
Steuer und Wirtschaft	StuWi oder StW	○	○	×		東　法

経済法

誌　名	略　語	年月日順索引	件　名索　引	法条順索　引	備　考	所蔵館
Der Betrieb	DB	○	○	×		東　法
Betriebs-Berater	BB	○	○	×		東　法
Recht der Internationalen Wirtschaft	RIW	○	○	×		東　法

（6）　原審・上級審の判決を調べる方法

ドイツ法検索の際に，法律家は通常コンメンタールを参考にするが，その中の注の中には法律の条款の分析と，判例と文献が参照してある。しかし，より複雑な問題を調べるためには各種の検索資料の利用が必要となる。それらの個々の資料については既に分野別に説明し，さらに実例として，判例の検索に際しては，判例集や検索資料，および判例を掲載する雑誌に付属している索引を総合的に利用することの能率性について**本章（2）**(ii)⑦（74頁）記述の刑法，刑訴や本章(3)⑤(99頁)記述の医療過誤の判例の例で述べた。

ここでは上告審の判例から原審のそれを探す方法とその逆の場合，およびこれらとは全然別の下級裁判所の判例の独立した検索方法について述べる。

(i) 上告審の判決から原審の判決を探す方法

『外国法の調べ方』207頁に掲載されている，連邦通常裁判所民事判例集第26巻349頁(BGHZ 26, 349)登載の連邦通常裁判所の1958年2月14日の判決文(次に図解)を見ると，初めに(イ)判決要旨が出ていて，その次に(ロ)KunstUrhG § 22; GGArt 1,2; BGB § 847と判決に際して考慮された条文が記され，次に(ハ)I. Zivilsenat Urt. v. 14. Februar 1958 (ニ)i. S. H. KG (Bekl.) w. S. (Ki.) (ホ)I. ZR 151/56とある。これは，(ハ)民事第1部の1958年2月14日の判決で，(ニ)被告名(Bekl.)対原告名(Kl.)をあげ，次に(ホ)書類整理番号(裁判所の付した事件番号)(I. ZR 151/56)をあげる。その次に(ヘ)I. Landgericht Köln II. Oberlandesgericht Kölnとあるのは第1審と第2審の裁判所名である。以上のことで，(1)判決に際して考慮された法条と，(2)第1審と第2審の裁判所名が判明する。この2つが第1審と第2審の判例を探す手がかりとなり得るはずである。

連邦通常裁判所民事判例集第26巻349頁

(イ)

Nachdem durch Art. 1, 2 GG das Recht zur freien Selbstbestimmung der Persönlichkeit als ein Grundwert der Rechtsordnung anerkannt ist, ist es gerechtfertigt, in analoger Anwendung des § 847 BGB auch dem durch die unbefugte Veröffentlichung seines Bildes Verletzten wegen eines hierdurch hervorgerufenen, nicht vermögensrechtlichen Schadens eine billige Entschädigung in Geld zu gewähren

(ロ)KunstUrhG § 22; GG Art. 1, 2; BGB § 847.

(ハ)I. Zivilsenat. Urt. v. 14. Februar 1958 i. (ニ)S. H. KG (Bekl.) w. S. (Kl.). (ホ)I ZR 151/56.

(ヘ)I. Landgericht Köln

II. Oberlandesgericht Köln

まず，下級裁判所の判決をも掲載しているDeutsche Rechtsprechung

(DRspr.)（**本章**(3)① 88頁で詳述）であるが，これを所蔵する阪大法学部の職員の方にこの判決の第1審と第2審の判決がこのDRspr.で探せるか否かを調査していただいたところ，どうもつきとめることは不可能のようであった。

次に，この目的のために利用できると思われるものはBeck社発行の公法，私法，労働法，租税法と分かれているNeue Juristische Wochenschrift Fundheftである（**本章**(3)② 88頁で詳述)。これは固定式で，年刊なので上告審の判決より以前の年の巻を見ると，本文は判決の要旨を法条順に並べ，巻末に件名索引をつけているので，仮に目的とする原審の判決がのっていれば，これを探すことができるはずである。また，上記の各分野のFundheftの中で，公法は1958年から，労働法は1976年から巻末に裁判所別の判決言渡年月日順索引をつけているから，これを利用することもできるはずである。ただし，筆者は連邦通常裁判所の判例の原審のそれを，5例ほどこのFundheftを利用して探したが発見できなかった。

また，連邦労働裁判所の公撰判例集には原審の裁判所名はあるが，後者の判決言渡年月日は記載されていない。それでNachschlagewerk des Bundesarbeitsgerichts: arbeitsrechtliche Praxis.［東外］(W 336-N 51)（**本章**(3)④ 94頁で詳述）の裁判所名の判決言渡年月日順の索引や件名索引や（法条順の）本文で2～3件ほど原審の判決を探したが，ここでも発見することができなかった。

このように筆者が調査した例は少数であるが，その限りでは［東外］にある資料で，上告審の判決から原審のそれを探すことは不可能のように思われた。ただし，ドイツ連邦共和国の本国では連邦通常裁判所等にこのことを検索する資料がそろっているということである。

(ii)　原審の判決から上告審の判決を探す方法

これには幾種類かある。その1つは公撰判例集についている原判決裁判所名索引である（筆者は各判例集に付属している索引の種類を詳細に記述しておいたから，それを参照されたい(**本章**(2)))。すなわち，原審の判決より後の上告審の裁判所の公撰判例集の原判決裁判所名索引をひけば，その判決の上告審のそれを，容易に発見することができる。

もちろんそれ以外にも，判例集や，種々の検索資料に付属している件名索引や法条索引（場合によっては本文が法条順のこともある）によって上告審の判決を探すことも不可能ではない。

(iii) 下級裁判所判決が調査できる資料

以上，判例集，判例の検索資料，法律雑誌を法律の分野別に分類したが，その中で下級裁判所の判決をもひけるものは極力，その旨を明記しておいた。この他下級裁判所の判決を探す場合には，Schmidt 社発行の行政法，労働法，人権，租税法，保険法，経済法，交通法等に分かれている判例の検索資料がある。これは加除式で下級裁判所の判例を含み，本文は判決の要旨を件名のアルファベット順に並べ，その次に裁判所名，判決言渡年月日，書類整理番号，その判例を掲載している雑誌名とその箇所をつける。索引には条文索引と件名標目表がある。

この Schmidt 社の Taschenlexikon は［東外］では，テーマの如何を問わず，みな W 336-T 60 の所にまとめて 1 ヶ所に配架してある（1983 年の冊子目録では 66 頁)。その内容は次のようである。

ESV-Taschenlexika. Bielefeld, Schmidt. Losebl.-Ausg.

Contents:

Taschenlexikon arbeitsrechtlicher Entscheidungen. 1979+

Taschenlexikon bau- u. architektenrechtlicher Entscheidungen. 1978+

Taschenlexikon haftpflichtrechtlicher Entscheidungen. 1980+

Taschenlexikon handwerksrechtlicher Entscheidungen. 1980+

Taschenlexikon miet- u. wohnungsrechtlicher Entscheidungen. 1980+

Taschenlexikon personalrechtlicher Entscheidungen des öffentlichen Dienstes. 1974+

Taschenlexikon sozialversicherungsrechtlicher Entscheidungen. 1980+

Taschenlexikon steuerrechtlicher Entscheidungen. 1980+

Taschenlexikon staats u. verwaltungsrechtlicher Entscheidungen. 1980+

Taschenlexikon versicherungsrechtlicher Entscheidungen. 1980+

Taschenlexikon wirtschaftsrechtlicher Entscheidungen. 1977+

Lexikon straßenverkehrsrechtlicher Entscheidungen. 1978+

その他，法律の各分野の専門雑誌で判例を掲載しているものは，その大部分が下級裁判所の判決でも重要なものは含み，かつ，裁判所別判決言渡年月日順索引と件名索引をつけているものが多いことを銘記すべきである。

（７）　判決原文の入手方法

もし判決が全然公表されていないか，または不完全にしか公表されていない時には，多くの場合に裁判所の判決の原文そのものが必要になることがある。当該の判決が部分的に印刷されている場合には，それを掲載した雑誌の発行所に質ねると，その発行所は判決をコピーするかまたは(ドイツ国内ならば)ファックスで送ってくれる。もしこれが不可能ならばその判決を出した裁判所にコピーを依頼することになる。またドイツのインターネット上の判例情報については指宿信『法律学のためのインターネット』82 頁，同『律学のためのインターネット 2000』115 頁，同編著『インターネットで外国法』114 頁および大村敦志ほか著『民法研究ハンドブック』（有斐閣，2000 年）226 頁を参照。

第5章　ドイツ民主共和国（旧東ドイツ）の法令および判例

＊　＊　＊

（1）　法 令 集

以下に述べる法令集の中の大部分のものに内容目次と件名索引がついている。

Müller-Römer, DDR Gesetze, Köln, Wissenschaft und Politik, 1975-, Losebl.-Ausg.［東外］（W 353-D 70）

Gesetzblatt der Deutschen Demokratischen Republik, Tl. I, Berlin, Staatsverlag der DDR, 1953-1990.［東外］（W 353-G 49）［国］

官報で内容目次と件名索引つきで本文は編年体。Teil I は国内法規でTeil II は国際的な条約である。

Gesetz über das Vertragssystem in der sozialistischen Wirtschaft (Vertragsgesetz) und Bestimmungen über das Verfahrensrecht, Berlin, VEB Deutscher Zentralverlag, 1961. Textausgabe mit Sachregister.［東外］（W 353-G 60）

Die Gesetzgebung der DDR: Quellen zur Rechtsvergleichung aus dem Osteuropa-Institut an der Freien Universität Berlin, H. Roggemann, 2. Aufl., Berlin, Berlin Verlag, 1971-, Losebl.-Ausg.［東外］（W 353-G 71）

本文は分類順。件名索引なし。

Die Staatsordnung der DDR, H. Roggemann, 2. Aufl., Berlin, Berlin Verlag, 1974. ［東外］（W 353-S 74）
本文は分類順。

Verfassung der Deutschen Demokratischen Republik: Dokumente Kommentar, hrsg. von K. Sorgenicht et al., Bd. 1-2, Berlin, Staatsverlag der DDR, 1969. ［東外］（W 353 K 1-V 69）
本文は法条順。

Hoch- und Fachschulrecht, Berlin, Deutscher Zentralverlag, 1963. ［東外］（W 353 K 7-H 63）

Kommentar zum Gesetz über den Brandschutz in der Deutschen Demokratischen Republik, Brandschutzgesetz vom 19. Dez. 1974, Berlin, Staatsverlag der DDR, 1977. ［東外］（W 353 K 7-K 77）

Sozialistische Schule: eine Zusammenstellung der wichtigsten gesetzlichen Bestimmungen und Dokumente, 3. Aufl., Berlin, Staatsverlag der DDR, 1964. ［東外］（W 353 K 7-S 64）

Sozialistische Gesundheitsrecht: Textausgabe für Ärzte und Zahnärzte, hrsg. vom Ministerium für Gesundheitswesen, Berlin, Staatsverlag der DDR, 1980. ［東外］（W 353 K 7-S 80）
本文は分類順。

Bodenrecht, 2. Aufl., Berlin, Staatsverlag der DDR, 1979. ［東外］（W 353 K 8-B 79）

Die Besteuerung und Preisbildung der Produktionsgenossenschaften des Handwerks, Ergänzungsbd. 3. Aufl., Berlin, Staatsverlag der DDR, 1963. ［東外］（W 353 M 4-B 63）

Besteuerung des Arbeitseinkommens, H. Balling, Berlin, Staatsverlag der DDR, 1964. ［東外］（W 353 M 4-B 64）

Lohnsteuertabellen für monatliche und tägliche Lohnzahlungen mit Erläuterungen, 7. Aufl., Berlin, Staatsverlag der DDR, 1974.［東外］（W 353 M 4-L 74）

Investitionen: Planung, Durchführung und Finanzierung der Investitionen, Berlin, Deutscher Zentralverlag, 1961.［東外］（W 353 N 1-I 61）

Staatliche Beteiligung: eine Zusammenstellung der wichtigsten gesetzlichen Bestimmungen und gewerkschaftlichen Materialien, H. Langer, 2. Aufl., Berlin, Staatsverlag der DDR, 1964.［東外］（W 353 N 2-S 64）

Produktionsgenossenschaften des Handwerks, K. Linkhorst, 3. Aufl., Berlin, Deutscher Zentralverlag, 1963.［東外］（W 353 N 3-P 63）

Lebensmittelgesetz und damit im Zusammenhang stehende weitere Rechtsvorschriften, Textausgabe mit Erläuterungen, Anmerkungen und Sachregister, 4. Aufl., Berlin, Staatsverlag der DDR, 1974.［東外］（W 353 N 6-L 74）

Bergrecht. Textausgabe mit Anmerkungen und Sachregister, Berlin, Staatsverlag der DDR, 1977.［東外］（W 353 N 7-B 77）

Post- und Fernmelderecht, Berlin, Deutscher Zentralverlag, 1960.［東外］（W 353 N 8-P 60）

Das Arbeitsrecht in der Deutschen Demokratischen Republik, Bd. 1-3, Textsammlung der arbeitsrechtlichen Gesetze, Verordnungen, Anordnungen, Durchführungsbestimmungen, Richtlinien, Berlin, Deutscher Zentralverlag, 1955-, Losebl.-Ausg.［東外］（W 353 P 1-A 55）［国］

Arbeitsgesetzbuch und andere ausgewählte Rechtsvorschriften, Berlin, Staatsverlag der DDR, 1980.［東外］（W 353 P 1-A 80）

Gesetzbuch der Arbeit und andere ausgewählte rechtliche Bestimmungen, 7. Aufl., Berlin, Staatsverlag der DDR, 1969.［東外］（W 353 P 1-G 69）

Das Reisekostenrecht in der Deutschen Demokratischen Republik, 7.

Aufl., Berlin, Staatsverlag der DDR, 1972.［東外］(W 353 P 3-R 72)

Schwerbeschädigtenbetreuung und Rehabilitation, Berlin, Staatsverlag der DDR, 1965.［東外］(W 353 P 3-S 65)

Verordnung zur Erhaltung und Förderung der Gesundheit der Werktätigen im Betrieb- Arbeitsschutzordnung-, und weitere Bestimmungen über den Gesundheits- und Arbeitsschutz. 6. Aufl., Berlin, Staatsverlag der DDR, 1974. On spine: Arbeitsschutzverordnung.［東外］(W 353 P 3-V 74)

Das Sozialversicherungsrecht, hrsg. von K. Hartnick et al. Berlin, Deutscher Zentralverlag, 1955.［東外］(W 353 P 6-S 55)

Sozialversicherungsrecht der Arbeiter und Angestellten, Berlin, Staatsverlag der DDR, 1963.［東外］(W 353 P 6-S 63)

Strafgesetzbuch und andere Strafgesetze: Erweiterte Textausgabe mit Anmerkungen und Sachregister, 4. Aufl., Berlin, Zentralverlag, 1956.［東外］(W 353 R 1-S 56)

Strafrecht der Deutschen Demokratischen Republik, 2. Aufl., 1-2, Berlin, Staatsverlag der DDR, 1970.［東外］(W 353 R 1-S 70)

Strafgesetzbuch, bearb. von H. Duft, hrsg. vom Ministerium der Justiz, Berlin, Staatsverlag der DDR, 1975.［東外］(W 353 R 1-S 75)

Strafgesetzbuch und Strafprozessordnung der DDR mit Nebengesetzen, bearb. von H. Roggemann, Berlin, Berlin Verlag, 1976.［東外］(W 353 R 1-S 76)

Strafrecht der Deutschen Demokratischen Republik, Kommentar zum Strafgesetzbuch, Berlin, Staatsverlag der DDR, 1981.［東外］(W 353 R 1-S 81)

Strafprozessordnung vom 2. Okt. 1952, Berlin, Deutscher Zentralverlag, n.d.［東外］(W 353 R 8-S 52)

Strafprozessordnung der Deutschen Demokratischen Republik -StPO-, sowie angrenzende Gesetze und Bestimmungen, Berlin, 3., überarb. Aufl., Staatsverlag der DDR, 1979. ［東外］ (W 353 R 8-S 79)

Strafprozessrecht der DDR, Berlin, Staatsverlag der DDR, 1968. ［東外］ (W 353 R 8-S 68)

Strafprozessordnung der Deutschen Demokratischen Republik -StPO-, sowie angrenzende Gesetze und Bestimmungen, Berlin, Staatsverlag der DDR, 1981. ［東外］ (W 353 R 8-SA 68)

Zivilprozessordnung und andere prozessrechtliche Bestimmungen. Textausgabe mit Anmerkungen und Sachregister, Berlin, Deutscher Zentralverlag, 3. Aufl., 1953, 5. Aufl., 1960, 6. Aufl., 1966. ［東外］ (W 353 S 80-Z 53)

Bürgerliches Gesetzbuch nebst wichtigen Nebengesetzen, Textausgabe mit Anmerkungen und Sachregister, Berlin, Deutscher Zentralverlag, 1962. ［東外］ (W 353 T 10-B 60)

Bürgerliches Gesetzbuch mit wichtigen Nebengesetzen, 5. Aufl., Berlin, Staatsverlag der DDR, 1971. ［東外］ (W 353 T 10-B 71)

Zivilgesetzbuch der Deutschen Demokratischen Republik mit Einführungsgesetz. Berlin, Staatsverlag der DDR, 1977. ［東外］ (W 353 T 10-Z 77)

Zivilgesetzbuch sowie angrenzende Gesetze und Bestimmungen, Berlin, Staatsverlag der DDR, 1980. ［東外］ (W 353 T 10-Z 80)

Zivilrecht der Deutschen Demokratischen Republik, G. Brunner, München, Beck, 1977. ［東外］ (W 353 T 10-ZA 77)

Das Familienrecht der DDR: Kommentar vom 20. Dez. 1965, 3. Aufl., Berlin, Staatsverlag der DDR, 1970. ［東外］ (W 353 T 43-F 70)

Familiengesetzbuch der Deutschen Demokratischen Republik und angrenzende Gesetze und Bestimmungen, bearb. von K. H. Ehehardt. Textausgabe mit Anmerkungen, chronologischem Verzeichnis der in Anmerkungen abgedruckten Bestimmungen und Sachregister. 5. Aufl., Berlin, Staatsverlag der DDR, 1973. ［東外］（W 353 T 43-F 73）

Rechtsquellen für das Versicherungswesen der Deutschen Demokratischen Republik und des Demokratischen Sektors von Gross-Berlin. Berlin, VEB Deutscher Zentralverlag, 1952. ［東外］（W 353 T 72-R 52）

内容目次はあるが件名索引はない。

Das Seerecht der Deutschen Demokratischen Republik, H. Propp. 2. Aufl., Berlin, Deutscher Zentralverlag, 1960. ［東外］（W 353 T 76-S 60）

Die Neuererbewegung und das Patent-, Muster und Zeichenwesen, Berlin, Staatsverlag der DDR, 1964. ［東外］（W 353 T 82-N 64）

（2）　法令の検索資料

Das geltende Recht, Bd. 1, 2, Berlin, Staatsverlag der DDR, Ausgabe 1963, 1975, 1977. Contents. -Bd. 1. Chronologischer Teil. Bd. 2. Systematischer Teil. ［東外］（W 356-G 63）［国］（CG 5-1-3）

これはドイツ民主共和国の国家成立以来，Gesetzblatt, Gesetzblatt-Sonderdruck, Ministerialblatt, Zentralblatt の中で公布された法規を対象にしているが，その後に無効になったものは除外している。その他に同国建設を決定し，社会主義的な法秩序の発展にあたり歴史的に重要で根本的な国法的な規則もつけ加えられている。

第1巻の編年体の部分は同国の現行法を年代順に並べる。検索に役立つために法規名の中で，中心になる重要な部分を太文字で印刷している。個々の法規の中では公布の年月日，法令名，登載文献の箇所をあげその法規について，それ以後，実施規定や変更または補充の規定がある場合には Änd（Änderung），DB（Durchführungsbestimmung），Erg（Ergänzung）等の記号をつけ，その年月日と掲載箇所を示す。これらの変更の法規等はそれだけで独立した年月日でひけるように構成されている。

第2巻の分類順の部分は法規を初めに0～9までの10の大分類に分け，さらにそれを細分する。そして巻末に件名索引（Stichwortverzeichnis）をつける。個々の法規には公布の年月日と法令名とそれを登載する文献の箇所がつけられている。それ以後の実施規定，変更規定は第1巻の編年体の部分を参照するようになっている。

Adomeit, Heinz, ed., Gesetzes-Generalregister, Ausg. 1961. Zusammengestellt und bearb. von H. Adomeit, Berlin, Deutscher Zentralverlag, 1961, 2v. Contents. -1. Chronologischer Teil. 2. Alphabetischer Teil.［国］(CO 5-1-1)

Adomeit, Heinz, ed. -Gesetze finden leicht gemacht: ein alphabetisches Stichwortverzeichnis der geltenden gesetzlichen Bestimmungen, 1949-1954, mit Nachträgen. Zusammengestellt und bearb. von Heinz Adomeit, Berlin, Deutscher Zentralverlag, 1955, 499 p. 22 cm.

……Nachtrag 1-

Abgeschlossen……

[Berlin, Deutscher Zentralverlag, 1955-]

Parts. 20 cm.

……Ergänzungsband, 1. Jan. 1955-

Berlin, Deutscher Zentralverlag 1956

-v. 22 cm.［国］(CG 5-1-2)

Stichwortverzeichnis: Gesetzblatt, Ministerialblatt, Zentralblatt der Deutschen Demokratischen Republik, Jahrgänge 1949-1954; zusammengestellt von der Redaktion Gesetzblatt der Deutschen Demokratischen Republik, Berlin, Deutscher Zentralverlag, 1955, 207 p. 19 cm.

ドイツ民主共和国の法律を含む議会の資料の検索には次のものがある。

Germany (Democratic Republic, 1949-) Der Staatsrat der Deutschen Demokratischen Republik 1960-1970. Dokumentation. Berlin, Staatsverlag d. Deutschen Demokratischen Republik, 1970, 927 p. 24 cm.

„Enthält“ eine Zusammenstellung der in den Dokumenten der Sozialistischen Einheitspartei Deutschlands und in den Gesetzen und Beschlüssen der

Volkskammer der Deutschen Demokratischen Republik behandelten politischen und staatsrechtlichen Grundlagen der Tätigkeit des Staatsrates.

東西両ドイツ国は1990年に統一されてドイツ民主共和国は存在しなくなったが，後者の法律で統一されたドイツ連邦共和国においてもなお有効なものは次のもので探すことができる。

Bundesgesetzblatt. Fundstellennachweis A. Anhang: Fortgeltendes Recht der ehemaligen DDR. これは1990年から以後ついている。

（3）判例集

Entscheidungen des Obersten Gerichts der Deutschen Demokratischen Republik in Arbeits- und Sozialversicherungssachen. Berlin, Staatsverlag der DDR, 1959-. ［東外］（W 355 P 1-E 59）

Entscheidungen des Obersten Gerichts der Deutschen Demokratischen Republik in Strafsachen. Berlin, Staatsverlag der DDR, 1951-. ［東外］（W 355 RO-E 51）

Entscheidungen des Obersten Gerichts der Deutschen Demokratischen Republik in Zivilsachen. Berlin, Staatsverlag der DDR, 1950-. ［東外］（W 355 TOO-E 51）

各巻に判決言渡年月日順索引，法条索引，件名索引がある。

なお東西両ドイツの分裂と再統一とこの両国の法令や統一後におけるドイツ法の変更等については山田晟『東西両ドイツの分裂と再統一』（有信堂，1995年，590頁）に詳細に出ている。

第6章　ドイツ（第2次大戦前，占領中，旧西ドイツ，旧東ドイツを含む）の法令・判例のわが国における所蔵のリスト

［Ⅰ］　東京大学法学部附属外国法文献センター所蔵のドイツの法令と判例

Catalog of Foreign Law Materials, 1983, pp. 39-77. 参照

［II］　その他の機関における所蔵の調査

次のものによって調査することができる。

(1)　『学術雑誌総合目録　人文社会科学欧文編 1999 年版　8 冊』

法令集や判例集もこの中に入っているので，書名がわかれば所蔵機関をつきとめることができる。

(2)　『国立国会図書館所蔵外国法令議会所蔵目録 1987 年 12 月現在』

(3)　最高裁判所図書館=国立国会図書館=法務図書館『外国法令集総合目録』(1956 年 1 月現在)

同　追録 1 (1957 年 7 月現在)〔法〕32 頁参照。

(4)　最高裁判所図書館『法律図書目録・洋書の部』およびその追録

(5)「最高裁判所図書館所蔵の外国判例集について」同図書館月報 151〜155 号

(6)　京都大学法学部洋書所蔵目録（1928 年出版）分類順で著者名索引つき。〔法〕33 頁参照。

(7)　慶応義塾大学・三田情報センター『外国法関係資料目録（法令集・判例集）』1973 年

(8)　早稲田大学比較法研究所『洋書目録 1958〜1978』1979 年

(9)　中央大学図書館『中央大学参考資料目録・欧文編・第 1 集　辞書類・法令集・判例集・昭和 50 年 4 月末現在』

(10)　『福岡大学法令・判例集目録　昭和 56 年 3 月現在』

この［Ⅰ］と［II］の(1)〜(10)によって単に独のみならず英，米，佛，南欧，北欧や中南米等の世界各国の法令や判例のわが国における所蔵機関を知ること

ができる。なお，国立国会図書館の法令議会資料室には世界各国の法令や議会資料を多く所蔵する。なお，第 13 章(1)「世界の主要国の官報，法令集，議会資料の国立国会図書館における所蔵」を参照。

第7章　スイス法・オーストリア法

＊　＊　＊

（1）　スイス法

1　検索の基本的原則

スイス法はドイツ法に類似していてコンメンタールに重きがおかれ，これが判例や文献を参照しているが，その次に重要なものが手引書である。連邦裁判所の支配力が大きいので，その判例要旨集たるRegestensammlungen（Szladits, C., *Guide to foreign legal materials: French*, *German*, Swiss. N.Y., Oceana, 1959.（以下，〔S.〕として略す）pp. 465-466 にその実例がある）は最も役に立つものである。現行法をup-to-datc にするためにはカード形式のファイル（〔S.〕p. 466 参照）とくにSchweizerische juristische Kartothek（Fiches juridiques suisses）1941-は（一面では法律の百科辞典としての性格も持つが）とくに有益で推薦されるべきものである。

法令の索引は少なく，up-to-date であることが少ない。1947 年までは連邦の最新の制定法を検索するためにBereinigte Sammlungen der Bundesgesetze und Verordnungen（〔S.〕pp. 443-444）の索引の巻が使用されたがそれ以後は，公撰法令集の索引が役に立つものである。

なお，判例に対する英米法と仏，独，瑞各国における見解の相違は〔S.〕pp.

513〜515を参照。

2　判 例 集

公撰判例集

Entscheidungen des Schweizerischen Bundesgerichtes（略語 BGE, ATE）. 1 (1875)-.［東外］（W 375-E 876）［近大法］［慶大］

Bundesgericht の刊行した判例をその原語で収録し，I. 公法，II. 民法，III. Betreibungs- und Konkursrecht，IV. 刑法の4つの部分に分類している。索引には当事者名のアルファベット順索引があるが，これには判決言渡年月日がついている。1936年以来2年～3年毎に2部に分かれて索引が刊行されている。その第1部は判決に際して考慮された法条順の索引であり，それには各法条に関連のある判決の要旨がついている。第2部は判例の件名索引である。1936年以前にはこのような索引は各年刊の巻につけられていた。その他，独仏両語による累積索引が出版されている。慶大では第1巻から現在の巻までを完備し，［東外］では1983年に欠本を補った。

この公撰判例集と私撰判例集に掲載された判例の対照表については後述する。その他，保険法，行政法等の判例集は〔S.〕462頁を参照。

スイスの州の裁判所の公撰判例集の中で最も重要なものは Blätter für Züriche Rechtsprechung.（略語 BlZR または ZR）［東北大法 1（1902）～59（1960）所蔵］であり，そして Bd. 46～55（1947～1956）に対する累積索引が出ている。

その他のスイスの各州の裁判所の判例集は〔S.〕pp. 463-464 に列挙されている。

私撰判例集

最も頻繁に使用されるもの

Die Praxis des Bundesgerichts: Monatliche Berichte über die wichtigsten Entscheide des schweizerischen Bundesgerichts（Pr.）, Basel, Helbing & Lichtenhahn. 1（1912）- 52（1963）.［東外］（W 375-P 12）

これは連邦裁判所の判決の要旨を含み，各年刊の巻毎に，件名索引，判決に際して考慮された法条の表，当事者名のアルファベット順索引，略語表，この Pr. に掲載された判例の箇所と公撰判例集において登載された箇所の対照表およびその逆の対照表がついている。累積索引は 10 巻ごとにまとめて発行されている。公撰判例集に登載された判決の原文とこの Pr. の第 1 巻から第 40 巻までに掲載された判決の要旨との対照表がある。

Journal des Tribunaux（略語 JT または JdT），Lausanne, 1853-.

これは I. 連邦法，II. poursuite pour dettes，III. 州法，IV. 刑法の 4 つの部分に分かれている。そして判例，判例要旨，短い論文や書評を載せているが，すべてフランス語である。各々の部分が件名索引と判決に際して考慮された法条の表，判決の当事者名のアルファベット順索引をもっている。累積索引は *Répertoire des articles de fond, des notes de Jurisprudence et d'autres notes parus dans le Journal des Tribunaux*, par André Baumgartner という書名で Lausanne, Journ. des Trib. から 1889 年以降のものが続いて出版されているとのことである。この JT と公撰判例集の対照表については後述する。

Semaine judiciaire（略語 *Semjud*）. Genève, 1879-, annuel, in French［慶大法］Tom. 89 (1967)-

これはジュネーブ州の裁判所と連邦裁判所の判例を掲載し，論文と書評をも少し含んでいる。年刊の各巻は件名索引，判決の当事者名のアルファベット順索引，判決に際して考慮された法条の表をつけている。第 34 巻（1912）から第 63 巻（1941）までの累積索引が Brosset, Georges et Schmidt, Claude, *Répertoire général des arrêts publiés dans la Semaine judiciaire de* 1912 *à 1941*. (627 p.) という名で Genève, George から 1944 年に出版され，1942 年から 1951 年までの累積索引が Brosset, G. et Schmidt, Cl., *Répertoire général de la Semaine judiciaire pour les années 1942 à 1951* (239 p.) という名で Genève で 1954 年に出版されている。

イタリア語の地域の判例集

Repertorio di giurisprudenza patria cantonale e federale, forense e amministrativa（略語 Rep.），Bellinzona, A. Salvione, 1866-.

これらの私撰判例集は連邦裁判所の判例をも含むが，それらの中のあるものは公撰の判例集においては全然含まれないか，含まれても単に判例要旨の形においてのみ登載されているものである。これらの私撰判例集と公撰の判例集に登載された判例の原文の比較を容易にするために対照表 Konkordanzenregister, table de concordance が発行されている。

Bundesgerichtの判決のために使われる対照表はPraxis des Bundesgerichts——Amtliche Sammlung der Bundesgerichtsentscheide, Bd. 1-40 (Konkordanzenregister). [東外] (W 375-P 12)とAmtliche Sammlung der Bundesgerichtsentscheide, Praxis des Bundesgerichts, Bd. 38-77 (Basel, Helbing & Lichtenhahn, 1953. 156 P.)であり，Journal des Tribunauxのために使われる対照表はPaschoud, A & Morand, A., Tables de concordance entre le Journal des tribunaux et le Recueil officiel des arrêts du Tribunal fédéral 1912-1930, 1931-1935. (Lausanne, Rouge, 1931) 2 v.とMartin, C & Viret, J., Tables de concordance entre le Journal des tribunaux et le Recueil officiel des arrêts du Tribunal fédéral 1941-1950 (Lausanne, Rouge, 1952, 72 p.)*である（〔S.〕p. 465参照)。

その他［東外］所蔵のスイス法の判例集には次のものがある。

Die Eidgenössischen Abschiede, Zürich, Bürkli, 1 (1245-1420) - 8 (1778-1798). Repertorium, 1803-1813, Bd. 1, 2 (1814-1848), 32 v. [東外] (W 375-E 856)

Sämtliche Entscheidungen des schweizerischen Bundesgerichts, von E. Curti. 1-4, Zürich, Schulthess, 1901-1911. [東外] (W 375-SO 1)

Sammlung eidgenössischer und kantonaler Entscheidungen zum schweizerischen Zivilgesetzbuch und Obligationenrecht, von G. Weiss, Zürich, Schulthess, 1 (1912) - 4 (1921) [東外] (W 375 T 10-S 25)

これは判例要旨集である。その後1922-1937年を対象にした4冊のものが出たとのことである。

Die Rechtsprechung des Bundesgerichts im internationalen Privatrecht und in verwandten Rechtsgebieten von M. Keller et al., Zürich, Schulthess, 1976, 1. Personen-, Familien-, Erb-, und Sachenrecht. [東外] (W 375 T 90-R 76)

法律の個々の領域の判例集の具体的な例は〔S.〕pp. 465-467参照。

3　法律雑誌

スイスの大抵の法律雑誌は論文や書評以外に判例を含んでいる。これらの中で最も重要なものはSchweizerische Juristenzeitung (略語SJZまたはJZ),

Zürich, Schulthess, 1904-. （一橋，明学大等所蔵）であり累積索引も出ている。

同様に重要なのはZeitschrift des bernischen Juristenvereins (ZBJV), Bern, Stämpfli, 1864-. （福岡大図および慶大1864-1970所蔵）である。

これは連邦およびベルン，ルツェルン，ソロツルンの各州の裁判所の判例を含む。累積索引も発行されている。

Basler Juristische Mitteilungen, Basel, Basler Juristenverein, 1954-.

これは論文の他にバーゼルの町と州の裁判所の判例を掲載している。

その他，スイス法の各分野別の雑誌については〔S.〕p. 468参照。

4　判例の引用方法

EBG 80 II 216 = Entscheidungen des Schweizerischen Bundesgerichtes. Bd.80, Teil II, S. 216（1年に数回発行されるものはローマ数字でその年間中に発行されたTeilを示す）。

JdT 1953 III 103 = Journal des Tribunaux Tom. 1953, Part III, p. 103.

州の裁判所の判例の場合には，その名称は判例集または雑誌名の前に記載される。

例：

Cour de just. civ. Genf SJZ 15 S. 87 = Schweizerische Juristenzeitung. Bd. 15, S.87に掲載されているGenève. Cour de justice civ.の判決

当事者名はドイツ語が公用語の州の裁判所の判例では引用されないが，フランス語を公用語とする州の裁判所の場合には引用されるのが習慣になっている。

実例：

（“c.f. TF: arrêt Jäger, 12 avril 1889, RO 15 p. 48 ss., Genossenschaft” Pressunion der Kämpfer “c. Zürich, 23 février 1934, RO 60 I 108 ss.” TFはTribunal fédéralをROはRecueil officiel des lois fédéralesを意味する。S. pp. 468-469)。

判決の形式はS. pp. 469-472を参照。

5 法律百科辞典

Schweizerische juristische Kartothek; Fiches juridiques suisses.

スイスでは唯一の法律百科辞典であり，判例要旨集の役目をもつ年間の補充カードがつき，スイスの連邦および州の法令，判例に関する基本的な知識を提供する。その他，書式はS. pp. 473-474を辞書はS. pp. 474-475を略語辞典は後述の**第13章**(5)[7]（382頁）を参照。

㈲ スイス法の各分野における代表的な著書はS. pp. 478-479を参照。
スイス法の英語訳または英語で書かれたスイス法に関する著書はS. pp. 479-498を法律図書出版社のカタログはS. pp. 498-499を参照。

（2） オーストリア法

法令・判例の検索資料

Rechtslexikon: Handbuch des österreichischen Rechts für die Praxis, hrsg. von F. Maultaschl, Wien, 1956 ff. Losebl.-Ausg.

Wilhelm, K (Carl) H., Index zu den österreichischen Reichs-, Staats- und Bundesgesetzblättern 1849 bis 1963, 5. Aufl., Österreichische Staatsdruckerei, 1964, 674 p.［東外］(W 366-I 64)

1849年から1963年に至る法令の累積索引である。

Hohenecker, F., ed., Index der Rechtsmittelentscheidungen und des Schrifttums. Jahresübersicht. Wien, 1947 ff.［東法］(Y 1 U 36-H 717-I 49)

第8章　フランスの法令集と法令の検索方法

＊　＊　＊

序　フランス法調査の一般的な手順

法令と判例の具体的な説明に入る前にフランス法の調査に関する一般的な原則について述べるべきである。

フランスの法律家は通常は，検索に際して初めにそのテーマに関連性のある法律の条項をみて，次に主要な手引きの方へ移る。――すなわち注釈書はあまり使わず *répertoires* の方を好む。

ドイツの法律家は，これとは反対に，初めに注釈書（コメンタール）を見て，次に主要な案内書を参考にする。そして法律の百科辞典はあまり使わず，法令の索引と判例要旨集（例 NJW-Fundhefte 第4章(3)② 88頁で詳述）に頼る。

フランス法の場合，法令を検索する最も一般的な方法はそのテーマに関連する法条を見つけ出し，それから主要な教科書に頼ることであるが，その逆に初めに教科書を見て，関連する法条を見つけ出すことも屡々行われている。そしてこの教科書の中には，問題となっているテーマに関する種々の議論も含まれていることが多い。ある領域では教科書がないか，またはそのテーマの性格が急速に変化するものであるために，加除式の *Juris-Classeurs*（*Répertoire*）（**第10章**（3）③ 193頁で詳述）を利用することが得策なこともある。これはとくに租税法と会社法の場合にあてはまることである。しかし，これだけでは不十分で，もし法律のある論点を詳細に検討しようと思えば，判例を研究しなければならない。判例研究は次の2つの方法によって行うことができる。

その第1の方法は，続けて教科書を参考にすることである。標準的な教科書はそのテーマに関連性のある判例を参照している。その判例を読んでも，研究者の目的に役立たないことが判明した時には，参照を次々に続けて行き，最後にある注釈を見出す。この注釈のあるものは教科書の中では論じられていなかったものを含んでいて最後に疑問に対する返答を見出すことがあり得る。しかし，この方法では教科書の中で述べられている最も新しい日付の判例のその後の変化を知るためには不十分なので，これを新しい判例集による研究によって補充しなければならない。

他のもう1つの方法は，これより骨の折れるものである。それは判例集自身を直接に検索することである。フランス法にはアメリカ法とは異なりShepardのような全判例集を包括する検索資料がないので，主要な判例集たる *Dalloz*，*Sirey*，*Gazette du Palais*（*Gaz. Pal.*），*Juris-Classeur*，*Périodique*（*J.C.P.* 別名 *Semaine Juridique*（*S.J.*））等の最後の巻と累積索引(1)を見なければならない。しかし，この方法をとれば注釈つきの判例にゆきあたるので，そこから多くの文献を発見し，最後に望むものに到達することができる。累積索引の中で *Gaz. Pal.*(2)のものがとくに有益である（詳細**第10章**（2）(ii)④ 183頁）。なぜならそれは他の判例集や雑誌論文の該当する箇所へと参照をしているからである。

また，*Revue trimestrielle de droit civil* やこれと類似する他の分野の雑誌の判例要旨もまた調査すべきである。

これが問題を徹底的に研究する方法である。しかし，弁護士は常々，初めに法律の概要を知るために *Répertoire*（法律の百科辞典）を使用する。また，フランス法の件名を熟知していない外国の法律家にとってもこの *Répertoire* を初めに見ることはよいことであろう。また，いろいろな分野の入門書や *Précis Dalloz* を見ることも役に立つことである。

雑誌論文や特殊研究書ももとより重要であるが，これらは教科書や判例の注釈やGaz. Pal.の中で参照されていることが多い（Szladits, C., *Guide to foreign legal materials*, pp. 509-511から抄訳）(3)。

(1)　累積索引とは仮に索引が1年毎についている場合に，これを3年または5年，場合によっては10年もしくは20年毎に1つにまとめて，仮に件名索引なら一つの件名について数年分のものを1ケ所でひけるように編成しなおしたものをいう。

(2)　この *Gaz. Pal.* の累積索引は5年または3年と期限を限定しているのでアメリカのShepardと異なり1つのテーマについて長期間の判例を一度に探すことはできない。ただしこのGaz. Pal.は1954年からは破毀院や他の裁判所の未刊の判決の要旨を含み，かつそれが索引により検索できる点は1つの長所である。

(3)　フランスの法令集と判例集について上記の事柄を解説したものとしては，『外国法の調べ方』(東京大学出版会，1974年) の野田良之教授の「フランス法」(以下〔外〕と略して引用する)；最高裁判所図書月報第61，64号；Dunes, Andre, *Méthodes du droit*, Paris, Dalloz, 1977. (以下D.と略して引用する)；Caparros, E., *La documentation juridique: références et abréviations*, *Quebec*, Les Presses de L'Université Laval, 1973. (Cap.と引用する); Kahn-Freund, O.C.L., *A source book on French law*, *Oxford*, *At the Clarendon Press*, 1973. (*K*.と略して引用する); *Westfall*, *G.*, *French official publications*, Oxford & N.Y., Pergamon Press, 1981. 209 p. (W.と略して引用する); Szladits, C., *Guide to foreign legal materials: French-GermanSwiss*. N.Y., Oceana, 1959. 599 p. (S.と略して引用する); Szladits, C., *Guide to foreign legal materials: French*, 2nd ed. N.Y., Oceana〔c 1988〕(以下S.F.と略して引用する)；*Law books recommended for libraries* の *Foreign law* の部分 (『法学文献の調べ方』38頁参照)；金山直樹「フランス普通法学研究の手引き」(姫路法学第4号)がある。これらの図書はいずれも権威書で筆者も教えられることが多かったが，最も詳細なSzladitsですらも重要なことをすべてあますところなく記述しているわけではなく，また若干の誤謬すらあることを発見したので，本稿を新しく発表することも決して無駄なこととは思わない。また執筆に際して，原物を出来る限り1つずつ手にとり，その内容をよく点検しながら，これらの参考書には書かれていない重要なことにもふれている(例：法令集たる *Codes Dalloz* と法律の辞典たる *Encyclopédie Dalloz* (*Répertoire Dalloz*)，法令集兼判例集たる *Recueil Dalloz-Sirey* と *Gazette du Palais* の4者の有機的な関連をもった利用方法 (**第10章(5)**206頁参照) や *Gazette du Palais* の索引は他の判例集や雑誌論文をも引用し，各裁判所の未刊の判決の要旨を載せ，かつそれが件名索引や判決の年月日順索引でもひけること，など)。また，単に東京大学法学部および同附属外国法文献センターの蔵書のみでなく，国立国会図書館や最高裁判所図書館，京都大学法学部，北大，金沢大，名大等の蔵書をも調査して，所蔵箇所を記載している。

（1） 19世紀末までの法令集と法令検索資料

初めに次の①から⑯まで，19世紀末までの法令集と法令検索資料を述べる。ただし③，⑪〜⑬は20世紀にまで続いている。法令集では国立国会図書館法令議会資料室（[国]と略称）所蔵のものでとくに重要なものは実物をみたり，東大外国法文献センター所蔵のこの資料室のカード目録を参考にして記述している。[東外][最]等の略語については巻頭を参照。

〈法令集〉

① Dercusy, M., Isambert, F. A. *Recueil général des anciennes lois françaises, depuis l'an* 420 *jusqu'à la révolution de 1789*, Paris, Belin-*Le-Prieur*, *Verdière*, 1822-1833.［東外］（*W* 443-*R* 824）［東大社研］［阪大］［東北大］

420年から1789年までの法令を収録。

② *Bourdot de Richebourg*, *Charles Antoine*, *Nouveau coutumier général*, Paris, 1724, 4 v.［東大文学部図書室］［大阪大］

③ Duvergier, J.B. *Collection complète des lois*, *décrets et ordonnances*, 1788-1950.［東外］（W 443-C 834） 1 (1788)-N.S. 39 (1939)［金沢大中央図書館］全巻

――フランス革命期の中間法時代の法令だけでなく，その後の20世紀の法令をも時代順に集録している。〔外〕137頁。

④ *Lois civiles*, *ou code civil intermédiaire*, *fondé de la Loi*, *Arrêts*, *etc sur l'état des Personnes et la transmission des Biens*, *rendus depuis de 4 août 1789*, *jusqu'au* 30 *ventôse XXI* (*mars* 1804), *époque du Code Napoléon*, par J.B.S. et G.S.L. 2 éd., tom. 1-4, Paris, Aux Archives du Droit Français, 1810, 4 v.［東法］（W 443-T 10-L 10）

——第4巻に件名索引つき。

⑤ France. Assemblée nationale constituante, 1789-1791. *Collection générale des décrets rendus par l'Assemblée, et sanctionnés ou acceptés par le roi, août 1789-sept. 1791*, Paris, Baudouin, 1790-1791, 21 v. in 16. ［国］（CF 2-3-25）

⑥ France. Assemblée nationale législative, 1791-1792. *Collection générale des décrets rendus par la première Assemblée nationale législative, avec la mention des sanctions et mandats d'exécution donnés par le roi, oct. 1791-sept. 1792*, Paris, Baudouin, 1791-1792, 5 v. ［国］（CF 2-3-24）

⑦ *Lois annotées*, Sirey. 5 v.

1789-1870年を対象とする。［所蔵不明］

⑧ Locré, Le baron, *La législation civile, commerciale et criminelle de la France, ou commentaire et complément des codes français*, tom. 1-31, Paris, Treuttel & Würz, 1827-1832, 31 v. ［東法］（W 443-L 27）［京法］

——第31巻の巻末に件名索引つき。後述のFenetとコンビをなしている。

⑨ *Les huit codes*, Paris, Roret, 1833. ［東外］（W 443-H 833）

——ルヰ・フィリップ王時代の法令集で巻末に内容目次がある。

⑩ *Codes français et lois usuelles, décrets, ordonnances et avis du Conseil d'État*……par H.F. Rivière ［et al.］ 18 éd. Paris, Chevalier-Marescq, 1890, 1443, 147 p. ［国］（CF 3-12）

⑪ *Recueil Sirey*（略語S.）, 1791-. ［東外］（W 441-R 791）［京法］（AII 2-7）

——第10章（2）(ii)②（180頁）で詳述。

⑫ *Recueil Dalloz*（略語D.）, 1808-. ［東外］（W 441-R 845）［京法］（AII 2-7）

——第10章（2）(ii)③（181頁）で詳述。

⑬ *Gazette du Palais*（略語G.P.またはGaz. Pal.）, 1881-. ［東外］（W441-G881）

——第10章（2）(ii)④（183頁）で詳述。

〈法令の検索資料〉

⑭ *Pandectes françaises*（略語Pand.）, Paris, Lib. de Droit & de Jurisprudence, 1886-1922. ［東外］（W 441-P 886）

——第10章（1）⑮（172頁）で詳述。

⑮ Fuzier-Hermann, éd. *Répertoire général alphabétique du droit français*（略語 *Rép. gén. du dr. fr.*）.［東法］（Y 3 U 44-F 996-R 86）［早大比研］等

――第10章(3)④（195頁）で詳述。

⑯ *Répertoire du droit administratif fondé en 1882*, par L. Béquet. tom. 1 (A)-24 (Substances.), Paris, 1882-1907, 24 v.

......*Général alphab. du droit français*, publié par A. Carpentier, tom. 1, (A)-36(Z) et 37(table chronolog.) Paris, 1886-1906, 37 v.［京法案尾］(AII 2-7)

(2)　19世紀の官報と立法資料

〈官 報〉

Moniteur Universel (1789-1869).

〔変遷前誌 *Gazette Nationale*; ou, *le Moniteur Universel*.〕

〔変遷後誌 *Journal Officiel de la République Française*.〕

このtom. I - CLXXX. 1789-1867, 184 v.の79年間のものを［国］は1978年に購入した（国立国会図書館月報247号参照)。［名大図］では1811～37年，1857～65年を所蔵する。［京法］は1789年以後のものをマイクロフィルムで所蔵する。また，名城大学にも，充実したコレクションがある。わが国の「官報」にあたるもので法律に関する国会の審議が記録されている。フランスにはわが国の法令全書に該当するものがないので，他の法令集に収録されていないものは，これによる他はない。この索引については後述の「フランスの立法過程の調べ方」(第9章(2)) 162頁の所で述べる。

〈19世紀の立法資料〉

① Fenet, P.A. *Recueil complet des travaux préparatoires ou motifs du Code civil etc.,* Paris, 1827-1830, 15 v.［東法］（T 4411-F 332-R 27）［京法］（AII-1)。これについてはN. Kanayama -*Suppléments à Fenet ou mieux comprendre le Code civil français de 1804*, (1) Himeji International Forum of Law and politics. no 1, 1993, 85-204参照。

② Locré, *Législation civile*, *commerciale*, *et criminelle de la France*,

Paris, 1827-1832, 31 v.［東法］(W 443-L 27)［京法］(AII-1)（前出）

③ *Conférence du code civil, avec la discussion particulière du Conseil d'État et Tribunal, avant la rédaction définitive de chaque projet de loi*, tom. 1-8, Paris, Didot, 1805-1810, 8 v.［東法］(T 4410-C 748-05)

④ Maleville, Jacque de. *Analyse raisonnée de la discussion du code civil au Conseil d'État*, tom. 1-4, 3 éd. Paris, Neve, 1822, 4 v.［東法］(T 4410-N 248-A 22)

⑤ *Procès-verbaux du Conseil d'État, contenant la discussion du projet de code civil*, tom. 1-5, Paris, Archives du Droit Français & l'Imprimerie de la République, 1803-1808, 5 v.［東法］(T 4410-P 963-03)

⑥ France. Sovereigns, etc., 1799-1804 (Napoléon Ier, Consult), *Projet de Code civil*, présenté par la Commission nommée par le gouvernement, le 24 Thermidor an VIII, Paris, Emey, an IX (1801), 466 p.［東法］(T 4410-S-PO 1)

⑦ *Recueil des lois composant le code civil, décrétées en l'an XI, et promulguées par le premier Consul, avec les discours, rapports et opinions prononcés dans le cours de la discussion, tant au Tribunat qu'au Corps législatif*. vol. 1, pt. 1-vol. 8, Paris, Rondonneau, An XI-XII, (1803 1804) 9 v.［東法］(T 4411-R 311-04)

⑧ *Recueil complet des discours prononcés lors de la présentation du code civil par les divers orateurs du Conseil d'État et du Tribunal et discussion particulière de ces deux corps avant la rédaction definitive de chaque projet de loi*, tom. 1, 2, Paris, Didot, 1867, 2 v

Contents: t. 1, *Motifs et discours prononcés lors de la présentation du Code civil par les divers orateurs du Conseil d'État et du Tribunat*; t. 2, *Discussions du Conseil d'État et du Tribunat sur le Code civil avant la rédaction définitive de chacune des lois qui le composent*.［東法］(T 4410-R 311-67)［京法］(AII-5-1)

⑨ その他にも1913～35年出版の京大法学部の洋書蔵書目録（全6冊）の法律の各分野の所を見ると，立法資料を発見することができる。実例としてフランスの刑訴（AI 12-34）という分類を見るとBd. 1, S. 815～816に2タイトル，Bd. 2, S. 505～506に3タイトル，Bd. 3, S. 895～898に1タイトル，合計6

タイトルの立法資料を見つけ出すことができる。

⑩ Internationales und ausländisches Recht. Gesamtkatalog der Bestände von 30 Berliner Bibliotheken, 1914. [東法]（〔法〕65頁参照）このフランス法の所をみると立法資料は355頁に離婚法が1タイトル，558頁に民訴が4タイトル，576頁に刑法が1タイトル，599頁に組合法が1タイトル，608頁に刑訴が1タイトルが記載されている。

⑪ Archives Parlementaires　革命期からの資料を収録しており，19世紀の立法資料として非常に重要であるが，未完である。民法典については，Fenetにある資料も収録している。第1シリーズと第2シリーズがあり，前者は復刻された結果，比較的多くの大学が所蔵している。後者はマイクロフィッシュ版であれば，たとえば神戸学院大学が所蔵している（現物は未確認）。

（3）　20世紀の法令集

① *Journal officiel*. [東法] [国] [京法]

わが国の「官報」にあたる政府刊行物で，1869年までは“Moniteur universel”と呼ばれていて法律に関する国会の審議が記録されている。フランスには，わが国の法令全書に該当するものがないので，他の法令集に集録されていないものはこれによるほかはない。これの索引については後述の「フランスの立法過程の調べ方」のところで述べる（**第9章（2）**および（3）162〜165頁）。

② Duvergier (J.B.), *Collection complète des lois, décrets et ordonnances*, 1788-1950. [東外]（W 443-C 834）1(1788)-N.S.39(1939)のみ所蔵。金沢大は完全本所蔵。

③ *Bulletin législatif Dalloz*, 1918-. [東外]（W 443-B 23）[国]（CF-2-3-15）（1983より *Actualité législative Dalloz* と改名）

月に2回発行され lois, décrets, circulaires その他を集録したもので *Recueil Dalloz* と同じく Dalloz 出版の次の④と⑤の補遺として，この出版社の刊行する法令の版を up to date に保つのに役に立つものである。件名索引，年月日順索引と *Nouveau Répertoire Dalloz* と *Encyclopédie Dalloz* の該当する箇所への参照がついている。月に2回発行されるものにも件名と年月日順の索引がついている。

④ *Codes et lois usuelles*, Paris, Dalloz. [東外] (W 443-C 24) [国] (CF 2-3-4)

一別名 *Codes d'audience* とも呼ばれ，毎年改訂され，いわゆる5法典と，その他の主要な法令が集められており，実務家に役立つ。わが国の六法全書に類似する。巻末に件名索引がついている。これを前述の③と併用すると，up to date の知識をうることができる。

⑤ *Codes Dalloz*. [東外] (W 443-P 12)

定期的に改訂され，小型で使用に便利なために，一般に愛用されている。法域別にその所属法令を集め1巻のなかに法典の本体と関連法令を集録している。各条文毎に，主として判例を含む短い評釈がつけられ，その条文に関連した他の法令の条文がのっている。〔外〕(138～139 頁参照)。そして前述の③と併用すると，up to date の知識がえられる。また内容目次の他に，a）法令の年代順索引，b）法令の件名索引，c）Addendum という名の表——旧法が新法に入れかわった場合に役に立つもの，d）稀には判例の件名索引がついている。さらに注意すべきことは，ある分野の巻*では各法条毎にそれが *Encyclopédie Dalloz* (*Encycl. Dal.*) (*Répertoire Dalloz*) と *Nouveau Répertoire Dalloz* (*Nouv. Rép.*) で論じられている箇所を参照していることである。

これ以外にも，他の判例集や，法律の百科辞典，雑誌と相互に有機的に関連をつけて利用する方法があるが，これは**第10章(5)** (206 頁) を参照。

* これは Code Civil, Code de Commerce, Code de Procedure Civile, Code des Societés, Code Pénal, Code de Procedure Pénale, Code du Travail の巻である。

⑥ *Code Journaux Officiels*

随時出版されている。Code pénal, Code de procédure civile, Code de l'urbanisme, Constitution などは価格が安いので広く利用されている。

⑦ *Recueil général des lois et de la jurisprudence et répertoire Commaille*, Paris, Libraire du Journal des Notaires et des Avocats, 1955-. [東法] (W 441-R 61) [東外] には 1961-1976 がある。[北大図] には 2 (1956) ～20 (1974) がある。

前身：*Recueil Général des Lois, Décrets et Arrêts et de la Jurisprudence et Répertoire Commaille*. [一橋図] 1 (1848) ～5 (1852)

⑧　*Juris-Classeurs. Codes et lois. Droit public et droit privé*, Paris, Édition Technique.［東外］(W 441-J.)

5法典のほか，重要な法令を集録したもので，加除式で，常に最新の知識がえられるようになっている。古い法令も参照されているが網羅的には採録されていない。

⑨　*Codes Français Usuells*, Paris, Sirey, 1954-, reliure mobile.［国］(CF 2-3-6)

⑩　*Recueil Sirey* (1791-)の中のLois annotées, etc.（正式名Lois, décrets, avis du Conseil d'État, etc avec annotations.）［東外］（W 441-R 791)

⑪　*Recueil　Dalloz　Sirey*の中のLégislationの部分（注釈つき）［東外］（W 441-R 845)

⑫　*Gazette du Palais* (*Gaz. Pal.*)の中の法令の部分［東外］(W 441-G 88)

この中には*Journal Officiel*において発表された法令のみでなく，法律雑誌でとりあげられなかった地方の条例を掲載している刊行物（例：*Bull. mun. Off. ville de Paris*）中の条例も含んでいて索引でひくことができる（例　*Gaz. Pal.*, 1976, tom 3. p. 668等)。

⑬　*Semaine Juridique*の中の法令の部分［東外］(W 441-J 45)

⑩—⑬については後にフランスの判例の所で詳述するが，これらの年刊(または半年毎の）索引と累積索引を利用すると便利である。

⑭　Lefrançois, E & Schaffhauser, E. *Tables perpétuelles des textes législatifs*, Sirey, 1885-, reliure mobile.［所蔵不明］

⑮　*Recueil des lois usuelles*, 1894- (mensuel).［所蔵不明］

⑯　*Les lois nouvelles*, éd. par E. Schaffhauser (bisannuel).［所蔵不明］

⑰　各省から出る省令

1952年までの完全なリストはDavid, *French bibliographical digest*, pp. 35-39にある。

（4）　20世紀の法令の検索資料

法令の内容は判明しているが，正確な年月日や，名称，またはその条文の掲載箇所が不明な場合に，それらをつきとめる資料として，後述（第9章(1)(i) 156～158頁）のように6種類のものが考えられる。

また，法令の内容と公布されたおよその年月日が判明している場合，または，内容，正式名，年月日がいずれも判明している場合に，その条文の掲載箇所を調べるための検索資料として後述(第9章(1)(ii) 158～161頁）のような4種類のものが考えられる。

フランス法の場合には法令の検索と法令の立法過程の検索とは非常に関連性が深い。なぜならフランスの法令集には1951年から法令の原文の掲載してある箇所に「審議経過一覧」Travaux Préparatoiresがつけられており，また *Gazette du Palais* では既に1921年から，これがつけられているからである。それで，この法令と立法過程の検索とをまとめて書くことにした。実際には，立法過程の調査はその法令の正式名や年月日を知っていて調べる場合の方が圧倒的に多いと思われるので，この立法過程の調査の場合に，法令の年月日の調査方法にふれることは不適当かとも考えられるが，同一のことを2度重複して書くことをさけるために，次の立法過程の調べ方の所で，法令の調べ方を含めてまとめて記述することにした次第である。

ただここで，一定の分野の検索資料として次のものをあげておく。

Ray, Jean, *Index du Code civil, contenant tous les mots qui figurent dans le texte du code, accompagnés des références à tous les articles où ils se trouvent et illustrés de citations*......Paris, F. Alcan, 1926, 117 p. ［東外］ (W 446-T 10-I 26)

フランスの法律情報および法律データベースのインターネットによる情報収集については指宿信編『インターネットで外国法』（日本評論社，1998年）123—127頁，指宿信『法律学のためのインターネット』（日本評論社，1996年）174，176頁，187—193頁，指宿信『法律学のためのインターネット2000』（日本評論社、2000年）86、118、131、165頁，大村敦志ほか著『民法研究ハンドブック』（有斐閣2000年）240頁および第10章（7）と第13章（3）の［C］フランス法〔I〕単行書の序文（340頁）を参照。

第9章　フランスの法令と立法過程・立法資料

＊　＊　＊

（1）　法令の検索方法

〈法令の引用方法〉

本論に入る前に法令の引用法を参考までにあげる。

例：番号をつけない時代のもの

Loi du 13 juillet 1930 relative au contrat d'assurance（保検契約に関する1930年7月13日の法律）

番号をつけるようになってからのもの

Loi n° 66-500 du 11 juillet 1966 portant réforme de l'adoption.（養子縁組の改正に関する1966年7月11日の法律第500号）（「外」135～137頁から引用。より詳細なことは同頁参照）

フランス法の立法過程を調べる場合には，審議過程一覧（**本章**（2）で詳述）というものがある。これは1951年以降（Gaz. Pal.だけは1921年以降）は**本章**(1)(ii)①～④で説明する文献中，法令の条文が掲載されている部分に付属して記載されているので，立法過程を調べるには，当該法令の条文の掲載されているその箇所をつきとめることが先決問題となる(もちろん，立法過程の調べ方はこれ以外にもある)。したがって，まず初めに法令の検索方法を(1)の(i)〜(iii)で説明し，次にこれと関連のある立法過程の調べ方を述べることにする。

(i)　法令の内容のみ判明し公布日の不明な場合

公布されたおよその年が判明している場合は，各資料についている年刊の件名索引を利用することができる。

法令の公布日をつきとめるためには，次の6つの方法がある。

①　*Encyclopédie Dalloz*.［東外］(W 447-E 51)

本体とその補遺を使用する。

実例をあげると，外国人のフランス国内への密入国に関する法令の公布された年月日をつきとめる場合には仮に現在1981年とすると，この *Encyclopédie Dalloz* の Répertoire de droit public et administratif. Mise à jour 1981. の Étranger の所をみると，その中の73 Expulsion の所に1980年1月10日付の法令が述べられている。

また，この *Encyclopédie Dalloz* の補遺には，この図書の件名と，*Recueil Dalloz Sirey* (*R.D.S.*)（法令集兼判例集）で使用されている件名との対照表があるので参考にすると便利である。この場合の件名の Étranger は両者共に同一である。そして，同様に法令集兼判例集たる *Gazette du Palais* (*Gaz. Pal.*) も，*R.D.S.* と同一の件名を用いている。

②　*Juris-Classeurs* (*Répertoire*). (*J. C.* または *J. -Cl*)［東外］(W 441-J)

［東外］の所蔵目録たる *Catalog of Foreign Law Materials*, 1983 の87頁にあるように幾種類もの部門に分かれているが，その中の *Administratif*, tom. 1 の巻頭にある内容目次をみると上述の外国人のフランス国内への密入国に関する法令に該当する部分は，Livre II. Fonctions administratives. Titre I.-Polices administratives. Chapitre II. Polices proprement administratives の VIII. Police des étrangers. -Fasc. 235 であることがわかる。また，この tom. I の巻頭にある件名索引をみると étrangers という件名がさらに aide sociale, autorisation de séjour 等の件名に細分されていて，その中の police F 235 が目的とするものであることがわかる。この Fascicule 235 の police des étrangers のところを見ると，初めに sources として，このテーマに

関連のある Loi，Décret，Circulaire，Arrêté（これらの法令の種類の区別については〔外〕130〜134 頁参照）が年代順に，1982 年 10 月現在では 32 も列挙されている。もちろんこの中に上述の 1980 年の 1 月 10 日付の法令も入っている。次に，bibliographie として参考文献があげてあり，さらに sommaire analytique として内容目次（分類順）があげられている。この中で I，C の 3°の Sanctions du défaut de carte de séjour の b）Mesures administratives と III. Explusion がこのテーマに関連するものである。次に，index alphabetique（件名索引）があり，その中で Expulsion 60 s., 132 s. と Refoulement, 60 s., 132 s. が上述の法令に関連する件名であることがわかる。この 60 節と 132 節の双方に 1980 年 1 月 10 日付の法令が言及されている。（この *J.-CL.* については**第 10 章（3）**（197 頁）でも図解つきで詳述している。）

③ *Journal officiel. Textes d'intérêt général.* ［東法］（F 4473-J 86-T 77）1977-　［国］（CF 2-2-4）1963-

これは官報の *Lois et décrets* の部分から法律（Loi），委任立法（Ordonnance），命令（Décret）等の法令のみを逐次抜き出して集めたもので，ある法律の施行にともなって公布される政令等の下位の法令を体系的に収録しており，索引においてもそのための配慮がなされているものである。

その巻頭には 61 の大件名のアルファベット順の件名表があり，さらに次に個々の大件名の中を体系的に分類している。実例をあげると，1980 年 1 月 10 日付のフランスへの外国人の密入国に関する法令には右肩に 51—13—11 という印がついている。これは大件名が 51 Population で，その中を 10. Démographie 11. Nationalité française 12. Rapatriés 13. Étrangers 14. Cultes 15. Lutte contre racisme 16. Vagabondage と分け，さらにこれらの中を 13 の Étrangers は 11. Conditions d'entrée et de séjour 12. Réfugiés et apatrides. 13. Protection de la main-d'oeuvre nationalité... 等と 17 まで細分している。それで上述の法令につけられた 51—13—11 という分類は Population—Étrangers—Conditions d'entrée et de séjour を意味することがわかる。そしてこの初めの頁の右肩につけられた番号順に（頁に穴があいていて）加除式にまとめると，各種の法令が，体系的にテーマ別に見られるようになっている。そしてこの法令の原文には立法過程の調べ方に関連のある「審議経過一覧」（**本章（2）**で詳述）もついている。索引にはテーマ別と年代別の双方がある。

④ Fuzier-Herman, éd. *Répertoire général alphabétique du droit français*, Paris, 1886-1936, 52 v. ［東法］（Y 3 U 44-F 996-R 86）［早大比研］［京法］

1936年頃までの法令については，これを見れば各項目の初めに Législation と題して関連性のある法令が年代順に列挙してある。これの説明は**第10章(3)**④（195頁）を参照。

⑤ 各種の法令集の累積索引の中の法令の件名索引。

ただし，この場合には加除式の *Juris-Classeurs* (*Rép.*) とは異なり，固定式なので年代別に何冊も見なければならぬ点が不便である。（勿論これらの法令集には年月日順索引もついている）。

⑥ *Codes Dalloz*. ［東外］（W 443-P 12）

これは**第8章(3)⑤**（151頁）でも述べたが重要な法令だけを登載しているので，上述の1980年1月10日付の外国人のフランス国内への密入国に関する法令は，この(f)の中の Code Administratif 1981 を見ても含まれていない。

(ii) 法令の内容と公布日が判明している場合

法令の内容と公布された年月日が共に判明している場合には，以下に述べる4種類の資料の件名索引と年代順索引を利用すれば，1951年以降ならば（ただし Gaz. Pal. だけは1921年以降），法律の原文とそれに付属している「審議経過一覧」の掲載箇所をつきとめることができる。

① *Journal officiel. Lois et décrets.*

毎年発行される索引の巻すなわち *Table du Journal officiel de la République Français*. の "Lois et décrets" に《table analytique》（件名索引）と《table chronologique》（年代順索引）があり，これにより当該法令の掲載箇所を知ることができる。

上述の1980年1月10日に公布された外国人のフランス国内への密入国に関する法令の掲載箇所を探す場合には件名索引でみると

ÉTRANGERS

Prévention de l'immigration clandestine (modif. Ord. 2. nov. 1945). L.

80-9 du 10. janv. 1980. p. 71

と出ている。

また，当該法令の公布の年月日が判明していれば年代順索引で，当該法令の掲載箇所を探すことができる。それで上述の1980年1月10日付の法令を10. janvier 1980のところで見ると

L. 80-9 Immigration. Prévention de l'immigration clandestine. Modifications.-10. janv. p. 71.

とある。このL．はLoiを意味し，80-9は法律につけられた一連番号である。

この本文p. 71にある当該法令たるLoi n° 80-9の原文の欄外にある審議経過一覧は立法過程の調査に関連のあるものであるが**本章（2）**で詳述する。

この *Journal officiel* には年刊の索引しかないが，この索引より早く新しい法令をひくには *Fichier Législatif et Réglementaire*（Editions Techniques発行）を利用すればよい。

② 国民議会の事務局から1881年以来刊行されている通過法令集（*Recueil des Lois*）*Loi et décrets*.

この記載事項はすべて *Journal Officiel* と同じで，会期毎に編纂され，巻末に事項別，年代順の索引および質問に対する国務大臣の答弁一覧，両院における動議，決議等も掲載されている。これは［国］には1946年からあるが［東法］や［東外］にはない。

③ *Journal officiel. Textes d'intérêt général*.

これは**本章（1）**(i)③（157頁）で詳述したが，法令を体系的に並べたもので，索引は主題別および年代順の双方からひけるように編集されている。この本文の中には単に法令の原文だけでなく，審議経過一覧もついている。

④ 以下に述べる3つの法令集兼判例集および *Bulletin Législatif Dalloz*（法令集）の法令の原文の登載箇所にtravaux preparatoiresとして *Journal Officiel* に載っているものと同一の審議経過一覧がつけられている。

上述の1980年1月10日付の外国人の密入国に関する法令を例にとりそのひき方を以下に述べることにする。

(a) *Recueil Dalloz Sirey*（略語 *D.*）の *Tables Annuelles 1980* の Table alphabétique des textes législatif et réglementaires の ÉTRANGERS の所にこの法令が出ていて Législation 79頁を見るように指示してある。

また，«table chronologique des textes legislatifs et reglementaires»の1980年1月10日のところに

L. Etrangers, Entrée et séjour en France, Conditions......79とある（L. はLoiを意味する)。Législationの1980年の79頁をみると，上述の法令がLoi n° 80-9 du 10 janvier 1980と出ていて，内容の簡単な説明があり，J.O. 11 janv., p. 71，と官報の中での登載箇所を示し本文が出ているが，その欄外に«travaux préparatoires»として既述のJournal Officiel（官報）に出ているのと同一の審議経過一覧が記載されている。

(b)　*Gazette du Palais*（略語*Gaz. Pal.*）

1980年1月30日，31日付のものではLégislationの部分の初めに件名索引があり，その中でÉtrangersの件名の下に上述の法令が120〜121頁に出ている旨，指示されており，そのところには本文の他に官報（*J.O.*）に出ていたのと同じ審議経過一覧がついている。(*J.O.*の登載箇所も示してある。)

また，同じ*Gaz. Pal.*のRecueil bimestriel janvier-février 1980の法令の年代順索引と件名索引で同様にこの法令の原文が出ている箇所をつきとめ得るが，そこにも*J.O.*と同様の審議経過一覧が記載されている。この*Gaz. Pal.*にはすでに1921年から審議経過一覧がついている。

(c)　*La Semaine Juridique*. éd. GénéraleのTable Générale, 1980のTable Alphabétique Générale des TextesのEtrangersの所をみると

Entrée et séjour en France

Conditions. Immigrtaion clandestine. Mesures préventives. (L. n° 80-9 10 janvier 1980)......49426

とある。

次にTable chronologique des textesの1980年1月10日の所をみると

L. n°80-9

ETRANGERS......49426

とある。

それで1980年のIII Textesの49426を見るとこの法令の原文の他に官報(*J.O.*)に出ていたのと同一の審議経過一覧が出ていて，*J.O.*の登載箇所も掲載されている。

(d) *Bulletin Législatif Dalloz Année 1980* の件名索引をみると，上述の法令は

ETRANGERS

......Conditions, Refus, Qualité de résident privilégie......Explusion. L. (n°80-9) 10 janvier, 1980......79

とあり，さらに年代順索引の 1980 年 1 月 10 日のところでは

L. Étrangers, Entrée et séjour en France, Conditions......79

とある。（このL. は Loi を意味する。）

それで 79 頁を見ると上述の法令が出ており（*J.O.* 11. janv., p. 71）と官報の掲載箇所を示し，本文以外に欄外に *J.O.* と同一の審議経過一覧がのっている。

このように法令集（初めの 3 つは判例集をもかねる）に登載されている法令の原文には官報にあるのと同一の審議経過一覧がついている。また，Recueil Dalloz と合併して，現在では独立には存続していない Recueil Sirey の法令の原文の欄外にも法令の審議経過に関する記事が記載されている。

(iii) **最新の立法の動向の調査**

(i)(ii)の場合にはおのおの完結して製本されたものや，年次索引を使用するので，最新の立法の動向を知ることはできない。この場合には官報 *Journal Officiel* や *Actualité législative Dalloz*（Bulletin législatif Dalloz が 1985 年に改名したもの）((ii)④ⓓ) で既述）の最新の号を調査すればよい。とくに後者は月 2 回発行される紙製本の各号の巻末に，件名と年月日順の索引がついているので大変便利である。(1)(i)②（156 頁）であげた *Juris-Classeurs*（*Répertoire*）は加除式であるが，この加除の部分が印刷され利用者の手もとに届き，加除されるまでには法令が公布されてから相当の時間のずれがあると思わなければならない。また，ここで述べる資料でも，航空便でとりよせない限り，最近 3，4 ヶ月の動向を知ることはできない。もっともフランスの元老院（Sénat）の議会資料は 1996 年 6 月以降のものについてはインターネットで検索入手できる。

（2）　立法過程の調べ方

立法過程を調査する場合には次に詳述する。

審議経過一覧というものがあり，これは1951年（または1921年）以降は**本章**(1)(ii)①から④のところで説明した文献中法令の条文が掲載されている部分につけられている。立法過程を調査するにはこれまで述べたような，当該法令の条文の掲載箇所をつきとめることが先決問題となる。もちろんこれ以外の議会議事録の件名索引による方法（これが最も詳細）もあるが，これについては後述する。

初めに官報*Journal Officiel. Lois et Décrets*（②(ii)(a)）に記載されている審議経過一覧を実例をあげて説明する。

既にひき方を述べた1980年1月10日公布の「外国人のフランス国内への密入国に関する法令」の官報の本文中の掲載箇所とその審議経過一覧に関する記述を説明すると*Journal Officiel. Lois et décrets. Février 1980*, p. 71のLoisの所に

> Loi n° 80—9 du 10 janvier 1980 relative à la prévention de l'immigration clandestine et portant modification de l'ordonnance n° 45-2658 du 2 novembre 1945 relative aux conditions d'entrée et de séjour en France des étrangers et portant création de l'Office national d'immigration. (1).

とあり，当該法令の条文が出ている。

この欄外《ランガイ》に審議経過一覧がついていて

Loi n° 80-9 TRAVAUX PRÉPARATOIRES (1)

Assemblée nationale:

Projet de loi (n° 922);

Rapport de M. About, au nom de la commission des lois (n° 1069);

Discussion et adoption le 29 mai 1979.

Sénat:

Projet de loi, adopté par l' Assemblée nationale, n° 355 (1978-1979);

Rapport de M. Larché, au nom de la commission des lois, n° 412 (1978-1979);

Discussion et rejet le 26 juin 1979.

Assemblée nationale:

Projet de loi, rejeté par le Sénat (n° 1195);

Rapport de M. About, au nom de la commission des lois (n° 1208);

Discussion et adoption le 28 juin 1979.

Sénat:

Projet de loi, modifié par l' Assemblée nationale, n° 459 (1978-1979);

Rapport de M. Larché...... （省略）

Avis de la commission des affaires sociales, n° 15 (1979-1980);

Discussion les 18 et 25 octobre et rejet le 7 novembre 1979.

Assemblée nationale:

Projet de loi, rejeté par le Sénat (n° 1388);

Rapport de M. About, au nom de la commission mixte paritaire (n° 1465);

Discussion et adoption le 6 décembre 1979.

Sénat:

Projet, modifié par l' Assemblée nationale, n° 82 (1979-1980);

Rapport de M. Larché, au nom de la commission mixte paritaire, n° 82 (1979-1980);

Discussion et adoption le 11 décembre 1979.

Décision de Conseil constitutionnel du 8 janvier 1980, publiée au Journal officiel de la République française du 11 janvier 1980.

NOTA-Les documents parlementaires indiqués dans les travaux préparatoires rappelés à la fin des textes législatifs sont vendus ou expédiés par la Direction des Journaux officiels, 26, rue Desaix, 75732 PARIS Cedex 15, au prix de 1 F l'exemplaire; ne pas régler le commande à l'avance mais attendre d'avoir reçu la facture.

とある。

この*J.O.*（官報）に記載されているのと同一の審議経過一覧が**本章**①(ii)②の国民議会の事務局から刊行されている通過法令集（*Recueil des Lois*）(c) *Journal officiel. Textes d'intérêt général* と(d)の各種の法令集（兼判例集）に記載されていることは既述した。

さらに，立法過程に関するより詳細な知識が次のものにより得られることを忘れてはならない。

議会議事録の件名索引

法律の審議経過に関しては，上述の *Travaux préparatoires* よりさらに詳細な知識を Assemblée nationale, *Table des matières établie par le Service des Archives de l'Assemblée nationale*.（件名索引）によって知ることができる。

上述の実例の Loi n° 80-9 du 10 janvier 1980 relative à la prévention de l'immigration......を例にすれば 1979 年 3 月 14 日から 1980 年 1 月 17 日までを対象にした前述の索引で etrangers をひくと p.　115-118 にわたりこの Loi に関する審議経過が詳細に出ている。

すなわち，ここには commission mixte paritaire, Discussion générale [29 mai 1979]（p. 4230）Discussion des articles [29 mai 1979]（p. 4257）Discussion générale [28 juin 1979]（p. 5791）Discussion générale [6 décembre 1979]（p 11340）が，他の文献よりもはるかに詳細に出ていて，その J.O.（官報）での掲載頁が前述のように丸括弧に入れて示されている。

Assemblée nationale にはこの他に（Table des）Questions des députés et réponses des ministres と Table nominative がある。後者は人名によってひけるもので，前述の Loi を例にして About（Nicolas）をひくとその中が nominations, dépôts, interventions と 3 つの件名に分かれ，その中の dépôts を見ると Ordonnace n° 45-2658 du 2 novembre 1945 の外国人の入国に関する法律の修正についてこの人は，（n° 1069）[17 mai 1979]（n° 1208）[28 juin 1979]（n° 1465）[5 décembre 1979] と 3 回報告をしていることが判明する。

その他，立法過程を調査する他の資料を述べると，

Recueils méthodiques législatifs は Secrétariat général de l'Assemblée nationale によって創立され，主要な法令の立法過程の原文（l'Assemblée nationale と Sénat の討論と文書）を含む。また，議会の討論の進展の略述と，件名索引，法条索引，関係者名の索引を含んでいる。1977 年現在では，1972 年から 75 年に至る重要な法令について 9 のものが発行されている。（D. 137 頁参照）

「日仏法学」の中の「立法紹介」欄では，注目すべき立法の状況が紹介されている。

(3) 1950年以前の立法過程の調べ方

既述のように*Journal officiel. Lois et décrets*には1951年以後から，またGazette du Palaisの法律の部門には1921年から審議経過一覧がついている。それ以前に公布された法律の場合には*Recueil Sirey*, *Recueil Dalloz*の法律の部門の欄外や議会議事録の件名索引および1881年以来議会により毎年刊行されている*Recueil des lois, motions et resolutions*を利用すべきである。これは法律に関するあらゆる議会の文書を検索することに役に立つもので，立法と議会における質問の双方に対する年代順と件名の索引を含んでいる。((1)の②の(ii)のⓑ参照)［国］の(CF 2-3-7)(CF 2-3-10)には1946年分から以後のものがある。

その他1881年以降のJ.O.(官報)に関する索引をのべてみる。

1881年以来両院の討論に関する索引は次の3の部分からなっていた。

① 大臣名および他の政府高官名のもの

② 議員名のもの

③ “Projets, rapports et propositions de loi”

この他に④両院の文書の索引があった。

この④が③と同一の名称をもっていたために混乱が生じたが，④は，法律の草案や報告書の原文そのものを検索するために使用されるのに反して，③はこれらの草案や報告書に関して行われた議会の討論を知るために役立つものである。これらの索引は*J.O.*における掲載箇所を参照している(Westfall, G., *French official publications*, Oxford & N. Y., Pergamonn Press, 1981, p 55参照)。

(4) 第2次大戦以後の立法資料(わが国で所蔵するもの)

① *Recueil des textes relatifs au référendum constitutionnel du* 28 *septembre* 1958. *Du juin* 1958 *au* 7 *septembre 1958*. Paris, Impr. de l' Assemblée nationale, 127 p. ［国］（新収洋書総合目録 1959 年に掲載）

② France. Commission de reforme du code civil, *Avant-projet de code civil*. 1. pt. Livre 1.-*livre premier des personnes physiques et de la famille*. ［1955］ 2. pt. livre 2.-*Des successions et des libéralités*, Paris, Sirey ［c 1962］, 197 p.［東法］（F 4475-CRC-A 55）［法務］ 2. pt. livre 2 のみ

③ France. Commission de réforme du code civil, *Travaux 1945-1955*, Paris, Sirey, 9 v. ［東法］（F 4475-CRC-T 47）［国］（Fr 33 t 法律）

④ France. Commission de réforme du code commerce et du droit sociétés, *Travaux*, Paris, Pichon & Durand-Auzias, tom. 1-6 (1947-1952). ［東法］（F 4475-C 728-50）［一橋大］［国］（Fr 33 tr.法律） tom. 1 のみ

⑤ France. Commission de réforme du code procédure civile, *Projet portant révision du code de procedure civile*, Paris, Sirey ［1955］, 109 p.［国］（Fr 33 p 官庁）

⑥ *France. Commision de révision du code pénal*, *Avant-projet définitif de code pénal*, Livre 1, 1978. Contents: Livre 1.-Dispositions générales.［東法］（F 4475-CRC-A 78）

⑦ France. Assemblée nationale, *Règlement et résolutions réglementaires de l'Assemblée nationale*, *Instruction générale et directive du Bureau de l'Assemblée Constitution*, *Loi relative aux Pouvoirs publics*, Paris, 1946-. ［国］（BF 2-2-1）

その他，フランスの第 2 次大戦以後の立法資料は米国議会図書館の著者名目録たる The National Union Catalog の France. Assemblée nationale constituante. 1945-1946 や France. Assemblée nationale または France. Commission......の所を見てから「新収洋書総合目録」(〔法〕 14 頁参照) を調べれば，わが国における所蔵機関が判明する。

(注) この稿を書くにあたっては国立国会図書館月報「外国の法令・議会資料ノート (1)(2)のフランス—その 1，—その 2」を参考にし，さらに自己の調査研究したものをつけ加えた。

フランスの立法過程をインターネットで調査する方法については指宿信『法律学のためのインターネット 2000』（日本評論社）86 頁と同編『インターネットで外国法』（日本評論社）120 頁を参照。

第 10 章　フランスの判例

＊　＊　＊

（1）　19世紀までの判例

付表　諸文献の判例収録期間一覧（判例集，判例要旨集，判例評論の雑誌，検索資料を含む）

本節で列挙する各文献が収録する判例の年代を次の表により示す番号は，後述の各文献の通し番号である。

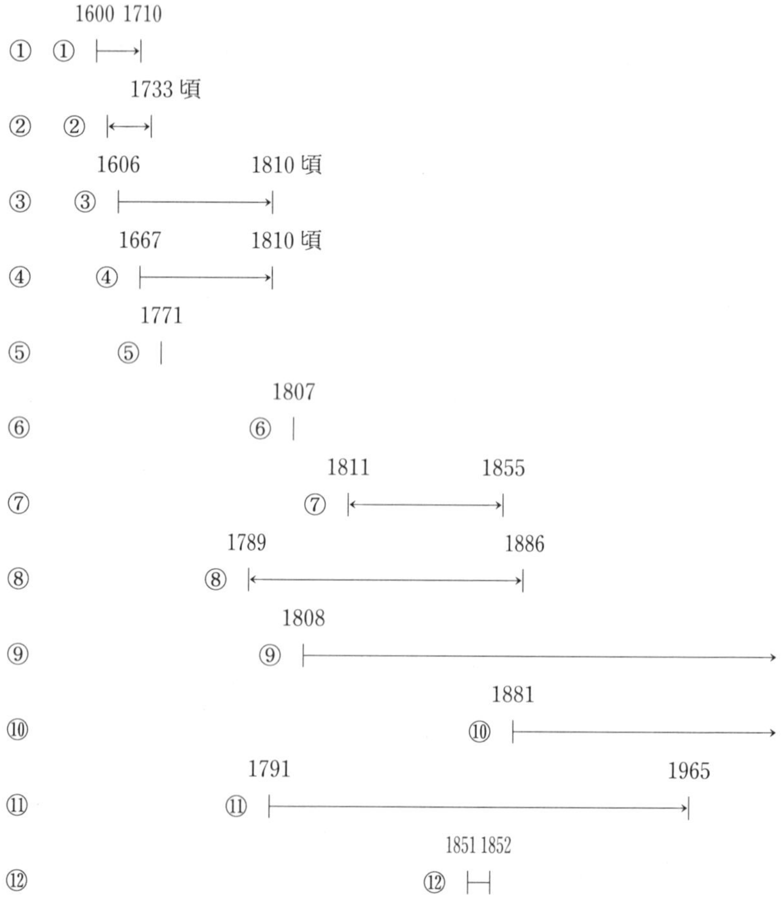

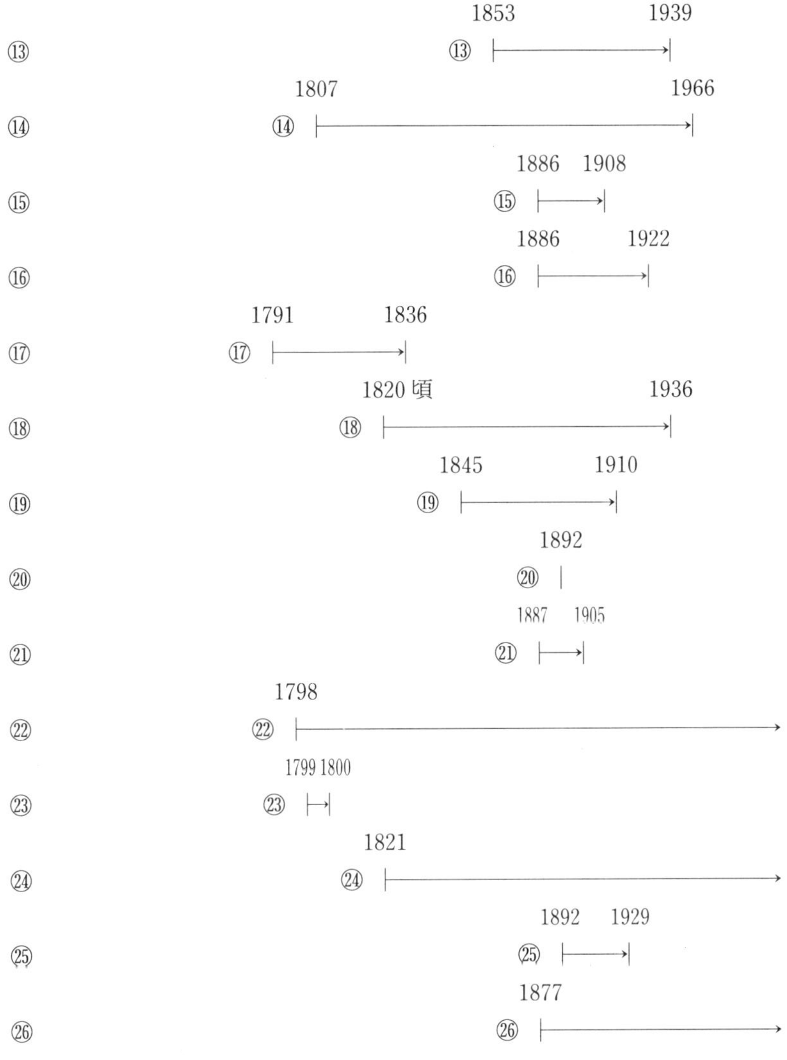

＊ 所蔵機関名を示す略語は xxi 頁を参照。

① Brillon, P. J., *Dictionnaire des arrêts, ou jurisprudence universelle des parlements de France, et autres tribunaux*, 3 v. 1911, nouv. éd. 6 v. Paris, 1927.［東法］［早大］

② Ferrière, Claude-Joseph, *Dictionnaire de droit et de pratique*, *contenant l'explication des termes de droit, d'ordonnances, de coutumes & de pratique avec les jurisdictions de France*, 1734. [京法] [神大] [日大] [早大]

実物未見なので詳細な年代は不明。

③ Merlin de Douai, Philippe-Antoine, *Répertoire universel et raisonné de jurisprudence*, 4 éd. 15 v. [東法] [京法] 等; *idem*., 5 éd. 27 v. Paris, 1827.

④ Merlin, *Recueil alphabétique des questions de droit, qui représentent le plus fréquemment devant les tribunaux*, 9 v. 1803-5; *idem*., 2 éd. 6 v. 1827-30. [京法] [東法]

⑤ Denisart, J.B., *Collection de décisions nouvelles et de notions relatives à la jurisprudence actuelle*, 7 éd. Paris, Desaint, 1771, Tom. 1-4. [東外] (W 445-C 771)

1771年当時の有効な判例を件名により知ることができる。

⑥ Denisart, J.B., *Collection de décisions nouvelles et de notions relatives à la jurisprudence*, tom. 1-13, Paris, Desaint, 1783-1807, 13 v. [東法] (Y 3 U 44-D 395-C 83)

この時代の判例を件名により知ることができる。

⑦ Féraud-Giraud, L.J.D., *Jurisprudence de la Cour Impériale d'Aix et décisions notables du tribunal de commerce de Marseille concernant de droit maritime 1811-1855*, Paris, Durand, 1857. [東外] (W 445 T 76-J 857)

⑧ Pandectes chronologiques ou collection nouvelle résumant la jurisprudence de 1789 à 1886 par Ruben de Conder, tom. 1-6, Paris, Chevalier-Marescq, 6 v. [東外] (W 441-P 789)

本文は判決言渡の年月日順で Table générale complémentaire des jugements, arrêts etc. と判決の当事者名索引，件名索引がある。

⑨ Dalloz., Jurisprudence générale (略語 J.G.), Paris. *I*. *Répertoire méthodique et alphabétique de législation, de doctrine et de jurisprudence en matière de droit civil*, *commercial*, *criminel*, *administratif*, *de droit public*, nouv. éd. par D. Dalloz ainé et par A. Dalloz, T. I-XLIV. 1846-70, 47 v.; *II*. *Supplément au répertoire & c*., publié sous la direction de G. Griolet & c. 1887-1907, 19 v.; *III*. *Recueil périodique et critique de jurisprudence de législation et de doctrine en matière civile*, *commerciale*, *criminelle*, *administrative et de droit public*, Année 1845-1908, 64 v.; *IV*. *Table alphabétique du recueil périodique* (*avec table chronologique des lois*, *arrêts*, *& c*.), par G. Griolet et C. Vergé, 1845-1926, 10 v. ［京法］（A II 2－7）（全部あり）［東外］（W 441-R 845）にはIII部全部とIV部のなかの1845〜1926年間分がある。このIII部分は，その後，*Recueil Dalloz*, *Recueil Dalloz-Sirey* 等と何回か書名を変更したが，［東外］に全部そろっている（**本章**（2）(ii)③ 181頁で詳述）。このI，IIの部分は法令，判例および単行書の検索に利用できる。

⑩ *La Gazette du Palais*（略語 *Gaz*. *Pal*.）1881-.［東外］（W 441-G 881）
本章（2）(ii)④（183頁）で詳述

⑪ *Recueil Sirey*, 1791-1965.［東外］（W 441-R 791）（**本章**（2）(ii)② 180頁参照）

⑫ *Revue critique de la jurisprudence*, T. 1-2, 1851-1852, Paris, 2 v.［京法］

⑬ *Revue critique de législation et de jurisprudence*, T. 1-37, 1853-70; nouv. sér., 1871-1939, 95 v.［東法］（Z 44-R 28）
⑫と⑬は判例集ではなく，雑誌である。

⑭ *Jurisprudence française*, 1807-1952, 1953-1957, 1958-1962, 1968-1976, Editions Techniques, 1953-1976, 11 v.［東外］（W 446-J 807）

これは1807〜1926年間のすべての基本的な判例の要旨と，1926年以降に法律雑誌に発表されたすべての著名な判例の要旨を件名のアルファベット順に収めている。これより以前の時代から1925年に至る判例の編纂は *Refonte du Recueil Sirey* という名称で現在進行中である。なお，マイクロフィルムの形で提供された古い時代の法律の資料は Westfall, G., *French official publications* (Oxford & N.Y., Pergamon Press), Chapter 7 を参照。

⑮ *Pandectes françaises: Nouveau répertoire de doctrine, de législation et de jurisprudence*（略語 *Pand. fr. Rép.*）, tom. 1 (1886)-59 (1905); *Supplément au répertoire des pandectes françaises*, tom. 1 (1907)-4 (1910) Paris, Lib. de Droit & de Jurisprudence, 1886-1910.［東外］(W 441-P 886)［京］(AI 2-7)

これは Répertoire と背表紙に出ており，1886 年から 1908 年に至る判例を一貫して一度に件名によってひける検索資料である。これに反して *Recueil Sirey* の累積索引は 1881〜90，1890〜1900，1901〜10 と年代によって分かれているので，同一のテーマを時代によって 3 回に分けてひかねばならない不便さがあるだけではなく，*Pand. fr. Rép.* の方が *Sirey* より内容がはるかに詳細であるから，この年代の判例を研究するには前者を利用した方がよいのではないかと思う。ただし，この場合には補遺（supplément）と併用する必要がある。

また，これと一体をなす次の月刊の法令と判例集がある。

⑯ *Pandectes françaises périodiques: Recueil mensuel de jurisprudence et du législation publiés jusqu'en 1907*（略語 *Pand. fr. pér.*）, tom. 1 (1886) - 36 (1922) Paris, Marescq Aine (après: Lib. de Droit & de Jurisprudence), 1886-1922: *Table* 1886-1896, 1896-1906, 1906-1910, 1911-1915, 1916-1920.［東外］(W 441-P 886)［京法］(AI 2-7)

これは⑮と一体をなすもので，期間中の法令や判例を編年体に登載したものである。その本文は tom. 27 (1912) を例にあげると Première Partie: Jurisprudence de la Cour de cassation; Deuxième Partie: Jurisprudence des Cours d'appel, des Tribunaux et décisions diverses; Troisième Partie: Jurisprudence administrative; Quatrième Partie: Jurisprudence étrangère: Lois, décrets, avis du Conseil d'État, etc avec annotations と分れている。

これに続き，Table alphabétique des lois, décrets et autres actes du gouvernement, publiés en 1912; Table chronologique des lois, décrets, etc, publiés en 1912; Bulletin des sommaires, Première Partie: Bulletin mensuel de la Cour de cassation（判決言渡年月日順）;Deuxième Partie: Cours d'appel, tribunaux et décisions diverses; Table alphabétique du bulletin des sommaires de l'année 1912 (pt. 1, pt. 2 の判例要旨のアルファベット順索引); Bulletin bibliographique(新刊書書評欄), Table sommaire du Bulletin bibliographique de 1912（書評をされた人名のアルファベット順）がついている。

そして巻末の索引には，a）判決に際して考慮された法令の法条順索引，b）判決の言渡年月日順索引，c）当事者名のアルファベット順索引，d）判決の件名索引がある。

この *Pand. fr. pér.* の累積索引（Tables dēcennale）は法令・判例が共にひける件名索引と，法令と判例（判例要旨も含む）の年月日順索引と引用された判例中の当事者名索引（1886～1910年まであり）からなる。

また，*Table* 1886-1896，1896-1906には判決の当事者名のアルファベット順索引もついている。

この *Pand. fr. pér.* は1908年に *Recueil Sirey* と合併した。

この *Pand. fr. pér.* と *Sirey* を同一の年の巻で比較すると，前者の方がやや厚く，同一の判例に関する評釈もやや長いだけではなく，これと一体をなす前述の *Pand. fr. Rép.* が1986～1908年に至る判例のあるテーマを一度に，またSireyの累積索引より詳細に検索できるという長所がある。

⑰ *Journal du Palais: Présentant le jurisprudence de la Cour de cassation et des Cours Royales.*［北大］

1791年から1836年までの判例を27巻にまとめて1837年に出版したもので，それ以後は1866年まで年刊一冊の形で発行された。（〔S.〕69頁参照）

北大図書館には tom. 1（1845）- 13（1854）と *Supplément*, tom. 1（1857）- 2（1857）があると学術雑誌総合目録人文・社会科学欧文編1980年版にあるが，これは上述のものとはあるいは版が異なるものかも知れない。

⑱ Fuzier-Herman, éd., *Répertoire général alphabétique du droit français*（略語 *Rép. gén. du dr. fr.*），Paris，1886-1936，52 v.［東法］（Y3U44-F996-R86）［早大比研］（［F2］A02V61）［京法］

本章（3）④（195頁）で詳述。テーマによっては1820年代頃の判例にも言及している。［早大比研］は［東法］に欠けている1939～45年発行の私法の補遺（2冊）も所蔵している。

⑲ Jouglar, J., *Table génerale des références de jurisprudence aux Recueils Sirey, Dalloz, Gazette du Palais, Gazette des tribunaux et des pandectes françaises, classée par ordre chronologique*（*1845-1910*），Paris，1912-1913，2 v.［京法］（AII-1）

これは純然たる検索資料であるらしい。

⑳　Muzard, E., *Répertoire alphabétique de jurisprudence commerciale*. Comprenant la table générale du Journal des tribunaux de commerce, tom. 1-2, Paris, Chevalier-Marescq, 1891-1894, 2 v.［東法］(W 446-T 50-R 91)
商法の判例の検索資料である。

㉑　Dalloz, *Code des lois politiques et administratives, annotées et expliquées d'après la jurisprudence et la doctrine avec renvois au Répertoire alphabétique et au Recueil périodique de M.M. Dalloz*, tom. 1, 3, 5 & Suppl. au tom. 1, 1887-1905, 4 v.［東法］(II-3-432)

㉒　*Bulletin des arrêts de la Cour de cassation*, 1798-.
民事と刑事とそれぞれ別の判例集をなしている（〔外〕148-149頁参照)。

㉓　*Recueil général des arrêts du Conseil d'État*, 1799-1800.

㉔　*Recueil des Arrêts du Conseil d'État* (*Recueil Lebon*), 1821-. 〔外〕149頁参照。

㉕　Hauriou, M., *La jurisprudence administrative*, 3 v.
1892〜1929年までの公法の判例の評釈を集めたもの（〔外〕150頁参照)。
古法時代の判例については〔外〕129頁参照。

㉖　*Revue pénitentiaire de droit pénal*, 1877-.
年刊の各巻では判例を件名でひくことができる。tom. 1〜20, 21〜40の累積索引があることになっているが［東法］では所蔵しない。

（２） 20 世紀以降の判例

(i) 公 法 関 係

付表 諸文献の判例収録期間一覧（20 世紀公法関係）

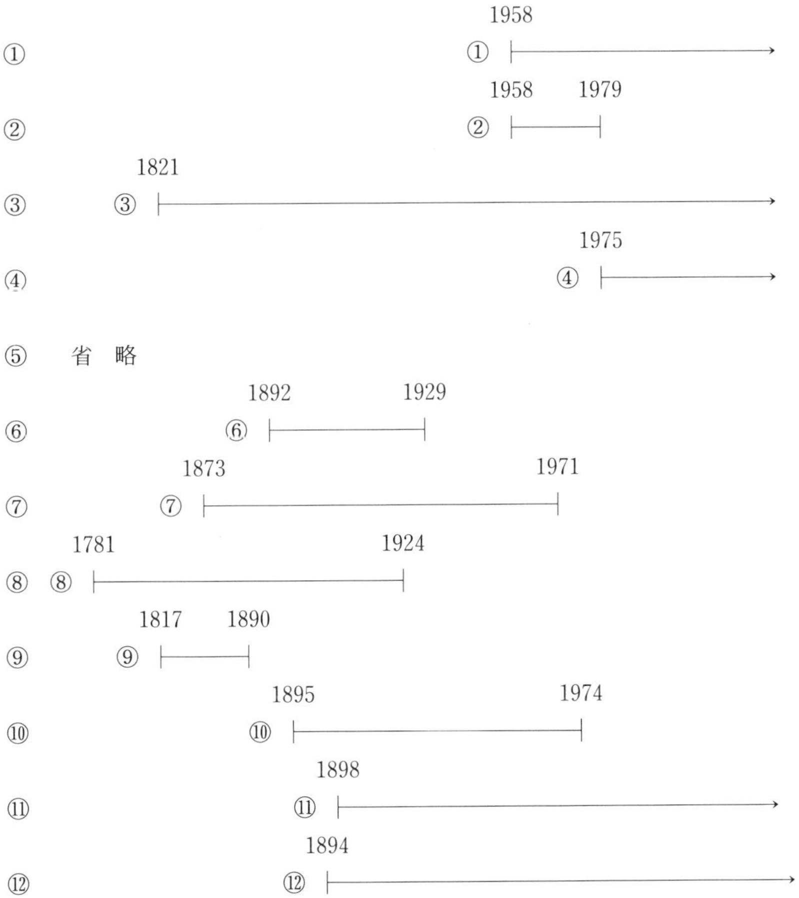

公撰判例集

① *Recueil des décisions du Conseil constitutionnel*.［東外］(W 445 K 1-R 58) 1958-　［最］(RH 30-F 44-1) 1968，1972-77

Conseil constitutionnel の判決は *Journal officiel* の *Lois et décret* 版の中で全文が発表されてからすぐに発行される。これは 1958～59 以来，毎年 *Recueil des décisions du Conseil constitutionnel*, *année*［*date*］という名で編纂されて Imprimerie Nationale から出版される。1977 年の巻には 1959 年から 1977 年に至る憲法に関するすべての判例に対する件名索引があり，法律の違憲の事前審査に関する裁定を知ることができる。

私撰判例集

② *Les grandes décisions de Conseil constitutionnel*, 2 éd. Paris, Sirey, 1979, 558 p.［東外］(W 445 K 1-G 75)

これは 1958～79 年に至るこの Conseil constitutionnel の判決の中での重要なものを年月日順に収録したもので，巻末の付録に 1789 年以来の憲法に関する特に重要なテキスト*と，件名索引，引用された判例の年代順配列と内容目次がある。

* たとえば，1789 年の人権宣言，1946 年 10 月 27 日の憲法の前文，1958 年 10 月 4 日の憲法，1962 年 11 月 6 日の大統領選挙に関する法律等。

③ *Recueil des arrêts* (*à* 1955: *Recueil des décisions*) *du Conseil d'État statuant au contentieux de Tribunal des conflits et des jugements des tribunaux administratifs*, Paris, Sirey, 1821-, Collection Lebon. On spine: Arrêts du Conseil d'État.［東外］(W 445 KO-R 821) 1821-［国］(CF 2-2311-1)
(〔外〕168 頁の図解参照)

この判例集は別名 *Collection Lebon* または *Recueil Lebon* ともよばれ，1821 年以後の Conseil d'État と Tribunal des conflits の判決の中の主要なものを収録し，1955 年以降の巻からは Tribunaux administratifs の判決の重要なものをも載せているが，記載が簡単なことが欠点である。本文は判決を年月日順に並べ，各巻の巻末には件名と当事者のアルファベット順の索引がある。その他，1957 年からは Table des conclusions et notes de jurisprudence がついているが，これにより判例の結論的申立や評釈の掲載されている出版物の箇所をつきとめることができる(本章(6)図 12，226 頁参照)。件名索引の中には 2 ケ月毎の号で発表される最も重要な判例の要旨以外に，第 2 次的に重要な判例のそれをも含んでいる。

5 年または 10 年毎の累積索引の中は件名のアルファベット順に並べられている。

④ *Jurisprudence du Conseil d'État: principales décisions* [*date*] *et rap-*port par l'exécution des décisions des jurisdictions administratives, Documentation Française, 1976-. ［東外］(W 445-J 77)

Conseil d'État の最も重要な判例を編纂したもの。［東外］には 1975～76 年，1977～78 年の二冊があり，本文は分類順で，巻末に件名索引をつける。

⑤ その他に，次の (ii) 民刑事法の判例のところで詳述する *Recueil Sirey*, *Recueil Dalloz*, *Gazette du Palais*, *Semaine Juridique* は，公法の判例の中の重要なものを載せている。(〔外〕149 頁)

⑥ Hauriou, M., *La jurisprudence administrative*, 3 v

この編者が 1892～1929 年の間の公法判例について Recueil Sirey に載せた判例評釈を集めたものである。

⑦ Long, Weil & Braibant, *Les grands arrêts de la jurisprudence administrative*, 6 éd. Paris, Sirey, 1974, 611 p. ［東外］(W 445 K 5-G 74) ［国］(CF 2-2311-4)(第 5 版)

内容目次と件名索引つき，学生の判例研究のために編纂されたもので，短い注と問題点の指摘がつけ加えられている。1873～1971 年間の重要な判例を含む(⑤～⑦は〔外〕149～150 頁参照)。

その他［東外］所蔵の公法関係の判例集には次のものがある。

⑧ *Législation et réglementation des eaux minérales et des stations thermales et climatiques* 1781 *à* 1924, Paris, Chambre syndicale du commerce. ［東外］(W 445 K 7-L)

⑨ *Répertoire de jurisprudence à l'usage des architectes*, *entrepreneurs et ouvriers du batiment en matière de travaux particuliers*, éd. par A. Bonpaix, Paris, A. Rousseau, 1892. ［東外］(W 445 K 7-R 892)

1817〜90 年間のこのテーマに関する判例を含む。

⑩ *Jurisprudence* (Cour des comptes), Paris, Centre National de la Recherche Scientifique (Tom. 1-5 (1895-1974)). [東外] (W 445-M 1-J 78)

会計検査院の判例で，本文は年代順で，索引には判決言渡月日順・分類・件名の 3 種類がある。

⑪ *Gazette des Tribunaux*, 1898-.

週刊。行政裁判所の判決を多く載せている（最高裁図書月報第 64 号参照)。

雑誌に掲載されている判例とその索引を載せる。

⑫ *Revue de droit public et de la science politique*, 1894-.

毎号，重要な判決，その評釈および判例研究の論文を載せる。これには毎年，件名索引と判決言渡年月日順索引がついている。また累積索引もある。

[東法] 所蔵のこの雑誌の累積索引の内容は *Table des matières et index des années 1965-1974* を例にすると判例についてはII. Analyses de jurisprudence の中を A. Tableau chronologique des décisions analysées. B. Index chronologique de la jurisprudence citée. (par T. Pinet) C. Tableau chronologique des revues de jurisprudence. 1. Revue de jurisprudence en matière administrative. 2. Revue de jurisprudence française en matière internationale. と分けている。

(ii) 民刑事関係

付表　諸文献の判例収録期間一覧 (20 世紀民刑事関係)

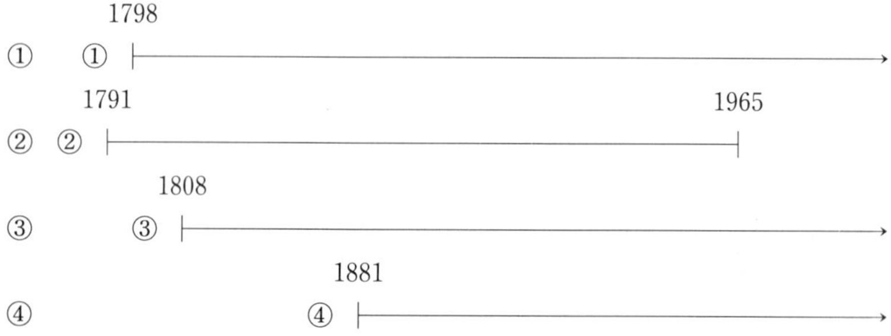

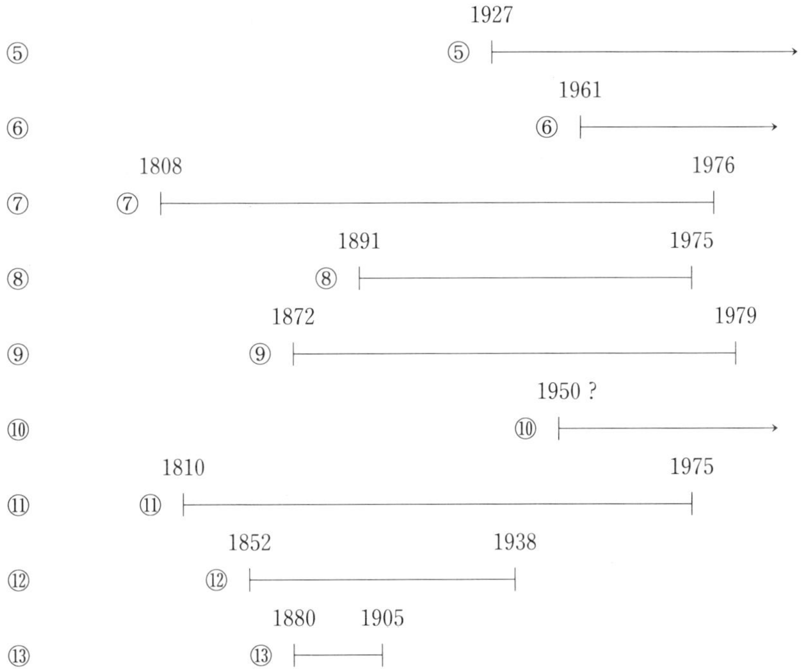

公撰判例集

① *Bulletin des arrêts de la Cour de cassation*.

Chambres civiles, Paris, Imprimerie Nationale, 1 (1798)-. ［東外］（W 445 TOO-B 798）

Chambre criminelle, Paris, Imprimerie Nationale, 1 (1798)-. ［東外］（W 445 RO B 818）

このように民事と刑事は別の判例集になっており，破毀院の重要な判例が集録されている。野田教授の紹介された David 教授の説によると，「破毀院の刑事部の司法官の間では公撰のこの Bulletin によって公表された判決のみを考慮し，他の判例集に収録されるかも知れない刑事部の判決は〔判決としての〕権威をもたないと認めるという合意が確立している。（中略）〔刑事の判決でこの判例集の〕選にはいるのは判決のほぼ 10％だけである。しかし，民事に関しては司法官は私撰の判例集で判決を参照することをも承認している」とのことである。（〔外〕149 頁参照）

この公撰判例集の各巻末にはアルファベット順の件名索引（Table alphabétique）がついていて，必要な場合にはそのテーマに関する以前の巻に掲載されている判決の登載箇所を参照するように指示してある。

1947年にはCour de cassationで集中カード索引がつくられ，この裁判所のすべての判例の要旨が集められ，毎月Bulletins documentationとして刑事と民事の2種類に分けて発行された。この月報は公撰判例集では得られない最も早くて新しい情報を提供している（最高裁図書館月報第61号付録より）。

なお，後述の④ *Gazette du Palais* には1954年から破毀院と他の裁判所の未刊行の判決の要旨が記載され，半年毎の巻末索引や累積索引で件名によりひけるようになっている。

破毀院判例集の図解とその説明は〔外〕158〜161頁と153〜154頁参照。

私撰判例集

②　*Recueil Sirey*（略語 *S.*），1791〜1965．［東外］（W 441-R 791）

この正式名は *Recueil général des lois et arrêts* といい，判例のみでなく重要な法令も収録していて，判例は1791年まで遡る。

1881年以後は次の5部に分れている。

i）Arrêts de Cour de cassation

ii）Arrêts de Cours d'appel et jugements des tribunaux

iii）Arrêts du Conseil d'État

iv）Décisions de juridictions étrangères（1939年までで終る）

v）Lois et décrets

この時代の各巻は（時代により多少異なるが）次の4つの索引を持つ。

a）判決に際して考慮された法条順の索引，b）判決の年月日順の表，c）判決の当事者名のアルファベット順の表，d）判例の件名索引。

1924年に *Pandectes françaises*, *Journal du Palais* は *Recueil Sirey* の中に吸収されて，1つの出版物となった。

1938年以後，月刊のものは判例と法令の2つの部分に分れた。

I　判例はさらにそれぞれ頁付けの異なる i）Cour de cassation　ii）Cours d'appel　iii）Jurisprudence adminstrative（行政判例）の3つの部分に分れる。

この判例の部分は1938年以前のものと同じく4つの索引をもつが，しかし以前の判決にあたり考慮された法条の表の代りに，署名つきの注釈または裁判所における申立の人名のアルファベット順索引を含む点だけが違っている(Szladits はこの1938年以降を誤って1950年以降と記している)。

II 法令の部分には判例につけられている上述の4つの索引以外にe）ニュースの報道者名のアルファベット順索引，f）法令のアルファベット順索引，g）法令の年代順索引があり，合計7つの索引がつく。

累積索引には次のものがある。

長期間のもの：1791～1850年，判例の件名索引と判決言渡年月日順索引がつく。

10年毎のもの：1850～1910年，判例の件名索引と判決言渡年月日順索引以外に，法令の件名索引と年代順索引がつく。

5年毎のもの：1911～1954年，判例の件名索引と署名入り注釈の人名索引と判決言渡年月日順索引がつく。

5年毎のもの：1955～1964年，判例の件名索引と年月日順索引と，署名入り注釈と裁判所における申立，陳述の人名索引以外に法令の件名索引と年代順索引がつく。

この判例集では主な法令，判例には注釈がついていて，特に第2次大戦以前の巻の注釈は重要である。1791年から1925年までに出版された最も重要な判例と判例評釈は Sirey から再版が出版されている（全20巻)。

この判例集は1965年から Recueil Dalloz と合併し，現在は独立しては，存続していない。

③ *Recueil Dalloz*（*D*.）1808-. ［東外］（W 441-R 845）

これは *Recueil Sirey* と対比される判例・法令集である。

1808～44年にわたる部分を［東外］では所蔵しない。1845年からは *Jurisprudence générale: Recueil Périodique et critique de jurisprudence, de législation et de doctrine*（*D.P.*）という名で刊行され，［東外］で所蔵している。

［最］は本体は1889年から所蔵し，Table alphabétique de vingt-deux années du Recueil périodique (1845 à 1867)を所有しているが，この索引は［東外］にはない。［京法］は［東法］より多くの部分を所蔵している。

1845年以降の構成は次の通りである。i）Cour de cassation ii）Cours d'appel et tribunaux iii）Conseil d'Etat iv）Lois et décrets v）Tables

この時代の年刊の各巻付属の索引は，例えば1870年では，a）法令の件名索引，b）法令の年代順索引，c）判例の件名索引，d）判例の当事者名索引，e）（判例の）法条順索引　f）判決言渡年月日順索引となっている。1845年の索引はこのa）からf）まで全部ついている。（判例の）法条順索引は1942年からなくなり，1927年からは署名入りの判例の評釈の執筆者名索引が加わっている（1952年からは判例評釈の件名索引もついている）。

1924年から月刊のもの以外に，判決の要旨を速報する週刊のものが1940年まで発行された。

月刊＝*Dalloz périodique*（*D.P.*）（1941以前）

週刊＝*Dalloz hébdomadaire*（*D.H.*）（1924-1940）

1941年以後は月刊，週刊とも次のように書名が変更された。

月刊＝*Dalloz*（*Recueil*）*critique*（*D.C.*）（1941-1944）

週刊＝*Dalloz*（*Recueil*）*analytique*（*D.A.*）（1941-1944）

月刊のものは各々別の頁づけの次の4つの部分からなる。i）Chronique（時論的な短い論文），ii）Jurisprudence（評釈つき判例），iii）Sommaires（判例要旨），iv）Législation（評釈つきの立法）.

週刊のものは，各々別の頁づけの次の3つの部分からなる。i）Jurisprudence（評釈なしの判例。J.と引用される），ii）Législation（立法。L.と引用される。）iii）Sommaires（判例要旨）。

この月刊と週刊のものは共に1941年からはこれまでと異なり，判例を裁判所別にまとめずに編成し始めた。

この時代の年刊の索引には次のものがある。a）判例の件名索引，b）判決の言渡年月日順索引，c）判決の当事者名のアルファベット順索引，d）法令の件名と年代順の索引。

この他に月刊のものは時評的論文や署名つきの評釈の執筆者名のアルファベット順索引をもっている。

1945年には月刊と週刊は*Recueil Dalloz*（月刊，略語*D.*）として合体したが，1946年からは週刊となった。これは次の4つの部分からなり，別々の頁づけを持っている。i）Doctrine（論文を含む），ii）Jurisprudence（判例。注釈つきのものもある。），iii）Sommaires（判例要旨），iv）Législation（法令と命令）。

索引は上述した年刊のものと同様である。また，この週刊のものは新刊書や雑誌論文の書誌的な役割を持っている。

1965年から *Recueil Dalloz* は *Recueil Sirey* と合併して *Recueil Dalloz Sirey*（*de doctrine, de jurisprudence et de législation*）となった（1997年からは，Sirey の名がとれ，タイトルは Recuil Dalloz となっている)。その内容の構成は次の4つに分れる。i）Chronique（時論的な短い論文），ii）Jurisprudence（判例），iii) Sommaires（判例要旨——このiii）は1977年からその名称が Informations rapides, sommaires de jurisprudence となった。〔黄色〕この両者は1973〜1976年間は別々のものになっていた。）iv）Législation（立法)。

また，各年毎につく索引は1980年を例にすると次のようである。a）判例の件名索引，b）Informations rapides commentées（判決要旨の速報）（1977年からつく)。c）判決言渡年月日順索引，d）Bibliographie（新刊書や雑誌論文，判例，法令の解説等を件名でひけるもの〔緑色〕——(1955年からつく。) e）判決の当事者名索引，f）Liste des auteurs de chroniques, notes et conclusions, g）Index alphabétique des notes signées, des conclusions et des chroniques (1952年からつく） h）法令の件名索引（1952年からつく)，i）法令の年代順索引。

累積索引は［東外］には1845〜1926年までそろっていて1845〜67年は2冊もの，1867〜1907年は10年分，1907年からは5年毎である。

この5年毎の累積索引は *Table alphabétique de cinq années du Recueil Dalloz* であり *Dalloz Jurisprudence Générale* という名称を持ち，アルファベット順の件名索引と法令と判例の年月日順索引がついている。1956年からは *Gazette du Palais*（*Gaz. Pal.*）の累積索引と合体して1つになった。

この *Recueil Dalloz Sirey*（*D.*）の図解による説明は〔外〕162—165頁および**本章(6)**図6—1，6—2（217，218頁）参照。

とくに重要なことはこの *D.* の *Jurisprudence* と *Informations Rapides, Sommaires Commentés* の一部には1966年以後 *Encyclopédie Dalloz*（*Repertoire Dalloz*）と *Nouveau Répertoire Dalloz* の該当箇所への参照が示されていることである。(他の法令集・判例集とこの *D.* との相互の有機的な利用方法については**本章(5)**206頁を参照。)

④ *Gazette du Palais*（正式名 *Journal du Palais de Justice*）(略語 *G.P.* または *Gaz. Pal.*), 1881-.［東外］（W 441-G 881）［京法］

単なる判例集ではなく，判例，立法，学説の3部に分れ，1881年から継続して出版されている。週3回のものと，隔月のものとがある。

隔月に出版されるものは次の4つの部分に分れている（1978年出版のものを例に）。

i ）Jurisprudence

Journal Officiel に発表された順序に掲載されている。

ii ）(a) Panorama de la jurisprudence de la Cour de Cassation.

判例要旨は初めに 1re Chambre civile—3^{e} Chambre civile，Chambre Commerciale 等に分けた後で，さらに件名のアルファベット順に分けられる。

(b) Recueil des sommaires

判例要旨集〔黄色〕。この中で件名別に分類された判例要旨はこの *G.P.* の半年毎と3年毎の各々の索引で検索できる。

そしてこの(b)の判例要旨集の中はさらに次のように4つに再分類される。ⓘ　Cour de Cassation(ア)の未刊の判例要旨（1954年からつく），ⓘⓘ　Cours et Tribunaux(イ)の未刊の判例要旨（1954年からつく），Fixation de dommages-intérêts（損害賠償額の確定）（(ア)と(イ)の相違については〔外〕141頁を参照）ⓘⓘⓘ　行政判例要旨，ⓘⓥ　租税判例要旨または農事判例要旨あるいは（Fixation des indemnités d'expropriation）収用補償額の確定等。

この（ⓘ）～(ⓘⓥ）の中はみな件名順である。

iii）Législation

iv）Doctrine-chronique-variétés-Tribune libre〔緑色〕

1937年からつけ加えられた。この判例の部分は時には署名入りの評釈が含まれ，参考文献がつく場合もある。

この隔月毎に編纂されるものに対しては半年毎（年2回）に索引が出版される。この索引は次の10の部分から成る。a）アルファベット順の件名索引，b）判例の件名による索引（これは Gaz. Pal. 以外の他の例集（Recueil Dalloz，Juris-Classeur périodique 等）の中で出版された判例をも参照している）。c）Fixation des dommages et intérêts，d）Fixation des indemnités d'expropriation，e）判決の当事者名のアルファベット順の索引，f）判決言渡年月日順の索引，g）法令の年代順索引，h）法令の件名索引，i）書類により提出された質問に対する大臣の答弁の件名索引，j）学術論文や論説の件名索引〔緑色〕。

累積索引（Table alphabétique）は1882年から1970年までは5年毎に，1971

年からは3年毎に刊行されている。

この3年毎に刊行される累積索引と半年毎に編纂される索引とを比較すると，前者には後者の(e)と(i)がなく，その代りに，人名のアルファベット順による索引（Tables des notes signées, des rapports et conclusions et tables des chroniques)が加わる。この中で学説的論説の件名索引は1935～1940年間の累積索引からある。3年毎の累積索引では，見出しとなる件名の次にはV.（Voir.)として，他の件名「をも見よ」という参照がある（その理由の1つは件名が時代により変遷があったからである)。次に，この見出しの件名の中を，さらにより細かいアルファベット順の件名でひく件名標目表があり，次に見出しとなる大件名を分類順に説明している。実例をあげると，Construction et urbanismeという件名をGaz. Pal. Table 1977-1979 Tom. 1でひくと，V. *Banque*, *Copropriété*, *Domaine public*, *Mandat*……と出ていて，Index alphabétiqueにはAbri (installation d') 193. Allocation de logement 200. Architectes (responsabilité pénale) 141……と，この大件名の中でのより細かい件名と，それが掲載されている箇所が指示されている。さらに，本文は図2のようにSection I. URBANISME (n° 1)とSection II. CONSTRUCTION (n° 197)とに分れ，さらにSection I.は§ I.-Plans d'aménagement et d'urbanisme (n° 1). §II.-Permis de construire (n°68). § III.-Opérations de rénovation urbaine (n° 166)……と§Vまで分れ，Section I. URBANISME §I.-Plans d'aménagement et d'urbanisme.はさらにA. Elaboration des plans.-Procedure. B. Voies de recours en matière de plans d'urbanisme. C. Zones d'aménagement differe……G. Notes de renseignements delivrées par les services de la construction.-Certificats d'urbanismeと細分される。さらにこのSection I.-URBANISME § 1. A. Elaboration des plans.-Procedureは1～8に分りて論じられている。この中で*J.C.P.* (*Juris Classeur Périodique*)等の他の判例集や雑誌論文も引用されていることに注目すべきである。(この*Gaz. Pal.*の累積索引は1956年から，*Recueil Dalloz Sirey*（*D.*)のそれと合同して1つとなり，*D.*と同一の件名を使用している。そして*Petits codes Dalloz* → *Encyclopédie Dalloz* → *D.* → *Gaz. Pal.* → *J.C.P.* → *Juris-Classeurs*（*Répertoire*）という相互の関連をつけて利用できることについては**本章(5)**（206頁）を参照。

また，この*Gaz. Pal.*の図解による説明は図7－1，7－2をも参照。

CONSTRUCTION ET URBANISME

Section I
URBANISME

§ I. – PLANS D'AMENAGEMENT ET D'URBANISME

A. ELABORATION DES PLANS. – PROCEDURE.

1. – Un plan d'occupation des sols ne peut être légalement approuvé, en vertu de l'art. L. 123-3 C. urban., que si, après avoir été soumis pour avis au conseil municipal, puis rendu public après avis de ce

CONSTRUCTION ET URBANISME

conseil, il est ensuite soumis à enquête publique. Il s'ensuit que, soit qu'il prescrive la publicité du plan et l'ouverture de l'enquête publique par un arrêté, comme l'y autorise l'art. R. 123-8 alinéa 2, soit qu'il préfère régler la publicité d'enquête par deux arrêtés successifs, le préfet ne peut, en aucun cas, fixer pour l'ouverture de l'enquête une date antérieure à celle de l'achèvement des formalités de publicité auxquelles il a prévu de soumettre le plan et ses annexes. *Cons. d'Etat (2e et 6e sous-sect. réunies) 26 janvier 1979, D. 1979.IR.415 (note Hubert Charles).*

2. – Aucune des dispositions du titre 1er du décret du 6 juin 1959 relatives à l'enquête préalable à la déclaration d'utilité publique et applicables, en vertu de l'art. R. 123-8 C. urban. à l'enquête à laquelle sont soumis les plans d'occupation des sols, n'oblige le commissaire-enquêteur à convoquer personnellement les propriétaires intéressés. *Cons. d'Etat 15 juin 1979, D. 1979.IR.415 (note Hubert Charles).*

3. – Il résulte des dispositions combinées de l'art. 14 C. urban. et de l'art. 40, alinéa 1er C. admin. comm., alors en vigueur, que la représentation des communes intéressées dans les instances chargées de l'élaboration des plans d'occupation des sols ne peut être légalement assurée que par des délégués désignés par les Conseils municipaux. *Cons. d'Etat 14 octobre 1977, D. 1978.476 (note Franck Moderne).*

Dès lors, le ministre de l'Equipement n'est pas fondé à reprocher au Tribunal administratif d'avoir décidé que le Conseil municipal était seul compétent pour désigner les représentants élus des communes appelés par l'art. 4-1 du décret du 28 octobre 1970 à apporter leur concours au groupe de travail chargé d'élaborer le plan d'occupation des sols. *Ibid.*

4. – La circonstance que le document cartographique annexé à un plan d'urbanisme n'était pas polychrome, contrairement aux prescriptions du règlement d'urbanisme, ne saurait rendre ce document inopposable aux tiers dès lors que les repères qui y figurent font apparaître avec une précision suffisante les différentes zones énoncées dans le règlement. *Cons. d'Etat 20 janvier 1978, D. 1978.IR.379, D. 1978.653 (note J. Gaudemet).*

5. – Ni l'art. R. 123-7 C. urban., aux termes duquel la publication du plan d'occupation des sols comporte en annexe les avis émis sur celui-ci, ni aucune autre disposition du même Code n'impliquent que les arrêtés par lesquels l'Administration rend publics les plans d'occupation des sols doivent être motivés. L'art. R. 123-19 dudit Code ne faisait pas d'autre part obligation à l'Administration de reporter sur les documents graphiques figurant au plan d'occupation des sols les périmètres de zones d'aménagement différé. *Cons. d'Etat 23 mars 1979, D. 1979.534 (note D. Broussolle), D. 1979.IR.416 (note H. Charles), J.C.P. 1979.19171 (note F. Bouyssou).*

6. – L'arrêté du ministre de l'Equipement ordonnant la modification d'un plan d'urbanisme communal en ce qui concerne l'emprise de la servitude *non aedificandi* frappant certaines parcelles n'a pas un caractère réglementaire. *Cons. d'Etat 22 juillet 1977, D. 1978.IR.49.*

7. – Un plan d'urbanisme modificatif d'une commune approuvé le 17 mai 1971 qui n'a été mis en préparation qu'après le 5 novembre 1970 est intervenu en méconnaissance des alinéas 3 et 4 de la loi du 30 décembre 1967 qui ne permettent de rendre publics et par suite d'approuver, que les plans d'urbanisme en cours de préparation à la date du 30 décembre 1967 et ne saurait non plus trouver un support légal dans les dispositions de l'art. L. 124-1 C. urban. telles qu'elles résultent de leur rédaction en date du 27 décembre 1974, celle-ci n'entendant viser que les plans d'urbanisme rendus publics ou approuvés à la date d'entrée en vigueur de la loi du 30 décembre 1967 ainsi que ceux qui, étant en cours de préparation à ladite date, ont été rendus publics puis approuvés dans les délais fixés par les alinéas 3 et 4 de l'art. 2 de la même loi. Il ne saurait non plus bénéficier de la disposition prévue par l'art. 18 de la loi du 31 décembre 1976 qui a ajouté un alinéa à l'art. L. 124-1 C. urban. ; en effet, il n'a été mis en préparation qu'après le 5 novembre 1970. *Cons. d'Etat 28 avril 1978 (documentation CEDAD 3410).*

Dès lors, doit être annulé l'arrêté du préfet qui avait accordé un permis de construire en application de ce plan d'urbanisme modificatif. *Ibid.*

8. – V. aussi *infra*, nos 85 et s.

B. VOIES DE RECOURS EN MATIERE DE PLANS D'URBANISME.

9. – Le recours contre l'arrêté préfectoral rendant public le P.O.S. d'une commune, au motif que le plan aurait été la conséquence d'une manœuvre destinée à couvrir les irrégularités relevées, est recevable, mais le détournement de pouvoir n'est pas, dans les circonstances de l'espèce, établi. *Cons. d'Etat 22 juillet 1977, D. 1978.IR.45, Journ. not. (rép. Comm.) 1978.133 (obs. R. Vandermeeren).*

図2　*Gaz. Pal, Table 77-79, tom 1*

*Gaz. Pal.*の半年毎刊行のものと1971年以後の3年毎の累積索引の双方に，その巻頭に従来の*Gazette du Palais*の件名と，1961年以来のこの*Gaz. Pal.*の索引の件名との対照表と，1961〜65年までの5年毎の累積索引の件名と，1966〜1970年以後の累積索引の件名との対照表がある。そしてこの1956年以後のものは*Gaz. Pal.*と*Dalloz*に共通な件名である。

*Gaz. Pal.*は1940年までは*Recueil Sirey*や*Recueil Dalloz*に比べて多くの判例を含んでいたが，1941年からは*Sirey*や*Dalloz*もその対象の枠を拡げたために，この重要な相違はなくなった。

しかし，1954年以来，*Gaz. Pal.*は各裁判所の未刊行の判例の要旨を含むようになり，しかもこれが，半年毎の索引や3年毎の累積索引において，件名でもひけるようになっていること，(ただし当事者名索引ではひけない)，さらにとくに累積索引では件名により，ほかの判例集に登載されている判例をも検索することができること，また*Doctrine*の索引では1935年から他の雑誌に掲載された論文をも件名によりつきとめられること等が，この*Gaz. Pal.*の長所といえるであろう。この*Gaz. Pal.*が収録の対象としている判例集や雑誌の名称は累積索引の巻頭に，それらの出版物の正式名と略語の対照表がつけてあるので判明する。たとえば，1977〜79年間の累積索引では，Revueという言葉で始まる19種類の雑誌を収録の対象としている。ただし，この累積索引ではすべてのフランス法の雑誌論文を洩れなく収録しているのではないので，*Index to foreign legal periodicals*や*Recueil Dalloz Sirey*のBibliographieの欄などで補充する必要がある。

⑤ *La Semaine Juridique* ou *Jurisclasseur Périodique* (*Sem. jur.* ou *S.J.* ou *J.C.P.*) 1927-. [東外] (W 441-J 45) [京法]

1927年以降発行されており，週刊なので速報性にとむ。これには一般用，公証人用，代訴士用，小高裁判所用，執行吏用，商工業用の6種類があるが，学術図書館には一般用の方がよいと思われる。

その内容は次の4つの部分に分れる。i）Doctrine学術的論説。以前にはDissertationsとよばれていた。ii）Jurisprudence判例（署名入りの注釈つき）iii）立法の条文，iv）判例要旨と大臣の答弁（これには破毀院の判例と，他の裁判所の重要な判例の要旨を掲載している)。

この*Sem. jur.*（または*J.C.P.*）は臨時の索引を1年3回と，累積索引を毎年1回出す。

この年刊の索引の内容は次のようである。a）論説と実務に関する記事の件名索引（黄色）b）判例の件名索引（空色）c）判例の年月日順索引（空色）d）雑誌論文，署名つきの評釈，報告および裁判所における申立の人名のアルファベット順索引（白色）e）法令の件名索引（緑色）f）法令の年月日順索引（緑色）g）大臣の答弁の件名索引（桃色）

このS.J.（またはJ.C.P.）に掲載された重要な判例を中心にした判例の検索資料たる *Jurisprudence-Française* については**本章（3）①**（195頁）で述べる。

J.C.P.の判決の部分については次のことがとくに大切である。すなわち，その部分の中には1950年以後にはAnnoter:として *Juris-Classeurs* （*Rêpertoire*）（略語J.C.またはJ.-Cl.）（**本章（3）③**195頁で詳述）の該当する箇所への参照がなされている（〔外〕166頁の図解参照)。また，*Gaz. Pal*.の累計索引は，このJ.C.P.も参照している。これらの判例集や法令集間の相互の有機的な関連性の図解による説明は**本章（5）**（206頁）を参照。

このJ.C.P.の図解による説明は**本章（6）の図8**と〔外〕166～167頁を参照。

⑥ *Recueil gênêral des lois et de la jurisprudence et rêpertoire commaille*, Paris, Lib. du Journal des notaires et des avocats. 1961-1976.

Title varies: 1961-1964, Recueil gênêral des lois, décrets et arrêtés et de la jurisprudence et rêpertoire commaille. ［東外］（W 441-R 61）

年刊の索引はa）執筆者名索引，b）学説の書名のアルファベット順索引，c）ニュース，d）判例の分類順索引，e）判例の件名索引，f）注釈つきの判例の年月日順索引，g）大臣の答弁の件名索引からなりたっている。

⑦ *Les grands arrêts de la jurisprudence civile*, 9ᵉ éd. Paris, Dalloz, 1991. ［東外］（W 445-T 10-G 70-9）

最初の編者はHenri Capitantで改訂者はA. Weill & F. Terréである。

学生の研究用に編集された判例集であり，本文は分野順で，内容目次と件名索引，判決の年別索引がついている。1808～1983年間の重要な判例を含む。

⑧ *Les grands arrêts de la jurisprudence commerciale*, 2 éd. Par R. Houin & B. Bouloc, tom. 1, Paris, Sirey, 1976, 352 p. ［東法］（T 4450-H 838-G 76）

内容や索引は上述の⑦に類似していて，1891〜1975 年間の重要な判例を集めている。

⑨ *Les grands arrêts de droit du travail*, par G. Lyon-Caen et J. Pélissier, 2 éd. Paris, Sirey, 1980, 403 p. ［東法］（P 441-L 991-G 80）

1872〜1979 年間の重要な判例を集めており，内容の構成や索引は⑦に類似している。

⑩ Lambert, E. -*Conventions collectives, jurisprudence arbitrale, recueil méthodique des décisions de la Cour superieure d'arbitrage*, Gap ［Hautes-Alpes］ Ophrys 1950-.

⑪ *Les grands arrêts de la jurisprudence criminelle*, tom. 1. par M. Puech, Paris, Cujas, 1976, 519 p. ［東外］（W 445 RO-G 76）

本文は分野別で，内容目次，判決言渡年月日順索引，判決名のアルファベット順索引，件名索引がある。1810〜1975 年間の重要な判例を含む。

⑫ *Journal des tribunaux de commerce*, Paris, Videcoq, 1 (1852) -84 (1938). ［東外］（W 445 T 50-J 852）

本文は，判決の年月日順で，件名索引つき。

⑬ *Jurisprudence général des assurances terrestres de* 1880 *à* 1905, Paris, Sirey, 1906. ［東外］（W 445 T 72-J 06）

内容は

1：Cour de cassation, Cour d'appel.

2：Tribunaux, Conseil d'État, lois, décrets, etc. Table des matières. に分れる。本文は，裁判所別にした中を判決の年月日順に並べる。件名索引つき。

民・刑事法の雑誌に掲載されている判例とその索引

⑭ *Revue trimestrielle de droit civil*, 1902-.

年刊の件名索引には b＝Bib.　d＝doctrine　J＝jurisprudence　l＝législation の略号をつけているので，検索に便利である。

累積索引では同一件名の中を Bibl. Jurisp. Lég. と分けて，その中をさらに件名のアルファベット順に並べている。その他，*Table des articles de fond et des variétés*（人名のアルファベット順）がある。累積索引にはtom. 1-25（1902～26), tom. 26-54（1927～56）がある。

⑮ *Revue trimestrielle de droit commercial*, 1948-.

年刊の各巻では判例を件名でひくことができる。(ただしとくに判例であることを示す印はついていない。) 巻末にはこの雑誌の中で掲載された注釈つき判例の年月日順索引がある。1948～57年の累積索引でも，判例を件名と判決言渡年月日の双方でひける。

⑯ *Revue pénitentiaire et de droit pénal*, 1877-.

年刊の各巻では判例を件名でひくことができる。これには累積索引としてtom. 1～20（1877～96)，tom. 21～40（1897～1916）があることになっているが［東法］では所蔵しない。

そのほかにも各種の専門雑誌に重要な判例が掲載されている（〔外〕153頁と〔S.F.〕p. 82を参照)。

(iii)　3つの判例集（*D., Gaz. Pal., S.J.*）の基本的特徴の比較

同一の判例について，*Gaz. Pal, D., S.J.* の3つの判例集によってえられる知識の異同について検討してみる。

たとえば，1979年1月8日のCour de Cassation (Ch. criminelle)（破毀院刑事部）の判例に関する叙述を比較してみる。

Gazette du Palais では1979, No. 5, pp. 501-502に185行にわたり記述している。

Dalloz は初めにInformation rapideのp. 182で58行にわたり述べ，また1979年のJurisprudenceのpp. 509～512にCorlayの注釈つきで，*Gaz. Pal.* の3倍以上記述で詳細に述べている。

Semaine Juridique では1979, pt. IV, p. 93に13行だけ出ている。

また，*Gazette du Palais* の累積索引（*Table alphabétique 1977-1979*）でこの判例をVolという件名でひくと，そのIndex alphabétiqueにPhotocopie de documents 8.とあるので8.を見ると

8. La détention matérielle d'une chose, non accompagnée de la remise de

	Recueil Dalloz Sirey (*D.*)	*Gazette du Palais* (*Gaz. Pal.*)	*Semaine Juridique* (*S.J.*または*J.C.P.*)
頻度	週刊と月刊がある。	週3回と隔月がある。	週　刊
索引	年　刊	半年毎	年　刊（臨時の索引は年3回）
累積索引	10年または5年毎，ただし1956年からは*Gaz. Pal.*と合同して1つの累積索引となった。	3年毎	なし[a]
		特別な版を発行する代りに，土地法，公証人法，団体法の号を発行する。	一般向の版以外に公証人用，代訴士用，治安裁判所用，執行吏用，商工業用の6の版がある
	新刊書や雑誌論文を書誌の章により分類順にひくことができる（1955年から）	他の雑誌に掲載された学術論文を件名により検索できる（1935年から）。	
判例の説明	*Gaz. Pal.*より詳細。	*D.* よりは簡単。	最も簡単。
特に便利な点	1966年以後*Encyclopédie Dalloz*や*Nouveau Répertoire Dalloz*の該当する箇所を参照する。	累積索引の中で他の判例集や雑誌論文を参照する。	1950年以後*Juris-Classeurs*（*Répertoire*）（**本章(3)③参照**）の該当する箇所を参照する。
未刊の判例の要旨		各裁判所の未刊の判例の要旨を載せ，かつそれを件名索引や判決言渡年月日順の索引でひける。	

(a) *Gaz.* の累積索引の中で *S.J.*の判例をひくことができる。

la possession, n'est pas exclusive de l'appréhension qui constitue l'un des éléments du délit de vol. *Cass. crim.* 8 *janvier* 1979, *Gaz. Pal.* 1979. 2. 501, *D.* 1979. 509 (*note P. Corlay*) *et IR.* 182 (*note G. Roujou de Boubée*), *Bull. crim.* 1979. 32.とあり，さらに16行にわたり内容を説明している。

このように *Gaz. Pal.*の累積索引では *Gaz. Pal.*以外の他の判例集や雑誌をもひけることに注意すべきである。

さらに，別の面から *D.*と *S.J.*とを比較してみよう。

たとえば，1977年6月22日の破毀院第1民事部判決は，*D.*では1978年の Jurisprudence の pp. 485～489 にわたり詳細に出ていて Nouv. Rép. et Mise à jour, V^{o} Notaire, not 93 s. Rép. civ. 2e éd. V^{o} Notaire, par J. Defrenois, J.P. et H.B. Kuhn, nos 260 s.へと参照がされている。

これに対して同一の判例は *S.J.*では *J.C.P.* 79. 219028（すなわち1979年の *Jurisprudence* の部分の219028番目）に2頁にわたり出ていて Annoter: J.-Cl. Responsabilité civile., Fasc. XXXI h.-J.-Cl. Art. 1382-1383(3^{e} partie), V^{o} Notaires (8e fasc.) -J.-Cl. Notarial. (2e P: Formulaire), V^{o} Résponsabilité notariale (8e fasc.)と参照が示されていて，その参照をされた *Juris Classeurs* (*Répertoire*) (*J.-Cl.*)の部分を見ると，*D.*の参照をした *Nouveau Répertoire* や *Rép. civ.* (*Encyclopédie Dalloz* の中の *Répertoire de droit civil* の部分）よりはるかに詳細な説明がついている。従って，判例評釈そのものは *D.*の方が *S.J.*より2倍以上も詳細であるが，そのテーマに関する解説の方は逆に，*J.-Cl.*の方がはるかに詳しいといえる。故に判例を徹底的に研究する場合には初めに *D.*で判例評釈を見て，それから参照をされている *Nouv. Rép.* や *Encyclopédie Dalloz* の部分を読むだけでなく，*Gaz. Pal.*の累積索引や *S.J.*の索引で，その同一の判例をS.J.の中で探し，それについている *J.-Cl.*の該当する部分を参考にすることにより，その判例に関するより該博な知識がえられると思う。とくに上述の破毀院第1民事部の1977年6月22日の判決のように *J.-Cl.*に対して4箇所も参照がついている場合には尚更である。また，*S.J.*の判例の中で *J.-Cl.* (*Répertoire*)への参照は1950年から始まっているが，*D.*の判例の中での *Nouv. Rép.* や *Encyclopédie Dalloz* への参照は1966年以降であることにも注意すべきである。このように個々の判例集は，その参照をする文献の内容の精粗等までもよく考慮に入れた上で，その各々の長所をよく弁えて利用すべきである。

控訴院の判例について *S.J.* と *G.P.* を1979年1月9日の Bordeaux.（Cour d'Appel）の判例を例にして比較するとS.J.の年月日順索引では Bordeaux. 4e ch. Responsabilité civile. IV-341. とあり，件名索引では Responsabilité civile の中の Fait personnel の中に Faute, Victime, Femme enceinte, Omission de boucler la ceinture de sécurité. Faute (non).（Bordeaux, 4e ch., 9 janvier 1979）IV-341. とあり，本文を見るとこの判例を16行にわたって説明している。

Gaz. Pal. の Table 1977-1979. tom. 2. の Table chronique の Cour d'Appel, 1979 Jan. 9. を見ると Bordeaux-Respon. civil., 496 とある。それで件名索引の Respon. civile 496 の所を見ると12行にわたって記述している。

Recueil Dalloz にはこの判例は掲載されていない。

なお，Gaz. Pal. の I. Sommaires d'arrêts inédits de la Cour de Cassation の中の判例の少数のものがS.J.に出ており，Gaz. Pal. の II. Sommaires de décisions inédites des Cours et Tribunaux の中の判例は筆者が調査した限りではS.J.には含まれていない。

判例要旨は *Gaz. Pal., S.J., D.* の中で次のように取扱われている。（*D.*, p. 145）

Gaz. Pal.

1――破毀院の判例の要旨は部毎に分けた後，テーマ別に掲載されている。

2――破毀院と Cours et Trinunaux の未刊の判例要旨が記載される。前者の判例は50%程度しか出版されていないことを考えると（D., p. 115 参照）このG.P.の重要性が理解できる。

S.J.

第4部の黄色の頁に破毀院の判例と重要な判例を掲載する雑誌に掲載された判例の要旨を掲載する。

D.

1――Informations rapides (I.R.)――破毀院と Conseil d'État の判例の要旨を速報する。

2――Sommaires (Somm.) 重要な判例の要旨。

この1と2は1977年以来ひとつにまとまって Informations rapides となった。

（3）　20世紀以降の判例の検索資料

上述の公撰判例集や *Recueil Sirey*, *Recueil Dalloz*, *Gazette du Palais*, *Semaine Juridique* や各種の判例を掲載する法律雑誌に付属している年刊または累積の索引が，これに該当することはもちろんであるが，ここではそれら以外のものを述べることにする。

付表　20世紀の判例検索資料の対象とする年代一覧

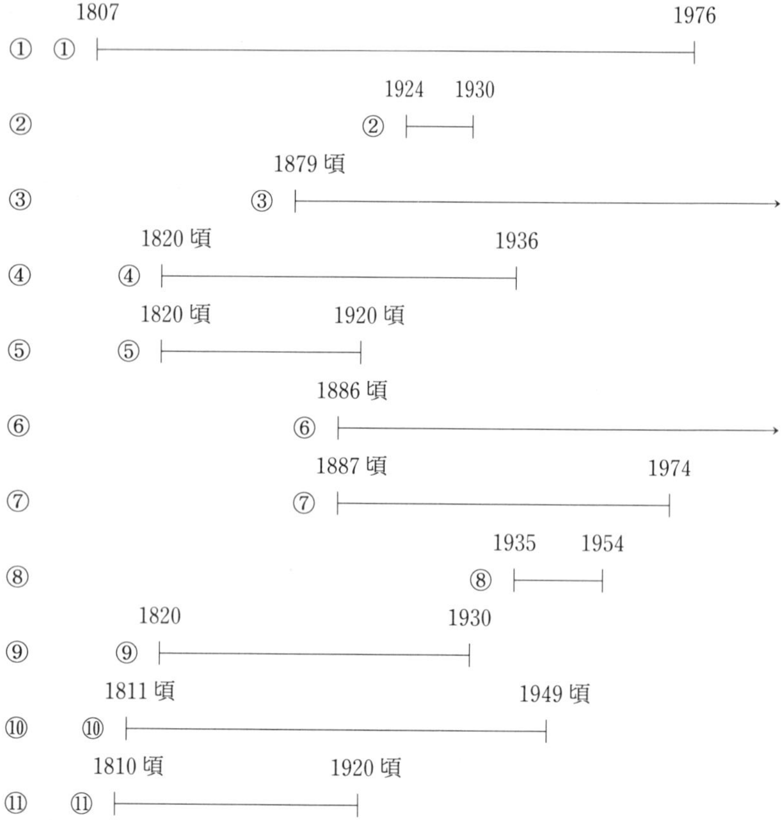

(注) ③と⑥はテーマによっては19世紀の後半位までの判例を引用している。
④はテーマによっては1820年代頃の判例をも引用している。
⑨・⑩・⑪は法条順に「重要な」判例だけを検索することができる。

① *Jurisprudence Française*, 1807-1962, 1968-1976, Paris, Ed. Tech. [東外]（W 446-J 807）1807〜1952, 4 v.; 1953〜1957, 2 v.; 1958〜1962, 2 v.; 1963〜1967, 欠号；1968〜1976, 3 v.

Juris-Classeur（③）の縮小版である。1807〜1952年を対象とするものは1954〜55年に発行され（全4巻），1807年から1926年に至る重要な判例の要旨と，1927年から1952年に至るLa Semaine Juridiqueおよび他の判例集の中で発表された著名な判決要旨が件名のアルファベット順で引けるように編纂されている。その構成は，初めに略語表があり，次にアルファベット順に並べられた件名の目次がある。個々の件名は，小件名に細分されている。そして，各巻の巻末には学術的論説の件名索引がついている。1953〜57年以降のもの（全2巻）では最後の巻に，学説の件名索引がついている。1953〜57，1958〜62年（全2巻）を対象とするものでは最後の巻に判決言渡年月日順索引もついているが1968〜1976年のものにはこれが欠けている。法律のデーター・ベースであるJuris-dataはこの*Jurisprudence Francaise*の役目をはたしている。

② *Recueil des sommaires de la jurisprudence française*, Paris, Sirey, 1924-1930. [東外]（W 446-R 24）

月刊で，下級裁判所の判決をも対象とし，判決を件名のアルファベット順にひけるように編纂してある。12月号はその年の累積索引である。巻頭に略語表がある。

③ *Juris-Classeurs* (*Répertoire*)（略語 *J. C.* または *J.-Cl.*）, Paris, Editions Technique, reliure mobile. 1980. [東外]（W 441-J）

これは[東外]が所蔵するものだけで，民法，商法，租税法等の35の部門に分れており，加除式で，項目別に「主要な」法令や判例および図書を検索することができる（後に詳述）。

④ Fuzier-Hermann, éd., *Répertoire général alphabétique du droit français*（略語 Rép, gén. du dr. fr.）, Paris, 1886-1936, 52 v. [東法]（Y 3

U 44-F 996-R 86)［早大比研］([F 2] A 02 V 61)［京法］

19世紀から1936年頃までの「主要な」判例を件名により探すことができる。1945年に私法のみを対象とした第2次の補遺が2巻出版されているとのことである。［東法］にはこの2巻が存在しないが早大比較法研究所では所蔵している。

その利用方法を述べる。これはフランス法を件名によって調査するものであるが，実例として tom. 33 の SEDUCTION（誘拐）の所を見ると，初めに Législation として1382条があげられ，次に Bibliographie としてこのテーマに関連のある図書と雑誌論文を列挙する。その次に Index Alphabétique があり，この誘拐というテーマをさらに詳細に検討する場合の本文中の箇所を件名のアルファベット順で探せるように記述してある。実例をあげると，幼児は5, 46, 49 et. s,証言による証拠は22と23等である。そして次に本文があり，種々な著書や判例などが引用されている。この場合には1808年の判例も引用されている。この④は補遺と共に使用することが重要であり，これによって1938年頃までの法律に関する知識をうることができる。

⑤　*Pandectes françaises*（略語 *Pand*.), Paris, Lib. de Droit & de Jurisprudence, 1886-1992.［東外］(W 441-P 886)［京法］(AII-2-7)

本章（1）⑮（172頁）で既述。

⑥　*Encyclopédie juridique*（略語 Encycl. Dalloz), Paris, Dalloz. On spine: Encyclopédie Dalloz.［東外］(W 447-E 51)［東法］

フランス法に関する百科辞典である。これによっても「重要な」判例を知ることができる。この中は［東外］の蔵書目録たる Catalog of foreign law materials, 1983, p. 91 にあるように各分野毎に分れている。

これの第2版の巻頭にこの図書で使われる件名と Recueil Dalloz Sirey (D.) で使われる件名との対照表がある。そしてこの Encycl. Dal. の本文の各項目の大文字の次に（Recueil. V° Vente）のように，そのテーマが D. の件名索引の中で使われている件名を示している。そしてこの D. の件名は Gazette du Palais (G.P.) の件名と一致し，D. と G.P. の累積索引は1966年から合同して1つとなった。これ以外にもこの法律の百科辞典と他の判例集や法令集は相互に有機的に関連をつけて利用できるが，この詳細は**本章（5）**（206頁）を参照。

⑦ France. Conseil d'État. Centre de documentation, *Jurisprudence du Conseil d'État et du tribunal des conflits*: tables décennales, 1965-1974. Tom. 1-3, Paris, Éditions du Centre national de la recherche scientifique, 1976, 3 v. 23 cm. ［東法］（W 446-J 76）

件名順。

⑧ Table vicennale（1935-1954）des arrêts du Conseil d'État et de la commission spéciale de Cassation adjointe au Conseil d'État. Paris, Sirey (n.d.). ［東外］（W 446-T 35）

1935〜54年間の軍人の廃疾年金や戦争の民間犠牲者年金に関する判例の索引で分類順である。

⑨ Dalloz, *Nouveau code civil annoté et expliqué d'après la jurisprudence et la doctrine*, publié sous la direction de G. Griolet & C. Verge. tom. 1-4, Paris, Au Bureau de la Jurisprudence Général, 1900-1905, 4 v. in 5.

At head of title: Jurisprudence Générale Dalloz; codes annotés. Additions. (tom. 1)（1921）. Additions tom. 2.（1932）［東法］（T 4411-D 147-N 00）

民法を法条順に解説して，判例や文献をあげ，重要な条項には件名索引をつけている

⑩ Fuzier-Herman, éd., *Code civil annoté*, Nouvelle éd. Paris, 1935-1949, 7 v. At head of title: Codes annotés, contenant sous chaque article l'analyse de la doctrine et la jurisprudence.［東法］（T 4411-F 996-C 35）

⑪ Dalloz, *Nouveau code de procédure civile annoté et expliqué d'après la jurisprudence et la doctrine*, tom. 1-4, Paris, 1910-1922. ［東法］（W 443-S 80-N 10）［京法］（AII II-1）

⑨⑩⑪は内容が類似している。

Juris-Classeurs（Répertoire）③の内容の説明（略語*J.C.*または*J.-Cl.*）.

［東外］（W 441-J）所蔵のものには以下のものがある。

Droit Administratif: *Administratif*; *Construction*; *Foncier*; *Syndicats*. 1961

Droit Civil: *Bail à loyer*; *Bail en général*, (Absorbed by *Bail à loyer*); *Baux*; *Civil annexes*; *Code civil*; *Droit comparé*; *Droit international*; *Loyers*,

(Absorbed by *Bail à loyer*); *Responsabilité civile*.

Code et Lois: *Codes et lois, Droit privé, droit public; Codes et lois, Droit fiscal; Codes et lois (Algérie) 1972; Codes et lois (Marocain)*;

Droit Commercial; *Code de commerce; Code des sociétés; Commercial annexes; Formulaire des sociétés; Traite des sociétés*

Droit du Travail: *Accidents du travail. 1965; Sécurité sociale; Travail et le mutualité agricoles. 1965; Travail (text) 1970; Travail (traité)*

Droit Fiscal: *Code fiscal; Chiffre d'affaires (commentaires); Chiffre d'affaires (instruction et circulaires) 1961; Enregistrement. (commentaires); Enregistrement. (text); Fiscal international. 1971; Impôts directs (commentaires); Impôts directs (notes et circulaires) 1961; Impôts directs (text) 1975*

Droit Pénal: *Code pénale; Pénal annexes; Procédure pénale*

Notarial: *Code notarial; Répertoire doctrinal; Formulaires commentées*

Procédure: *Code de procédure civile; Encyclopédie des huissiers; Formulaire de procédure; Répertoire pratique de droit privé*

Ouvrages Spécialisés: *Codes et lois. Principauté de Monaco; Outre-mer; Pratique des parquets; Propriété littéraire et artistique, 1966*

これらのものをその内容の配列方法によって区分すると次のようになる。

1）法条順に並ぶもの——民法，商法，刑法，刑訴(これらには appendices et annexes がついているが，この部分は件名順に並んでいる)。

2）分野順に並ぶもの——民訴，行政法，労働法と社会保障。

3）件名順に並ぶもの——公証人と，民法，刑法および商法の付録，および Répertoire pratique de droit privé と Formulaire de procédure。

この*J.-Cl.*では次の3つの方法によって最新の知識がえられる。

1　新しく作られたテーマや改正されたテーマを見る。

2　Mise à jour の部分を使用する（その頁は最初のものは黄色で，2度目からはバラ色である)。

3　特別に変動の多い題材（行政法，家賃，社会法）の場合には，Mise à jour の役目をする月刊の報告書を見る。

労働法の部分の構成を例にして説明すると次の4つに区分してある。

i）内容目次（plan général)（分類順）（白）

ii）件名索引（index alphabétique)（赤と黄色）（詳細なもの）

iii）Taux des amendes pénales（樺色）

iv）新しい法規の法条と法典化された条文との対照表 (Information)（緑色）

民法の部分の内容の配列方法を説明すると，次の3つの区分がある。

i）内容目次（法条順）(plan général)（白色）

ii）件名索引（index alphabétique générale)（白）

iii）Taux des amendes pénales（樺色）

件名索引（index alphabétique générale）の実例をあげると，

ARRHES

Défaillance de la condition suspensive

Art. 1181 et 1182

Promesse de contrad

Promesse de vente

Art. 1589, Fasc. 10

Art. 1590

のように記述されている。

この Art. 1590 の所を実物で示すと図3-1，3-2，3-3のようになる。

VENTE	Civil	**Art. 1590**
Nature et forme **Promesse de vente avec arrhes**	Notarial Répertoire Dr. français	
2, 1987		VENTE : **Fasc. I-1**

VENTE

• Nature et forme

• Promesse de vente avec arrhes

par Joanna SCHMIDT

Professeur à l'Université de Lyon III

TEXTES

イ

Art. 1590. – Si la promesse de vente a été faite avec des arrhes, chacun des contractants est maitre de s'en départir.

Celui qui les a données, en les perdant.

Et celui qui les a reçues, en restituant le double.

ロ

TEXTES COMPLEMENTAIRES

5 décembre 1951

LOI tendant à réglementer la pratique des arrhes en matière de ventes mobilières (J.O. 6 déc. 1951).

Art. 1er. – Si la chose qu'on s'est obligé à vendre est mobilière, toute somme versée d'avance sur le prix, quels que soient la nature de ce versement et le nom qui est donné dans l'acte, est productive au taux légal en matière civile, d'intérêts qui courront à l'expiration d'un délai de trois mois à compter du versement jusqu'à réalisation ou restitution des sommes versées d'avance sans préjudice de l'obligation de livrer qui reste entière.

Les intérêts seront déduits du solde à verser au moment de la réalisation ou seront ajoutés aux sommes versées d'avance en cas de restitution.

Art. 2. – Les dispositions de la présente loi ne sont pas applicables aux commandes spéciales sur devis ni aux ventes de produits dont la fabrication est entreprise sur commande spéciale de l'acheteur.

Art. 3. – Pour les contrats conclus antérieurement à la date de la promulgation de la présente loi, les intérêts prévus à l'article 1er ne seront dus qu'à l'expiration du troisième mois à compter de la date de cette promulgation.

Art. 4. – Il ne peut être dérogé par des conventions particulières aux dispositions de la présente loi.

ハ

BIBLIOGRAPHIE

AUBRY et RAU, Droit civil français, *6e éd.* par ESMEIN, *t. 5, p. 349.* – BAILLOD, Le droit de repentir : *Rev. trim. dr. civ. 1984, p. 227.* – BENAC-SCHMIDT, Le contrat de promesse unilatérale de vente, *L.G.D.J. 1983.* – BERGEL, Les ventes d'immeubles existants, *Litec, 1983.* – BOYER, Les promesses synallagmatiques de vente : *Rev. trim. dr. civ. 1949, p. 5 s. ; D. Rép. civ. 2e éd.* V° *Promesse de vente ;* La clause de dédit, Mélanges Raynaud, *1985, p. 41 s.* – CELICE, Les réserves et le non-vouloir dans les actes juridiques, *L.G.D.J. 1968.* – COLLART-DUTILLEUL, Les contrats préparatoires à la vente d'immeuble, *thèse dactyl. Tours 1983.* – DECOTTIGNIES, *D. Rép. civ. 2e*

(1)

037801　　223. – CI 0/289 ; NO 2/1297

図3-1　*J.-Cl.*

éd., V° *Arrhes*. – DEROUIN, Pour une analyse fonctionnelle de la théorie de la condition : *Rev. trim. dr. civ. 1978, p. 1 s.* – FERRIER, Les dispositions d'ordre public visant à préserver la réflexion des contractants : *D.S. 1980, chr. 177.* – FIESCHI-VIVET, La promesse de contrat, *thèse dactyl. Lyon 1973.* – GHESTIN, Traité de droit civil, *t. 2,* Le contrat, *1980, n. 456.* – JOSSERAND, Cours de droit civil positif français, *3e éd. 1938-1940, t. 2, n. 1067 s.* – MALAURIE et AYNES, Droit civil, Les obligations, *1985, n. 548.* – MAZEAUD, Leçons de droit civil, *t. 3, vol. 2, 6e éd. 1984* par DE JUGLART, *n. 806.* – MORIN, Rapport *in* La formation du contrat, *62e Congrès des notaires de France 1964, p. 281 s.* – PICARD, L'avant-contrat en matière de vente immobilière : *J.C.P. 77, éd. N, I, p. 333 s., n. 36 ;* Techniques de la vente d'immeubles, *1983.* – PLANIOL et RIPERT, Traité pratique de droit civil français, *2e éd., t. 10* par HAMEL, *n. 208 s.* – REDOUIN, Les arrhes en droit français, *thèse Paris, 1935.* – RIPERT et BOULANGER, Traité élémentaire de droit civil, *t. 3, n. 1385.* – SCHMIDT, *J.-Cl. Civil, Art. 1589 Fasc. 1 et 2* ou *Notarial Répertoire,* V° *Vente, Fasc. H-1 et H-2 ;* Négociation et conclusio ı de contrats, *Dalloz 1982.* – STARCK, Droit civil, Obligations, *2e éd. 1986,* par H. ROLAND et L. BOYER, *t. 2, n. 320 s.* – TAISNE, La notion de condition dans les actes juridiques, *thèse Lille 1977.* – TEYSSIÉ, Les clauses de résolution et de résiliation dans les contrats : *Cah. dr. entreprise 1980, p. 13 s.* – WEILL et TERRÉ, Droit des obligations, *4e éd., 1986, n. 351 s.*

❸

SOMMAIRE ANALYTIQUE

❹

INDEX ALPHABETIQUE

図3-2　*J.-Cl.*

b) Conséquences de l'exercice du dédit

へ
64. – L'exercice du dédit affecte le sort du contrat et celui des sommes versées à titre d'arrhes.

1) Conséquences du dédit sur le sort du contrat

ホ
65. – La faculté de dédit au sens de l'article 1590 du Code civil consiste, pour chacun des contractants, dans la possibilité de retirer son consentement au contrat *(Cass. req. 16 fév. 1932 : S. 1932, 1, 133. – 3 juill. 1933 : S. 1933, 1, 343. – Paris 12 mars 1952 : Gaz. Pal. 1952, 2, 57)*. En conséquence, le contrat est résolu rétroactivement. Lorsqu'elle figure dans un contrat translatif de droits réels immobiliers, la faculté de dédit doit être publiée pour être opposable aux tiers *(Mazeaud,* op. cit., *t. 3, vol. 1, n. 666)*.

La rétroactivité de la résolution ne présente pas, en principe, d'inconvénients, puisque le contrat n'a pas reçu d'exécution *(V.* supra *n. 52)*. S'il en était autrement (notamment lorsque le dédit est prévu dans un contrat à exécution successive, après son entrée en vigueur), le dédit est, en réalité, une faculté de résiliation unilatérale, sans effet rétroactif *(Boyer, article* précité, *n. 6, p. 48)*. Seul, en effet, un nouvel accord des parties pourrait entraîner l'anéantissement rétroactif du contrat (à supposer que la nature des choses ne s'y oppose pas. Sur les conséquences d'une telle révocation, *V.* infra *n. 79)*. Si la propriété a été immédiatement transmise *(V.* supra *n. 53)*, un transfert en sens inverse sera la conséquence du dédit (On peut, en effet, raisonner par analogie avec la faculté de réméré, Cf. *Cass. civ. III, 31 janv. 1983 : Bull. civ. III, n. 21 ; Rev. dr. immob. 1984, p. 324, observ. Groslière et Jestaz)*.

66. – Le contractant qui se dédit ne commet pas de faute contractuelle, mais exerce un droit de retrait d'origine conventionnelle. Cette conséquence ne se produit que si la somme versée avait bien la qualité d'arrhes au sens de l'article 1590 du Code civil *(V.* supra *n. 19 s.)*. Le versement d'une somme à un autre titre ne confère pas la faculté de dédit : la résistance de l'une des parties est, alors, de sa part, un refus fautif d'exécution du contrat.

Il en est, ainsi, en particulier, en cas de versement d'un acompte *(Cass. civ. III, 8 mai 1969, 2e esp. : J.C.P. 69, II, 16006. – Cass. com. 24 avril 1972 : J.C.P. 72, II, 17189. – Cass. civ. III, 3 avril 1973 : Bull. civ. III, n. 257. – Paris, 5e ch., 17 fév. 1981 : Juris-Data n. 022592. – Paris 15e ch., 7 juill. 1981 : Juris-Data n. 022881)*, ou d'une somme « pour frais et démarches » *(Paris, 25e ch. A, 28 janv. 1983 : Juris-Data, n. 021169)*.

Il a cependant été jugé que le versement d'un acompte pouvait s'accompagner d'une clause expresse de dédit et qu'il ne rendait alors pas irrévocable le contrat de vente, car un tel acte d'exécution n'est pas incompatible avec l'exercice ultérieur de la faculté de dédit, la résolution devant en résulter impliquant nécessairement la restitution de l'acompte *(Orléans 9 juin 1965 : J.C.P. 65, éd. G, IV, 134)*.

De même, le refus d'exécution ne peut être justifié par l'existence d'une clause pénale *(V.* supra *n. 34)*.

2) Conséquences du dédit sur le sort des arrhes

67. – Si la faculté de dédit a été utilisée, le sort des arrhes est fixé par l'article 1590 du Code civil. Ces règles ne jouent, toutefois, qu'en cas de dédit au sens strict, c'est-à-dire de retrait unilatéral du consentement : si le contrat a été révoqué par un nouvel accord des parties, le sort des sommes versées ne peut être réglé par application de ce texte *(V.* infra *n. 79)*. Il ne le peut pas davantage lorsque la faculté de dédit était prévue au profit d'un seul des contractants.

Le sort des arrhes est réglé différemment selon que le dédit est exercé par celui qui les a versées, ou celui qui les a reçues.

68. – α) **Le dédit est exercé par celui qui a versé les arrhes.** – L'unique conséquence de l'exercice du dédit consiste, en principe, dans la perte des arrhes versées. Dans certains cas exceptionnels, ces conséquences peuvent, toutefois, être plus étendues.

69. – *Conséquences normales du dédit.* – Lorsque le dédit provient de celui qui a versé les arrhes, celles-ci restent acquises à l'autre partie *(Trib. gr. inst. Seine 29 avril 1965 : J.C.P. 66, éd. G, IV, 96. – Paris, 8e ch., 14 janv. 1981 : Juris-Data n. 022506)*. Il en est ainsi même si celui qui a renoncé a trouvé un tiers pour le remplacer. Le fait que le vendeur ait alors consenti à ce tiers un rabais sur le prix de vente correspondant aux arrhes abandonnées, ne permet pas de réclamer au tiers acquéreur le remboursement des arrhes en invoquant l'enrichissement sans cause *(Cass. civ. III, 15 mai 1973 : Bull. civ. III, n. 342)*.

Si elles n'ont pas encore été versées, les arrhes sont exigibles dès lors que le refus d'exécution a été constaté *(Cass. civ. I, 11 déc. 1961 : Bull. civ. I, n. 596)*. Le versement effectif est une condition d'efficacité du dédit *(V.* supra *n. 61)*.

70. – Le régime de l'article 1590 du Code civil ne s'applique qu'aux sommes ayant la qualification d'arrhes au sens de prix de la faculté de dédit. Lorsque la somme avait une fonction différente, les contractants ne peuvent pas se soustraire à l'exécution de leurs obligations en l'abandonnant ou en restituant le double *(Paris, 5e ch., 23 nov. 1977 : Juris-Data, n. 040116)*. Pour cette raison, a été cassé l'arrêt qui, sur avis de non-exécution et restitution de l'acompte par le vendeur, admet la prétention de celui-ci à fixer les dommages et intérêts dus à l'acquéreur à cette même somme *(Cass. civ. I, 23 mars 1966 : Bull. civ. I, n. 210)*.

Il a été également jugé que lorsque le bénéficiaire d'une promesse de bail y renonce, le promettant doit lui restituer les sommes versées qui n'avaient pas le caractère d'arrhes *(Paris, 1re ch. sect. urgences 19 mai 1983 : Juris-Data n. 023773)*.

71. – Certains contractants, tout en exerçant leur faculté de dédit, réclament néanmoins la restitution des arrhes qu'ils avaient versées. La règle posée par l'article 1590 du Code civil quant au sort des arrhes conduit au rejet de telles prétentions. Certaines décisions relèvent, toutefois, le caractère fautif de la rupture, pour justifier le refus de la restitution des sommes versées *(Paris, 2e ch., 18 sept. 1978 : Juris-Data n. 0352. – Paris, 8e ch., 19 fév. 1980 : Juris-Data n. 0133. – Paris, 2e ch., 25 mars 1981 : Juris-Data n. 026349)*. Cette jurisprudence est critiquable, car l'auteur du dédit peut l'exercer sans donner de motifs *(V.* supra *n. 62)* et

図3-3　*J.-Cl.*

この図3－1，3－2，3－3を説明すると初めに㋑条文と㋺補足の条文，㋩書誌（このテーマについて記述している文献）㊁目次（SOMMAIRE ANALYTIQUE）と㋭件名索引があり，その次に㋬序文と㋣本文がつづく。さらに，図3－3の㋠㋷を見ると判例が引用されていることがわかる。**本章（2）(II)⑤**（187頁）で述べた*J.C.P.*にはこの*J.-Cl.*の該当する部分への参照がついている。（**本章（6）の図8** 221頁参照）

（4） 判例の引用方法

① **Sirey の引用方法**

ｉ）第1期　1791-1831

S. Chr. 1830 I. 27――判決の年，部，頁を示している。

ii）第2期　1832-1864：および 1865-1955

S. 72. II. 105――出版の年，部，頁を示している。

iii）Recueil Dalloz et Recueil Sirey 1955-1956

D.S. 1955. 531――出版年と頁を示す。

iv）Recueil Sirey 1957-1964

S. 1957. 95――出版年と頁を示す。

〈実例〉

Req., 28 nov. 1855, S. 56. I. 680 または S. 1856. I. 680 は La Chambre des requêtes de la Cour de cassation（破毀院予審部）の 1855 年 11 月 28 日の判決で Sirey の 1856 年の Part I, page 680 に掲載されていることを示す。

Civ. 15 juin 1881, S. 83. I. 473, note Bufnoir は Cour de cassation Chambre civile（破毀院民事部）の 1881 年 6 月 15 日の判決で Sirey の 1883 年の Part I. page 473 に Bufnoir の注釈つきで掲載されていることを示す。

② **Recueil Dalloz の引用方法**（Cap. p. 14, S. p. 71 参照）

ｉ）Recueil périodique 1845-1940

D.P. 40. I 48 は 1940 年出版第一部 48 頁を意味する。

ii）Recueil hebdomadaire（週刊）1924-1940

D.H. 1925. 40は1925年出版40頁を意味する。

iii）Recueil analytique（週刊）1941-1944

D.A. 1943. 30は1943年出版30頁を意味する。

iv）Recueil critique（月刊）1941-1944

D.C. 1941. 101は1941年出版101頁を意味する。

v）Recueil Dalloz（週刊）1945-

D. 1955. J. 229またはD. 55. 229は1955年出版（判例）229頁を意味する。

vi）Recueil Dalloz et Recueil Sirey（D.S.）1955-1965

論文はD. 1955. Chron. 5.すなわち1955年出版の論文5頁，法令はD. 1955. L. 44すなわち1955年出版の法令44頁。

〈実例〉

Civ. 4 mars 1884 D.P. 84. I. 205はDalloz Périodiqueの1884 Part I. page 205に掲載されている破毀院民事部1884年3月4日の判決を意味する。

Cass. Ch. réun. 2. déc. 1941, D.C. 1942 J. 25 note RipertはDalloz Critiqueの1942年Jurisprudenceの25頁に掲載されている破毀院連合部の1941年12月2日のRipertの注釈つきの判決を意味する。

③ **Gazette du Palais.（Gaz. Pal.）の引用方法**(C. p. 141, S. p. 92参照)

〈実例〉

Gaz. Pal. 1967 I. 224はGaz. Pal.の1967年第I部224頁を意味する。

④ **La Semaine Juridique（Sem. jur.またはJ.C.P.）の引用方法**(Cap. p. 142, S. p 72参照)

1936年までは出版年と頁だけで引用された。しかし，1937年以来，事情が変化し，これは次の6つの版に分れた。すなわち

G.	édition Générale	一般向の版
N.	édition des Notaires	公証人用
A.	édition des Avoués	代訴士用
J.	édition Justice de Paix	治安裁判所用
H.	édition du Huissier	執行吏用
C.I.	édition Commerce et Industrie	商工業版

である。

〈実例〉

J.C.P. 66. II. éd. G. 14583. は J.C.P. 1966 年出版，一般向の版の第II部（判例の部）の 14583 番目に掲載されている判例を意味する。もっともこの一般向の版を意味する éd. G. という略語は必ずしもつける必要はない（C. 143 頁参照）。

⑤ 各裁判所の判決の引用方法

下級裁判所の判決（Cap. p. 151 参照）

Trib. gr. inst. Paris, 18e Ch., 22 décembre 1967.

1967 年 12 月 22 日パリ大審裁判所（〔外〕144 頁参照）の 18e Chambre の判決

控訴院の判決

Paris, 6e Ch., 1er octobre 1968.

1968 年 10 月 1 日のパリ控訴院第 6 部の判決

破毀院の判決（「外」146 頁参照）

Req., 23 octobre 1939.

1939 年 10 月 23 日審理部判決

Ch. réun., 1er juillet 1957.

1957 年 7 月 1 口連合部判決

Crim., 10 octobre 1968.

1968 年 10 月 10 日刑事部判決

Com., 9 octobre 1968.

1968 年 10 月 9 日商事部判決

Soc., 15 octobre 1970.

1970 年 10 月 15 日社会部判決

Civ. 1ère, 3 novembre 1970.

1970 年 11 月 3 日第 1 民事部判決

Ch. mixte, 26 février 1971.

1971 年 2 月 26 日合同部判決

Ass. plén., 25 mai 1971.

1971 年 5 月 25 日大法廷判決

国際私法の場合には次のように当事者名がつけ加えられる。

Civ. 1er sect. civ., 4 janvier 1956, Dame Da Costa Adao c. Da Costa Adao.

1956年1月4日破毀院第1民事部判決

コンセイユ・デタの判決（〔外〕142頁参照）

C.E., 24 février 1956, Seurot et autres.

1956年2月24日コンセイユ・デタのSeurot等を原告とする判決

行政裁判所（「外」141頁参照）の判決

T.A. or Trib. adm. de Clermont-Ferrand, juin 8, 1956 Sieur Jamon.

即ち裁判所名，判決年月日，原告名の順である。

判決の完全な引用方法

Civ. $3^{\text{ème}}$, 18 oct. 1968, J.C.P. 69. II. éd. G. 15965. (note B.B.)

Juris Classeur Périodiqueの一般向の版の1969年第2部（判例の部）第15965番目に掲載された（B.B.の注釈つきの）1968年10月18日破毀院第3民事部判決

Toulouse, $1^{\text{ère}}$ Ch., 27 mai 1969, J.C.P. 69. II. éd. G. 15976. (Stéla Cellulose d'Aquitaine c. Reulet)

Juris Classeur Périodiqueの一般向の版の1969年第2部（判例）の第15976番目に掲載されている1969年5月27日トゥルーズ控訴院第1部の判決（括弧内は原告対被告）。

Crim. 30 avr. 1969. D. 1969. 449 (rapport Chapar)

Recueil Dallozの1969年の449頁に掲載されている1969年4月30日の破毀院刑事部判決（Chaparの報告つき）。

以上はCap. p. 138,〔外〕151頁，S. p. 71およびS.F. pp. 83-85を参照

（以上の他に，『法学教室』第2期7巻の258〜264頁の山口俊夫「フランスの法律文献・資料の引用方法」と〔外〕156〜157頁の (2) 判決の引用方法および髙橋康之「フランス法律語の略し方と法令・判例・文献等の引用方法」（ジュリスト別冊・法学教室3）をも参照）。

（5） 主要な法令集，法律百科辞典，判例集の相互の関連性

法令集 *Petits codes Dalloz* の一部の分野の巻*では，法条毎に，そのテーマが法律の百科辞典である *Encyclopédie Dalloz*（*Encycl. Dal.*）（*Répertoire Dalloz*）の中で論じられている箇所への参照があり，この *Encycl. Dal.* の各項目の初の大文字の下に，そのテーマが法令集兼判例集たる *Recueil Dalloz Sirey*（D.）の件名索引で用いられている件名への参照がついている。さらにこのD.の件名と，同じく法令集兼判例集たる *Gazette du Palais*（*Gaz. Pal.*）の件名索引の件名とは一致し，次に重要なことはこの *Gaz. Pal.* の累積索引の中には他の判例集や未刊行の判例の要旨および他の雑誌論文が引用されている。また *Gaz. Pal.* の引用する法令集兼判例集たる *Semaine Juridique*（*S. J.* または *J. C. P.*）の中には *Juris-Classeurs*（*Répertoire*）（略語 *J.-Cl*）の該当する箇所への参照がついている。これらの相互の関係は大変重要なことなので，以下，図解により詳細に説明することにする。

* ある分野の巻とは Code civil, Code de Commerce, Code de Procédure Civile, Code des Societés, Code de Procédure Pénale, Code du Travail である。

たとえば，*Petits codes Dalloz* の中の *Code Civil*. 82 éd.（1982-1983）の Art. 1590 の Arrhes（手付金）の所を見ると，**第4図**の㋺にあるように，Rép. civ., V° Arrhes, 8 s.-Nouv. Rép., V° Vente, 35 s. と示されている。これはこのテーマについては Dalloz の法律百科辞典である *Répertoire de droit civil*. の Arrhes 8 s. と，同じく Dalloz の *Nouveau Répertoire de droit* の Vente の 35 s を見よとの意味である。またこの *Rép. civ.* の本文を見ると（**図5-1，5-2**）ARRHES というテーマの初めの大文字の次には**図5-1**の㋑にあるように（Recueil, V° Vente）とある。これはこのテーマについては法令集兼判例集たる *Recueil Dalloz Sirey*（*D.*）の件名索引では Vente の所を見よとの意味である。また *Rép. civ.* の *Mise à jour* の巻頭には Rubrique du Répertoire（*Rép.* の件名）と Rubrique correspondantes du Recueil（対応する *Recueil Dalloz Sirey*（*D.*）の件名）のアルファベット順の対照表があり，*Rép. civ.* の Arrhes

という件名は *D.*では Vente という件名で出ていることを示している。）そして図6-1の㊭にあるように *D.*の Jurisprudence のなかでは1966年以後 *Nouv. Rép.*と *Rép. civ.*の中での該当箇所への参照が指示されている。そしてこの *D.*の件名は *Gaz. Pal.*の件名と一致する（そして1956年からこの *D.*の累積索引は *Gaz. Pal.*のそれと合併して一つとなった）。さらにこの *Gaz. Pal.*の累積索引の件名索引の中では**図7-2の168**等にあるように，*Gaz. Pal.*以外の他の判例集や雑誌論文を引用しているばかりでなく，未刊行の判例の要旨まで，件名でひけるようになっているので大変便利である。この場合の *Gaz. Pal.*以外の他の判例集というもののなかにはもちろん *La Semaine Juridique*(*Sem. Jur.*別名 *J. C. P.*)も入るが，この *J. C. P.*の判例の部の本文には1950年以後，**図8**㊭のように Annoter: として *Juris Classeurs* (*Répertoire*)(*J. C.*または *J.-Cl.*)（**本章**(3)③197頁参照）の該当箇所への参照が示されている。筆者が調査したところでは J. C. P.に掲載される判例の100%が *Gaz. Pal.*の累積索引の中で引用されるわけではない。またもし問題とする判例の *J. C. P.*における掲載箇所をつきとめようとする場合には，*Gaz. Pal.*の累積引用を利用しなくても，*J. C. P.*には毎年判例の判決言渡年月日順索引や件名索引がついているので，それによって直接に，その判例の *J. C. P.*内での掲載箇所を知り，それから *J.-Cl.*の該当する箇所に到達することができる。また *J.-Cl.*には，それ自身に内容目次や詳細な件名索引がついているので，必ずしも *J. C. P.*の判例の本文を参照しなくても，*J.-Cl.*の該当する箇所を直接に探すことができるが，図8の㊭のように一つの判決が，*J.-Cl.*の3ヶ所に関連をもつ場合もあり得るので，一応 *J. C. P.*の本文の方も見た方がよいと考えられる。

故に以上の検索の径路を図解にすると① *Petits codes Dalloz* の条文⟶② *Encyclopédie Dalloz* の本文⟶③ *Recueil Dalloz Sirey* の件名索引⟶④ *Gazette du Palais*(Gaz. Pal.）の累積索引の件名索引⟶⑤ Gaz. Pal.以外の他の判例集や未刊行の判例および雑誌論文⟶⑥ *Semaine Juridique*（*Sem. Jur.*または *J. C. P.*）の判例の本文⟶⑦ *Juris Classeurs*（*Répertoire*）(*J.-Cl.*）の本文となる。

もちろんこの場合の②〜④，⑥，⑦は他の資料を経ずに，直接それにあたって検索することもできるが，上述のような個々の判例集の長所をよく弁えたうえで，それらを総合的に利用することが能率的である。また上述の判例集の各々の長所を知り，短所を補って利用すべきことは，3つの判例集の比較のところで述べたとおりである。

（6） 各種判例集の図解による説明

図4の説明

㋑ 法律の条文

㋺ このテーマは *Répertoire de droit civil*（*Encyclopédie Dalloz* の *Droit civil*）では Arrhes, 8 s. を *Nouveau Répertoire de droit Dalloz* では Vente 35 s. のところを見よ。

㋩ 判決の要旨

㋥ 追加された法令

㋭補足的な説明――すなわちこの法律を海外の地域に適用する場合には *Recueil Dalloz* 1954. Législation p. 344 および *Bulletin Législatif Dalloz*. 1954, p. 750. に掲載されている1954年8月6日の Décret を見よ。

㋬ *Répertoire de droit civil*. では Arrhes, 39 s. を見よ。

図5－1，5－2，5－3の *Encyclopédie Dalloz*, *Répertoire de droit civil*. (*Rép. civ.*) の使用方法

この法律の百科辞典には巻頭に Liste des rubriques du tom. 1があり Rubrique du Répertoire と Rubriques correspondantes du Recueil との対照表がある。これによってこの *Répertoire* と *Recueil Dalloz* の両者に使用されている件名を比較対照することができる。

図4の *Dalloz Code civil* の Art. 1590. の arrhes の所に Rép. civ. v. Arrhes とあったので，**図5－1**の Rép. civ. の本文の ARRHES のところを見ると㋑（Recueil v° Vente）とある。これはこのテーマは *Recueil Dalloz* の件名索引の中では Vente という件名で出ていることを示す。㋺ Division は目次である。㋩ Bibliographie はこのテーマを論じた文献名。次に㋥本文がくるがその終に**図5－2**にあるように㋭ Index alphabétique 件名索引があり，実例をあげるとこのテーマの中で Appréciation souveraine は第5段に出てくることがわかる。またこの *Répertoire*（*Encyclopédie Dalloz*）を使用する場合には必ず *Mise* *à jour* を本文と併用することを忘れてはならない。たとえば，図5-3の *Mise à jour 1982* ではARRHESのテーマに関して54行も新しい事項が追加されている。

図6-1，6-2の *Recueil Dalloz Sirey, 1968, Tom. 1. Jurisprudence*, pp. 210-211の説明

㋑　裁判所名：オルレアンの控訴院。

㋺　判決言渡年月日

㋩　判決に際して考慮された法条と判決の内容を簡潔に示す件名的な言葉

㊁　判決要旨

㋭　*Nouveau Répertoire Dalloz* ではVente, n°s 35 s., 38. と *Mise à jour* を見よ。*Rép. civ.* (*Répertoire de droit civil.*)ではArrhes, n°s 3 s.を見よ。

㋬　原告対被告

㋣　本院は……

㋠　～の故に。(これから本論に入る。ここで事実と判決理由を述べる)。

㋷　これ以下が日本でいう主文にあたる。

図7-1，7-2の *Gazette du Palais* (*Gaz. Pal.*)の累積索引の使用方法

図5－1の *Encyclopédie Dalloz* の㋑により *Recueil Dalloz Sirey* (D.)の件名索引で，手付金(arrhes)に使われる件名はVenteであることが判明しているが，この *D.*の件名と *Gaz. Pal.*の件名は一致するので，図7-1のように *Gaz. Pal.*の *Table* (累積索引) *1966～70. tom. 2* でVenteをひくと，このテーマに関する件名が初めにあり，それにより図7-1の㋑にあるように手付金 (Arrhes) は，このVenteという件名の中で163以下に出ていることが判明する。それで図7-2の㋺の163以下を見ると，*Gaz. Pal.*や *D.*以外の他の判例集や未刊行の判例と雑誌論文を引用していることがわかる。たとえば，168を見るとColmarの大審裁判所の1967年4月19日の判決と *Journal des agrées* の1967年733頁を参照している。

図8の *J.C.P.* 81 II. 19680の説明

㋑　判決の内容を示す件名

㋺　破毀院第1民事部判決

㋩　原告対被告

㊁　判例要旨

㊭　*Juris Classeurs*（*Répertoire*）（*J.-Cl.*）の中で，この判決に関連のある部分を示したもの

㊅　本院は

㊦　関連する条文

㊠　～の故に（これから本論に入り，事実と判決理由を述べる）

㋷　以上の理由により，（これ以下が日本でいう主文にあたる）

㋦　破毀し，無効とする

㋸　判例評釈

㋾　評釈者名

図9 *Bulletin des Arrêts de la Cour de Cassation. Chambres Civiles, 1981.* の説明

㋑　判例の内容を示す件名的な言葉

㋺　判例要旨

㊇　関連する条文

㊁　～の故に（これ以下が本論）

㊭　以上の理由により（これ以下が日本でいう主文）

㊅　原判決を破毀し，無効とする

破毀院の判例集の図解は〔外〕158～161頁をも参照

図10の *Bulletin des Arrêts de la Cour de Cassation. Chambres Civiles* の説明

㋑　判決要旨

㋺　原審の判決（この場合はパリ控訴院）

㊇　本院は

㊁　関連する法令の条文

㊭　～の故に（これ以下が本論）

㊅　以上の理由により（これ以下が日本でいう主文にあたる）

㊦　破毀し，無効とする

820 [Art. 1590] CODE CIVIL

à la charge du bénéficiaire, V. notes de MM. Lalou, D. 1949. 501, et Ripert, D. 1950. 309. – Civ., sect. com., 23 juin 1958, D. 1958. 581, note de M. Malaurie. – ... Ou du promettant, V. Angers, 11 avr. 1951, D. 1951. 538.

7. Sur le pacte de préférence, V. Lalou, chronique, D. H. 1929, 41, et note D. P. 1929. 2. 166. – En cas de violation d'un tel pacte, il appartient au juge d'accorder le mode de réparation qui lui paraît le plus adéquat au dommage subi. – Civ., 1re sect. civ., 12 juin 1954, D. 1954. 588. Sur la publicité des pactes de préférence, V. Civ. 3e, 13 mars 1979, *Bull. civ.* III, p. 47; D. 1979. 546, note Frank. – J. L. Aubert, *Brèves remarques sur l'éventualité d'un revirement de jurisprudence en matière de publicité des pactes de préférence,* D. 1980. Chron., p. 41.

8. L'acceptation d'une promesse unilatérale de vente n'est soumise à aucune forme; elle peut être tacite, et la preuve peut en être rapportée par témoins en la forme des enquêtes. – Civ., sect. civ., 25 mai 1949, D. 1949. 391.

9. Le payement d'un acompte sur le prix et la prise de possession du terrain (art. 1589, § 2) constituent, non des conditions de l'acceptation, mais une présomption légale d'acceptation quand celle-ci ne s'est pas manifestée antérieurement de façon différente; par suite, le caractère synallagmatique peut être reconnu à une promesse de vente en l'absence de payement d'acompte et de prise de possession. – Civ. 29 juin 1943, D. A. 1943. J. 81.

10. Une promesse de vente et le bail auquel elle est adjointe ne sont pas indivisibles; la prorogation ou le renouvellement du bail n'emportent maintien de la promesse que si telle a été la volonté des parties. – Civ., sect. civ., 16 juill. 1951, D. 1951. 620. – Paris, 16 nov. 1955, D. 1956. Somm. 156. – Le preneur peut céder la promesse de vente, bien qu'une clause du bail déclare celui-ci incessible. – Grenoble, 8 nov. 1950, D. 1951. 687, note de M. Gervésie.

(イ) **Art. 1590.** Si la promesse de vendre a été faite avec des arrhes chacun des contractants est maître de s'en départir,

Celui qui les a données, en les perdant,

Et celui qui les a reçues, en restituant le double.

(ロ) **Rép. civ.,** v° *Arrhes,* 8 s. — **Nouv. Rép.,** v° *Vente,* 35 s.

(ハ) 1. L'art. 1590, qui attribue aux arrhes le caractère d'un moyen de dédit, s'applique aux ventes comme aux promesses de vente. – Req. 26 déc. 1927, D. P. 1928. 1. 166. – Paris, 2 mars 1964, D. 1965. Somm. 34.

2. A défaut de manifestation de volonté des parties quant au sens (moyen de dédit, preuve d'accord irrévocable ou acompte sur le prix, à donner au versement d'arrhes) et si aucune circonstance de la cause ne permet de déterminer leur intention à ce sujet, les juges du fond peuvent considérer les arrhes, soit comme un moyen de dédit. – Req. 26 déc. 1927, précité. – Comp. Aix, 8 juill. 1947, D. 1947, 456. – Nancy, 17 mars 1954, D. 1954. Somm. 64. – ... Soit comme un acompte. – Civ., 1re sect. civ., 28 juin 1955, D. 1956. Somm. 84; 23 mars 1966, D. 1966. 397. – ... Ou un moyen de rendre irrévocable l'engagement du vendeur. – Paris, 13 déc. 1955, D. 1956. 130. – V. aussi, sur le caractère supplétif de la volonté des parties de l'art. 1590, Civ., 1re sect. civ., 16 juill. 1956, D. 1956. 609. – Orléans, 26 oct. 1967, D. 1968. 210.

3. Une faculté de dédit exercée de mauvaise foi ne peut produire aucun effet juridique. – Civ. 3e, 11 mai 1976, D. 1978. 269, note Taisne.

(ニ) **Loi du 5 décembre 1951,**

Tendant à réglementer la pratique des arrhes en matière de ventes mobilières.

Art. 1er. Si la chose qu'on s'est obligé à vendre est mobilière, toute somme versée d'avance sur le prix, quels que soient la nature de ce versement et le nom qui est donné dans l'acte, est productive, au taux légal en

図4　*Petits code Dalloz, Code Civil*, 82 éd. (1982-1983) Art. 1590

DE LA VENTE [Art. 1592] 821

matière civile, d'intérêts qui courront à l'expiration d'un délai de trois mois à compter du versement jusqu'à réalisation ou restitution des sommes versées d'avance, sans préjudice de l'obligation de livrer qui reste entière.

Les intérêts seront déduits du solde à verser au moment de la réalisation ou seront ajoutés aux sommes versées d'avance en cas de restitution.

2. Les dispositions de la présente loi ne sont pas applicables aux commandes spéciales sur devis ni aux ventes de produits dont la fabrication est entreprise sur commande spéciale de l'acheteur.

3. (*Dispositions transitoires*).

4. Il ne peut être dérogé par des conventions particulières aux dispositions de la présente loi.

㋭ *Pour l'application de cette loi aux territoires d'outre-mer, V. Décr.* 6 *août* 1954 (D. 1954. 344; B.L.D. 1954. 750).

㋬ **Rép. civ.,** v° *Arrhes*, 39 s.

Art. 1591. Le prix de la vente doit être déterminé et désigné par les parties.

Rép. civ., v° *Vente* (*éléments constitutifs*), 265 s.

V. J. Ghestin, *L'indétermination du prix de vente et la condition potestative*, D. 1973. Chron., p. 293.

1. L'art. 1591 n'exige pas que le prix soit fixé, dans le principe, d'une manière absolue; il suffit, pour la formation de la vente, qu'il puisse être déterminé, en vertu des clauses mêmes du contrat, par voie de relation avec des éléments qui ne dépendent plus de la volonté des parties. – Req. 7 janv. 1925, D. H. 1925. 57; 11 mars 1935, D. P. 1936. 1. 48; Civ. 3e, 6 juin 1969, D. 1969. 513; 5 janv. 1972, D. 1972. 339; Paris, 22 nov. 1972, D. 1974. 93, note Malaurie. – Mais les juges ne peuvent se substituer aux parties pour leur imposer une méthode de détermination du prix différente de celle prévue au contrat. – Civ. 1re, 25 avr. 1972, D. 1972. Somm. 196.

2. Une vente peut être considérée comme faite sans prix sérieux lorsqu'à raison de la situation de fortune de l'acheteur, le payement du prix devait, dès le jour de la vente, être tenu pour impossible, et que le vendeur n'a pu avoir l'intention de l'exiger. – Req. 13 juin 1860, D. P. 60. 1. 503.

3. On ne peut voir un prix réel de vente dans la constitution, au profit du vendeur, d'une rente viagère dont les arrérages sont inférieurs ou simplement égaux au revenu de la chose vendue. – Req. 1er mai 1911, D. P. 1911. 1. 353, note de M. Planiol. – Alger, 29 avr. 1929, D. P. 1930. 2. 29, note de M. Lalou. – V. Cornu, *Rev. trim. dr. civ.* 1979. 396.

4. De même, la vente d'un immeuble consentie moyennant une rente viagère par une personne très âgée et gravement malade, est nulle, la rente viagère, à défaut de tout aléa, ne constituant pas un prix sérieux. – Req. 9 juill. 1934, D. H. 1934. 412.

5. La vente nulle pour défaut de prix n'est susceptible ni de confirmation, ni de ratification. – Civ., 1re sect. civ., 17 déc. 1959, D. 1960. 294.

Art. 1592. Il peut cependant être laissé à l'arbitrage d'un tiers; si le tiers ne veut ou ne peut faire l'estimation, il n'y a point de vente.

Rép. civ., v° *Vente* (*éléments constitutifs*), 286 s.

1. Lorsque les parties ne peuvent se mettre d'accord sur la désignation du tiers chargé de fixer le prix, il n'appartient pas aux juges de se substituer à elles, et la promesse de vente doit être déclarée nulle. – Civ., sect. civ., 25 avr. 1952, D. 1952. 635; Civ. 1re, 18 juill. 1979, D. 1980. IR. 226, obs. Audit.

図4 *Petits code Dalloz, Code Civil*, 82 éd. (1982-1983) Art. 1590

ARRHES

(イ) (*Recueil*, V° *Arrhes*)

par
Jamel DJOUDI
Maître de conférences à l'Université de Valenciennes
Directeur de l'IEJ de Valenciennes

(ロ)
DIVISION

(ハ)
BIBLIOGRAPHIE

AUBRY et RAU, *Droit civil français*, t. 5, 5e éd., 1907, Litec. – BAUDRY-LACANTINERIE et SAIGNAT, *Vente et échange*, 1er vol., 1908. – CARBONNIER, *Les obligations*, t. 4, 22e éd., 2000, PUF. – COLIN et CAPITANT, *Traité élémentaire de droit civil français*, t. 2, par JULLIOT DE LA MORANDIÈRE, 1959, Dalloz. – HUET, *Les contrats spéciaux*, 1996, LGDJ. – GUILLOUARD, *Traité de la vente et de l'échange*, t. 1, Paris, 1889. – MALAURIE et AYNÈS, *Les contrats spéciaux*, 13e éd., 1999, Cujas. – MAZEAUD et CHABAS, *Obligations : théorie générale*, t. 2, 1er vol., 9e éd., 1998, par CHABAS, Montchrestien. – MAZEAUD, CHABAS et RANOUIL, *Principaux contrats : vente et échange*, t. 3, 1er vol., par DE JUGLART, 7e éd., 1987, Montchrestien. – PLANIOL et RIPERT, *Traité pratique de droit civil français*, t. 10, *Les contrats civils*, 1932, LGDJ.

F. BÉNAC-SCHMIDT, *Le contrat de promesse unilatérale de vente*, préf. J. GHESTIN, 1983, LGDJ. – J. DE MALEVILLE, *Analyse raisonnée de la discussion du code civil au Conseil d'État*, t. 3, Nève, 3e éd., 1822.

A. BENET, Indemnité d'immobilisation, dédit et clause pénale, *JCP* 1987. I. 3274. – B. BOCCARA, La notion de promesse unilatérale, *JCP* 1970. II. 2357 *bis*. – L. BOYER, La clause de dédit, *Mélanges Raynaud*, 1985, Dalloz ; Les promesses synallagmatiques de vente, *RTD civ.* 1949. 1. – A. TRICLIN, La renaissance des arrhes (Analyse de l'article 3, alinéa 4, de la loi n° 92-60 du 18 janv. 1992), *JCP* 1994. I. 3732.

(ニ)
GÉNÉRALITÉS.

1. Le terme « arrhes » a un sens différent dans le langage usuel et dans le langage juridique. Dans le langage courant, les arrhes constituent un acompte versé par le débiteur qui est généralement l'acheteur. Elles témoignent alors du caractère définitif de l'accord des parties. Tel ne semble pas l'effet que leur affecte l'article 1590 du code civil qui les considère plutôt comme un instrument de dédit. Cependant, la réalité historique semble démentir cette division.

2. Les arrhes ne sont pas l'émanation première du droit français, elles existaient déjà sous le plus ancien droit romain. Les *Institutes* de GAÏUS leur reconnaissaient une fonction de preuve. Elles étaient considérées comme un acompte significatif du caractère parfait et définitif de la vente : *quod arrhae nomine datur, argumentum est emptionis et venditionis contractae.* Tandis que leur fonction de dédit revient aux *Institutes* de JUSTINIEN qui les appréhendaient comme la somme que devait perdre celui qui se désistait du contrat. Depuis lors, ces deux significations sont adoptées par le droit. Il existe alors deux sortes d'arrhes : l'acompte qui marque le caractère définitif de l'accord des parties et le dédit qui leur permet de « sortir » du lien obligatoire. C'est la tradition juridique que l'article 1590 du code civil n'a nullement affectée. En effet, ce n'est que dans l'hypothèse où la vente n'est qu'en projet que les arrhes

juin 2000　　- 1 -　　Rép. civ. Dalloz

図5-1　*Encyclopédie Dalloz, Répertoire de droit civil*

ARRHES

qui aurait participé à la formation matérielle de la promesse sans être partie contractante. Ainsi, un agent immobilier ne peut prétendre à une commission sur une affaire qui n'aurait pas abouti par application de la faculté de dédit (Cass. 1re civ. 18 mars 1997, *D.* 1997, IR 120, *JCP*, éd. N, 1998. II. 705, n° 8, obs. J.M. Mousseron).

§ 2. – *Rémunération des arrhes.*

41. Les arrhes tiennent leur rémunération de la loi du 5 décembre 1951, aujourd'hui intégrée dans le code de la consommation sous les articles L. 131-1 à L. 131-3 (L. n° 93-949 du 26 juill. 1993, *D.* 1993. 411). L'origine, les objectifs et les motifs de cette loi méritent d'être brièvement exposés.

42. Dans les années qui ont suivi la Seconde Guerre mondiale, de nombreux fabricants et constructeurs d'automobiles exigeaient des arrhes au moment de la commande et sous le prétexte de l'aléa de la fabrication, ils s'opposaient à la stipulation d'un délai de livraison. Ainsi, le vendeur pouvait conserver les arrhes tant qu'il voulait, sauf à rembourser le double du montant des arrhes s'il venait à se dédire. Les arrhes étaient alors un procédé fructueux pour le vendeur surtout en cas de hausse des prix. Elles deviennent un moyen de comblement de trésorerie gratuit pour le vendeur qui trouvait alors chez l'acheteur un « banquier » idéal et docile. Ce dernier était en effet dans une situation pour le moins défavorable puisqu'il se trouvait devant l'alternative qui le poussait soit à attendre indéfiniment, soit renoncer à la mise. Pour pallier ces inconvénients, la loi du 5 décembre 1951 a réglementé l'usage des arrhes (V. C. Juge-Chapsal, comm., *S.* 1952. 505). Ce texte est aujourd'hui enrichi par la loi du 18 janvier 1992 et intégré dans le code de la consommation. Ainsi, selon l'article L. 131-1, « si la chose qu'on s'est obligé à vendre est mobilière, toute somme versée d'avance sur le prix, quels que soient la nature de ce versement et le nom qui est donné dans l'acte, est productive, au taux légal en matière civile, d'intérêts qui courront à l'expiration d'un délai de trois mois à compter du versement jusqu'à réalisation ou restitution des sommes versées d'avance, sans préjudice de l'obligation de livrer qui reste entière ». Mais cette rémunération n'est pas exclusivement réservée aux arrhes versées dans les contrats translatifs ; depuis la loi du 18 janvier 1992, les sommes versées à l'occasion de prestations de services produisent dans les mêmes conditions des intérêts (C. consom., art. L. 131-1, al. 2).

43. Incontestablement, ces dispositions apportent une exception flagrante au droit commun puisque, de principe, les arrhes ne sont pas rémunérées : les arrhes correspondent plutôt au prix du dédit ou à une indemnité d'immobilisation, ou encore, à un acompte sur le prix, mais non à une avance financière à court terme. Or, leur faire produire des intérêts, c'est, sans en faire pour autant un moyen de crédit, les rapprocher des mécanismes de prêt. Une telle dérogation au droit commun est d'autant plus importante que, d'une part, l'article L. 131-1 du code de la consommation n'a cure de la nature du versement et le nom qui est donné dans l'acte comme il ne s'embarrasse nullement de la nature juridique du contrat puisque, depuis la loi du 10 janvier 1992, les arrhes des prestations de services sont également rémunérées et, d'autre part, les parties ne peuvent déroger par des conventions particulières au principe légal de rémunération des arrhes (C. consom., art. L. 131-3). Par ailleurs, ces dispositions ne font pas de distinction entre les sommes versées à la demande du vendeur et celles qui l'ont été à l'initiative de l'acheteur. Et, *a priori,* au cas où le vendeur dispose dans sa trésorerie des sommes versées par l'acheteur, et ce, pendant plusieurs mois avant la livraison, il doit déduire du solde de la facture les intérêts, sous peine de remboursement du montant (TI Autun, 30 juin 1977, *Gaz. Pal.* 1978. 1. somm. 128).

44. Cependant, ce régime particulier ne s'applique pas aux commandes spéciales sur devis, ni aux ventes de produits dont la fabrication est entreprise sur commande spéciale de l'acheteur (C. consom., art. L. 131-2). Mais l'articulation de cette limite légale avec le nouvel alinéa 2 de l'article L. 131-1 qui envisage la rémunération des arrhes versées à l'occasion de prestations de services nous semble difficile dans la mesure où justement le devis concerne plutôt le contrat d'entreprise. Avant la loi du 18 janvier 1992, l'article L. 131-2 du code de la consommation était peut être utile sans être totalement indispensable ; aujourd'hui, il est, *a priori,* fortuit. En effet, en permettant la rémunération des arrhes versées pour ces prestations, cette loi a inévitablement visé les arrhes dans les contrats d'entreprise, particulièrement concerné par le devis. Par ailleurs, alors que les immeubles donnent lieu à d'importants versements d'arrhes, ils se trouvent exclus de ces dispositions. Des raisons d'opportunité (V. C. Juge-Chapsal, article préc. [*supra,* n° 42]), mais également l'organisation particulière du crédit immobilier, expliquent une telle exclusion. Au demeurant, il est moins concevable pour un vendeur d'immeuble de spéculer sur des arrhes ; son intérêt est surtout de réaliser la vente pour obtenir le plus tôt possible le prix du bien.

45. Pour ne pas bouleverser l'économie globale du système de l'article 1590 du code civil (V. C. Juge-Chapsal, article préc. [*supra,* n° 42]), ces dispositions ont préservé l'équilibre du contrat et ont, d'une certaine manière, respecté la liberté contractuelle. Ainsi, les parties gardent une liberté totale pour donner le nom de leur choix au versement d'arrhes. De même, la prestation caractéristique demeure inchangée : l'obligation de livrer dans les ventes mobilières et l'obligation d'exécuter dans les prestations de services demeurent entières.

46. Enfin, la base de calcul des intérêts dus par le vendeur ou le prestataire de services est le taux légal. Ces intérêts commencent à courir à l'expiration d'un délai de trois mois à compter du versement jusqu'à la réalisation de la vente, l'exécution des prestations de services ou la restitution des sommes versées. En cas d'exécution normale du contrat, les intérêts seront déduits du solde à verser au moment de la réalisation. Dans le cas contraire, ils seront ajoutés aux sommes versées d'avance. Concrètement, si l'inexécution est due au fait du vendeur ou du prestataire de services, les intérêts viendront s'ajouter aux sommes restituées au double. C'est l'application combinée des articles L. 131-1, alinéas 1er et 3, du code de la consommation et 1590 du code civil.

ホ

INDEX ALPHABÉTIQUE

Rép. civ. Dalloz – 8 – juin 2000

図5-2 *Encyclopédie Dalloz, Répertoire de droit civil*

58* – ARCHITECTE ENCYCLOPÉDIE DALLOZ

apparemment régulier et envoyé en possession, alors même qu'il aurait été établi que le testament au vu duquel ce dernier avait obtenu son envoi en possession aurait constitué un faux, dès lors qu'aucune collusion frauduleuse n'était établie entre le vendeur et l'acquéreur (Civ. 7 nov. 1979, D. 1980, *Inf. rap.* 99).

49. *Erreur commune.* – Le bail consenti par le propriétaire apparent de la chose louée est opposable au véritable propriétaire lorsque le locataire a traité de bonne foi sous l'empire de l'erreur commune (Civ. 21 janv. 1981, *Bull. civ.* III, n° 17).

APPAUVRISSEMENT. – V. *Enrichissement sans cause.*

APPRENTISSAGE. – V. *État et capacité des personnes.*

AQUEDUC. – V. *Eaux.*

ARBITRAIRE. – V. *Équité.*

ARCHITECTE

(*Recueil*, v° *Architecte*)

Cette rubrique a fait l'objet d'une Refonte, rédigée par B. BOUBLI en 1980.

Bibliographie. – GOURIO, *Le monopole des* [illegible] – BELLAGUET-WEVERT, L'évolution de la situation contractuelle de l'architecte par le jeu du nouveau code des devoirs professionnels du 20 mars 1980, *Act. Jur. prop. immob.* 1980.781. – M. H. GÉNIN, Le nouveau code de déontologie des architectes, *Act. Jur. prop. immob.* 1980.783. – LIET-VEAUX, Le nouveau code des devoirs professionnels des architectes, *Rev. dr. immob.* 1980.223.

94. *Devoirs professionnels, cumul, fonctionnaires.* – Une circulaire du 13 mai 1981 (*J.O.* 20 mai, D. 1981.272), traite des activités de cumul des architectes fonctionnaires ou agents publics et des fonctions de conception ou de maitrise.

122 et s. *Recours obligatoire.* – Aux termes de la loi n° 81-1153 du 29 déc. 1981 (D. 1982.15), le recours à l'architecte n'est pas obligatoire pour les personnes physiques qui décident de construire pour elles-mêmes une construction de faible importance, dont les caractéristiques, et notamment la surface maximale du plancher, sont déterminées par décret en Conseil d'État (C. urb., art. L. 421-2 mod.).

131 et s. *Conseil d'architecture, d'urbanisme et de l'environnement.* – Une loi (n° 81-1153) du 29 déc. 1981 (D. 1982.15) supprime le caractère obligatoire de la consultation de ces conseils.

188 et s. *Mission, étendue.* – Un architecte chargé d'une mission générale en vue de la construction d'un ensemble immobilier, qui s'est déchargé de son rôle de surveillance du chantier sur un assistant et sur un bureau d'études, est mal fondé à soutenir que la convention est restée sans exécution de sa part et que l'absence de perception d'honoraires en apporte la preuve. Engagé par le fait des mandataires auxquels il a fait appel, il doit répondre, à l'égard du syndicat des copropriétaires, des fautes apparues dans l'exécution ou à tout le moins dans la surveillance des travaux (Versailles, 6 juin 1979, *Gaz. Pal.* 1981.1. Somm. 77). – Sur le cumul des missions de conception et de maitrise d'œuvre par des architectes fonctionnaires ou salariés de l'État ou des collectivités publiques, V. Décr. n° 81-420 du 27 avr. 1981 (D. 1981.207).

Enregistrement et timbre.

262. *Société civile d'architectes. Dissolution. Reprise de l'activité par une société anonyme de moyens. Conséquences fiscales de l'application de la loi du 3 janvier 1977 n° 77-2.* – L'opération par laquelle une société anonyme de moyens – qui fonctionnait entre des architectes inscrits aux tableaux régionaux et des techniciens non architectes, en vue de faciliter à ses membres l'exercice de leurs professions respectives par la mise en commun des locaux, du matériel, du mobilier et du personnel nécessaires – reprend les activités d'une société civile d'architectes, non régie par la loi n° 66-879 du 29 nov. 1966, dont la disparition est par suite constatée, est assimilable à l'absorption de cette dernière société par la première. Il en est ainsi notamment si cette opération s'accompagne du transfert des éléments actifs et passifs constituant le patrimoine de la société dissoute. Cette analyse reste valable même s'il n'est pas stipulé d'indemnité au profit de la société civile et si, par suite, il est décidé que la société anonyme n'augmentera pas son capital et ne créera pas d'actions nouvelles destinées à être remises aux architectes membres de la société civile. En conséquence, au regard [illegible] ou verbale d'éléments d'actif s'opérant de la société civile, qui relevait du statut fiscal des sociétés de personnes, au profit de la société anonyme passible de plein droit de l'impôt sur les sociétés en raison de sa forme donnerait ouverture aux perceptions suivantes : si l'apport à la société anonyme était pur et simple, il rendrait exigible un droit de 8,60 p. 100 sur la valeur vénale de la clientèle, ainsi que des autres éléments de la nature de ceux visés à l'art. 809-I-3°, c. gén. imp. et un droit de 1 p. 100 sur la valeur du surplus de l'actif; si l'apport était fait à titre onéreux, et notamment s'il y avait prise en charge d'un passif par la société anonyme, les droits dus seraient ceux prévus pour les mutations à titre onéreux compte tenu de la nature des biens transférés. Enfin, dans la mesure où le transfert des biens composant l'actif de la société civile, formée entre les seuls architectes puis dissoute, ne comporterait pas des contreparties telles qu'une augmentation appropriée des droits des associés architectes aux bénéfices de la société anonyme, les droits pourraient être perçus comme en cas de mutation à titre gratuit. – Cette réponse apporte également des précisions sur les conséquences fiscales de l'opération au regard de l'impôt sur le revenu (Rép. min., n° 19263, SAVARY, *J.O., Déb. Ass. nat.*, 9 juin 1980, p. 2354).

ARRHES

(*Recueil*, v° *Vente*)

8 et s. *Promesses de contrat.* – Les juges du fond décident à bon droit que, dans la commune intention des parties, l'acceptation à titre d'arrhes par le promettant de la somme versée par le bénéficiaire n'ouvrait pas la faculté de dédit au profit de celui-là et que la vente étant parfaite, celui-ci était en droit d'en obtenir la réalisation (Civ. 3 avr. 1973, D. 1973. Somm. 132). Le dédit exercé de mauvaise foi ne peut produire aucun effet juridique (V. pour l'exigence d'une somme complémentaire non prévue par la convention, Civ. 11 mai 1976, D. 1976, *Inf. rap.* 236).

Pré-bail. – Une société ayant, par un acte intitulé « pré-bail », consenti à un tiers une sous-location de partie des locaux dont elle était locataire mais le projet n'ayant pu aboutir du fait du refus du permis de construire pour les travaux d'aménagement que le sous-locataire devait prendre en charge, doit être cassé l'arrêt qui, pour condamner ce dernier à payer à la société la somme prévue à la convention à titre de dédit, a retenu que dans l'intention des parties, cette somme devait revenir à la société dans l'hypothèse où la convention définitive ne pourrait intervenir, alors qu'il était stipulé à l'acte que le dédit ne pourrait être conservé par la société que si les clauses et conditions prévues par la convention n'étaient pas remplies par le sous-locataire et que la cour a dénaturé les termes clairs et précis de cette convention (Civ. 3 oct. 1978, D. 1979, *Inf. rap.* 55).

34. *Preuve par témoins.* – Le chiffre jusqu'auquel la preuve par témoins des actes juridiques peut être reçue (C. civ., art. 1341) a été modifié (L. n° 80-525 du 12 juill. 1980, D. 1980.273). Il est désormais fixé par décret. Le décret n° 80-533 du 15 juill. 1980 (D. 1980.284) le fixe à 5 000 F (V. aussi *Infra*, v° *Preuve*, n°s 119 et s., 246 et s.).

43. *Intérêts.* – La loi du 5 décembre 1951 ne [illegible] à la demande du vendeur et celles qui l'ont été à l'initiative de l'acheteur; en effet, il n'en demeure pas moins que le vendeur concessionnaire d'une marque d'automobile a pu disposer dans sa trésorerie des sommes versées par l'acheteur et ce pendant plusieurs mois avant la livraison; en conséquence le vendeur aurait dû déduire du solde de la facture les intérêts, et faute par lui de l'avoir fait il y a lieu de le condamner à en rembourser le montant (Trib. inst. Autun, 30 juin 1977, *Gaz. Pal.* 1978.1. Somm. 128).

ARTISAN. – V. *Responsabilité du fait d'autrui.*

ASSISTANCE. – V. *Autorité parentale; État et capacité des personnes; Incapables majeurs; Séparation de corps.*

ASSISTANCE (CONTRAT D'). – V. *Responsabilité (en général).*

ASSISTANCE ÉDUCATIVE

(*Recueil*, v° *Assistance éducative*)

Bibliographie. – ALMAIRAC, Des conflits familiaux et de leur solution dans notre droit

図5-3 ***Encyclopédie Dalloz, Répertoire de droit civil***

210 RECUEIL DALLOZ SIREY — 1968

de la poursuite, à savoir l'arrêt de la cour de céans du 11 janv. 1964, signifiée à partie le 29 févr. 1964, déclare dans des motifs qui sont le soutien indispensable du dispositif que « la pension accordée n'avait pas seulement un caractère alimentaire, mais aussi un caractère indemnitaire »; — Attendu que la pension considérée ayant ainsi un caractère mixte, son non-règlement tombe sous le coup de l'art. 357-2 c. pén., tout au moins pour la partie alimentaire, d'où il résulte que la poursuite est recevable et fondée ; — Attendu que les premiers juges ont retenu à juste titre qu'il existait en la cause des circonstances atténuantes, que Vincent n'avait jamais été condamné et qu'il échoyait de lui infliger la peine de 500 F d'amende avec sursis, ainsi que les frais, la contrainte par corps étant fixée au minimum, que cette décision doit être confirmée en son entier, Vincent étant condamné aux frais ;

Par ces motifs, reçoit les appels en la forme ; au fond, les déclare injustifiés, confirme en toutes ses dispositions le jugement déféré ; condamne Vincent aux frais envers l'Etat, liquidés à la somme de 309,55 F y compris 900 F pour droits de poste. Fixe au minimum la durée de la contrainte par corps.

Du 5 janv. 1968. - C. de Nîmes, ch. corr. - MM. Nougaret, pr. - Jouvent, rap. - Cambedouzou, subst. gén. - Moulinas et Goetschel, av.

NOTE. — (1) L'un des éléments indispensables à la constitution du délit d'abandon pécuniaire est le non-paiement d'une pension alimentaire résultant de la loi et fondée sur un devoir de famille.

Après une brève controverse, la Cour de cassation a jugé que la pension allouée à l'époux innocent en vertu de l'art. 301, § 1er, présentait ces caractéristiques (Crim. 5 août 1927, D. P. 1928. 1. 32, note M. N. ; 11 févr. 1928, D. H. 1928. 201 ; 9 févr. 1965, D. 1965. 475 ; 26 juill. 1965, D. 1966. Somm. 7, et la note ; Amiens, 16 mars 1967, D. 1967. Somm. 119). Au contraire les pensions indemnitaires ne peuvent servir de base à poursuites (Crim. 17 nov. 1954, D. 1955. 88 ; 31 janv. 1956, D. 1956. Somm. 129). Il en est ainsi, par exemple, d'une pension allouée sur le fondement de l'art. 301, § 2, c. civ., laquelle présente le caractère de dommages-intérêts.

En ce qui concerne l'art. 301, § 1er, une jurisprudence constante déclare que son fondement est indemnitaire mais qu'elle est soumise à toutes les règles prescrites en matière d'aliments (Req. 12 mai 1936, D. P. 1936. 1. 109, note de M. R. Savatier ; Civ. 17 janv. 1939, D. C. 1941. 121, note de M. Nast, etc.). Cette double nature a été cause de difficultés concernant les éléments constitutifs de l'abandon de famille.

En l'espèce, les juges constatent que la pension accordée a un double caractère : alimentaire et indemnitaire. Cela signifie-t-il qu'il s'agit de la pension, de caractère hybride, prévue par l'art. 301, al. 1er, auquel cas le délit serait constitué, ou d'une pension mixte allouée sur le fondement de l'art. 300, al. 1er et 301, al. 2 ? C'est en ce dernier sens que se prononce la cour de Nîmes. Mais, constatant aussitôt que la pension est, tout au moins pour partie, alimentaire, elle résout aisément ce faux problème : dès lors que les autres éléments constitutifs sont reconnus, la poursuite est recevable et fondée.

(イ) COUR D'APPEL D'ORLEANS

(ロ) **26 octobre 1967**

(ハ) **VENTE**, ARRHES, ART. 1590 C. CIV., DISPOSITION SUPPLETIVE, VENDEUR, ACCORD, CHOSE D'AUTRUI, ACHETEUR, DOMMAGES-INTERETS.

(ニ) *Si, suivant l'art. 1590 c. civ., chacun des contractants est maître de se départir de son engagement, celui qui a donné les arrhes, en les perdant, et celui qui les a reçues, en en restituant le double, ces dispositions sont simplement supplétives de la volonté des parties, qui doit d'abord être recherchée* (1);

Spécialement, le vendeur ne saurait prétendre qu'il n'est tenu qu'en restituant le double de la somme versée dès lors qu'il résulte des actes que l'acheteur seul s'était réservé la faculté de dédit, le vendeur s'étant au contraire engagé entièrement en donnant son accord sur la chose, sur le prix et les modalités de paiement (2);

Lorsque par application de l'art. 1599 c. civ. la vente est nulle comme portant sur la chose d'autrui, l'acheteur doit obtenir l'indemnisation de son manque à gagner ainsi que du préjudice moral et commercial qu'il a subi (3).

(ホ) **Nouv. Rép.**, v° *Vente*, nos 35 s., 38, et Mise à jour.
Rép. civ., v° *Arrhes*, nos 3 s.

(ヘ) (Tzara *C.* Sautier.) — ARRÊT

(ト) LA COUR ; — Statuant après cassation, le 23 mars 1966, d'un arrêt de la cour de Paris, en date du 2 mars 1964, sur l'appel interjeté par Christophe Tzara d'un jugement rendu le 29 janv. 1963 par le tribunal de grande instance de la Seine, qui, par application de l'art. 1599 c. civ., a annulé les conventions intervenues entre lui et Michel Sautier, et, déclarant l'offre qu'il avait faite non satisfactoire, l'a condamné à payer à ce dernier une somme de 53 000 F ; ensemble sur l'appel incident de Sautier ;

(チ) Attendu qu'il résulte des pièces versées aux débats et dont la teneur n'est pas discutée que Tzara a remis, le 20 mai 1961, à Sautier, une photographie d'un tableau de Claude Monet, au dos de laquelle il avait écrit : « Collection Knut Anderson - Reçu de M. Sautier, demeurant à Paris, 19 *bis*, rue des Saints-Pères, la somme de 5 000 F, en un chèque sur la B.N.C.I. M. Sautier a acheté la toile de Claude Monet, reproduite au verso (hr = 81 × lr = 65) pour la somme de 200 000 F. Cette toile, qui doit être en parfait état, sans rehauts ni repeints, provient de la collection de Mme Signe Anderson, décédée à Stockholm, et m'a été léguée, étant son petit-fils. A titre de propriétaire, moi, Christophe Tzara, demeurant à Paris (4e), 55, quai de Bourbon, j'affirme que cette œuvre est véritablement authentique et originale, de Claude Monet. Je m'engage à entreprendre immédiatement les démarches pour rapatrier ce tableau, pour le remettre à M. Sautier afin qu'il puisse en constater la qualité et l'authenticité, cet achat n'ayant été fait que sur mes dires et sur la vue de la photographie. M. Sautier me donnera alors le complément de la somme dans un délai de deux à trois semaines, et, dans le cas où une nouvelle dévaluation n'interviendrait pas jusqu'au moment du paiement de la différence. Cet acte servant d'engagement de vente. Fait à Paris le 20 mai 1961. Signé : C. Tzara. »

Attendu que le 23 mai Sautier remettait à Tzara un texte manuscrit ainsi rédigé : « Il est entendu que la somme de 5 000 F versée par M. Sautier à M. Christophe Tzara à titre d'acompte sur la vente du tableau de Claude Monet (1885) Paysage avec rivière : hauteur 81 cm largeur 65 cm, reste acquise dans le cas où il y aurait un désistement au dernier instant, bien entendu sauf les conditions stipulées par l'engagement de vente signé par Monsieur Christophe Tzara ; signé Sautier »; — Attendu qu'à la date du 29 juin Tzara adressait à Sautier une lettre recommandée avec accusé de réception ainsi conçue :

図6-1 *Recueil Dalloz Sirey*. 1968. Tom. 1. Jurisprudence p. 210

« J'ai le regret de vous informer que le tableau de Claude Monet que je devais vous céder, et qui dépendait de la succession de ma grand-mère, vient d'être revendiqué par ma mère et mon oncle, ses héritiers. Ils m'avaient, à l'époque, assuré que je pouvais en disposer mais ils viennent de le retenir en Suède. Il m'est donc impossible de donner suite à mon projet de vente. Je joins un chèque sur l'Union des Banques à Paris de la somme de 5 000 F, que vous m'avez remise le 20 mai »; — Attendu que Sautier, après avoir fait délivrer à Tzara, le 13 juillet suivant, une sommation d'avoir à lui remettre le tableau, demeurée sans effet, l'a assigné devant le tribunal de grande instance de la Seine, qui a rendu le jugement dont appel ; — Attendu que Tzara demande à la cour de renvoi d'infirmer cette décision, de lui donner acte de son offre de verser à Sautier la somme de 5 000 F avec intérêts de droit à dater du 29 juin 1961 et le remboursement des frais de procédure jusqu'au 5 juin 1962, de dire cette offre satisfactoire, de débouter Sautier de ses demandes en nullité de vente et de le condamner aux dépens ; — Attendu que Sautier conclut à la confirmation du jugement entrepris, mais à l'élévation des dommages-intérêts à la somme de 70 000 F ; — Attendu que si, aux termes de l'art. 1590 c. civ., invoqué par Tzara, chacun des contractants est maître de se départir de son engagement, celui qui a donné les arrhes, en les perdant, et celui qui les a reçues, en en restituant le double, ces dispositions sont simplement supplétives de la volonté des parties, qui doit être d'abord recherchée ; — Attendu qu'en l'espèce les actes des 20 et 23 mai 1961, qui se complètent l'un l'autre et doivent être examinés dans leur ensemble, font apparaître que si l'acquéreur s'était réservé une faculté de dédit, il n'en était pas de même pour Tzara ; qu'en reconnaissant expressément à la réception du chèque de 5 000 F que « Monsieur Sautier a acheté la toile de Claude Monet reproduite au verso pour la somme de 200 000 F » en précisant que le tableau allait être rapatrié de Suède « pour le remettre à M. Sautier afin qu'il puisse en constater la qualité et l'authenticité, cet achat n'ayant été fait que sur mes dires et sur la vue de la photographie » et en décidant que « M. Sautier me donnera alors le complément de la somme dans un délai de deux à trois semaines... » Tzara, pour qui l'authenticité et l'originalité du tableau ne faisaient aucun doute, et qui exprimait sans réserve son accord sur la chose, sur le prix et les modalités de paiement de celui-ci, avait entendu se lier irrévocablement ; — Attendu qu'en écrivant à Sautier, le 29 juin, que ce tableau, qui dépendait de la succession de sa grand-mère, était revendiqué par sa mère et son oncle, ses héritiers, Tzara, qui s'était dit propriétaire, reconnaissait du fait même avoir disposé d'une chose qui ne lui appartenait pas, l'échec de cette revendication n'étant pas invoqué ; qu'aux termes de l'art. 1599 c. civ., cette vente, nulle, peut donner lieu à des dommages-intérêts lorsque l'acheteur a ignoré que la chose fût à autrui, ce qui est le cas de Sautier ; — Attendu que ce dernier, pour justifier une demande en 70 000 F de dommages-intérêts, invoque d'une part un manque à gagner de 50.000 F et un préjudice moral et commercial de 20 000 F ;

I. — Sur le manque à gagner ; — Attendu que l'intimé fait valoir, avec pièces à l'appui, qu'il avait au vu de la même photographie revendu le tableau, dont s'agit, à un sieur Jakobi, pour le prix de 250 000 F, revente caractérisée par le versement d'une somme de 15 000 F, qui avait dû être restituée ; — Attendu qu'il n'est pas dénié que dans le quartier spécialisé de Paris, où il exploite sa librairie, Sautier faisait de l'acquisition des œuvres d'art en vue de la revente, une activité professionnelle ; qu'il n'apparaît pas, s'agissant de la toile d'un maître impressionniste de premier plan, et compte tenu de la relative rareté des transactions intervenant sur des tableaux authentiques de cette importance, compte tenu aussi des prix atteints à l'époque dans les ventes aux enchères publiques, qu'un bénéfice de 50 000 F sur la revente à un particulier de ce tableau acheté 200 000 F, ait pu avoir, fût-ce en 1961, un caractère excessif ;

II. — Sur le préjudice moral et commercial : — Attendu que celui-ci a été équitablement fixé par les premiers juges à la somme de 3 000 F ; que si Sautier a été certainement atteint dans son crédit et dans sa réputation professionnelle par la défaillance de Tzara, cette atteinte, à défaut de justification particulière, n'a pas été telle qu'elle puisse motiver une augmentation de la somme allouée ; — Attendu que Tzara, succombant en son appel principal, doit supporter les dépens ;

Par ces motifs, statuant comme juridiction de renvoi après cassation le 23 mars 1966 d'un arrêt de la cour d'appel de Paris, du 2 mars 1964, sur l'appel de Christophe Tzara et l'appel incident de Marcel Sautier, d'un jugement du tribunal de grande instance de la Seine en date du 29 janv. 1963 ; au fond, les en déboute ; confirme le jugement entrepris ; rejette toutes autres conclusions plus amples ou contraires des parties ; condamne Tzara aux dépens.

Du 26 oct. 1967. - C. d'Orléans. - MM. Coquelin de Lisle, 1er pr. - Herr, av. gén. - Matarasso et Heiszmann (tous deux du barreau de Paris), av.

NOTE. — (1, 2 et 3) L'art. 1590 c. civ. a un caractère supplétif de la volonté des parties (Civ. 1re, 16 juill. 1956, D. 1956. 609 ; Paris, 19 mai 1949, D. 1949. 387 ; 13 déc. 1955, D. 1956. 130. — Comp. Com. 21 déc. 1960, *Bull. civ.* 1960. III, n° 425, p. 390. — V. aussi obs. *Rev. trim. dr. civ.* 1956. 362).

En conséquence, il ne saurait s'appliquer dans l'hypothèse où le contrat de vente est effectif, comme en l'espèce, où le vendeur s'était engagé, l'accord s'étant réalisé sur la chose et le prix (V. conf. Civ. 1re, 14 avr. 1961, *Bull. civ.* 1961. I, n° 197, p. 156).

L'arrêt ci-dessus statue sur renvoi de Civ. 1re, 23 mars 1966 (D. 1966. 397, et la note ; *Bull. civ.* 1966. I, n° 210, p. 162) cassant un arrêt de la cour de Paris du 2 mars 1964. Ce dernier arrêt avait décidé « qu'on ne pouvait s'attacher au sens précis des termes utilisés » dans la convention des parties et que « l'acquéreur était maitre de se départir de son engagement en restituant le double de la somme qu'il avait reçue ».

TRIBUNAL DE GRANDE INSTANCE DE NICE

20 décembre 1967

1°, 2° et 3° **NATIONALISATION**, MAROC, EXPLOITATION AGRICOLE, PASSIF, TRANSFERT, C. CIV., ART. 2092, DROIT DE GAGE GENERAL, NON-APPLICATION. — **RAPATRIES**, MAROC, NATIONALISATION, EXPLOITATION AGRICOLE, TRANSFERT DU PASSIF, C. CIV., ART. 2092, NON-APPLICATION.

Le principe du transfert du passif, inhérent à la nature même de la nationalisation, n'est pas contraire à l'ordre public français, qui admet que la règle de l'unité du patrimoine demeure étrangère à la matière de dépossession, de nationalisation et aussi au cas d'attribution préférentielle d'une exploitation agricole, conformément à l'art. 832-1 c. civ. (1);

L'art. 2092 du même code, instaurant un droit de gage général en faveur du créancier, ne saurait jouer à l'encontre des rapatriés marocains anciens propriétaires d'une exploitation agricole nationalisée, le patrimoine de l'exploitation étant devenu indépendant de leur patrimoine personnel (2);

L'état exécutoire décerné par l'agent judiciaire du Trésor à l'encontre d'agriculteurs rapatriés du Maroc et représentant le solde à rembourser d'un prêt qui leur avait été consenti, avant la nationalisation, pour les besoins de leur exploitation, doit être déclaré fondé pour partie seulement, l'indemnité de dépossession réduite versée par l'Etat marocain devant être répartie entre l'Etat

図6-2 *Recueil Dalloz Sirey*, 1968. Tom. 1. **Jurisprudence p.** 211

VALEURS MOBILIERES　　VENTE　　923

d'aliénation, ne possèdent plus aucun droit sur les titres et qui prétendent cependant en percevoir les revenus en invoquant le décret du 11 janvier 1956 dont les dispositions, tendant exclusivement à protéger les victimes d'une dépossession fortuite, ne doivent pas être détournées de leur objet. *Cass. com.* 23 *février* 1970, *Bull. cass.* 1970.4.68.

4. — 2° *Titres au porteur perdus ou volés. — Opposition et mainlevée.* — Le tribunal d'instance, saisi d'une demande de mainlevée de l'opposition frappant des titres au porteur, est qualifié pour connaître de la validité de l'accord conclu entre le porteur et le revendiquant et qui a conduit ce dernier à se dessaisir en faveur du premier. *Cass. com.* 15 *mai* 1968, *Bull. cass.* 1968.4.141.

C. Titres immatriculés en S.I.C.O.V.A.M.

5. — *Valeurs étrangères.* — Font une exacte application de l'art. 19 du décret du 4 août 1949 les juges du fond qui décident que les titulaires d'actions étrangères nominatives inscrites en S.I.C.O.V.A.M. par une banque peuvent, en cas de faillite de cette banque, exercer leur droit de revendication conformément aux art. 12 dudit décret, et 546 C. com., après avoir énoncé que si les titres reçus en S.I.C.O.V.A.M. perdaient leur individualité à l'égard de leurs propriétaires, ces derniers n'en perdaient pas pour autant leurs droits de propriété et pouvaient exercer l'action en revendication sans avoir à établir que les titres existants étaient identiquement ceux qu'ils avaient déposés, et estimé qu'il s'agissait en l'espèce de titres retrouvés en nature dans le portefeuille du débiteur à l'époque de la faillite et qui lui avaient été remis par le propriétaire en vertu d'un mandat. *Cass. com.* 13 *février* 1967, *D.* 1967.599, *Bull. cass.* 1967.3.61, *Rev. crit. dr. intern.* 1968.52, *Rev. soc.* 1967.402.

D. Obligations et emprunts des sociétés et collectivités publiques étrangères.

6. — 1° *Loi applicable.* — Le décret-loi du 30 octobre 1935, relatif à la protection des obligataires, ne s'applique pas aux emprunts des sociétés ou collectivités publiques étrangères qui ont fait l'objet d'accords internationaux en exécution de traités de paix. *Cass. com.* 7 *mars* 1967, *Bull. cass.* 1967.3.104.

7. — Tel n'est pas le cas de l'emprunt émis en 1912 par la ville de Tokyo, dont la tranche française a été exclue de l'accord intervenu à New York le 6 octobre 1952 entre les porteurs anglo-saxons et l'Etat japonais, en exécution du traité de paix signé avec le Japon par les puissances alliées. *Ibid.*

8. — 2° *Assemblée des porteurs.* — a) *Tenue des assemblées.* — L'art. 10 du décret-loi du 30 octobre 1935 prévoit le groupement en masse des porteurs d'obligations ou de titres d'emprunt d'une même émission faite en France, sans aucune distinction selon la nationalité des porteurs ou le lieu de conservation des titres. *Cass. com.* 7 *mars* 1967, *Bull. cass.* 1967.3.104.

9. — L'assemblée de masse peut se réunir même après l'échéance de l'emprunt, dès lors qu'il y a lieu, pour les porteurs, d'assurer la défense de leurs intérêts. *Ibid.*

10. — b) *Contestation des décisions de l'assemblée. — Homologation des décisions.* — L'action, qui tend à faire déclarer nul l'accord intervenu entre la masse des porteurs de titres de la tranche française d'un emprunt émis par une municipalité étrangère, et la collectivité débitrice, ainsi que les délibérations prises par l'assemblée de masse qui a entériné l'accord, intéresse l'ensemble de la masse des obligataires et ne peut, en conséquence, être intentée que contre les représentants de cette masse. *Cass. com.* 7 *mars* 1967, *Bull. cass.* 1967.3.103.

11. — Si, aux termes de l'art. 32 du décret-loi du 30 octobre 1935, la société débitrice supporte les frais des procédures prévues notamment par l'art. 24, lequel règle la procédure d'homologation des décisions de l'assemblée générale des porteurs et l'intervention de ceux qui ont voté contre les résolutions prises, les juges ne font qu'user de leur pouvoir discrétionnaire en laissant une partie, qui succombe dans toutes ses prétentions, supporter les dépens d'une opposition et d'un appel injustifiés, et en condamnant un intervenant aux dépens de son intervention, déclarée irrecevable. *Cass. com.* 7 *mars* 1967, *Bull. cass.* 1967.3.104.

***

Notes, études doctrinales et bibliographie.

Les clubs d'investissements ou l'apprentissage des valeurs mobilières, par Michel Boitard. — Gaz. Pal. 1969.2.Doctr., p. 53.

VENTE.

V. *Abus de confiance, Agents d'affaires, Alsace et Lorraine, Assurances terrestres, Baux en général, Baux ruraux, Cession de créance, Commerce et industrie, Concessions de vente, Construction et urbanisme, Contrats et obligations, Coups et blessures, Courtiers, Escroquerie, Faillites, Fonds de commerce, Fraudes et falsifications, Gage-nantissement, Hydrocarbures, Lotissements, Navires, Notaires, Prescription civile, Preuve, Publicité foncière, Rentes viagères, Saisie immobilière, Successions, Transports aériens.*

Index alphabétique.

Acceptation de l'offre 6.

Accord des parties 4 et s., 139 et s., 270 et s., 589, 629 et s.

Acompte ou dédit 163 et s.

Acquéreur
(détermination de l') 21.
(obligations de l') 302 et s., 317 et s.

Acte authentique (clauses de régularisation par) 15 et s., 125 et s., 139 et s., 172, 588.

Animaux
(atteints d'une maladie contagieuse) 523 et s.
(clauses extensives de la garantie) 510 et s.
(clauses de non-garantie) 518 et s.
(délai de l'action rédhibitoire) 515 et s.
(effets de la nullité) 523 et s.
(étendue de la garantie) 508 et s.
(garantie des vices rédhibitoires) 505 et s.
(inaptitude à la reproduction) 512 et s., 515 et s.
(tuberculeux) 518 et s.
(vendeur professionnel) 508 et s., 515 et s.
(vente pour la boucherie) 505 et s., 510 et s.
(vices rédhibitoires) 505 et s.

Apparence 29 et s.

Arrhes 163 et s. ㋑

Authenticité 392 et s.

Automobiles. V. Véhicules automobiles.

Bail conclu avant résolution de la vente 568 et s.

Baisse de prix par un fabricant (garantie due aux revendeurs pour leurs stocks) 348 et s.

Biens vendus (consistance des) 321 et s., 343 et s.

« Boule de neige » 262.

Capacité et qualité des parties 26 et s.

Carte grise 327 et s., 545.

Charges non déclarées 355 et s.

Chose convenue (identité de la) 326.

Chose d'autrui 32 et s.

Chose indivise 26 et s.

Clauses de limitation de garantie 453, 454 et s.

Clauses de non-garantie 364 et s., 440 et s., 518 et s.

Clauses résolutoires. V. Résolution.

Concessionnaires vendeurs 631 et s.

Condition
(défaut d'accord sur une) 630.
(inaccomplissement par le fait d'une partie) 17, 122.
(interprétation) 121.
(non-réalisation d'une) 17.
(potestative) 172, 182 et s.
(régularisation par acte authentique) 15 et s., 172, 588, 590
(renonciation à une) 174, 594.
(reprise d'un véhicule usagé) 185 et s.
(résolutoire) 180 et s.
(rétroactivité de la) 176 et s., 322 et s., 593.
(suspensive) 16 et s., 173 et s., 182 et s., 588, 590 et s., 593 et s.

Conformité de la chose ou de la marchandise 326, 370 et s., 526 et s., 533, 556, 644.

Consentement
(notion de) 38.
(vices du) 39 et s.

Consistance des biens vendus 321 et s., 343 et s.

Contrainte morale 71.

㋑手付金（Arrhes）はこのVenteという件名の中でNo．163以下に出ている。

図7-1　*Gazette du Palais. Table. 1966-70*, Tom. 2.

VENTE　　　　VENTE　933

vente incombant au vendeur. *Cass. com.* 11 *mai* 1970, *Bull. cass.* 1970.4.138.

144. — La promesse de vente est synallagmatique, et non unilatérale, dès lors qu'il y a réciprocité d'engagements entre les parties. *Grenoble* 26 *mars* 1968, *Journ. C. Grenoble* 1968.101.

145. — Il appartient à celui à qui incombe la réitération de la vente par acte notarié de mettre son cocontractant en demeure pour faire constater sa carence. *Ibid.*

146. — 5° *Défaut de réalisation de la promesse. — Sanctions.* — La preuve du refus de signer l'acte authentique par l'autre partie peut être rapportée par tous moyens, et en particulier par voie d'enquête. *Grenoble* 20 *décembre* 1965, *Journ. C. Grenoble* 1966.110.

147. — Lorsque, dans un écrit, une personne se déclarant propriétaire d'un tableau de Claude Monet a donné reçu à l'acheteur d'une somme de 5.000 F versée sur un prix de 200.000 F — comme versée à titre d'acompte restant acquise dans le cas de désistement — doit être cassé le jugement qui, après avis du vendeur qu'il ne pouvait donner suite à la vente et restitution de la somme de 5.000 F, admet la prétention du vendeur soutenant que les dommages-intérêts dus à l'acquéreur devaient être fixés conformément aux dispositions de l'art. 1590 C. civ., à cette même somme de 5.000 F, et méconnaît ainsi les stipulations de l'acte déclarant que l'acquéreur avait acquis la toile et qu'il verserait, lors de la remise, le complément du prix. *Cass.* 1re *civ.* 23 *mars* 1966, *D.* 1966.397. *Bull. cass.* 1966.1.162.

148. — Viole l'art. 1147 C. civ. l'arrêt qui, pour rejeter la demande en dommages-intérêts du cessionnaire d'une promesse de vente pour retard dans l'exécution du contrat, relève que le vendeur s'était trompé sur la nature juridique de l'opération de cession mais avait néanmoins intérêt à en voir définir judiciairement la nature exacte, constatant ainsi que l'inexécution ne provenait pas d'une cause étrangère non imputable au vendeur. *Cass.* 3e *civ.* 16 *juillet* 1969, *Bull. cass.* 1969.3.443.

149. — 6° *Cas où un dédit a été stipulé.* — Les juges du fond apprécient souverainement si une clause constitue une faculté de dédit ou une clause pénale. *Cass.* 3e *civ.* 12 *décembre* 1968, *Bull. cass.* 1968.3.421.

150. — Les juges du fond peuvent estimer, par une interprétation souveraine de la volonté des parties, que la faculté de dédit stipulée dans un acte sous seing privé fixant une date limite pour la réalisation de la vente par acte authentique est limitée dans le temps et cesse au jour de la rédaction de l'acte notarié ou au jour où il aurait dû être signé. *Cass.* 3e *civ.* 8 *novembre* 1968. *Bull. cass.* 1968.3.348.

151. — Les juges du fond, qui relèvent que le vendeur d'un immeuble a manifesté d'une manière non équivoque sa volonté de signer l'acte authentique de vente, peuvent en déduire qu'il a renoncé à user de la faculté de dédit stipulée au contrat sous seing privé. *Cass.* 3e *civ.* 18 *octobre* 1968, *Bull. cass.* 1968.3.305.

152. — Aux termes de l'art. 1218 C. civ., l'obligation est indivisible, quoique la chose ou le fait qui en est l'objet soit divisible par sa nature, si le rapport sous lequel elle est considérée dans l'obligation ne la rend pas susceptible d'exécution partielle. *Cass.* 3e *civ.* 10 *décembre* 1969. *Bull. cass.* 1969.3.620.

153. — En présence d'une promesse de vente acceptée contenant une promesse de dédit en faveur du promettant, et qui n'a pas été réalisée à la date fixée sans qu'aucune initiative n'ait été prise de part et d'autre pour y mettre fin, les juges du fond, qui décident que si les bénéficiaires de la promesse étaient en droit, postérieurement à la date limite retenue pour la réalisation, de faire sommation au promettant de signer l'acte authentique, celui-ci était fondé en son refus de ratifier la promesse et en sa demande d'application de la clause de dédit au motif que « la convention n'a pu être reconduite que dans son ensemble », ne donnent pas une base légale à leur décision en statuant ainsi, sans s'expliquer sur le caractère indivisible de la prolongation aussi bien de la promesse de vente que de la clause de dédit. *Ibid.*

154. — La découverte de deux servitudes, l'une dite d'égout collecteur, l'autre relative à une obligation de pompage d'eau, ne saurait justifier ni la rupture de la vente ni la demande en nullité pour vice du consentement ou en résolution pour charges non déclarées, dès lors qu'il n'apparaît pas que la première fût de telle importance que l'acquéreur n'eût point contracté s'il l'avait connue avant de traiter et que la deuxième ne saurait être tenue pour occulte puisque la situation des lieux en suggérait aisément l'existence. *Paris* 15 *décembre* 1967, *D.* 1968.402.

155. — Par suite, le refus de l'acquéreur d'exécuter ses obligations justifie la demande en paiement du dédit accepté par les parties contractantes. *Ibid.*

D. Pactes de préférence.

156. — 1° *Durée du droit. — Mise en œuvre du droit.* — Manque de base légale l'arrêt qui déclare caduc un pacte de préférence sans constater que le projet de l'acte de vente envisagé au profit d'un tiers a été établi et communiqué au bénéficiaire du droit préférentiel et que la vente a été réalisée. *Cass.* 3e *civ.* 10 *juillet* 1969, *Bull. cass.* 1969.3.433.

157. — Lorsqu'un propriétaire souscrit un pacte de préférence en faveur d'un tiers, en obligeant également ses héritiers et représentants, l'usufruitier et le nu-propriétaire postérieurs, en aliénant ce bien, font une vente en pleine propriété qui doit être notifiée au bénéficiaire du pacte, sans que cette notification puisse porter atteinte à l'exercice éventuel du droit de préemption du preneur. *Cass.* 3e *civ.* 5 *mars* 1970, *Bull. cass.* 1970.3.133.

158. — Les juges du fond constatent souverainement que la clause d'un bail commercial, qui oblige un locataire à signifier l'acte de vente de son fonds de commerce au bailleur en vue de permettre à ce dernier l'exercice d'un droit de préemption conventionnel, ne l'oblige pas à notifier, en même temps que l'acte lui-même, les annexes de celui-ci, et notamment l'inventaire du matériel et des marchandises. *Cass. com.* 2 *avril* 1968, *Bull. cass.* 1968.4.109.

159. — 2° *Sanction en cas de violation.* — La seule connaissance de l'existence d'un droit de préférence ne saurait caractériser la mauvaise foi du tiers acquéreur et constituer une fraude. *Cass.* 1re *civ.* 15 *décembre* 1965, *D.* 1966.246, *Bull. cass.* 1965.1.549.

160. — Ayant constaté que le bénéficiaire du pacte de préférence ne paraissait pas décidé à acheter, que peut seulement être reprochée à l'acheteur une faute quasi délictuelle d'imprudence et qu'ainsi les juges ont estimé avec juste raison, devant la faute du vendeur commise par lui de bonne foi, qu'il n'y a pas lieu de prononcer l'annulation de la vente mais d'accorder seulement des dommages-intérêts, c'est à bon droit que la cour d'appel affirme le principe selon lequel, même en dehors d'un concert frauduleux entre le vendeur et le tiers acquéreur, la résolution de la vente eût été possible, mais écarte cette option comme inopportune, eu égard aux circonstances. *Ibid.*

161. — Le pacte de préférence ne confère pas au bénéficiaire un droit réel mais un simple droit de créance contre le propriétaire qui n'est tenu que d'une obligation de faire, sauf le cas de fraude entre celui-ci et le tiers acquéreur. *Douai* 29 *octobre* 1968, *Rev. loy.* 1969.211.

162. — La connaissance du bail par le tiers acquéreur est insuffisante à elle seule à caractériser sa mauvaise foi. Il en est de même de la connaissance du pacte de préférence, dès lors que le tiers acquéreur peut croire que son vendeur a exécuté son obligation à l'égard du bénéficiaire. *Ibid.*

E. Ventes avec arrhes.

㋺ 163. — *Caractère d'acompte ou de dédit.* — Les dispositions de l'art. 1590 C. civ. ne sont que supplétives de la volonté des parties. *Cass.* 1re *civ.* 8 *juin* 1966, *Bull. cass.* 1966.1.270.

164. — Les dispositions de l'art. 1590 C. civ. relatives aux arrhes ne sont que supplétives de la volonté des parties; et c'est dans l'exercice de leur pouvoir souverain d'interprétation de celle-ci que les juges du fond leur attribuent le caractère d'un moyen de dédit ou les considèrent comme un acompte. *Cass.* 3e *civ.* 12 *décembre* 1968, *Bull. cass.* 1968.3.420.

165. — C'est au vendeur, assigné par l'acquéreur en restitution de la somme à valoir sur le prix d'une vente non réalisée, qu'il appartient de rapporter la preuve que le versement a été fait à titre de dédit. *Cass.* 3e *civ.* 21 *juin* 1968, *Bull. cass.* 1968.3.228.

166. — Les dispositions de l'art. 1590 C. civ. ne sont que supplétives de la volonté des parties. *Cass.* 3e *civ.* 4 *décembre* 1968, *Bull. cass.* 1968.3.404.

167. — C'est dans l'exercice de leur pouvoir souverain d'appréciation que, pour décider qu'une promesse synallagmatique de vente ne peut être résolue à la seule volonté du promettant, les juges du fond estiment que celui-ci ne rapporte pas la preuve, qui lui incombe, d'une faculté de dédit à son profit. *Ibid.*

168. — En présence d'un contrat de vente non contesté, il appartient au tribunal de déterminer l'interprétation à retenir, concernant l'intention des parties, quant à la nature juridique précise d'un versement effectué. Trois interprétations sont possibles, la première étant qu'il s'agit bien d'arrhes au sens de l'art. 1590 C. civ., donc avec faculté de dédit, la seconde que ce versement n'est en réalité destiné qu'à valoir preuve d'un accord irrévocable des parties, la troisième étant qu'il s'agit en vérité d'un simple acompte. *Trib. gr. inst. Colmar* 19 *avril* 1967, *Journ. agréés* 1967.733.

169. — En l'espèce, le tribunal estime que, en droit, une jurisprudence constante et ancienne, confortée par la doctrine, a admis que l'usage en matière commerciale est justement contraire à la présomption supplétive de l'art. 1590 C. civ. et que, sauf précision expresse, le terme « arrhes » est donc un synonyme d' « acompte », excluant la faculté de dédit du droit privé. *Ibid.*

170. — Si, suivant l'art. 1590 C. civ., chacun des contractants est maître de se départir de son engagement, celui qui a donné des arrhes, en les perdant, et celui qui les a reçues, en en restituant le double, ces dispositions sont simplement supplétives de la volonté des parties, qui doit d'abord être recherchée. *Orléans* 26 *octobre* 1967, *D.* 1968.210.

171. — Spécialement, le vendeur ne saurait prétendre qu'il n'est tenu qu'à restituer le double de la somme versée, dès

㋺ Vente 163以下をみると*Gaz. Pal.*や*D.* 以外の他の判例集や雑誌論文と未刊行の判例の要旨が示されている。例えば168を参照。

図7-2　***Gazette du Palais. Table. 1966-70*, Tom. 2.**

19679-19681　　　　II. — JURISPRUDENCE (1981)

La Cour de cassation est un peu en avance. Les Règles de Hambourg qui doivent remplacer la Convention de 1924 (modifiée en 1968, mais pas sur ce point) n'admettent plus la libération par la faute nautique. Mais ces Règles ne sont pas en vigueur.

Espérons que la Cour de renvoi ne se soumettra pas à cette censure imméritée.

René RODIÈRE.

Au moment où nous mettons ce numéro sous presse, nous apprenons la mort de M. le Doyen René Rodière, qui fut pour notre revue, un auteur éminent et fidèle. Nous prions Mme René Rodière et ses enfants, et parmi eux, M. le Professeur Pierre Rodière, de bien vouloir accepter l'expression de notre sympathie attristée.

R.D.M.

(イ)

19680 **TRANSPORTS TERRESTRES. — Responsabilité du transporteur. Transport de voyageurs. Train très long. Porte de communication fermée. Voyageuse de 74 ans contrainte de descendre sur le ballast. Voyageuse blessée lors de la descente. Voyageuse ayant déjà dépassé sa destination. Juges du fond. Recherches nécessaires. Faute de la S.N.C.F. en relation avec l'accident. Absence de mesure de nature à ne pas contraindre les voyageurs à descendre sur le ballast.**

(ロ) Cass. civ. 1re, 16 juillet 1980 (ハ) dame Jullien c. Société Nationale des Chemins de Fer Français et autre.

(ニ)

Une voyageuse, âgée de 74 ans (...), ayant laissé passer la gare *où elle voulait descendre,* parce que, selon elle, la voiture qu'elle occupait s'était arrêtée à cent mètres du début du quai et que son attention n'avait été attirée par aucun panneau ou annonce, *avait,* pour se trouver à hauteur du quai de *la station suivante,* essayé de se rapprocher des wagons de tête, mais *n'avait pas réussi* à le faire, la porte de communication entre les voitures de seconde et de première classe étant fermée. Le train, *très long,* s'étant arrêté loin du quai, elle *avait été* obligée de descendre sur le ballast, *était* tombée et *s'était* blessée.

Ne donne pas de base légale à sa décision, la Cour d'appel *qui, après avoir retenu que le contrat de transport avait pris fin à la première gare de destination, s'est bornée à affirmer,* pour rejeter la demande de *la victime* sur le plan délictuel, que la fermeture de la porte de communication entre les voitures de seconde et de première classe ne constituait pas une faute en relation avec l'accident, sans rechercher si la S.N.C.F. n'avait pas commis une faute en relation avec l'accident en ne prenant aucune mesure de nature à ne pas contraindre les voyageurs à descendre sur le ballast.

(ホ) ANNOTER : J.-Cl. Responsabilité civile, Fasc. III-A (2e cahier) ; J.-Cl. Civil, Art. 1382-1383 (1re partie), Fasc. II (1er cahier *bis*) ; J.-Cl. Notarial Répertoire, V° Délits et quasi-délits, Fasc. A-1-2 (1er cahier *bis*).

(ヘ)

LA COUR ; — *Sur le moyen unique, pris en ses deux branches :* — (ト) Vu l'article 1382 du Code civil ; — (チ) Attendu que, le 27 juin 1975, dame Jullien, âgée de 74 ans, a pris le train à la gare de Marseille pour se rendre à Monaco ; qu'ayant laissé passer la gare de Monaco parce que, selon elle, la voiture qu'elle occupait s'était arrêtée à cent mètres du début du quai et que son attention n'avait été attirée par aucun panneau ou annonce, dame Jullien, pour se trouver à hauteur du quai à la station de Carnolès où elle avait décidé de descendre, a essayé de se rapprocher des wagons de tête, mais ne réussit pas à le faire car la porte de communication entre les voitures de seconde classe et de première classe était fermée ; que le train, qui était très long, s'étant arrêté loin du quai, elle fut obligée de descendre sur le ballast où elle est tombée et s'est blessée ; — Attendu qu'après avoir retenu que le contrat de transport avait pris fin à Monaco, la Cour d'appel, pour rejeter la demande de dame Jullien sur le terrain délictuel, a énoncé que la fermeture de la porte de communication ne constituait pas une faute en relation avec l'accident de dame Jullien et que la distance entre le point de chute de la victime et le quai de la gare de Carnolès étant de l'ordre de 130 mètres, le fait que la motrice du train se soit trouvée à 80 mètres environ au-delà de son point d'arrêt normal n'aurait rien changé quant à la nécessité pour dame Jullien de descendre sur le ballast, dès lors qu'elle avait décidé de quitter le train à son arrêt à cette station et qu'ainsi aucune faute n'était établie à la charge de la S.N.C.F. ; — Attendu qu'en se bornant à affirmer, pour rejeter la demande de dame Jullien sur le plan délictuel, que la fermeture de la porte de communication entre les voitures de seconde classe et celles de première classe ne constituait pas une faute en relation avec l'accident, sans rechercher si la S.N.C.F. n'avait pas commis une faute en relation avec l'accident en ne prenant aucune mesure de nature à ne pas contraindre les voyageurs à descendre sur le ballast, la Cour d'appel n'a pas donné de base légale à sa décision ;

(リ) *Par ces motifs :* — (ヌ) Casse et annule l'arrêt rendu le 20 décembre 1978, entre les parties, par la Cour d'appel d'Aix-en-Provence ; remet, en conséquence, la cause et les parties au même et semblable état où elles étaient avant ledit arrêt et, pour être fait droit, les renvoie devant la Cour d'appel de Nîmes, à ce désignée par délibération spéciale, prise en la Chambre du Conseil.

MM. Charliac, prés., Pauthe, rapp., Gulphe, av. gén. ; Mes Le Prado et Odent, av.

(ル)

Observations. — Je n'aurais certainement pas statué dans le même sens, mais je comprends qu'on soit plus indulgent pour les personnes de mon âge..

Les circonstances plaidaient contre la voyageuse. Elle avait un billet pour Monaco, mais ne voulut pas descendre à cette gare parce que la voiture qu'elle occupait s'était arrêtée, selon elle, à cent mètres du début du quai ; elle décidait de descendre « à la prochaine », mais là encore sa voiture donnait sur le ballast ; elle décidait de s'approcher du quai, mais la porte de communication d'un wagon à l'autre étant fermée elle descendait sur le ballast et naturellement se blessait.

Il n'était pas question pour elle de faire valoir la responsabilité contractuelle de la S.N.C.F. et l'obligation de sécurité que cette société assume envers ses usagers puisqu'elle avait dépassé la station qui marquait le terminus de son voyage et la fin des obligations de la S.N C.F. ; elle attaquait donc celle-ci en responsabilité délictuelle. Rien à dire à cela, mais comme elle n'avait pas été victime d'une chose inanimée (et encore ; la S.N.C.F. n'est-elle pas gardien du ballast !), mais de son propre comportement, il lui fallait établir la faute de la S.N C.F.

La Cour de cassation l'a trouvée : la S.N.C.F. n'avait pas pris de mesures pour empêcher les voyageurs de descendre sur la voie et non sur le quai.

A mon avis, la faute est d'abord celle de la victime, mais c'est une question de fait et je ne suis pas plus compétent que la Cour de cassation pour en trancher.

(ヲ) R. R.

19681 **BAUX RURAUX. — Reprise. Exception. C. rural, art. 845, al. 2. A) Epoux copreneurs d'un bail rural. Mari. Age supérieur à 60 ans. Epouse. Bénéficiaire de la prorogation du bail. Age de la femme inférieur de cinq ans à celui où pourrait lui être accordée l'indemnité viagère de départ. Absence de droit personnel à l'indemnité. Circonstance indifférente. B) Bailleur. Reprise au profit d'un petit-fils majeur en cours de bail. C. rural, art. 811. Possibilité (oui). Preneur. Prorogation du bail (non).**

1° Cass. civ. 3e, 4 mars 1981 ; Epoux Gaboriau c. époux Montier ; 2° Cass. civ. 3e, 9 décembre 1980 ; Epoux Hacquin c. veuve Quinet.

Dans le cas de deux époux copreneurs d'un fonds rural dont l'un, le mari, a passé soixante ans, mais dont l'autre, l'épouse, se trouve à moins de cinq ans de l'âge auquel peut lui être accordée l'indemnité viagère de départ, cette dernière peut s'opposer à la reprise du bien et bénéficier de la prorogation de son bail conformément aux dispositions de l'article 845, *alinéa* 2, *du Code rural. En effet, ce droit ne saurait être refusé à l'épouse au motif qu'elle ne pourra prétendre à l'indemnité lorsqu'elle aura atteint sa soixantième année, faute de droit personnel, le texte édictant seulement une condition d'âge* (1re *espèce*).

Le bénéfice de l'article 845, *alinéa* 2, *du Code rural ne peut être revendiqué par le preneur rural contre lequel la reprise est demandée sur le fondement de l'article* 811 *du Code rural, qui permet au bailleur de reprendre le fonds en cours de bail pour un de ses descendants, les dispositions du premier de ces textes ne pouvant s'appliquer qu'à* la reprise en fin de bail (2e *espèce*).

図8　*J.C.P.* 81 II. 19680

PAR CES MOTIFS :

REJETTE les pourvois formés contre les arrêts rendus le 1er octobre 1979 par la Cour d'appel de Paris.

N° 79-42.497. *Consorts Alves contre M. Dovetta.*

N° 79-42.498.

N° 79-42.499.

N° 79-42.500.

Président : M. Vellieux. — Rapporteur : M. Fergani. — Avocat général : M. Picca. — Avocat : M. Cossa.

N° 961

㋑

SYNDICAT PROFESSIONNEL. — Délégué syndical. — Désignation. — Conditions. — Effectif minimum des salariés de l'entreprise. — Pluralité d'établissements.

㋺

Le nombre des délégués syndicaux est fixé soit par entreprise soit par établissement en fonction de l'importance des effectifs de cette entreprise ou de cet établissement.

Par suite, en l'état du rattachement d'un établissement à une entreprise et de la répartition du personnel en deux établissements distincts dont le principal n'atteint pas le chiffre de 3 000 salariés ce qui limite à deux le nombre des délégués syndicaux pouvant y être désignés, et de la contestation de la désignation d'un délégué par l'employeur qui soutient qu'elle porte leur nombre à quatre alors que les effectifs globaux de la société n'en permettent que trois, doit être cassée la décision rejetant cette demande au motif essentiel que l'existence d'un délégué dans l'établissement distinct n'empêche nullement qu'il soit procédé à une autre désignation au sein de la société.

10 décembre 1981. **Cassation.**

Sur le moyen unique :

㋩ Vu les articles L. 412-11, R. 412-1 et R. 412-2 du Code du travail;

㋥ Attendu que le nombre des délégués syndicaux est fixé soit par entreprise, soit par établissement, en fonction de l'importance des effectifs de cette entreprise ou de cet établissement;

Attendu que le jugement attaqué a constaté que trois délégués syndicaux CFDT avaient été précédemment désignés dans l'entreprise de la Société générale de restauration; que l'un d'eux ayant démissionné le 12 septembre 1978, la CFDT l'a remplacé, le 18 novembre 1980, par un autre salarié M. Funnel; qu'entre temps, soit le 1er juillet 1979, la société avait été chargée de gérer pendant un an les restaurants d'entreprise d'un établissement bancaire, la Société générale, et la CFDT a obtenu que les restaurants ainsi temporairement rattachés à la Société générale de restauration y forment un établissement distinct et que l'une des employés, Mme Meddour, y conserve ses fonctions de déléguée syndicale;

Attendu que l'employeur ayant contesté la désignation de M. Funnel en soutenant qu'elle portait le nombre des délégués syndicaux de la CFDT à 4, alors que les effectifs globaux de la société n'en permettaient que 3, le Tribunal a rejeté la demande d'annulation de cette désignation, au motif essentiel que celle de Mme Meddour au sein d'un établissement distinct n'empêchait nullement qu'il soit procédé à une autre désignation « au sein de toute la Société générale de restauration »;

Qu'en statuant ainsi alors qu'il résultait des constatations du jugement qu'avec la désignation de Mme Meddour, les salariés de la société s'étaient trouvés répartis en deux établissements, dont le principal n'atteignait pas le chiffre de 3 000 salariés, ce qui limitait à deux le nombre des délégués syndicaux pouvant y être désignés, le Tribunal d'instance a violé les textes susvisés;

㋭ PAR CES MOTIFS :

㋬ CASSE ET ANNULE le jugement rendu entre les parties le 26 février 1981 par le Tribunal de grande instance de Paris du 13e arrondissement; remet, en conséquence, la cause et les parties au même et semblable état où elles étaient avant ledit jugement et, pour être fait droit, les renvoie devant le Tribunal d'instance du 14e arrondissement.

N° 81-60.630. *Société générale de restauration contre Syndicat général CFDT des travailleurs et travailleuses de la Région parisienne de l'hôtellerie tourisme et autre.*

Président : M. Coucoureux, conseiller doyen faisant fonctions. — Rapporteur : M. Mac Aleese. — Avocat général : M. Franck. — Avocat : M. Delvolvé.

A RAPPROCHER :

Soc., 17 mai 1978, *Bull.* 1978, V, n° 365, p. 277 (cassation).

N° 962

CONVENTIONS COLLECTIVES. — Accords de salaire. — Notariat. — Convention collective nationale du 13 octobre 1975. — Échelonnement indiciaire. — Respect. — Dissociation entre l'indice et la rémunération.

La convention collective nationale du notariat du 13 octobre 1975 qui pose le principe de l'ouverture de la grille indiciaire dans la proportion de 1 à 4, n'est que

図9　*Bulletin des Arrêts de la Cour de Cassation. Chambres Civiles*, 1981

図 11 の *Recueil des décisions du Conseil d'État*（*Recueil Lebon*）*1981* の説明

㋑ 判決の要旨
㋺ 権限裁判所（正式名は㋠を参照）
㋩ 原告対被告
㋥ 報告判事
㋭ Commissaire du Gouvernement〔外〕155 頁参照
㋬ 弁護士
㋣ 関連する法令
㋠ 「権限裁判所は…」
㋷ 理由を示す

このコンセイユ・デタの判例集の図解は〔外〕168 頁にもある。

図 12 の *Table des conclusions et notes de junsprudence*（*dans Recueil Lebon*）の説明

これは *Recueil des décisions du Conseil d'État*, 1981, p. 125 掲載の Association de défense des habitants du quartier de Chèvremorte を原告とする事件に対して，コンセイユ・デタが 1981 年 3 月 6 日に言渡した判決に対する評釈や結論的申立の掲載されている出版物の箇所を表で示したものである。

㋑ 原告
㋺ 判決言渡年月日　1981 年 3 月 6 日
㋩ J.M. Auby の評釈
㋥ *Revue de droit public*, 1981, No. 6. p. 1695
㋭ Daniel Labetoulle の結論的中立
㋬ Revue administrative N° 204 p. 600
㋣ Feffer-Plnault の裁判彙報
㋠ Actualité juridique: Droit administratif. 1981. n° 5, p. 264

（7） コンピューターによる検索

これには Juris-Classeurs がやっている JURIS-DATA と Encyclopédie Juridique Dalloz がやっている CEDAD (Centre de Documentation Automatisée du Droit) がある。この 2 つのセンターは裁判所の判例のデータ・ベースを持ち，

N° 278

PEINES. — Non-cumul. — Poursuites séparées. — Confusion. — Sursis assortissant l'une d'elles.

㋑
Le sursis partiel est une modalité d'exécution d'une peine unique laquelle est indivisible. Il ne peut, pour l'application d'une mesure de confusion avec une autre peine, être fait de distinction selon que l'emprisonnement prononcé est partiellement ou non assorti du sursis (1).

㋺
CASSATION sur le pourvoi formé par le procureur général près la Cour d'appel de Paris, contre un arrêt de la 20e Chambre de ladite Cour, en date du 13 mars 1981 qui, statuant sur la demande de confusion de peines formée par *Guy (Victor)* entre :

1° Une peine de deux années d'emprisonnement prononcée par le Tribunal correctionnel de Cusset le 6 avril 1973 pour escroquerie, grivèleries, usage de faux documents, recel et émission de chèques sans provision et,

2° D'autre part une peine de treize mois d'emprisonnement dont dix mois avec sursis prononcée le 20 mars 1980 pour blessures involontaires et refus de se soumettre au prélèvement sanguin, faits commis en 1971,

a ordonné la confusion de ces deux peines mais seulement pour la partie ferme de la peine prononcée le 20 mars 1980;

19 octobre 1981. N° 81-92.399.

㋩LA COUR,

㋥Vu le mémoire du procureur général; vu l'article 5 du Code pénal et l'article 734-1° du Code de procédure pénale;

Vu lesdits articles;

㋭Attendu que le sursis partiel est une modalité d'exécution d'une peine unique laquelle est indivisible, qu'il ne peut, pour l'application d'une mesure de confusion avec une autre peine être fait de distinction selon que l'emprisonnement prononcé est assorti ou non du sursis;

Attendu qu'en ordonnant confusion de la seule partie ferme de la peine la Cour d'appel a créé deux peines pour sanctionner une poursuite unique; qu'elle a ainsi violé les textes visés au moyen;

㋬Par ces motifs :

㋣CASSE ET ANNULE l'arrêt de la Cour d'appel de Paris du 13 mars 1981, et pour être statué à nouveau conformément à la loi :

---

(1) Cf. Ch. crim., 16 mars 1964, *Bull. crim.*, n° 99, p. 224 (cassation).

図10 *Bulletin des Arrêts de la Cour de Cassation. Chambre Criminelle.*

506 6 JUILLET 1981.

Cons. que conformément aux dispositions de l'article R. 137-6 du code forestier et de l'article 1er du règlement du 17 mars 1978, dans les forêts dont la gestion est confiée à l'Office national des forêts, « la chasse est exploitée par location à la suite d'une « adjudication publique, qui a lieu devant un bureau composé du préfet ou de son « délégué, président, d'un représentant de l'Office, directeur de l'adjudication, et d'un « représentant du service des domaines » ; que cette adjudication, antérieure au contrat de location, constituant un acte administratif pris au nom de l'Etat et détachable de la gestion du domaine privé, les litiges relatifs à sa régularité relèvent de la compétence de la juridiction administrative ; ... (compétence des juridictions judiciaires, renvoi de la cause et des parties devant le T.A. de Grenoble).

(イ)
COMMUNE.
SERVICES PUBLICS MUNICIPAUX. Crédit municipal. Dépôt de fonds par un particulier. Contrat de droit privé. Action en responsabilité. Compétence judiciaire. (ロ)

COMPÉTENCE.
RÉPARTITION DES COMPÉTENCES ENTRE LES DEUX ORDRES DE JURIDICTION. Compétence déterminée par un critère jurisprudentiel. Contrats. Contrats de droit privé. Dépôt de fonds effectué par un particulier auprès d'une caisse de crédit municipal.

CRÉDIT ET BANQUES.
ETABLISSEMENTS FINANCIERS. Caisse de crédit municipal. Dépôt de fonds par un particulier. Contrat de droit privé. Action en responsabilité. Compétence judiciaire.

MARCHÉS ET CONTRATS ADMINISTRATIFS.
NOTION DE CONTRAT ADMINISTRATIF. Nature du contrat. Contrats n'ayant pas un caractère administratif. Dépôt de fonds effectué par un particulier auprès d'une caisse de crédit municipal.

RESPONSABILITÉ DE LA PUISSANCE PUBLIQUE.
RESPONSABILITÉ EN RAISON DES DIFFÉRENTES ACTIVITÉS DES SERVICES PUBLICS. Services publics communaux. Caisse de crédit municipal. Paiement sur les fonds déposés par un particulier d'un chèque à un tiers. Préjudice subi par le déposant. Compétence judiciaire.

(6 juillet. — T.C. — 02.173. (ハ) *Lebret c/ Crédit municipal de Toulon.* —
(ニ) MM. de Bresson, *rapp.*; (ホ) Baudoin, *c. du g.*; (ヘ) Mes Nicolas et Hennuyer, *av.*).

(ト) Vu la loi des 16-24 août 1790 et le décret du 16 fructidor an III ; le décret du 26 octobre 1849 modifié et complété par le décret du 25 juillet 1960 ; la loi du 24 mai 1872 ; le décret n° 55-622 du 20 mai 1955 portant statut des caisses de crédit municipal ;

(チ) LE TRIBUNAL DES CONFLITS, ...

....

(リ) CONSIDÉRANT que si les caisses de crédit municipal sont des établissements publics d'aide sociale chargés d'un service public qui, aux termes de l'article 1er du décret du 20 mai 1955, a pour objet « de combattre l'usure par l'octroi de prêts sur gages, d'avances « sur titres et valeurs mobilières, d'avances sur pension et de prêts nantis sur le « traitement des fonctionnaires et assimilés dans les conditions prévues par les lois et « règlements en vigueur », les personnes qui déposent des fonds auprès de ces caisses et qui bénéficient, à ce titre, de possibilités de paiement par chèques ou du versement d'un intérêt, ne sont pas directement associées à l'exécution du service public qu'assurent les caisses de crédit municipal ; que ces dépôts de fonds n'assujettissent pas les déposants à des obligations exorbitantes du droit commun ; qu'ainsi les caisses de crédit municipal doivent être regardées comme passant avec les déposants des contrats de droit privé ; que, dès lors, le litige relatif au préjudice que la caisse de crédit municipal de Toulon aurait causé à M. Lebret en payant, sur les fonds déposés par ce dernier, un chèque à un tiers relève de la compétence des juridictions de l'ordre judiciaire ; ... (compétence des tribunaux judiciaires, renvoi de la cause et des parties devant le Tribunal de grande instance de Toulon).

COMMUNE.
1° POLICE MUNICIPALE. Autres cas d'utilisation des pouvoirs de police générale. Police des cimetières, Translation des limites d'une concession. Décision susceptible d'être rattachée à l'exercice des pouvoirs de police du maire. Voie de fait. Absence.
2° FINANCES COMMUNALES. BIENS DES COMMUNES. CONTRATS ET MARCHÉS. Contrats et marchés. Contrats comportant occupation du domaine public. Concessions de terrains dans les cimetières. Compétence juridictionnelle.

図11 *Recueil des décision du Conseil d'État*（*Recueil Lebon*）1981

1004 NOTES ET CONCLUSIONS

(CONTENTIEUX GÉNÉRAL)

Arrêts lus en 1981

A

㋑ ASSOCIATION DE DÉFENSE DES HABITANTS DU QUARTIER DE CHÈVRE MORTE	㋺ S. 06-03-81	㋩ Note J. M. Auby	㋥ *R.D.P.*, 1981, n° 6, p. 1695
		㋭ **Concl. Daniel Labetoulle**	㋬ *Rev. adm.*, n° 204, p. 600
		㋣ Chron. Feffer-Pinault	㋠ *A.J.D.A.*, 1981, n° 5, p. 264
ASSOCIATION POUR LA DÉFENSE DES SINISTRÉS DE LA RÉGION MORLAISIENNE		Note F. Moderne	« *Les Petites Affiches* » 17 févr. 1982
ASSOCIATION FÉDÉRATIVE RÉGIONALE DE PROTECTION DE LA NATURE. SYNDICAT INTERCOMMUNAL À VOCATION MULTIPLE DE LA DOLLER, LA COMMUNE DE BURNHAUPT-LE-HAUT ET LA COMMUNE DE SOPPE-LE-BAS	05-06-81	**Concl. Yves Robineau**	*C.J.E.G.*, 1981, n° 361
ASSOCIATION POUR LA PROTECTION DE L'EAU ET DES RESSOURCES NATURELLES DU BASSIN INFÉRIEUR DU DOUBS	S. 13-02-81	**Concl. Yves Robineau**	*R.J.E.*, 1981, n° 3, p. 270
ASSOCIATION POUR LA PROTECTION DU SITE DU VIEUX PORNICHET	S. 20-02-81	**Concl. Bruno Genevois**	*A.J.D.A.*, 1981, n° 5, p. 259
		Chron. Feffer-Pinault	
ASSOCIATION POUR LA PROTECTION DE LA VALLÉE DE L'UBAYE	Ass. 20-11-81	**Concl. Bruno Genevois**	*R.D.P.*, 1982, p. 473
		Chron. F. Tiberghien, B. Lasserre	*A.J.D.A.*, n° 2, 1982, p. 92
ASSOCIATION DE SAUVEGARDE DE L'ENVIRONNEMENT MAILLOT-CHAMPERET	S. 15-05-81	**Concl. Bruno Genevois**	*J.C.P.*, 1981, n° 48, 19686
		Note F. Bouyssou	
ASSOCIATION POUR LA SAUVEGARDE DU PAYS DE RHUYS	24-07-81	**Concl. Bruno Genevois**	*J.C.P.*, 1982, II.19798
		Observ. Chapuisat	*A.J.D.A.*, 1982, n° 3, p. 173

図12　Table des conclusions et notes de jurisprudence (dans Recueil Lebon)

手紙または電話による質問に対して，２，３日の中に答えてくれる。また，判例の要旨と書誌的な参照および未刊行の判例の写しを共に送ってくれる（詳細は JURIS-DATA, 123 rue d'Alesia, 76580 Paris Cedex と CEDAD, 11 rue Marius Franay, 92210 Saint-Cloud に書面で問い合わせること)。JURIS-DATA を日本で利用するにはオンラインで利用する契約を結んでアクセスするか，あるいは CD-ROM を購入して利用するかのいずれかの方法があるが，その両者とも高額になるので，個人で利用するのは難しいとのことである。フランスの判例をインターネットで検索する方法は指宿信『法律学のためのインターネット2000』(日本評論社，2000 年) 118 頁と**第 13 章（3）**の［C］フランス法［I］単行書の初めにある記事を参照（340 頁)。

第11章　イギリスの議会資料の調べ方

この章の中で［京法］と出ているものは京都大学法学部附属法政文献資料センター所蔵のものであることを意味する。

＊　＊　＊

（1）　参考文献

イギリスの議会資料については，邦文の文献として既に，国立国会図書館月報の中の外国の法令・議会資料ノート(6)〜(7)の「イギリス―その1―」「同―その2」，国立国会図書館月報395―404号の「世界の議会資料・法令資料イギリス(8)〜(14)」，竹島武郎『イギリス政府議会文書の調べ方』（丸善，1989年，173頁）（以下，竹島・前掲書と）と中村泰男「イギリス議会の議会資料」（『外国の立法』第6号42〜50頁）および石倉賢一「イギリスの議会資料利用の手引」（『大学図書館研究』第18号38〜46頁），中村泰男「イギリス議会における立法手続きの概要」（『レファレンス』334号9〜68頁）があるが，筆者はこれらの方々とはまた別の立場から資料の内容の説明よりひき方に重点をおいて近年出版された下記の参考書と自己の経験に基づきこの問題を記述しようとするものである。また，中村，石倉、竹島各氏の論文は各資料の性格や審議過程を詳述しているので参考にされたい。

洋書の参考文献を列挙する。

Catalogue of Parliamentary Papers 1801-1900 with a few of earlier date, 1901-1910, 1911-1920, London, P.S. King, [1912-1921] 3 v. [東法]

Consolidated indexes to British government publications 1936-1970, vol, 1, Teaneck, Chadwyck-Healey, 1974. [東法]

Dane, Jean, *How to use a law library*, London, Sweet & Maxwell, 1979, 182 p. [京法]

Ford, *A guide to Parliamentary Papers: what they are, how to find them, how to use them*, 3rd ed., Shannon Ireland, Irish University Press, 1972. [東法]

Ford, P., *Select list of British Parliamentary Papers*, 1833-1899, Oxford, Blackwell, 1953. [京法]

Ford, P., *A breviate of Parliamentary Papers*, 1900-1916, Oxford, Blackwell, 1975. [京法]

do. 1917-1939. 1951. [京法]

do. 1940-1954. 1961. [京法]

Ford, P., *Select list of British Parliamentary Papers, 1955-1964*, Shannon, Irish University Press, 1970. [京法]

Moys, E.M., ed., *Manual of law librarianship*, Andre Deutsch, London, 1976, 733. p. Pt. II. 7. Part 1: Government official publications, by E. J. Miller. [東法] [京法]

Pemberton, J.E., *British official publications*, 2nd ed., Oxford, N.Y., Toronto, Pergamon Press, [c 1973] 328 p. [東図] [京法]

Rodgers, *A guide to British Government publications,* N.Y., Wilson, 1980, 750 p. [東図] この書の Part II Parliamentary Papers, pp. 69-180 は詳細であり，参考書を豊富にあげている。

Rodgers, F., *Serial publications in the British Parliamentary Papers 1900-1968: a bibliography*, Chicago, American Library Association, 1971 146 p. [東法]

本文を文献の発行機関名のアルファベット順に分類し件名索名をつける。

（2） 議会資料（Parliamentary Papers）の定義と種類別の分類

Ford, P. はその著 *Guide to Parliamentry Papers*, 3 ed. の中で英国議会資料を広義のものと狭義のものとに区別している。広義の議会資料とは議会とその活動に関連して公的に発行される一切の刊行物を包括する。これに対して狭義の議会資料とは上院文書と上院法案，下院文書と下院法案，Command Papers を含み Sessional Papers とか Blue Book ともよばれる。Sessional Papers とはこれらの文書が 1 つの会期 Session 毎に製本されることに由来した名であり Blue Book という通称は 19 世紀にこれらの文書が青い表紙をつけて発行されたことから由来している。

今日ではこのような広義の議会資料は Parliamentary Publications と呼ばれ審議関連資料である狭義の Parliamentary Papers とは区別されている。

石倉賢一氏は議会資料を次のように図解している。

議会出版物
Parliamentary Publications（広義の議会資料）[1]
　⑴ 議事関連資料
　　i ）Journal 議事日誌
　　ii ）Hansard 速記録
政府刊行物　⑵ 審議関連資料
Official　　i ）Bills 法案
Publications　ii ）House of Commons Papers 下院文書
　　iii）House of Lords Papers 上院文書[2]
　　iv）Command Papers 指示報告書
　　（ii～iv：Parliamentary Papers (Sessional Papers) 狭義の議会資料）
　⑶ 法令集，その他
　　i ）Statutes, etc
非議会出版物

non-Parliamentary Publications

1）括弧内は筆者がつけ加えた。

2）石倉氏の前掲論文等をみても狭義の議会資料の中には上院文書も入れるべきである。

中村泰男氏は英国の議会資料を次のように分類する。(「イギリス議会の議会資料」『外国の立法』第6号）（訳語は同氏の用語をそのまま転用する。)

1）両院の毎日の議事を処理するための議会資料

イ）下　院

1．The Vote（公報）

2．The Order Book（議事日程表）

3．定期的に刊行される議会資料（Periodical Papers）

4．Public Bills（公法案）

5．The Journal（議事録）

ロ）上　院

1．Minutes of Proceedings（議事経過録）等

2．Journals of the House of Lords（上院議事録）

2）Accounts & Papers（政府提出資料）

1．Returns（議院の命令に基づく政府提出資料）

2．Command Papers（国王の命令に基づく政府提出資料）

3．Act Papers（法律に基づく政府提出資料）

3）議会資料総覧（Sessional Volumes of Parliamentary Papers）

議会資料は毎会期毎に次の順序で一緒に製本される。

1．公法案（Public Bills）

2．委員会報告書（Reports of Committees）

3．政府の委員会の報告書（Reports of Commissioners）

4．その他の政府提出資料（Accounts & Papers）

4）議会資料の会期別索引（Sessional Index of Parliamentary Papers）

これには法案の番号順のリスト，House of Commons Papers, Command Papers の番号順のリストと件名索引が含まれている。

5）議会資料の印刷と刊行

Command Papers 等

6）議会に関連のある資料

議会の刊行物と王室用度庁（Stationery Office）の刊行物とがある。

7）討論の公式報告

（3） 議会資料の調べ方

（公共関係法案の探し方は竹島前掲書 92—99 頁参照。これは図版を豊富に含み大変参考になる。）

上述の各資料の検索方法を以下の順序によって説明する。

(a) Bills (b) Command Papers (c) Law Commission Reports (d) 議長名からの報告書の検索 (e) Parliamentary Papers（狭義の議会資料）(f) Daily List of Government Publications (g) 議会の討論速記録 (h) 国立国会図書館所蔵の議会文書 (i) 18, 19 世紀のコレクションとその索引のリスト (j) 議会資料の入手方法（復刻版や新刊情報）

(a) **Bills**（法案）

最近の法案や改正案の番号をつきとめるには *Daily List of Government Publications* の番号順リストと件名索引を使用すればよい。法案の審議過程は *New Law Journal* または *Current Law* に毎週ついている“Parliament”という色つきの頁を見れば知ることができる（審議過程の説明は Dane, *How to use a Law library*, p. 73参照）。近々数カ月間の法案は *Monthly & Annual Catalogues of Government Publications* により（件名と法案番号によって）探すことができる。

法案を審議する委員会の討論は，初めに日刊としてばらばらに発行され，次にまとめて製本されて出版される。この報告書は初めに委員会毎に分類され，各巻には索引があるが会期全体に対する総索引がないので法案を調べるには，まずその法案に関係のある委員会名を知る必要がある。これは次の方法によって解決できる。すなわち，H.M.S.O.の *Annual Catalogue of Government Publications* を見ると Hansard（議会の本会議速記録）の項目のすぐ後に 1976 年以後は Standing Committees Official Reports という題目の下で（1975 年までは House of Commons: Minutes of Proceedings という題目の下で）法案のアルファベット順に討論が並んでいて，その各々に関係のある委員会名がついている。ex. Business advertisement (disclosure) order, Bills 1977-3rd Standing Committee on Statutory Instruments, etc. Nov. 16, 1977. coles. 1-10; 25 cm.

また，sessional set (議会の文書を会期別に製本した一組) の初めにある"Bills"という名の巻には法案がアルファベット順に並んでいる。(以上は竹島前掲書89頁参照)

議会内での法案に関する討論について述べるとIndex to the Parliamentary Debatesの中で法案はテーマと名称と提案者名と答弁する大臣名の各々によって検索できる。その引用方法は上（下）院議会の会期，法案番号（上院なら丸括弧，下院なら角括弧）の順で，たとえばH.L. Bill 1975-76 (10) Divorce (Scotland) Bill; H.C. Bill 1975-76 [10] Police Billのように記載される。

各会期の終りに（H.C. Paperとして）*Return of the Number of Public Bills*が発行されるので，どの法案が国王の裁可をうけたか，立法化を延期されたか，否決されたかを知ることができる。もし，法案が国王の裁可をえられればこれは*New Law Journal & Current Law*に掲載され，その名称は*Daily List*の件名索引で探すことができる（Dane, *op. cit.*, p. 75参照)。

なお，制定法の審議過程を早く調べるには*Current Law Statutes Annotated* (1948+), Sweet & Maxwell, 1963+［東外］がよく，これは初めに速報版を次に年刊をまとめて出版し，制定法の正文と審議過程がついている。

法案の索引を18世紀から年代順にあげてみると1701〜1750年に至るCommons Papersの包括的なリストがSheila Lambertにより編集され，1968年に出版されたが，これはこの時代のすべてのbills, reports, accounts, papers(法案，報告書，政府提出資料）を含むものである。

次にL.C.の*Catalog of Printed Cards*によればGt. Brit. Parliament. House of Commons, *General index to the bills, printed by order of the House of Commons: 1801-1852*, London, 1854, 468 p. 33 cm.があり，その次に*General alphabetical index to the bills, reports, estimates, accounts and papers, printed by order of the House of Commons, and to the papers presented by Command, 1852-53-1868-69*, London, 1870 p. 33 cm.

Do. from 1852 to 1899, 1909, 1551 p. 33 cm.

Gt. Brit. Parliament. House of Commons. Library, *General alphabetical index to the bills, reports and papers printed by order of the House of Commons and to the reports and papers presented by Command 1900 to 1948-49*, London, H.M.S. Off., 1960, 893 p. 29 cm.［東外］(YIU 29-G 69)［国］

Do. from 1950 to 1958-59, London, H.M.S. Off., 1963, 479 p.がある。

この中の1900〜1949年にわたる索引は4万以上の資料からなり，件名標目によりアルファベット順に分かれていて個別のテーマに関するすべての資料の詳細な情報を知ることができる。すべての標目はテーマが極めて小さいか，または相互参照の場合を除いて次の3つのグループすなわち法案とReports of Committees and CommissionsとAccounts and Papersに区別される。しかし，これは同一のテーマの法案と資料が遠く離れることになるので使用する場合にはこの点を特に留意すべきである。また，Pt. IIに*Short title of Bills, 1900 to 1948〜49*があり，法案をその略称（例Absent Voters）によってひくことができる。

このように*Library of Congress. National Union Catalog*.を利用すると種々のことが判明する。たとえば，その1973-1977, vol. 43, p. 505を見るとGreat. Britain Parliament. Joint Committee on Consolidation Bills-. Consolidation bills, 1972-73......London, H.M. Stationary Off., 1973, vii, 13 p., 25 cm.とありこのようにGreat Britain. Parliamentのところを見ると著名な法案が単行書として出版されていることを発見できることが多い。

(b) **Command Papers**

議院の要求なくして各省庁から提出される議会資料はCommand Papers（国王の命令で政府の各省庁から提出される資料）とAct Papers（法律に基づく政府提出資料）の2種類に分類される。

このCommand Papersは現在までに次の5シリーズに区別されて刊行されている。

年代	番号
1833—68/69	［1］から［4222］—資料に番号が印刷されていない。
1870—99	［C 1］から［C 9550］—資料に番号が印刷されている。
1900—18	［Cd 1］から［Cd 9239］

1919—55/56　［Cmd 1］から［Cmd 9889］
角括弧は1922年に廃止された。
1956/57 → 85/86　Cmnd 1 → Cmnd 9927
1986/87 →　Cm 1 →

検索の方法

上述のように番号の前についている略字の相違によってそれが上述の5つのシリーズの中のどれに属しているかが判明する。しかし，このCommand Papersは一般にその番号だけで引用されるためにそれだけでは直接Sessional Papers（審議関連資料を会期末に一括製本したもの）にあたって調べることができない。この場合にはPemberton, J. E., *British official publications,* 2nd ed., N. Y. Pergamon Press［c 1973］.［東図］［京法］pp. 65〜66にあるConcordance of Command Papers 1833-1972を見ればこの番号とそれが発行された会期が表になり対照されているのでそれからSessional Index（議会資料の会期別索引）を参照すれば目的とするものを発見できる。もう1つの方法はRoma, E. ed., *A numerical finding list of British Command Papers*, published 1833-1961, N.Y., N.Y. Public Library［c 1967］.［東法］を見ると発行された5つのシリーズの中のすべてのCommand Papersを番号順に並べてそれに対応する年代とSessional Papersの巻と頁を表にして対照しているから，これを利用すればよい。また，個々の資料の正式の名称などはその年のAnnual catalogue of government publicationsでつきとめることができる。もし，Command Papersのおよその年代がわかっていればParliamentary Debatesの各会期の索引にあるCommand Papersの番号順のリストを見ればよい。もし，正確な年代は不明であるが最近のものであると推測できる場合には*Annual Stationery Office lists*と*Annual Catalogue of British Offical & Parliamentary Publications*［東法］（Y 1 F 29-A 615-75）を見ればその年に発行されたCommand Papersの番号順のリストが出ている。

なお，著者が発見した別の便利な方法がある。すなわち，Command Papersの大体の内容と提出されたおよその年代がわかれば（U.S.）*Library of Congress. National Union Catalog*.の著者名目録でそれがどこに掲載されているかをつきとめる方法である。たとえば，1973年の社会福祉に関する資料は上記

の目録の *1973-1977. A Cumulative Author List*, Vol. 43, p. 499 をみると Gt. Brit. Parliament. House of Commons. Committee on the Abuse of Social Security Benefits, *Report presented to Parliament by the Secretary of State for Social Services and the Secretary of State for Employment and Productivity by Command of Her Majesty*, March, 1973, London, H.M.S. Off., 1973 とあり，その注記に（Great Britain. House of Commons. Command paper 5228）と出ているのでこれでこの資料の番号をつきとめることができる。この場合に委員会名が不明でも年代のおよその見当がついていればその年代の頃の上述の目録の中で Great Britain. Parliament. House of Commons. というところを次々に見れば「著名なものである限り」この目録に出ていることが多い。

また，1942 年頃までの Command Papers も（U.S.）Library of Congress, *Catalog of Printed Cards*, Vol. 59 の Gt. Brit. Parliament. Papers by Command という所を見ると pp. 142～516 の間に実に 375 頁にわたって Command Papers を列挙しているので，それによって探すことができる。その p. 142 を見るとこの Command Papers が次の 3 つに分類して列挙してあることが記されている。すなわち 1．数字のつけられていない series はアルファベット順に並べられている（pp. 142～148）。

2．C， CD または CMD のような接頭語はないが，番号だけがついている series は番号順に並べられている（p. 148）。

3．C，CD または CMD のような接頭語のつく series はその文字の下で番号順に並べられている（pp. 148～516）。

また，Command Papers の作成委員会名や委員会長名から，これを探す方法がある。*Where to look for your law*, 14th ed., London, Sweet & Maxwell, 1962 の中には A list of Reports of Royal Commissions, Courts of Inquiry & Committees, etc, 1900-1962 と題して，1900 年から 1962 年までの王立委員会報告書が委員長名の下にリストされ Command Papers の番号と Sessional Papers の巻号が共に表示されている。この Sessional Papers とは審議関連資料 Parliamentary Papers を議会の会期別に一括製本したものである。また，Pemberton, J. R., British official publications, 2nd ed., c 1973.［東図］にも王立委員会名と審議会名の下に Command Papers の番号があげられている。

なお，19 世紀からの Command Papers の索引には (a) Bills のところであげたものを使用することができる。

(c)　**Law Commission Reports**

これの完全なリストはHouse of Commons Papersとして発行されたLaw Commissions Annual Reportの中で見つけることができる。このリストはCommand numberまたはPaper number順に並べられ，各々の報告について委員会の提案が履行されたか否か，もし履行されたならばどの法案によってなされたかを示している。Law Commission Reportsは月刊と年刊の*Catalogue of Government Publications*の中の件名索引をひけば出てくる。また，(U.S.) Library of Congress, *Catalog of Printed Cards*のとくに1968～72年以降のものをGt. Brit. Law Commissionのところでひくと Law Commissionの大部分の出版物が出ていて，その注記に(It's Published Working Paper no......) (Gt. Brit. Parliament. Papers by command. comnd......) (It's Law Com. no......) と書いてあるから，それによりこの委員会の個々の出版物の番号を知り，現物を探すことができる。

また，そのWorking papersをまとめて出版したものとしてGt. Brit. Law Commission, *The Law Commission working papers*, Abingdon, Professional Books, 1977-1983/76 nos. in 9. Reprint of papers issued 1966-81. [東法] (F 2975-LC-77) [京法]がある。また，*Law Commission Reports. Reprint of Numbers 1-95*, Abingdon, Professional Books, 1979. 95 nos in 10. [東法] (F 2975-LC-79) [京法]と*Law Commission Digest; Summaries of the Law Reform Recommendations made in the Reports of the Law Commission*, by D. Raistrick, 1979, 236 p. [東法] (F 2975-LC-L 79) があるが，後者は1965年に至るイギリスとスコットランドのLaw Commissionの提案を含んでいる。この3者とも内容目次が初めについている。

Hansardは*Second Catalogue of Parliamentary Reports and a Breviate of their Contents*, 1696-1834を発行したがこれはI.U.P. (Irish University Press)から1970年に復刻出版されている。

委員会の報告書の総索引を年代順にあげる。

Gt. Brit. Parliament. House of Commons, *General index to the Reports from committees of the House of Commons*, 1715-1801 printed but not inserted in the Journals of the House, 1803, Bishops Stortford [Hertfordshire] Chadwyck-Healey, 1973, 380 p. 36 cm, Reprint of the 1803 ed.

Gt. Brit. Parliament. House of Commons, *Indexes to the subject matters of the reports of House of Commons, 1801-1834*. Ordered, by the House of Commons, to be printed, 15 August 1834. [London, 1836?] 672 p. 33 cm (Parliament, 1834. H. of C. Repts. and 626 (A)).

Gt. Brit. Parliament. House of Commons, *General index to the reports of select committees, printed by order of the House of Commons: 1801-1852*. Ordered, by the House of Commons, to be printed, 16 August 1853. [London, 1854] 442 p. 33 cm [Parliament, 1854. House of Commons. Accounts and papers. 32. Indexes to bills and reports, 1801-1852. pt. 2].

Cole, A. H., *A finding list of British royal commission reports: 1860 to 1935*, Cambridge, Mass., Harvard University Press, 1935. 66 p.

その他，19世紀初頭から1959年に至る議会資料の索引は(a)法案のところで述べた。

その他 *Select List of British Parliamentary Papers, 1955-1964* の p. 103 にはこの年代の歳出予算委員会の報告書のリストがある。

(d) 議長名からの報告書の検索

議長名だけを知って報告書をつきとめるには（テーマを知っている場合を除いて）次のものを使用すればよい。

Richard, S., *An index to Chairmen of committees & commissions of inquiry, 1800-1899*. [東図]

Richard, S., *British Government Publications: An Index to Chairmen and Authors, 1900-1940*. [東図]

Richard, S., *British Government Publications. An Index to Chairmen and Authors, 1941-1978*. [東図]

Index to Chairmen of Committees, etc.（HMSOから季刊で発行される。）

もしこれらを探しても発見できない時にはGovernment Publicationsの年刊または月刊の目録をみればよい。

1959—1960年の会期以後はSessional Index to Commons Papersに議長名の索引がついている。(Command Papersの作成委員会名や委員長名による索引については(b)参照)。

(e)　**Parliamentary Papers**（狭義の議会資料）

政府の刊行物は議会のものであると否とにかかわらず，件名によってGovernment Publicationsの日刊，月刊，年刊および5年毎の目録と，1900〜49年と，1950〜59年を対象とした総索引によって検索できる。しかし，議会出版物を会期毎に検索できるのはAnnual catalogues of British offcial & parliamentary publicationsとSessional Index of Parliamentary Papersである。

議会資料は1つの会期を単位として製本されるのでSessional Papersとも呼ばれ，これについている索引が後述の議会資料の会期別索引である。ただし，下院文書と上院文書とは，法案と関連して発行される方法が異なることに注意しなければならない。すなわち，上院文書は同院に提出される法案と区別されずに番号順に発行され，イ）H.L.　ロ）1975—76　ハ）(123) のように引用される。イ）は上院，ロ）は会期，ハ）は文書番号を意味する。これに対して下院文書は同院に提出される法案とは「別個に」発行され，その引用方法はイ）H.C.　ロ）会期，ハ）文書番号である。この両院の文書の発行方法の相違が調べ方にも影響を及ぼしている。

Sessional Index of Parliamentary Papers（議会資料の会期別索引）（[国] は1801年以降現在まで4つの形態で所蔵している）。

これは議会資料の会期別セットの最後の巻であり，その中には製本された各巻のリスト，法案，下院文書，Command Papersの番号順のリスト，アルファベット順の件名索引，1959—60年の会期以降は議長名索引が含まれている（しかし，1979—80年の会期からは下院議会図書館の製本方法が法律案，下院文書，Command Papersの各々の文書番号順となったので文書番号順のリストはなくなった）。そして次に10年毎の索引にまとめられ，さらに50年毎のものにまとめて刊行されている。すなわち，1801〜1852年を対象にした総索引と1852—53年の会期から1868—69年の会期を対象にした索引がある。1852〜99年を対象にした総索引は存在はするが編集者の誤りで資料番号への参照が含まれていないから，その利用価値は制限されている。この1801〜1852年間の総索引で報告書を検索する場合には注意すべきことがある。すなわち，Reportsという名称の第2巻は（議会の）委員会報告書（Reports of Committees）を取り扱っているが，政府の委員会の報告書（Reports of Commissioners）はその他の政府提出資料（Accounts & Papers）と共に第3巻に入っているから，報告書が（議会の）委員会のものか，政府の委員会のものか不明の場合には第2巻と第3巻の両方を見るべきである（後述の件名索引に関する説明を参照）。

1900〜1949 年の総索引にはこの期間の議会資料の番号順の表と法案の略称のリストがついている。1950〜1959 年の索引も出ている。

これらの索引は 1 世紀以上も製作の年代が離れているので，同一のテーマを必ずしも同一の件名ではひけない。たとえば，選挙の請願に関する資料はある巻では「選挙」という件名で，他の巻では自治都市名でひくようになっている。

1900〜1949 年の総索引は約 27,000 巻に含まれた 4 万以上の資料を対象としているがこのようにこの索引はあるテーマに関するあらゆる資料に関して詳細な情報を提供するためにアルファベット順の件名に分かれ，各々の件名の中はごく小さいテーマのものでない限り，①法案　②議会の委員会報告書　③政府の委員会報告書　④その他の政府提出資料の 4 つの群に分かれている。そのために同一の件名の中で法案と文書が遠くはなれていることがあり得るので，後者を見おとさないように注意しなければならない。また，テーマの大きな件名標目は多くの下位区分に分かれる。たとえば，Landlords & Tenant, Sub-Division III, Reports of Commissioners はさらに 11 の下位区分に分かれる。例をあげると，もし利用者が Report of the Committee on Alternations on Criminal Procedure (indictable offences), 1921 を見つけようとすると，それは Criminal Law の下の Section III, 2 Criminal Procedure の下にあり，1923. Cmd. 1813. X. 273 と書いてある。これは Commannd Paper, number Cmd. 1813 でこの報告書は 1923 年の会期の第 10 巻の 273 頁にあることを意味している（Moys, p 265 参照）。

その他の索引をあげると，Annual catalogues of British official & parliamentary publications 1894-1919. Bishops Stortford, Chadwyck-Healey, 1975, 2 v. 23 cm［東法］（YIF 29-A 615-75）には会期毎に Alphabetical index to Parliamentary Publications session……Alphabetical Index to the proceeding papers., [Alphabetical Index to] Local & Private Acts, [Numerical list of] House of Commons Bills, House of Lords Papers & Bills, House of Commons Reports & Papers, Papers by Command がある。恐らく他の年代を対象とするものも発行されていると思う。

また，*Catalogues of Parliamentary Papers 1911-1920*, *1920-1935*,［国］Ford, P., *Select list of British Parliamentary Papers 1955-1964*［国］Ford, P., *Abbreviate of Parliamentary Papers 1917-1939*, Oxford, Basil Blackwell, 1951. 571 p.［国］がある。

その他 *Catalogues & Indexes of British government publications*, 1920-1970, vol. 1-5, Bishops Stortford, Chadwyck-Healey, 1974. 5 v. 23 cm.［東法］［京法］の中の vol. 1 は Consolidated indexes to British government publications, 1936-1970. で，1920-1935 は Annual catalogues になっている。この中に件名索引があり Command Papers は番号順に，Local & private acts はアルファベット順に並んでいる。この他は国会は Cum Index 1922-72 を持っている。

H.M.S.O., Catalogue of Government Publications の月刊のものは3部に分れその第1は議会出版物目録で法律案，上院文書，下院文書，コマンド・ペーパースなどを会期毎に各々の文書番号順に配列する。第2は分類目録で，議会及び行政機関など文書の提出者別に分類したものであるが，法律案，法律議事録は除かれている。第3はアルファベット順の件名索引で件名，著者名，議長名などからひくことができる。これが後に年刊のものにまとめられる。

18，19世紀の議会資料のコレクションとその索引については(i)で述べる。そこでは復刻版にもふれる。

上院文書の検索資料

General Index to the Sessional Papers printed by order of the House of Lords, or presented by Special Command, from 1801 to 1859.（1938年再版)。［国］(G-1-5)

Irih University Press series of British parliamentary papers（*General*), *Index*, Shannon, Irish Univ. Press,（1968）8 v.［国］1801～1899年の議会資料に対する索引（(i)で詳述)

General Index to the Sessional Papers printed by order of the House of Lords or presented by Special Command from 1859 to 1870; Do., from 1871 to 1885.［国］

これ以外にも毎年発行される *Annual Alphabetical Index for each year, 1886 to 1920* も存在する。

その他 *Sessional Indexes*（［国］には1952年以降あり）や *Sessional Lists 1921-* も存在する。その他下院文書のところで述べた H.M.S.O の出版物を参照。

（f） **Daily List of Government Publications**

これはActs（制定法）と他の政府出版物の最新の関連資料を調べるために最も有益である。それは議会の出版物（*House of Lords & Commons*, *Papers & Bills*, *Command Papers*, *Acts & Debates*）と議会以外の各省の出版物（省毎に細分される）に分けられる。またこの中にはH.M.S.O. 以外のEC，国連，WHOのような団体の出版物のリストがある。このDaily Listを集大成したものが（月刊または年刊の）Government Publicationsである。

この月刊のものの第1部は番号順に並べられた上院と下院の文書と法案と番号順のCommand Papersとその月の間に発行されたActs（制定法）のそれぞれのリストを含む。第2部は議会および議会以外の官庁別の出版別リストからなる。索引は件名，書名，法案の起草者名の各々から成り立っている。法令の文書は除外され，そのためには独立した月刊の索引が出版される。月刊のものを集大成したものが年刊のものである。そして5年毎に累積索引が発行される。

年刊および5年毎の累積版は次のものを含む。

(i) 初めに会期別，次に法案番号，資料番号とCommand Papersの番号順に並べられた議会出版物のリスト。

(ii) （法案と議事録と討論を除く）議会および議会以外の官庁別の出版物の分類別リスト。

(iii) H.M.S.O.により出版される逐次刊行物の価格つきのリスト。

(iv) 書名，件名，起草者名，委員会の議長名のアルファベット順の索引。

これ以外に議会関係の逐次刊行物の書誌として

Rodgers, F., *Serial publications in the British Parliamentary Papers 1900-1968*: a bibliography. Chicago, AALA, 1971, 146 p.がある。

（g） **議会の討論速記録**

19世紀以降の議会の討論速記録は次の5つのシリーズに区分されている。

期間	巻数	シリーズ	表題紙名（括弧内は名称の変更した日付）
1803—20	41 vols.	1 st Series	Cobbett's Parliamentary Debates. Parliamentary Debates. (1812, vol. 23)
1820—23	25 vols.	2 nd Series	Parliamentary Debates. (Accession of George IV)
1824—29			Hansard's Parliamentary Debates. (1829, vol. 21)

1830—91	350 vols.	3 rd Series	Hansard's Parliamentary Debates. (Accession of William IV)
1892—1908	77 vols.	4 th Series	Parliamentary Debates. (Authorized)
1909—		5 th Series	Parliamentary Debates. (Official)
			Parliamentary Debates. (Hansard) (1943)

これは全部［国］と［京法］で所蔵している。

討論は今日では月刊と週刊で発行され，次に製本されたものが出る。その各巻にはそれぞれの索引があり，各会期の最後の巻には完全なその会期の索引が含まれている。索引を使用する場合に最も注意すべきことは討論の欄の番号と質問に対する答弁の番号の字体が異なっていることである。すなわち前者には普通の字体が使われるが，下院の Hansard では答弁は各巻の終わりに集められ，その欄の番号は italics で印刷されている。この italics は索引においても使われる。それでこのことをわきまえていないと，索引において特別な欄への参照は italics で印刷されていて，その問題に対応する討論の欄は別の所にあることに気づかない結果になる（Dane, *How to use a law library*, p. 76.参照)。

索引においては次の略字が使われる。

1 R＝法案の初めの読会

2 R＝法案の2度目の読会

3 R＝法案の3度目の読会

Amendt＝修正案

Com＝委員会

Rep＝報告

索引の中で法案の読会に＊の印がついている時には，その段階では討論が行われなかったことを示している。

その他の特徴は

(i) すべての記入は“Debate”という名をつけているものを除いて質問事項を示す。

(ii) 予算委員会で討論された議題はその題目と議院名の下に記入されるが，委員会以前の議決の下では記入されない。

(iii) 表題の後で(S)とついているものは，その議題が予算委員会で討論されたことを示す。

(iv) 質問事項はそのテーマと質問する議員名と，答弁する大臣名によって検索できる。

(v) 大臣の供述は“Ministerial Statements”という件名とその大臣名とで検索できる。

(vi) 公共関係法案，動議等に関する討論はそのテーマと議員名，大臣名によって検索できる。

今まで知り得た限りではこの議会の累積索引には次のものがある。

Great Britain. Parliament, *General index to the first and second series of Hansard's Parliamentary debates forming a digest of the recorded proceedings of parliament, from 1803 to 1830*, Ed. by Sir J. Philippart. London, Baldwin & Cradock, 1834. N.Y. Kraus Reprint. [1970?] 743 p. 26 cm.

Ford は“Guide to Parliamentary Papers”の中で Parliamentary Debates の公式の引用方法を vol. no./House/Series/date/col. no. の順で 213 HC. Deb. 5 s. 8 Feb, 1928 col. 136. と例示するが，年代をあげれば Series をあげる必要がなく Hansard で数えられる番号は column にきまっているので col. という言葉をつける必要はない。

(h) **国立国会図書館所蔵の議会文書**

同図書館所蔵の議会文書を次に示す（同図書館月報 398 号から転載)。

対象の年代	名　　称	内　　容
1731—1800	Abbot Collection.	初めの年代順索引が110巻あり，Catalogue of Papers, 1731-1800は1807年出版で1954年にH.M.S.O. より再版された。
1715—1801	First Series.	15冊。索引は16冊目である。
1801—1826	Second Series.	報告書。154冊。政府提出資料152冊。法案56冊。これに対する索引は後述する。
1801—1861	Third Series.	英国下院図書館にあり。 358冊で索引はない。

国立国会図書館

表１　主な所蔵議会文書索引一覧

	索引名（請求記号）	年代
1	Sessional Index (HCペーパー，BG-8-2) (Controller's Library Collection, YC-38) (バウンド・セット原本　BG-8-18) (HC Parl. Papers 1801～1921, YC 5-12)	1: 1950→ 1922―1950 1904―1921 1801―1903
2	HMSO年別目録	2: 1936→
3	チャドウィック・ヒーリー版年別目録	3: 1894―1970
4	Cumulative Index 1922～1972	4: 1922―1972
5	General Index 1900～1948/49 (328. 42-GP 25g)	5: 1900―1948/49
6	Subject Catalogue 1801～1900 (BG-8-5)	6: 1801―1900
7	General Index (IUP) 1801～1899 (BG-8-5)	7: 1801―1899
8	Checklist (IUP 1,000 vols.) (BG-8-5)	8: 1801―1899
9	Hansard's catalogue (IUP) 1696～1834 (BG-8-5)	9: 1696―1834
10	List of HC Sess. Papers of 18c. (BG-8-19)	10: 1715―1800
11	General Index to HL Sess. Papers (BG-1-5)	11: 1801―1884/85 1714―1805
12	Rotuli Parliamentorum (BG-8-23)	12: 1278―1503
13	Diplomatic Blue Books 1919-1939 (BG-8-4)	13: 1919―1939
14	Diplomatic Blue Books 1814-1914 (A1-13)	14: 1814―1914
15	トリントン・コレクション（未整理）	15: 1624‐‐‐‐1885

国立国会図書館

表２ 主な所蔵議会文書一覧

	資料名（請求記号）	索引	年代
A	コマンド・ペーパー（BG-8-1）	1,2,	1947→
B	HCペーパー（BG-8-2）1950		1945/46→
C	HLペーパー（BG-8-3）	3,4	1966/67→
D	Controller's Library Collection（YC-38）	3,4,5	1922——1950
E	バウンド・セット原本（BG-8-13）	1,5	1904——1921
F	HC Parl. Papers 1801～1921（YC 5-12）	1,5,6,7,9	1801——1903
G	IUP 1,000 vols.（BG-8-5）	6,7,8,9	1801——1899
H	HC Sess. Papers of 18c.（BG-8-19）	10	1715——1800
I	HL Sess. Papers（BG-8-21）	11	1714——1805
K	外交関係Parl. Papers（BG-8-1）	1,5,6,7,9 13,14	1870——1922 1894——1908 1806——1894
L	Rotuli Parliamentorum（BG-8-23）	12	1278——1503
M	トリントン・コレクション（未整理）	15	1624‐‐‐‐‐‐1885

なお同図書館所蔵「外国法令議会資料目録」（1987年現在）も参照。

(i)　18，19世紀の議会資料のコレクションとその索引

1701〜1750年に至るCommons　Papersの包括的なリストはSheila　Lambertにより編纂され1968年に出版された。これがGt. Brit. Parliament. House of Commons, *List of House of Commons sessional papers, 1701-1750*, ed. by S. Lambert. London, Swift (P. & D.), 1968, 155 p. 33 cm.であり，これはこの時代に印刷されたすべてのbills，reports，accounts and papersを含むものである。

その他に次のものがある。

Jones. Hilda, Vernon, *Catalogue of Parliamentary Papers 1801-1900*: With a few of earlier date, London, P.S. Kings & Sons, 1904.

Ford, P., *Select list of British Parliamentary Papers, 1833-1899*, Oxford, Blackwell, 1953. 187 p.

Parsons, K.A.C., *A checklist of the British Parliamentary Papers (bound set), 1801-1950*, Cambridge, University Press, 1958, 150 p.

General index to the accounts & papers, reports of commissioners, estimates & c, 1801-1852, 1854, 1,080 p.

国会図書館は*Subjct Catalogues of the House of Commons Parliamentary Papers 1801-1900*, 5 v.を所蔵する。

件名索引と梗概

出版年	対象の年代	内　容
	1715—1801	1st Seriesに対する総索引で，その中に件名索引がある。
1830年	1801—1826	2nd Seriesに対する索引で議会の報告書とその内容の梗概の分類別索引である。また政府提出資料等と法案の分類表が1830年出版されたが，絶版である。件名索引は49冊である。
1834 (1968年再版)	1696—1834	議会の報告書などを件名によりまとめたもの。
	1835—1837	上記のものの補遺

(Ford, p. 57より要約)

Irish University Press は19世紀の議会資料のリプリントの2つのコレクションを1969～1971年に発売した。その第1のものはIUP（Irish University Press）（1000 vol），*Series of British Parliamentary Papers*，*1801-1899* というもので，これは19世紀イギリスの全体で8万点以上ある議会資料のうち，下院文書の中でとくにSelect Committee の Reports や Minutes of Evidence と Royal Commission Reports（つまり Command Papers）を中心に，その重要なもの4,810点を選定し，リプリントした各文書を分野別に編成した中をさらに年代順に収録し，1,000冊にまとめあげたものである。しかし，これには法案の大部分と多くの下院文書，各省庁の年鑑報告書などは収録されていない。その内容をさらに詳述すると，文書を分野別，たとえば農業，産業革命，教育等に編纂し，教育を例にとるとEducation General の中をさらにElementary Education に分け，それを会期順に並べている。このコレクションはまた奴隷制度とオーストラリア，カナダ，ニュージーランドに関するすべての報告書と文書を含み，またアフリカ，東印度諸島，西印度諸島の植民地からの選択された報告書と文書を含む。IUP の第2のコレクションは（領域毎の研究に関するもので，1971年に出版が開始され）様々な国々を対象として200冊からなっている。その国々とは米国，日本，ロシア，中米および南米である。このIUP の第2のコレクションは法案，予算および小さな統計報告を除く特定の国に関する「あらゆる」資料を含んでいる。（Ford, "Guide to" p. 31参照）（このIUP の復刻版の第1のコレクションを京大法学部が所蔵し，筑波大学や熊本大学もある程度は購入したとのことである）。［国］（BG-8-5）

この19世紀の議会資料のリプリント版の索引と思われるものには次のものがある。Irish University Press, *Checklist of British Parliamentary Papers in the Irish University Press 1000-Volume Series 1801-1899*, Shannon（Ireland）Irish Univ. Press［c 1972］218 p. 30 cm［東法］（YIP 29 IUP I 68）［国］［京法］

Contents: Pt. I Chronological List of 1000-Volume Series 1801-1899. Pt. II Alphabetical Subject Set List.（ex. Agriculture, Anthropology, Colonies, Crime & Punishment, Education......）Pt. III Key Word Index to Pt. II.（議長名と報告書の起草者名の索引つき）［国］にはこの本体もある（BG-8-5）

IUP 出版の19世紀の議会資料の索引にはさらに次のものがある。

Irish University Press Series of British Parliamentary Papers. Index 1-8.

& Special Index 1. Ireland, Shannon [c 1968] 9 v. [東法] (YIF 29-IUP-I 68) [京法]

Contents: Vol. 1 Hansard's catalogue. Vol. 2 Reports, Select Committees-Sessions 1801-52. Vol. 3 Accounts & Papers, 1801-52. Vol. 4 Bills, Reports, Estimates, Accounts & Papers, 1852-69. Vol. 5 Bills. Sessions 1801-52. Vol. 6 Bills, Reports, Estimates, Accounts & Papers, 1870-79. Vol. 7 do. Sessions 1880-89. Vol. 8 do. 1890-99. Special Index Vol. 1. East India.

個々のテーマに限定された索引の1例として次のものがある。

Index to British Parliamentary Papers on Children's Employment. IUP [c 1973] 443 p. [Indexes to the IUP 1000 volume series of British Parliamentary Papers] [東法] (YIF29-IUP-173). Contents. -Chronological list of papers indexed. -Table of statutes. (年代順), Abbreviations, Index. (件名索引)

その他Catalogue of parliamentary papers 1801-1900, 1901-1910, 1911-1920. London, P.S. King [1912-1921?] 3 v. [東法] や Ford, P. -Select list of British Parliamentary Papers, 1833-1899. Oxford, Blackwell, 1953. 165 p. [東法] do. 1955-1964. [国] 等がある。

18, 19世紀にわたる「英国議会資料」の索引がCD—ROM（英文）で刊行されている。これは1万3千巻, 800万ページにおよぶ「英国議会資料」(1801—1986年）の索引CD—ROM（英文）を文生書院が1998年に刊行したものである。英国でも上院を含めた索引CDは出版されていない。この資料は議会に提出された法案や各種委員会報告, 外交文書などからなる。索引は, 各文書のタイトルを会期, 人名, 項目の3種類から引くことができ, 何巻の何ページに掲載されているかを知ることができる。これを京セラが購入し国立民族学博物館へ寄贈することになった（1998年4月12日朝日新聞より)。

(j)　議会資料の入手方法（復刻版や新刊情報）

議会資料は18世紀や19世紀および今世紀のものが復刻版やマイクロフィルムの形で発行されている。(i)の18世紀, 19世紀のコレクションとその索引のところにも復刻版が若干記載されている。

次にマイクロ化されたものではReadex Micro Corpがマイクロオペークの

形でハンサードをはじめ Sessional Papers 等を販売しているが，欠点としてハードコピーがとれないこと，索引自体もマイクロ化されているため検索が煩わしいことがあげられよう。 また[(1)]United Historical Institute はマイクロフィルムによって 1922 年から 1972 年の議会出版物を販売している。これには 2 冊の索引がついていて必要な文書を分割して購入することもできる[(2)]。議会資料は古書市場に出回ることもあるが欠落の度合によっては復刻版やマイクロ化されたものを入手する方がよい場合もあろう。カレントな文書を入手するには直接 H.M.S.O. あるいは国内書店をとおして比較的容易に入手できる。新刊情報を知るには H.M.S.O. 発行の Monthly Catalogue[(3)]を利用するのがよい。これには議会出版物が会期毎，文書番号順にリストされ詳しい書誌データもつけて掲載されているからどのような文書が発行されたかを調査するには欠かせない。また，この Monthly Catalogue の年度版では各資料が文書番号順にリストされているから目録や参考資料としても役立つ。Monthly Catalogue にはこの他議会出版物としてあつかわれない各省庁の出版物が非議会出版物として省庁別にリストされているから併せて利用することが肝要である。

(1) 以下は石倉氏前掲論文より引用。
(2) The Controller's Library Collection of H.M.S.O. Publications, 1922-1972.［京法］この索引は"Cumulative index to the catalogues of Her Majesty's Stationery Office Publications, 1922-72" vol. 1, 2, Washington, Carrollton Press, 1976 である。
(3) Gt. Brit. H.M.S.O. "Government Publications" 1936- Monthly.

インターネットで法案，議会での発言，委員会の報告書などを検索する方法については，指宿信編『インターネットで外国法』（日本評論社，1998 年）51 頁および同『法律学のためのインターネット 2000』（同，2000 年）86 頁を参照。

第12章　アメリカの法案・議会資料の調べ方

＊　＊　＊

(1)　序

米国の議会資料に関する邦語文献としては，既に国立国会図書館月報121～123号に「外国の法令・議会資料ノート(9)～(11)」として「アメリカ合衆国─その1～3」が出ており，さらに大学図書館研究14(1979年)の石倉賢一「アメリカの立法資料──議会と議会資料」と，コーエン著・山本信男訳『アメリカ法の調べ方』(成文堂，1976年)第5章立法史(以下コーエン邦訳として引用)，コーエン著・山本訳『入門アメリカ法の調べ方』(成文堂，1995年)，アメリカ下院編纂，山岡清子訳『アメリカ議会と法案審議のしくみ』(経済広報センター，1981年)，石井五郎「アメリカ合衆国における法典編纂事業」(レファレンス，第80号)，藤田晴子「英米における Bill の意味」(同106号)，新田隆信「アメリカ連邦議会における法律制定過程」(同128号)，ジン「米国連邦議会の立法手続」(同178号)，藤田晴子「アメリカ連邦議会の各種の決議の形式と効力」(同262号)と1983年10月19日の法図連の研究会における丸山昌子氏の講演がある。また，連邦法令については，議会の法案提出段階からインターネット上で法案の動向を調査することができる。(**本章(8)**参照)。しかし，過去の資料を調査するには印刷物が必要である。著者は以上の労作を参考にした上で後述する図書と自己の経験を基礎にして，印刷物によるそれらの資料の「ひき方のこつ」を詳細かつ具体的に，初心者でも利用できるように述べたつもりである。

そのほか，本書で利用した参考文献として次のものをあげる。

Cohen, M.L., *Legal research in a nutshell*, 2nd ed., St. Paul, Minn., West, 1971, 259 p. 19 cm.

Do. 3rd ed., 415 p. 19 cm (以下 Cohen (L. 3 ed.)と略して引用する).

Cohen, M.L., *How to find the law*, 7th ed., St. Paul, Minn., West, 1976, 542 p. 26 cm (以下 Cohen (H.)と略して引用する).

Microcard Editions 社や C.I.S.社の出版物，特定の法律の立法過程の資料の一括出版，日本における米国議会資料の所蔵館

Do. 8th ed., 1983, 790 p.

Dan Henke, *California legal research handbook: State, Federal*, Walnut

Creek, California, LEX-CAL-TEX Press, 1971, 924 p. ［東外］（Y 1 U 23-C 71）

Goehlert, R., *Congress & law making: researching the legislative process*, Santa Barbara, Clio Books, 1979, 168 p. 24 cm.（以下 Goehlert と略して引用する）［京法］

Jacobstein, J.M., *Fundamentals of legal research*, N.Y., The Foundation Press, 1977, 660 p. 25 cm. ［京法］

Pollack, E.H., *Fundamentals of legal research*, 4th ed., N.Y., The Foundation Press, 1973, 565 p. 24 cm.

Price, M.O. & Bitner, H., Bysiewicz, S.R., *Effective legal research*, 4rd ed., Boston, Little Brown, 1979, 643 p. 24 cm（以下 Price（4rd）と略して引用する）.

Roalfe, W.R., *How to find the law, with special chapters on legal writing*, St. Paul, Minn., West, 1965, 313 p. 24 cm（以下 Roalfe と略して引用する）.

Rombauer, M.D., *Legal problem solving: analysis, research & writing*, 3rd ed., St. Paul, West, 1978.（以下 Rombauer と略して引用する）

Schmeckebier, L.F., *Government publications & their use*, 2nd ed., Washington, Brookings Institution, 1969. ［京法］

この他に著者未見のものとして次のものがある。

Eves, B.K. ed., *Legal & legislative information processing*, Greenwood press, 1980. ［京法］

これらの図書の中で特に 1977 年以降に出版されたものには，改めて紹介すべき記事を含むものがある。

（2） 立法過程の調査資料

法令を調査する場合にはしばしば，現行法の公布以前の審議の経過，または立法機関で現在審議中の法案の現状の調査にまで研究が及ぶことがある。これが立法過程の研究である。また，法律の用語が曖昧な場合がよくあるので（訴訟の場合等に）立法関係の資料を探し出して，連邦議会あるいは州議会の意図を調べる必要がおきてくる。このように立法過程の研究には，次の2つの主要な目的がある。すなわち

(a) 立法機関の熟慮の結果である立法資料から，ある特定の法律制定の意味，あるいは立法者の意図を調査する目的。

(b) 議会の会期中に，審議中のある法案が，現在どうなっているかを確かめたり，ある法律の立法過程の各段階をたどる目的である。

法律が制定公布される際に，議会の意図をつきとめるための主な資料として次のものがある。

①　大統領教書

本来は立法過程の資料ではないが，大統領教書には，行政機関による議会に対する立法の提案が含まれており，法案起草者の意志を伝える。またこの教書は大統領が特別な法律の制定に署名するか，または拒否するかした時にも屢々出される。大統領教書は *Congressional Record*, *Weekly Compilations of Presidential Documents*（アメリカンセンター所蔵），*House & Senate Journals*, *House & Senate Documents* の中に登載される。重要な教書は *U.S. Code Congressional & Administrative News* にも登載される。法案提出以前の大統領の教書や公聴会資料を調べないと，重要なことを見逃す結果になりかねない場合があるから注意すべきである。

②　議会提出法案

ある特定の法律が制定されるまでに，議会内で(連邦議会なら，上院と下院の双方において)各種の法案が作成されるが，立法過程の各段階において，法案の言葉の削除や付加あるいはその他の修正がなされるので，各法案相互間の差異から，議会の当該法案に対する意図を知ることができる。上院と下院の法案には，それぞれ別の通し番号がつけられており，この番号は本章(3)の初めで述べる審議過程一覧表（status tables）および，ほとんどすべての立法関係資料に使われ，提出法案を確認する手段となっている。この法案番号は，法律公布後 *slip law* および *U.S. Statutes at Large*（年代順法令集）の双方にも記載されている。この法案は個別的に下院または上院の事務官や，法案の立法者，法案を審議する委員会の事務官から入手することができる。また，Commerce Clearing

House 社もその高価な Legislative Reporting Service を通じて，予約者に特別な分野の法案を提供する。

③ 公聴会資料

これは提出法案または，議会で調査中のある特定の問題について，上下両院の委員会で行われた証言や利害関係のある個人または団体から提出された書類等からなり立っている。ただし，すべての公聴会の資料が発行されるのではない。発行されたものは *Monthly Catalog of U.S. Government Publications* （本章（5）281 頁参照）および後述の審議過程一覧表（status tables）の中でリスト化される。

注意すべきことは，特定の法律の制定に関する公聴会は，その法律が制定された会期より以前の会期において開催されることもありうることである。

公聴会資料は通常，その開催された議会と会期の数，委員会名，発行された公聴会資料の表紙に出ている短い名称，法案番号，公聴会の日付によって識別される。

この資料の現在および遡及的な検索の双方に有益なものとしては *Monthly Catalog of U.S. Government Publications* （本章（5）参照）および 1970 年以降の検索に便利な *Congressional Information Service/Index*（委員会名により配列され，主題による索引がつく）（本章（3）の② 261 頁参照）の他に米国上院の図書館は *Cumulative Index of Congressional Committee Hearings* という名の索引を発行している。それは第 41 議会以降をカバーし，3 つの部分に分かれ，それぞれが件名，法案番号，および委員会名によって配列されている。*Quadrennial Supplement* が 4 年毎に出ている。

④ 委員会審査報告書

立法過程の最も重要な資料は上，下両院別々の委員会議事録と両院合同委員会の議事録である。それはしばしば法案のテキスト，その内容と意図の分析および修正に対する委員会の理論的基礎づけを含んでいる。ただし，委員会で廃案になる法案もあるので，上程されたすべての法案に関する議事録を見出すことはできない。もし上，下両院である法案の異なった修正案が通過すれば，両院合同委員会が召集され，妥協案を作製する。委員会議事録は法案以外の特別な調査，研究や公聴会に関しても発行される。

委員会議事録は *Monthly Catalog of U.S. Government Publications*（本章(5)281参照）と *Congressional Information Service/Index*（本章(3)の② 261参照）の中でリスト化される。

この議事録は Government Printing Office から継続的に，または個々別々に，またはこれを発行する委員会や両院の事務局から入手できる。重要な法案に関する委員会議事録は選択的に *U.S. Code Congressional & Administrative News*（本章(3)の⑧ 266参照）に登載され，少数のものは *Congressional Record* にも登載される。その後，すべての議事録が *House & Senate Documents* と一緒に製本されて，オフィシャル版の *Serial Set* として出版される。

⑤　議会議事録（*Congressional Record*）

Congressional Record は立法に関する議事録，大統領教書，投票経過，議会の討論を「逐語的に」写しとったもので，この点が *House & Senate Journals* とは異なっている。すなわち，後者には逐語的な議事録は登載されておらず，単に討議の有無，およびその後の議会の行動等を記載しているだけである。*Congressional Record* は両院のどれかが開催中は毎日発行される（[アメリカンセンター] は1971年以降のものを所蔵）。

Congressional Record は1873年から出版され始めたが，その前身は次のものである。

Annals of Congress, 1789-1824 (1st Congress to 18th Congress, 1st Session).

Register of Debates, 1824-1833 (18th Congress, 2nd Session to 25th Congress, 1st Session).

Congressional Globe, 1833-1873 (25th Congress, 2nd Session to 42nd Congress, 2nd Session).

各会期末には約30巻以上の合本版が出版される。しかし，日刊版だけが議場での発言への補遺と証拠書類等を含んでいる。第83議会第2会期以前にはこれらの資料は合本版の中にも含まれていた。日刊版と合本版では内容と頁付が異なるが通常は後者によって引用される。

2週間毎に発行される索引は，件名，立法案提出者名，法案名により検索できる。これと累積された合本版の両方に History of Bills & Resolutions がついているが，これはその会期中に上程されたすべての法案を法案番号順にリスト化して立法過程を要約したものである。

Congressional Record の日刊版は *Daily Digest*（後述）を含むが，後者は議会活動の毎日の概要を伝えるものである。そして継続未制定の草案の主要点を掲載している。

Congressional Record は，法律を解釈するためには委員会議事録より低く評価されている。

⑥ 下院と上院の文書（*House & Senate Documents*）

この中には，通常の委員会報告書は掲載されない，議会による各種の調査事項に関する報告が含まれている。その他，行政的な政府機関や民間の団体の報告書も登載されている。この下院と上院の文書は *Monthly Catalog*（本章（5）281頁参照）と，*Congressional Information Service/Index*（本章（3）の② 261頁参照）においてリスト化され，検索できるように工夫され上院名または下院名と，議会と会期の番号および文書番号により引用される。また，これは *Serial Set* の形で刊行され，このセットはその巻の番号によって引用される。

⑦ 上院の機密文書と報告書

上院には条約の批准に関して，特別な責任があるが，これに関連して2種類の機密の出版物を発行する。その中の機密文書の中には条約の本文と，それに関係のある大統領と国務長官の教書または連絡文書が含まれる。もう一方の機密報告書はシリーズの数により数えられるが，機密文書にはアルファベットの文字がつけられている。双方とも議会の回数と会期名および，シリーズの数またはアルファベットの名称により引用される。これらの資料は上院により出版が許可されない限り *Monthly Catalog*（本章（5）281頁参照）に掲載されない。これらの資料は条約の立法過程を調査するには不可欠なものであるが，それに接することはしばしば困難である。

（3） 法案やその立法手続の推移を調べるトゥール

これは *status table*（審議過程一覧表）と呼ばれるもので，後述するような種々の形式で発行される。これは審議中の法案や各種の決議の一覧表であり，その法案の審議の推移に関する議事や文書類への参照もついている。そして法案番号によって配列されており，各法案の短い要旨がのっていることもある。その実例はコーエン著，山下信男訳『アメリカ法の調べ方』124〜132頁に出ているが，同様なことがCohon. (H.) の第6章やGoehlertとPrice (4th) やRombauerにもっと詳細に出ているのでこれらと自己の研究した結果とを以下の11項目に分けて簡単に紹介することにする。

上述のように法律の法案番号を知ることが，status tableを検索する鍵となるが，Nabors, Eugene, *Legislative Reference checklist*, Fred. B. Rothman & Co., 1982は公共関係法とその法案番号の1789年から1903年に至る期間の対照表を提供するので，極めて便利である。

なお，「立法の各段階および関連資料のあらまし」はコーエン邦訳『アメリカ法の調べ方』122〜124頁とコーエン邦訳『入門アメリカ法の調べ方』137〜138頁と156頁に出ている。

立法過程の推移を調べるトゥールとして以下11の資料を説明する。

① C.C.H., *Congressional Index*. ([国] なし)

これは加除式で，次に述べるものが含まれているので，それにより法律の立法過程を調査することができるようになっている。すなわち，public general bills (公共関係法案) の件名と提出者名による索引，法案の要約，法案と決議の審議過程の一覧表，法案否決の表，関係法案の一覧表，改革案，条約および懸案中の (高級官僚) 任命のリスト，番号順による法案および決議に対する議院の賛否の投票記録の表，議会における重要なニュースと発展に関する報告である。その審議過程一覧表の中には公聴会と委員会の報告書が含まれている。しかし，これは法案や，議事録，報告書のテキストそのものは含まず，単なる検索手段にすぎない。この上院提出法案の一覧表の図解はコーエン邦訳『アメリカ法の調べ方』(以下、コーエン邦訳として引用) 130頁の第35図にある。

C.C.H.は上述のものとは別に，次のような立法過程に関する各種のテキストそのものを含む出版物を1979年現在提供している。マイクロフィシュによるこの出版物は現在の公共関係法の立法過程に関する法案，委員会および協議委員会報告書，議会の討議および制定法の原文からなりたっていて，公共関係法番号，法案番号および件名による索引がついている (*Law Library Journal*, vol. 73, p. 442)。

② *Congressional Information Service/Index*（*C.I.S.*）．［国］（BU-1-6）［東外］［京法］［アメリカンセンター］

これは1970年以来発行され基本的には以下に述べる出版物に対する(1)月刊，季刊，年刊および数年間の累積索引，(2)月刊および年刊の資料の要約，(3) C.I.Sのマイクロフィシュによる出版の3つに分かれている。

要約の巻の配列はまず下院の委員会，（上院下院）合同の委員会，上院委員会に大別した中を，それぞれ委員会名のアルファベット順に並べ，各委員会の中は文書，公聴会，委員会文書，報告書の順に並べる。

次に索引の巻を説明すると，これによって次の7つの出版物を検索することができる。(Price 4thからの抄訳)

(a) 公聴会の資料を実質的に完全に索引化し，また要約する。(例，証人名による検索と証言の内容の要約等)

(b) 委員会の出版物——委員会の出版物として発行された個々の法案と修正案を（それがCISの出版物として単独に発行される場合を除いて）可能な限り包括的に索引化している。

(c) 上院と下院の報告書——私的な法案等を除いて，すべてのこの種の報告書を索引化しかつ出版する。

(d) 議会の文書——(既に単独に各省から出版された年刊の報告を含む文書と，厳密に儀式的な内容の文書を除き）すべての議会の文書を索引化して発行する。

(e) 行政上の報告書と文書——これを完全に検索の対象とする。

(f) 特別な出版物——その所在を見つけることができるすべての“明瞭に有益”な特別な出版物を網羅することを企図している。

(g) 公共関係法——C.I.Sの年刊の要約版は，その年の間に制定されたすべての公共関係法の審議過程一覧表[注]を含む。C.I.Sの審議過程一覧表はそれが議会の会期の1年以上を対象としており（すなわち通過した法律に関係があれば過去の年の資料にまで遡って索引化しており）かつ後述の *Congressional Record. History of Bills & Resolutions* の中では検索できない文書や公聴会および種々の出来事を，これによって探すことができる点で特別に有益である。

C.I.S.の「索引の巻」はそれに含まれる件名索引，法律の名称による索引，法案番号，報告書の番号，文書の番号，委員会および分科委員会の議長名の索引を利用すれば容易に使いこなすことができる。すべてのこれらの索引は次のような2つの番号を後につけた1つの文字によって構成されている受入番号を参照にするように作られている。その中の初めの番号は委員会または分科委員会を示す。この番号は変化しないので1つの委員会のすべての出版物は各々のCISの巻の中で同一の番号の下に記入される。第2の番号は受入番号であり，要約の巻における文書を区別するために使われる。第2の番号において，少数点の後の番号は検索される文書における特別な証人または部分を示す。実例をあげると，1977年において，S.181-44.19という受入番号の中でS.181は上院の特別会計支出予算委員会の公聴会を意味する。44．19という数字は1977年に要約されたこの委員会の公聴会の第44巻における証言の第19条を意味する。これらの受入番号を利用すれば検索者は直接に（受入番号順に並べられている）文書のマイクロ・フィッシュ版またはC.I.S.の要約の巻を利用することができるが，これらの中には完全な書誌的な引用と記述や，その文書の要約が含まれている。

C．I．S．はオンラインでも検索できる（コーエン邦訳『入門アメリカ法の調べ方』154頁参照）。

㈱この審議過程一覧表をCohen（H），209頁の図によってみると，上，下両院の公聴会，委員会資料，*Congressional Record*，大統領の教書に対する索引を制定法の番号順に提供している。

③　*Federal Index*.（［国］なし）

1976年以降出版され始め，現在の出版社はCapitol Services, Inc.である。この索引によって*Congressional Record*，上下両院の法案，議会の報告書と公聴会，*Weekly Compilation of Presidential Documents*, *Federal Register*, *Code of Federal Regulations*と他の多くの政府関係の出版物をひくことができる。利用者は内容目次か，件名索引でひけばよい。月刊であるが年毎に累積される。この図解はCohen, M.L., *How to find the law*, 8th ed., West, 1983, p.326にある。

④　*Digest of Public General Bills & Resolutions*.（［国］所蔵）

これは米国議会のCongressional Research Serviceの公的な出版物で，各会期中に5回位出版され，隔週の補遺が出る。これは法案と決議の要約としては最良のもので，法律に制定された法案と現在審議中のものの（法案番号と決議番号によりまとめられている）表がある。この表では，この法案に関連のある委員会の報告書についてはふれるが，公聴会には言及しない。この図解は Cohen.(H), p.210 と Cohen,（L. 3 ed.）p.182 にある。

これに付属する索引は，1．提案者名　2．略称　3．件名等である。

この他に米国議会図書館の議会調査局はその仕事のオートメーション化のひとつとして Digest of Government Publications Bills & Resolutions のデータ・ベースたる Legislature Information File を作った。「それは議会の会期ごとに，審議された法案の内容，提案者，共同提案者，その法案の審議——最近の上・下院における審議，審議結果といった情報や，法案番号，法令番号，上院，下院における同様の法案の有無，改正条文などを入力したものである。——その他，第 94 議会に上程された水質汚染に関係ある法案はなにかといったような情報もこのデータ・ベースから検索される。」（「米国議会図書館議会調査局のオートメーション」『レファレンス』第 328 号より）

⑤ *Congressional Record*, *History of Bills & Resolutions*.（［国］所蔵）

Congressional Record の 2 週間毎に出される索引は History of Bills & Resolutions を含むが，これは法案と決議の推移を上，下両院別々に番号順に一覧表にしたものである。それは，この双方のものの要約と，提出者名，関連のある委員会名，委員会の報告書の番号，修正案等と，それらの *Congressional Record* における収録頁を示している。各会期の終わりに出る *Congressional Record* の合巻されたセットの索引の巻の中には完全に累積された History of Bills & Resolutions の表がある。（他のトゥールにはこれ程完全なものはない）しかしこれは関連する公聴会への参照を含まない。（この図解はコーエン邦訳 125 頁の第 33 図にある。）これに付属する累積索引はテーマと提出者名で法案の推移を検索する場合に役に立つものである。

この 2 週間毎に出される索引は単に提出された法案をリスト化するだけなので，それに対するその後の動きを調べるためには，その後の時期を対象とした別の索引を探さねばならない。また，その年刊の累積版は単に 1 つの会期を対象とするだけなので，たとえば第 1 会期の間に提出されたが，法律としては成立しなかった法案の完全な検索は第 2 会期またはその後の会期の索引をみなければならない。このような手続の必要は他の審議過程一覧表についても同様であるが，House of Representative Calendars だけは単に 1 会期だけでなく，その議会の会期全体をカヴァーしている。

この他に米国議会図書館の議会調査局はそのオートメーション化の１つとしてCongressional Record File を作った。これは議会議事録の抄録，検索語，法案番号，議事録全文の収録ページ番号ならびに議事録の日付が入力してあるファイルである。このデータ・ベースは一般のオン・ライン端末では検索できないので，利用希望者は調査局に申込むことになっている（「米国議会図書館議会調査局のオートメーション」『レファレンス』第328号より）。

⑥ *Congressional Record. -Daily Digest.* ［国］［アメリカンセンター］1971-［東外］［京法］1789-

これは毎日その日に審議された法案の短い審議過程を含む。各会期の終わりにはこのDaily Digest は累積され，Congressional Record の別冊として発行される。これには審議された法案に対する件名索引とHistory of Bills Enacted into Public Law という表が含まれる。この表は合巻版では各会期の最後の号についているもので，コーエン邦訳127頁第34図にあるが，これを合巻版で示してみる（これは公共関係法の番号順に並べられている）。

To prohibit discrimination based on sex in wages paid for employment in interstate commerce.	S. 1409 (H.R. 6060)	Apr. 30.	EdL	LPW	May 20	May 13	309	176	8706
(イ)	(ロ)	(ハ)	(ニ)	(ホ)	(ヘ)	(ト)	(チ)	(リ)	(ヌ)

8415	May 23	May 17	June 10	88-38
(ル)	(ヲ)	(ワ)	(カ)	(ヨ)

(イ) 法案のタイトル (ロ) 法案番号（S．は上院提出のもの。H.R．は下院提出のもの）(ハ) 法案提出日 (ニ) (ホ) 法案を依託された委員会名 (ヘ) (ト) 委員会報告書が提出された日 (チ) (リ) 上院および下院の各委員会報告書の番号 (ヌ) (ル) 法案通過

に関する記事が登載されている Congressional Record の該当頁（合巻版とそれ以前のものとでは頁数が異なる）(ヲ) (ワ) 法案が上院および下院を通過した日 (カ) 大統領が法案を承認し署名した日 (ヨ) 公共関係法の番号（この解説は同邦訳のものを借用した）

この表には既述の⑤に掲載されているような詳細な議事録への参照はない。（この件名索引の図解は Price (4th) p.51 にある。また Roalfe. pp. 139-141 に本文や前述の表の図解が出ている。この他の利用方法については 267 頁参照。）

⑦ *Legislative Calendars*.（[国] なし）

この上，下両院のために発行される議事日程表は審議中の法案の審議過程に対する現在の情報を提供する。これらの中で最も重要なものは Numerical Order Bills and Resolutions Which Have Passed Either or Both Houses, and Bills Now Pending on the Calender であり，この表は上，下両院に提出された法案を含み，日刊であるが，議事録と公聴会の記事を充分にはリスト化していない。この Numerical Order Table は各会期末に累積される。これは Congressional Record の合巻版が出版されるまでは有益であるが，この後者の

TABLE 4 - LEGISLATIVE HISTORY

Public Law		86 Stat. Page	Bill	Report No. 92-		Comm. Reporting		Cong. Rec. Vol. 118 (1972) Dates of Consideration and Passage	
No. 92-	Datc App.		No.	House	Senate	House	Senate	House	Senate
246	Mar. 10	59	S. 748	770 830	395 607	BC	FR	Feb. 1, 22	Oct. 19* Mar. 1.
247	Mar. 10	60	S.2010	772 832	396 609	BC	FR	Feb. 1, 22	Oct. 20 Mar. 1.
248	Mar. 10	61	S.J. Res. 189	none	619	none	J.	Feb. 22.	Feb. 18.
249	Mar. 10	62	H.R. 11738	670	631	AS	AS	Dec. 6*	Feb. 21.

History of Bills & Resolutions に比べて，前者は提出されたすべての法案を登載するものではなく，単に審議の行われたものだけを掲載するので，不完全である。(Price (4th) 53頁に図解がある)

⑧　*U.S. Code Congressional & Administrative News*. (*U.S. Code Cong. & Ad. News.*) ［国］［アメリカンセンター］［東外］(W 22 F 3-U 49)

これは公共関係法のテキストと立法化された法律の制定されるまでの立法過程の文書を含む。そして審議中または否決された法案を対象にはしないが，重要な法律に関する下院の委員会の報告書と両院協議会の報告書の原文等およびこれらに先立つ大略の情報を叙述する。Cohen (H.) p.215にある公共関係法の Legislative history の table をここに転載する。

⑨　*Congressional Quarterly*. ［国］［アメリカンセンター］1971-

この出版物は議会の一般的なニュースと主要な立法に関する索引と要約とを週刊で提供する。これは後に年刊のものにまとめられる。最近の動静を示す status table は法案の件名順に配列され，上，下両院に提出され，通過した年，月，日等を示している。これは前述した他の出版物と異なり，立法過程を完全には示さないが，立法の背景となる議会の動きを報道しているので政治学者や一般の研究者には人気がある。この週刊のものには各法案に対する議員一人一人の賛否の表がある。この週刊と年刊のものの図は Cohen (L. 3ed.) pp. 194-195にある。

⑩　*Congressional Monitor*. ([国] なし)

これは日刊で，提出された法案を網羅し，上，下両院と主要な委員会における毎日の議事を要約する。すなわち，審議中の法案の1週間の status table が登載されるが，これには議事録は引用されず，委員会報告書と公聴会資料が参照されている。このようにこの資料は詳細な情報を提供するものではなく，院外運動員等が毎日の議会の動きを知る場合に役に立つものである。

⑪　*American Assosiation of Law Libraries* は *Nancy Johnson's Source of Compiled Legislative Histories: A Bibliography of Government Documents, Periodical Articles and Books, 1st Congress - 94th Congress*. (Published by

F.B. Rothman & Co., 1979)［東外］(YIU 22-S 79)［国］なしを発行したが，加除式のために，最新の情報をうることができる。その内容は，出版社別の立法過程に関する主要な出版物，加除式出版物，コンピューターによる検索方法，分野別の出版物の叙述と公共関係法の文献を番号順に並べた表である。この表には連邦の編年体法令集たるU.S. Statutes at Largeの掲載箇所，法律の通称名と発行済の審議過程に関する文献(単行書，雑誌論文，マイクロフィッシュ中の掲載箇所）への参照が記載されている。

⑥の Congressional Record の利用方法

これは立法に関する議事録を逐語的に写しとったものでこれの利用方法をコーエン邦訳114～130頁にあるEqual pay act of 1963を例として説明してみる。

Congressional Record Index. (Vol. 109) Nos. 70 to 77でこの法案を件名でひくと。

WOMEN

Bills and resolutions.

Wages: prevent discrimination in payment of, to (see bills S. 1409*; HR. 5970, 5971, 5972, 6021, 6060*).と出ている。

それでその次にVol. 109. Nos. 86 to 93のHistory of Bills and ResolutionsのSenate Bills.をひくと法案が番号順に並んでいて

S. 1409- To prohibit discrimination on account of sex in the payment of wages by employers engaged in commerce or in the production of goods for commerce and to provide for the restitution of wages lost by employees by reason of any such discrimination. Mr. McNamara, Mr. Morse, and Mr. Randolph; Committee on Labor and Public Welfare, 6881. -Reported with amendment (S. Rept. 176) 7783. Debated, 8366, 8391, 8412. -Amended and passed Senate, 8415. -Amended and passed House (in lieu of H.R. 6060), 8706. -Title amended, 8706. -Senate concurs in House amendment, 9219. -Examined and signed, 9301, 9373. -Presented to the President, 9403. -Approved [Public LAW 88-38], 9855.

とある。これはコーエン邦訳125頁の第33図と同様であるが合巻版とそれ以前のものとでは頁数が異なる。これは賃金支払いに関して性別による差別を禁

PUBLIC LAW, BILL NUMBER	STATUTE	ACT. ENTRY	CONTENTS: REPORTS	HEARINGS	DEBATES	INDEX	DISCUSSION	LISTS CITES
94-565 H.R. 9719	90 Stat. 2662	PAYMENTS IN LIEU OF TAXES ACT						
		Kean, Stacey M. "The Payments in Lieu of Taxes Act (P.L. 94-565): Background and Provisions," in Major Studies and Issue Briefs of the Congressional Research Service: 1976-78 Supplement. Wash., D.C.: University Publications of America, Inc., 1978. reel XI, frame 0503 $380 35 mm microfilm (12 reels), with printed guide.					×	×
94-579 S. 507	90 Stat. 2743	FEDERAL LAND POLICY AND MANAGEMENT ACT OF 1976						
		U.S. Congress. Senate. Committee on Energy and Natural Resources. Legislative History of the Federal Land Policy and Management Act of 1976. Wash., D.C.: GPO, 1978. SuDoc: Y 4. En 2: 95-99 Microfiche: CIS, 78-S 312-10	×		×	×		
94-583 H.R. 11315	90 Stat. 2891	FOREIGN SOVEREIGN IMMUNITIES ACT OF 1976						

		"Sovereign Immunity-Limits of Judicial Control-The Foreign Sovereign Immunities Act of 1976." 18 Harvard International Law Journal 429 (1977).						×

X = Full text

止する内容の上院法案1409号がマクナマラ氏等により提出され，LPW委員会に委託され，(6881頁参照)……下院で再び修正され(下院法案6060号の代わりに)同院を通過し（8706頁参照）……大統領が同法案を承認しPublic Law 88-38となった（9855頁参照）ということを示している。

Congressional Record. Vol. 109, No. 217の中にBills enacted into Public Law (88th Cong., 1st Sess.)があり，法案と公共関係法の対照表が法案の番号順に並んでいてS. 1409……88-38と出ている。その他にHistory of Bills enacted into Public Law (88th Cong., 1st Sess.)（上述）がついている。また，そのすぐ後についている索引で前述のテーマを件名でひくとEqual Rights see Employment, equal pay rightsとあり

Emloyment: Equal Pay Rights (H.R. 3861, S. 882, S. 910, H.R. 5970, S. 1409, H.R. 6060, H. Res. 362)

とこのテーマに関係のある上，下両院の法案の番号が示してある。また，この提出者名を索引でひくと

McNAMARA, Pat. Bills and joint resolutions introduced by……

Remarks by, on……

Women: bill (S. 1409) to prohibit discrimination in payment of wages, 8412-8415と出ている。

故に法案は索引の件名と提出者名およびHistory of Bills and Resolutionsの法案番号でひくことができる。

法案の件名は，上述のトゥールの①～⑨にもあり，法案と決議の要約を知る最良の資料は④で，その他に①と⑤にもその要約がある。

法案番号と公共関係法の番号の相互対照表についてはコーエン邦訳101～103頁を参照（特に②と⑧はその双方から他方をひくことができる)。

ただしこの*Congressional Record*の合巻版も累積版も法案や公共関係法を大きな件名では探せるが，小さな件名では探せないという欠点がある。

たとえば*Congressional Record, Vol. 120, Part 21* (Index)でENVIRONMENTという項目の中のBills & Resolutionsというところを見ると。

Air Pollution: alteration or replacement of incinerators causing (see bill H.R. 17447)

......suspended control requirements (see bills H.R. 13360, 13620, 14368*)

とあり，この他にもこの項目の中にはBills & resolutionsの中にAir-quality: Aircraft noise, Clean Air Act 等があがっているが，この中で直接小さな件名でひけるものは AIR POLLUTION, CLEAN AIR ACT だけである。

前述の例で H.R. 14368 に星印がついていて，この同じ 93d Congress 2nd Session に該当する Congressional Record Daily Digest. Vol. 120 Part 33 の中に法案番号と制定法の番号との対照表が Bills enacted into public law (93 D Cong., 2 D Sess) と題してあるので，それを見るとこの H.R. 14368 という法案は公共関係法・93-319 となって成立していることがわかる。そしてこの Daily Digest の巻には History of Bills enacted into public law というものがあり，審議過程一覧表（本章(3)参照）が公共関係法の番号順に並んでいる。

この Daily Digest の累積版についている件名索引で Air pollution, Air quality, Automobiles, Clean Air Act 等をひいても出てこず，ただわずかに

Aircraft, Noise Control

Committee, Senate D. 334

Committee, House. D. 545, 552.

と出ているだけである。

従って，この Congressional Record は Daily Digest もその合巻版も件名索引が精密には作製されておらず，従って法案や公共関係法を小さな件名で探すことは容易ではない。

これに比べて(3)②(261 頁)であげた C.I.S. では法案や公共関係法を比較的に小さな件名や名称により容易に検索することができる。

しかし，この(3)⑥の長所の1つは議会における未制定の法案の主要点を知ることができることで，1921 年から 1968 年までの累積索引が第 47 巻についている。

⑧の U.S. Code Cong. & Ad. News の利用方法

これを 1966 年の合本とされた3巻ものを実例として説明する。

Vol. 1 に Alphabetical list of laws in this volume があり，制定法がその名称のアルファベット順に並んでいて，その原文の掲載頁が出ている。

たとえば，Adulterated Food-Confectionery Products... (page) 259 と記されている。

この 259 頁を見ると初めに

(イ)　　　　(ロ)　　　　(ハ)　　　　(ニ)
↓　　　　↓　　　　↓　　　　↓
PUBLIC LAW 89-477; 80 STAT. 231 [H.R. 7042] For Legislative History of Act, see p. 2352 とある。

この中で(イ)が公共関係法の番号で，(ロ)は連邦の編年体法令集たる（U. S.）Statutes at Large. Vol. 80, p.231 にこの法律が掲載されていることを示す。(ハ)は法案番号で下院提出法案の 7042 号であることを示す。

次に(ニ)で Legislative History of Act を p. 2352 でみるように示してあるので，そこを見ると

ADULTERATED FOOD-CONFECTIONERY PRODUCTS.

P.L. 89-477, see page 259

とあり，後に詳述する対照表の(c)にあるような事項が初めに書いてある。そして，Senate Report No. 1217 と題して Federal Food の 402 (d)項を修正する下院提出法案 7042 号を委託された The Committee on Labor and Public Welfare......と書き出し，この法案の目的，制定の背景，歴史，法案に関する議論，委員会の修正案などが書いてある。

この U.S. Code Cong. & Ad. News の中には次のような種々の対照表がある。

(a)　(イ) 公共関係法の番号　(ロ) 連邦法の編年体法令集たる(U.S.)　Statutes at Large の中で掲載されている Section　(ハ) U.S. Code Cong. & Ad. News の中の制定法の原文の掲載頁　(ニ) 連邦法の主題別法令集たる U.S. Code & U.S. Code Annotatd の中で掲載している Title と Section の表

（この表は公共関係法の番号順に並んでいる。）

前述の法律を例にすると

89-477……　1 ……259……21………342 (d)となる。
↑　　　↑　　　↑　　　└──┘
(イ)　　(ロ)　　(ハ)　　(ニ)

(b)　(イ)U.S. Code (U.S.C.)のTitleとSec.と (ロ)U.S. Code Cong. & Ad. News の中の法律の原文の掲載頁の表

例

21　　342 (d)…………259
└──┘　　　　↑
(イ)　　　　　(ロ)

(c)　Table of Legislative History は次のように出ている。

（制定法の番号順に並ぶ）

89-477	June 29	231	H.R. 7042	376	1217	IFC	LPW	June 7 June 16	June 9
↑	↑	↑	↑	↑	↑	↑	↑	↑	↑
(イ)	(ロ)	(ハ)	(ニ)	(ホ)	(ヘ)	(ト)	(チ)	(リ)	(ヌ)

(イ) 公共関係法の番号　(ロ) 大統領が法案を承認した日　(ハ)（U.S.）Statutes at Large（Vol. 80），p.231.　(ニ) 下院の法案番号　(ホ) 下院の報告書の番号　(ヘ) 上院の報告書の番号　(ト) 下院の委員会名の略称（略称の説明はこの Table の最後にある）これは Interstate and Foreign Commerce を意味する　(チ) 上院の委員会名の略称。Labor and Public Welfare を意味する　(リ) Congressional Record（この場合は Vol. 112（1966））の中でこの法案が下院で取扱われている日付　(ヌ) 同。上院で取扱われている日付。

(d) 上院または下院の提出法案番号と制定された法律の原文が U.S. Code Cong. & Ad. News の中で掲載されている頁の対照表。

(e) 大統領命令の布告の番号と日付，そのテーマおよびそれが掲載されている U.S. Code Cong. & Ad. News の頁の対照表

(f) 行政命令の番号と日付，そのテーマおよびそれが掲載されている U.S. Code Cong. & Ad. News の頁の対照表

(g) 制定された主要な法案名と法案番号，上，下両院に報告され，通過した日付と大統領が承認した日および，その公共関係法の番号の対照表。（法案名のアルファベット順）

(h) Acts の通称と U.S. Code Cong. & Ad. News に掲載されている頁の対照表。（通称のアルファベット順）

巻末に索引があり，テーマにより個々の制定法がこの U.S. Code Cong. & Ad. News の中で掲載されている頁をつきとめることができる。前述の法律を例にすると

FOOD

Adulterated confectionery products, 259

Legislative history, 2352

と出ている。

要するにこの U.S. Code Cong. & Ad. News の主な特徴はすべての Public Law（公共関係法），主要な法律に関する委員会報告書，すべての行政命令と大統領命令，1954 年以来の行政規則の中の選択されたものの各々の原文を掲載し

ていることで(この関係文書の原文を掲載していることは，ここで述べる他の資料にはないことである(注)。)，さらに連邦法の編年体法令集たるU.S. Statutes at Largeと主題別法令集たるU.S. Code (U.S.C.)の掲載箇所を参照していることもその長所と言えよう。

(注)　ただし1979年からCCHはこの種の原文そのものもマイクロフィッシュによって出版している (**本章(3)**① 260頁を参照)。

また，これは2週間毎に出版され，合本されたものは議会の各会期末に出版されるために同じくWest社から出るU.S.C.A(注釈付主題別法令集)の補遺の役目をしている。そしてこのU.S. Code Cong. & Ad. Newsは1941年から出版されたが，各会期毎の件名索引があるだけで，各年代を通した累積索引はないが，U.S.C.Aには，各年間を通した件名の総索引があり，かつその本文の中で，前者 (即ち(**3**)⑧ 266頁) への参照がついているので，この両者を併用すると便利である。(**本章(5)**281頁参照)

また，このU.S. Code Cong. & Ad. Newsの中で印刷されない上院または下院の委員会の報告書はこのNewsの該当する法律の立法過程の初めに，この資料に掲載されない報告書の番号が出ているので，それによりCongressional Recordを見ればよい。

(4)　議会活動の各過程において利用されるトゥール

Goehlert, pp. 37〜38にTable 4. Guides to Congressional Activitiesというものがあり，法案が提出されてから制定されるまでのいくつかの過程において利用されるトゥールを表にしている。すなわち，(a) 法案が提出されて，委員会に付託された段階　(b) 委員会が公聴会を開催中の段階　(c) 委員会で論争中のとき　(d) 議会での討論　(e) 議会での投票　(f) 法案が評議会に送られたとき　(g) 大統領の教書　(h) 法規(制定された法律の原文)　(i) 大統領の拒否　(j) 大統領の拒否権の議会による無視である。

これを説明するために既に前節(**3**)の「法案やその立法手続の推移を調べるトゥール」で述べた11のものを次に改めて示すことにする。最後につけ加えた⑫⑬は(**4**)(i)の法案が法律として発効ずみの場合のところで後述する。

［国］とは国立国会図書館を意味し，ここで述べる資料が同図書館法令議会資料室で所蔵されているか否かを示す。

① C.C.H. -Congressionl Index.（［国］なし）
② Congressional Information Service (Index).（［国］［アメリカンセンター］［東外］［京法］あり）
③ Federal Index.（［国］なし）
④ Digest of Public General Bills & Resolutions.（［国］あり）
⑤ Congressional Record. -History of Bills & Resolutions.（［国］あり）
⑥ Congressional Record. -Daily Digest.（［国］［アメリカンセンター］［東外］［京法］あり）
⑦ Legislative Calendars.（［国］なし）
⑧ U.S. Code Congressional & Administrative News. (U.S. Code Cong. & Ad. News.)（［国］［アメリカンセンター］［東外］あり）
⑨ Congressional Quarterly.（［国］［アメリカンセンター］あり）
⑩ Congressional Monitor.（［国］なし）
⑪ Nancy Johnson's Sources of Compiled Legislative Histories.（［国］なし）（［東外］あり）
⑫ Monthly Catalog of U.S. Government Publications.（［国］あり）
⑬ Public Affairs Informations Service Bulletin (PAISB)（［国］あり）

Goehlert の説明の 1 例をあげると委員会が公聴会を開催中の段階に使用されるトゥールとして［国］が所蔵しているものは②，⑥，⑧である。

Goehlert の説明した(a)から(j)までの 10 の各段階において，すべてに共通に利用され得るものは⑧で，②は(d)（議会での討論）以外の 9 の段階において共通に利用することができる。

(i) 法案が既に法律として制定ずみの場合の検索の順序
（Goehlert 42 頁以下による）

この中で Goehlert は多くの資料をあげているが，その中で国立国会図書館［国］および東京大学法学部附属外国法文献センター［東外］所蔵のものを中心にあげ，この 2 ヶ所で所蔵しないものは，原則として，ここでは省略する。なお，［東図］は東大附属図書館を意味する。

ここであげる①②③等の数字は本章（4）であげた 13 の資料につけた数字を

意味する。

検索の順序

［1］　法律の番号を知る。

［2］　立法過程を知るためには下記の索引を利用する。

④，⑥，⑧および編年体法令集たる(U.S.) Statutes at Large.

［3］　もし法律の番号が不明の時には次のものの件名索引により探すべきである。

④，⑥，⑧および(U.S.) Statutes at Large.

［4］　両院から発行された出版物を探す方法

法案と決議

④，⑥

公聴会と委員会の出版物

⑫，⑬およびCumulative Subject Index to the Monthly Catalog, 1900-1971.［東図］（**本章(5)**で詳述）

両院の報告書

⑥，⑧，⑫およびCumulative Subject Index to the Monthly Catalog, 1900-1971.［東図］（**本章(5)**で詳述）

議会での討論の検索

⑤（コーエン邦訳125頁第33図参照）

法案に対する賛否の投票

⑥，⑨

大統領の教書は次のものの中に掲載され，かつ検索することができる。

⑥，⑧およびWeekly Compilation of Presidential Documents, House & State Journals, Public Papers of the President, Cumulated Indexes to the Public Papers of the Presidents.

法律の原文そのもの

⑧と編年体法令集たる(U.S.) Statutes at Largeおよび主題別法令集たるU.S. Code

大統領の拒否の教書

⑥

大統領の拒否に対する議会の投票の記録

⑥

法令の分析と注釈

⑧，⑬

1970年以前の制定法の立法過程の検索については本章(5)において述べる。

(ii) 法案が審議中の場合の検索の順序と方法

［1］ 法案番号を知る

［2］ 法案の現在の状態（立法化のどの段階にまできているか）を知るためには次のものを利用すべきである。

②，④，⑤，⑧

［3］ もし法案の番号が不明の場合には，それをつきとめるために次のものの，件名または人名の索引を使うべきである。

②，④，⑥

［4］ 議会の記録を通じて，法案について次に述べるような如何なる活動がおき，如何なる出版物が出版されたかを追跡する方法。委員会の活動と出版物，公聴会とその印刷物は次のものによって追跡できる。

②，⑫，⑬

委員会の報告書の番号は次のものの中で発見できる。

②，⑤，⑧，⑫

議会における法案に関する討論は次のものの中でたどることができる。

⑤

法案に対する賛否の投票は次のものの中に記録されている。

⑥

大統領の教書は次のものの中で言及されている。

Weekly Compilation of Presidential Documents. C Q Weekly Report, National Journal

Slip law approval は次のものの中に記録されている。

②，⑥，⑧

大統領の拒否の教書は次のものの中で言及されている。

②，⑥，⑫

大統領の拒否権に対する議会の投票は次のものの中に記録されている。

⑥

［5］ 法案に対する分析と註釈については次のものを参考にせよ。

⑬と New York Times（東京大学新聞研究所所蔵）。

Goehlert は1974年のプライバシーに関する法律の立法過程を pp.48〜59 で詳細に述べている。

(iii) 委員会資料の検索

委員会報告書は上下両院の議会関係資料と共に Serial Set と呼ばれるものに含まれて発行される。1789年から1969年に至るこの Serial Set の遡及的な索引は Congressional Information Service 社によって U.S. Serial Set Index. という名の下に36巻にまとめて発行されている。

その他，Monthly Catalog of U.S. Government Publications と Congressional Information Service Index（本章(3)② 261頁参照）の中で委員会報告書を検索することができる。

この他に次の検索資料がある。

A bibliography and indexes of United States Congressional Committee prints; from the 61. Congress 1911 through the 91. Congress, 1. session 1969 in the United States Senate Library. Ed. by R. Field, comp. by G. Halvorson [and others] Vol. 1-2. Westport, Greenwood Press [1976] 2 v. 29 cm. Contents. -v. 1. Bibliography... v.2. Indexes. [東法]

A bibliography and indexes of United States Congressional committee prints; from the 65. Congress 1917, through the 91. Congress, 1. session 1969. Not in the United States Senate Library. Ed. by R, Field. Suppl. Westport, Greenwood Press [1977] 257 p. 29 cm. [東法]

なお Congressional Information Service 社（上述の(3)②参照）はその新しい United States Congressional Committee Prints, Comprehensive Index & Microfiche Collection, 1911-1969（5冊）を出版した。この索引は件名と名称によりひけ，SUDOC の番号が含まれている。(Law Library Journal Vol. 73. p. 442 参照)

その他委員会の報告書は⑥，⑧，⑫によって検索することができる。

(iv) 公聴会資料の検索

このための資料には次のものがある。

1）Monthly Catalog of U.S. Government Publications（本章(5)で詳述）

2）Congressional Information Service (C.I.S.) Index.（(3)の②で既述）
1970年以降を調査できる。この社はこれ以外に公聴会を含む立法過程の資料のマイクロフィッシュ版を発行する。

3）Congressional Hearings Calendar: an index to Congressional Hearings by date, Committee, Subcommittee, Chairman, and Title. Buffalo, N.Y., W.S. Hein, 1988-. これは100 th Congress以降を対象としており，件名索引はないが，前述の1）や2）によって補充することができる。そして次の3つの索引を備えている。㈠年代順索引，㈡委員会別索引　この中をさらに下位の委員会により分ける（これは上の2つの検索資料にない特徴である)。㈢委員会名索引

4）C.I.S.U.S. Congressional Committee Hearings Index, Part VIII.
1800―1969年に至る公聴会の詳細な索引である。公聴会を件名，人名，法案番号，公聴会名によりひける。その他，各種の出版物の書名や文書番号による索引もある。

5）米国上院の図書館は，上下両院の公聴会の索引をCumulative Index of Congressional Committee Hearings (U.S. Goverment Printing Office, 1935-)という名称で発行し，これは第41議会（1869～1871）にまで遡るが，前述のC.I.S.の索引ほど詳細でない。

その他，この問題に関する索引には以下のものがあるが［国］には1830年代からの索引があるとのことである。

年代順にまとめると

1789～1909年間

Checklist of U.S. Public Documents, 1789-1909, 3rd ed. Washington, Government Printing Office, 1911, 1707 p.［東外］

これは公聴会資料をpp. 1532- 1652の間に委員会毎にまとめ，その中を件名で分けている。

1839～1934年間

U.S. Congress. Senate. Library. -Index of congressional committee hearings (not confidential in character) prior to January 3, 1935 in the United States Senate Library. Rev. by J.D, Preston & c. Washington, U.S. Govt. Print. Off., 1935. [Repr. ed Westport, Conn., Greenwood Pub. Corp., 1971.] 1056 p.

Thomen, H.O. -Supplement to the Index of Congressional Hearings Prior to January 3, 1935, Consisting of Hearings Not Catalogued by the U. S. Senate Library, from the Twenty-Fifth Congress, 1839, through the Seventy-Third Congress, 1934. Westport, Conn., Greenwood Press, 1973.

1951年以前のもの

Index to Congressional Committee Hearings in the Library of the U.S. House of Representatives Prior to January 1, 1951. Washington, D.C., G. P.O., 1954. 485 p.

これは①すべての委員会の公聴会の名称による（アルファベット順の）配列，②上院の委員会の公聴会の件名による配列，③下院の委員会の公聴会の件名による配列。議案および法案の番号による索引の部分を含む。なお，Supplemental Index, 1949-55. 1956, 127 p.がある。

1935～1959年およびそれ以後のもの

U.S. Congrss. Senate. Library, Cumulative index of congressional committee hearings (not confidential in character) from Seventy-fourth Congress (January 3, 1935) through Eighty-fifth Congress (January 3, 1959) in the United States Senate Library, Washington, U.S. Gov't Print. Off., 1959. v, 823 p. 30 cm. [Repr. ed. Greenwood Press, 1973]

—Quadrennial suppl. From Eighty-sixth Congress (January 7, 1959) through Eighty-seventh Congress (Jan. 3, 1963). Washington, U.S. Gov't Print. Off., 1963. v, 762 p. 29 cm.

—Second quadrennial suppl. From the Eighty-eighth Congress (Jan. 3, 1963) through Eighty-ninth Congress (Jan. 3, 1967), together with selected committee prints in the United States Senate Library. Washington, U.S. Gov't Print. Off., 1967. v, 664 p. 29 cm.

—Third quadrennial suppl. From Ninetieth Congress (Jan. 10, 1967) through Ninety-first Congress (Jan. 2, 1971), together with selected committee prints in the United States Senate Library. Washington, U.S. Gov't. Print. Off., 1971. vi, 695 p. 30 cm.

—Forth quadrennial suppl. From Ninety-second Congress (Jan. 21, 1971) through Nintey-third Congress (Dec. 20, 1974), together with selected committee prints in the U.S. Senate Library. Washington, U.S. Gov't.

Print. Off., 1976. ［国］

これは3つの部分に分かれていて，それぞれが，件名，法案番号，および委員会によって配列されている。

①の C.C.H., *Congressional Index*（（4）の①参照）（［国］なし）の審議過程一覧表は公聴会の記事に関する参照を掲載している（コーエン邦訳130頁の第35図参照）。また（4）の②と⑩には公聴会の記事の要約が出ていて，それを検索できる。また⑬によってもこの記事は検索できる。

公聴会の参考人の包括的な索引にはマイクロフィッシュで次のものが出版されている。

C.I.S., *Witness Index to United States Congressional Hearings: 25-89th Congress, 1839-1966*, Greenwood Press, 1974.

91st Congress, 2d Session 以降は（261,279頁参照）の *Congressional Information Service Index*（1970年以降発行）を見れば証人名による検索と証言内容の概要を載せている。この2つの資料の間には約3年間の空白があるが，それをうめるのは *Cumulative Index of Congressional Committee Hearings; Third Quadrennial Supplement*...［1967-1971］, compiled by the Senate Library and published by the Government Printing Office（既述）であり，これは委員会別の件名索引をもっている（Law Library Journal. vol. 73. pp. 513-514 参照）

（5） 1970年以前の立法過程の調べ方

これは *Monthly Catalog of U.S. Government Publications* の累積索引，C.I.S., *U.S. Serial Set Index, 1789-1969* と *Stillwell Project* および *U.S.C.A.* の総索引の4つのものによりひくことができる。

この最初の米国政府刊行物月報には次のものが登録されるので，これの利用方法を会得する必要がある。すなわち，米国の公聴会資料，委員会報告書，審議資料，Committe Prints（委員会資料）がそれである。これの索引には月刊と年刊のものがあり，人名と件名により検索できるが，法案番号によるリストはない。とくに1900年から1971年までのことをまとめてひく場合には次に述べる累積索引を利用すると極めて便利である。すなわち，*Cumulative Subject Index to the Monthly Catalog of U.S. Government Publications, 1900-1971*, Washington, Carrollton Press, 1973-1975, 15 v.［東図］がそれである。この累積索引を利用して，立法過程，公聴会資料，委員会報告書を検索する方法を次に示すことにする。

たとえば，性別による賃金の差別を禁止する Equal Pay Act に対する公聴会の記事（コーエン邦訳117頁第31図にタイトルページが出ている）を件名でひくと Equal pay See Also Women とあり Women のところには

Women.
　equal pay (71) 8842
　　act of 1963-
　　　general information (63) 18363
　　legislative history (64) 10308
………
　no discrimination because of sex-
　　hearings (62) 11445, 13510, 19395; (63) 9928, 10020
　　law (63) 11730
　　　highlights (63) 13113, 14769
　　reports (62) 13418, 13458; (63) 9991, 11797, 11801

と出ている。

この丸括弧（　）に入っているのは Catalog Year とマイクロフィルムのリールの番号であり，(00)―(46)の後の番号は頁数で，(48)―(71)の後にある番号は条項の番号であり，(47)の後にある番号で2,000以下は頁数を，2,000以上は条項の番号を示している。

legislative history (64) 10308 を Monthly Catalog (1964) June Entries 9903-11733 でひくと

　10308 Legislative History of Equal pay act of 1963 (amending sec. 6 of Fair labor standards act of 1938, as amended), P.L. 88-38, 88th Congress; H.R. 6060 & S. 1409. [Prepared in Office of Solicitor, Dept. of Labor by Claire Randle]; Dec. 1963. 1963. v 114 p. (Committee print, 88th Congress, 1st session). L.C. card 64-61436 と出ている。

このS. 1409はコーエン邦訳114頁の第30図の提出法案に相当する。

また，hearings (63) 9928（コーエン邦訳 117 頁第 31 図の公聴会資料に相当する）を，Monthly Catalog. June 1963. No. 821 でひくと

9928 Equal pay act, hearings before Special Subcommittee on Labor, 88th Congress, 1st session, on H.R. 3861 & related bills, Mar. 15-27, 1963. 1963. 326 p.＋Item 1015

LC card 63-61483 とある。

これを No. 821 の巻末の件名索引でひくと

Women:

equal pay, no discrimination on account of sex-

hearings………………9928, 10020

report…………………………9991

と出ている。

report (63) 11797（コーエン邦訳 119 頁第 32 図の委員会報告書に相当する）を Monthly Catalog July 1963 Entries 11423-13135 でひくと

11797. 369. Equal pay act of 1963. Report from committee on Education & Labor to accompany H.R. 6060 May 20, 1963. 10 p. [Includes supplemental & additional minority views]とあり，これをこの 7 月号巻末索引でひくと

Women:

equal pay, no discrimination on account of sex-

law……………………………11730

highlights……………………13113

reports………………………11797, 11801 と出ている。

また，別の件名の Wages のところをみるとその下に

Women

equal pay

no discrimination because of sex- とあり Women の下に記入されていたのと同じ hearings, law, reports に関する記事が記載されている。

さらに，この累積の件名索引は地名の下でも詳細にテーマを探せるようになっている。例をあげると，California は 809—829 頁に出ていて

California

……

agricultural……

……

boundary-

bridge---

……

court case

……

women-

equal pay, 1965 law (66) 5266

family & property law (60) 11678; (61) 11660

……

legal status (50) 17255; (54) 9111; (57) 17252

等と実に詳細にひくことができる。

Monthly Catalog of U.S. Government Publications の年刊のものにはこの他に Series Report Number Index (ex. House Report 95th Congress, 2d session; no. 95-1358, 78-26958) Classification Number Index (ex. C S A 1. 10: 77-29, 78-14985)がついている。

次に，1789～1969年の間の議会資料を検索するものとしてはC.I.S. (Congressional Information Service) U.S. Serial Set Index 1789-1969 [国] (BU-1-7) [京法] が存在する。これは両院の委員会報告書や両院の議会関係資料を件名でひくもので (a) Subject Index (件名索引) と (b) Finding List に分かれている。この(b)は委員会報告書と議会関係資料を番号順に掲載している。

この索引の対象とするものは両院の委員会報告書と両院の議会関係資料でこれらについては1952年まではCongressional Journals (単に議事についての記録を登載しているもの，遂語的な議事録たるCongressional Record とは異なる) が Serial Set の中に入っていたが，1953年以後は除外された。また，Senate Executive Documents & Reports (上院の機密文書および報告書) については，1847～1895年の30-53 cong. の間にはその中の機密文書だけが入っていたが，現在はこの Serial Set の中に入っていない。また，この中には法案や公聴会資料も入っていない。(この後者が下院の議会関係資料として発行されたことが過去の一時代にはあった。) 故に現在 Serial Set は下院議会関係資料およびその報告書，上院議会関係資料およびその報告書の4種類から構成されている。なお，この

議会関係資料 (Documents) の中には政府から議会に提出される資料，大統領教書，行政省庁などの年次報告などが入っている。ただし，このU.S. Serial Set Index，1789-1969には公共関係法の番号順に並んだ審議過程一覧表がない点が不便である。

この欠陥を補うために次のStillwell Projectが計画された。すなわち，The Committee on the Stillwell Legislative History Project of the Government Document Special Interest Section of the American Association of Law Librariesは次のような計画を1979年3月に発表した。このStillwell Projectの目的は1970年以前の公共関係法の立法過程の検索手段を作ることである。その各々の記入には公共関係法番号と法案可決の日付，編年体法令集たるU.S. Statutes at Largeの登載箇所，通称，法案番号，議会の報告書，文書および印刷物，SUDOCの番号とGreenwood Press fiche Nos.がついているし，また議会の討議と大統領の拒否の教書も含まれる予定である。このStillwell Projectの基礎となるのはGAO Legislative History Fileである。出版はCongressional Information Service社に委託されている。この計画の正式の名称はStillwell Project of Compiled Legislative Histories; A bibliography of Government Documents, Periodical Articles & Books, 1st Congress-94th Congressという。

その他19世紀の立法関係の文書や委員会報告書の調査方法についてはSchmeckebier, L.F., *Government publications & their use*, 2 ed. Washington D.C., Brookings Institution, 1969, pp. 141-142を参照。

1941年以後において特定の制定法の法案が議会に提出された年代やその立法過程を調査する方法。

1970年以後の立法過程を調査するには**本章(3)の②**で述べたC.I.S.が役に立つが1941年以後特定の制定法の法案提出の年代やその立法過程を調査する場合には，次に述べる*U.S. Code Annotated* (*U.S.C.A.*)の総索引と**本章(3)の⑧**（266頁）で述べた*U.S. Code Cong. & Ad. News*の両者を併用すると便利である。すなわち，*U.S. Code Cong. & Ad. News*は1941年から出版され，かつその中には審議過程一覧表や，上下両院の委員会報告書が登載されているが，各年間を通じた累積索引がないために，特定の制定法の法案が議会に提出された年代をつきとめる場合には，調査が面倒である。これを補充するのが注釈付の主題別法令集たる*U.S. Code Annotated*.（*U.S.C.A.*）の総索引である。この総索引の件名索引で特定の制定法をひくと，本文へ参照がありその本文に *U.S. Code Cong. & Ad. News* の該当する個所への参照が出ているので，それから，その制定法の立法過程を調査することができる。

その方法を実例により説明する。たとえば，退役軍人手当法は *U.S.C.A.* の総索引の件名索引の中で

ARMED FORCES

Retirement-

Physical disability-

Statement of origin of disease or injury, limitations, 10 § 1219.

と出ている。

それで Vol. 10 § 1219 を見ると

§ 1219. Statement of origin of disease or injury: limitations とあり説明がついた後で，

Historical Note

1962 Amendment. Pub. L. 87-651 substituted "Statement of origin of disease or injury...

Effective Date. Section effective. Jan. 1. 1958, see section 2301 of Pub. L. 85-86.

Legislative History. For legislative history & purpose of Pub. L. 85-56. see 1957. U.S. Code Cong. & Ad. News. p 1214. see also Pub. L. 87-651, 1962 U.S. Code Cong. & Ad. News. p.2456. と出ている。

それでこの U.S. Code Cong. & Ad. News. 1957. p.1214 を見ると

VETERANS' BENEFITS ACT OF 1957

FOR text of Act see p. 89.

Senate Report. N. 332, May 16, 1957 [to accompany HR 53]

House Report N. 279, Mar. 28, 1957 [to accompany HR 53]

Both the Senate & House Report are set out. と出ている。

なお C. I. S. 社は 1970 年以前の議会関係資料について，いくつかの索引資料を発行している。コーエン邦訳『入門アメリカ法の調べ方』154 頁参照。

（6） 立法過程に関する出版物

ある法律の立法過程を徹底的に調査する場合に，これに関する資料が多くの出版物の間に分散しているので，研究者にとり大変不便である。そのため，個々の法律についてその過程に関するすべての（または主要な）資料をまとめたものが出版されていることがある。たとえば，Microcard Editions という出版社は第 82 議会（1951〜52）以降の主要な制定法を含む *Legislative History Service* という双書をマイクロフィッシュで出版している（米国議会図書館所蔵）。それ以外にも多くの法律関係の商社が制定法の立法過程の資料を編纂している（(3)の①も参照）。これらのものを利用するために Law Librarians Society of Washington, D.C. はその協会に加入している図書館で所蔵している立法過程に関する資料に関する Union List of Legislative Histories.（3rd ed. 1968）を出版した。

また，C.I.S.（Congressional Information Service 社）は本章の（3）の②や（5）で述べたように *Congressional Information Service Index* や *C.I.S. U.S. Serial Set Index, 1789-1969* というものを発行しているがこれらの索引の対象とする資料をマイクロフィッシュで出版しており［国］ではこれに採録された資料の大部分を原物で所蔵している。しかし，入荷のおくれているものや，欠号などはアメリカンセンター（〒105-0011 東京都港区芝公園 2-6-3　ABC 会館ビル 11 階　電話 03-3436-0901）でマイクロフィッシュ版を見ることができる。また，同センターでは無料のコピー・サービスを受けることができる。［国］では公聴会資料は 1952 年まで委員会出版物は 1969 年までマイクロフィッシュで収集した。この他京大法学部もこれらの米国の議会資料を相当数所蔵している（この［国］やアメリカンセンターの所蔵については 1983 年 10 月 19 日の法図連研究会における丸山昌子氏の講演から転載した）。

Commerce Clearing Houses（CCH）社は *Legislative Reporting Service* の購読者に対して，特別の分野の立法過程に関する情報を与えるが，その価格は高い。

特定の分野に限定された立法過程の書誌

米国の税法

Lang, Isa, "Selected legislative history of the Federal Income, Estate and Gift Tax Law since 1913" in *Law Library J'l*, vol. 73, pp. 382-420は主要な制定法毎に，それに関する法案，委員会の報告書や公聴会の議事録を列挙している。

Maclay, V., *Guide to select sources of legislative history for tax legislation*, in *L.R.S.Q.* vol. 6, No. 1/2, pp. 107-118.

〈米国の保存図書館に所蔵されている米国の政府出版物所蔵目録〉

次のものがある。

The National Union catalog of U.S. Gov't Publications received by depository Libraries as of Dec. 1973. 1st ed. Vol. 1-4, Washington, Carrollton Press, 1974. 4 v. (1 xvi, 2818 p.) 30 cm. [東図]

（7）　各州の立法過程の調査資料

各州の立法過程の資料は出版されなかったり，入手し難いものが多いが，州立の法律図書館を利用すると便宜を与えられることがある。

多くの州は新立法の勧告に従事する公的または半ば公的な機関をもっている。このような機関の研究や提案の多くはCouncil of State Governmentにより出版される月刊のLegislative Research Checklistの中で概要を知ることができる。

ある州では立法過程に関する公的な報道の手段があり，その中のあるものはコンピューターによる設備を持っている。(Schulte, L. "A Survey of Computerized Information systems" in *Law Library J'l*. vol. 72, p. 99 (1979) およびEres, B, K., ed., *Legal and Legislative Information Processing*, Greenwood Press, 1980参照) これらは通常法案の要約と立法に関する文書に関する報道を含む。しかし，ほとんどの州では立法過程を調査する便利な方法はないので，調査は州議会か州の図書館に依頼せねばならない。

Fisher, Mary L., *Guide to State Legislative Materials*, Fred B. Rothman & Co., 1979. [京法] は米国の各州において，入手できる立法過程の文書と，

その入手方法を知るのに役に立つものである。（この図解はCohen, M.L., *How to find the law*, 8th ed., pp. 328-329にある。）

2，3の州については立法過程に関する記述が発表されている。例えば，カリフォルニア州についてはWhite, B., "Sources of Legislative Intent in California" in *Pacific Law J'l*. vol. 3, p. 63 (1972)，ニューヨーク州についてはMarke, J.J. & Sloane, R., *Legal Research and Law Library Management*, Law Journal Seminars-Press, 1982のChp. 6 "State Legislative History" pp.82-96がある。また，Henke, Dan, *California Legal Research Handbook: State*, Federal. Walnut Creek, California, LEX-CAL-TAX Press, 1991, 924 p.［東外］（Y1U23-C71）のChap. 3の11にLegislative - History. Sources & Finding Aids in California. A. Legislative Process - Records of Action. B. Agencies related to the legislative process-Records of proposals & opinions. C. Unofficial sources & finding aids. D. Technique of California. E. A California legislative history. F. Legislative source materials in the California State archives. (pp. 55-109)が詳述されている。

フロリダ州についてはRoehrenbeck, C.A., *Florida legislative histories: a practical guide to their preparative use*, Clearwater, Fl. D&S. Publishers, 1986, 114 p.がある。

なお，コーエン邦訳『入門アメリカ法の調べ方』164-166頁を参照。

（8） インターネットによる方法

アメリカの連邦法令については法案の提出から成立前後の事情，法案や議会の議事録，法令等をインターネット上で調査することができる。――指宿信『法律学のためのインターネット』58―60頁と同『法律学のためのインターネット2000』78頁，同編『インターネットで外国法』17頁およびコーエン著，山本信男訳『入門アメリカ法の調べ方』（成文堂，1995年）の「審議中の法案の現状」について述べた「オンラインサービス」161―162頁と田島裕『法律情報のオンライン検索』（丸善，1972年）81-83頁を参照。

第13章　法律学研究に際して役に立つその他の資料

＊　＊　＊

（1）　国立国会図書館における主要国の官報，法令集，議会資料の所蔵

この項目の記事は「びぶろす」*Vol*. 32，№2 掲載の「法令・議会資料課所蔵主要資料一覧（国立国会図書館）」より主要国だけをとり出して表にしたものである。なお，「国立国会図書館所蔵外国法令議会資料目録 1987 年 12 月現在」も参照。

次頁図表の①は，*Collected Legislation of the Union of Soviet Socialist Republics & the Constituent Union Republics*, compiled & translated by W. E. Butler, N.Y., Oceana, 1979, 10 v.（［東外］にもあり）である。

Ⓜ＝マイクロ・フィルム

なお，米国の法律学図書館の蒐集している米国以外の世界各国の法律の資料の概要については Schaffer, E.G. ed., *Directory of foreign law collections in selected law libraries*, ［U.S］ F.B. Rothman, 1991, 293 p.［東外］がある。これは国別に法令，判例，雑誌，論文に分けて，それを所蔵する団体名をあげる。

（1） 国立国会図書館における主要国の官報，法令集，議会資料の所蔵

国　名	官　報	総合法令集		会 議 録		議会資料
		編　年	事項別	上　院	下　院	
Austria	1850～1968 (欠1944)		1980～	1945～1975		
China	1912～		1970～1973			
France	1789～	1959～	1980～	1881～1910 Ⓜ 1943～ 一部Ⓜ	1881～1910 Ⓜ 1943～ 一部Ⓜ	1881～1910 Ⓜ 1943～ 一部Ⓜ
Germany	1867～1943	1885～1933			1866～1933 Ⓜ	1866～1933 Ⓜ
Prussia		1810～1942			1848～1933	1848～1933
Sachsen		1818～1908				
Germany, Federal	1949～	1950～	1980～	1949～	1949～	1949～ (下院のみ)
Baden-Württemberg			1972～			
Bayern	1971～		1980～			
Hamburg			1979～			
Hessen	1960～		1980～			
Nieder-Sachsen			1979～			
Nordrhein-Westfalen	1971～		1979～			
Rheinland-Pfalz			1979～			
Schleswig-Holstein	1966～		1970			
Berlin	1964～		1980～			
Germany, Democratic Republic	1949～1990	1959～1978 (英文)	1979～1990			
Great Britain	1951～	1235～	1980～	1066～ 1921～1932	1921～1933	1715～
Italy	1947～	1941～	1980～	1953～1975	1948～1970	1948～1970
Korea	1948～		1980～	1948～		
Russia (Russian Empire)		1830～1917 Ⓜ		1906～1917Ⓜ		
Russia (U.S.S.R.)	1955～	1917～1918 1924～1975 1964～ (英文)①		1953～		
R.S.F.S.R.	1960～					
Ryukyu Island	1956～1972	1957～1969 1951～1971 Ⓜ	1972	1956～1972		
Switzerland	1905～	1848～	1979～	1907～	1891～	
United States of America	1936～	1873～	1979～	1789～	1789～	1900～
New York			1980～			

●米国の New York 以外の各州についても記載がある。

（2） わが国の立法資料と関係文献

明治時代以降の立法資料を対象とする蔵書目録や書誌には以下のものがある。

⑴ 法務図書館所蔵貴重書目録（和書）昭和48（1973）年63頁［東法］

この中で立法資料は独立してXBの分類に分けられ，その中をXB 100は法律一般，XB 230は司法制度，XB 250は行政訴訟法，XB 300は民法，XB 400は商法，XB 500は民事手続法，XB 600は刑法，XB 620は刑事手続法，行刑，XBはその他諸法と分けている。

⑵ 司法省調査課和漢図書目録―昭和11年末現在，1937年2748頁，追録1（自1937年1月至1948年8月）1656頁，追録2（自1948年9月至1970年12月）第1分冊法律図書959頁，第2分冊一般図書734頁，第3分冊著者名索引481頁［東法］

この中で1937年出版のものおよび追録1と追録2の第1分冊のXBの所に立法資料が各分野別に列挙されている。追録1や追録2の第1分冊にも明治時代に関するものが含まれていることに注意。

⑶ 最高裁判所図書館明治文庫目録1974年，199頁，謄写版［東法］

⑷ 最高裁判所図書館法律図書目録和書の部，1964年3月現在，1966年956頁，増加（目録）1（1964年4月～1969年3月）―6（1989―1994）［東法］

この中で322.17現代日本の法律（明治以降）という項目があり，その注に「現代日本の法律一般にわたるものを収む，特定主題を有するものはそれぞれの主題法律に収む，例：民法史→324.02とある。それで324.02のところをみると民法史，立法資料と出ている。その他，商法の立法資料は325.02に，刑法のそれは326.02に，民訴のそれは327.202に，刑訴のそれは327.602にある。

⑸ 早稲田大学図書館和漢図書分類目録（13）法律之部大正13年3月末現在，1924年，146頁，同法律の部2（大正13年4月～昭和44年3月），1972年，764頁［東法］

この中で明治時代の立法資料は1924年出版のものでは法律の各分野に分散して入っている。1972年出版のものではこの立法資料は日本法制史の中の明治以降（100～105頁）と各分野に分散して入っている。例：民法なら民法史（244～

245頁)，1972年出版のものには巻末に著者名と書名の索引がついている。これらの図書は早大図書館閲覧課参考係（〒169-8050　東京都新宿区西早稲田1－6－1）（電話(03)5286-1648内線5145）に現金を送付すれば複写して郵送してくれる。

(6)　慶応義塾大学図書館和漢図書目録(明治44年12月現在)，第四巻第八門法律，695～829頁

(7)　福島正夫編「穂積陳重博士と明治・大正期の立法事業――穂積陳重博士関係文書の解説・目録および資料――」民法成立過程研究会発行，1967年，142頁［東法］

(8)　福島正夫編「明治民法の制定と穂積文書―法典調査会穂積陳重博士関係文書の解説・目録および資料」民法成立過程研究会発行，1956年，156頁［東法］

(9)　福島正夫「法典調査会民法整理会議一覧表私家版，1956年，82頁，25cm，謄写版［法務］（B300～H21－1）

(10)　(7)(8)(9)他をまとめたものとして，福島正夫編『穂積陳重立法関係文書の研究』（平成元年）にまとめられている。

福島正夫氏のこの問題に関する著書や論文は(2)(4)(5)や後述の(17)～(19)を著者名索引でひくこと。

(11)　江藤信也「民法典を中心とした明治期における法典編纂の変遷と法務図書館所蔵『学振会版』資料」J＆R　No.44（1982年8月号），71～96頁

(12)　山本信男「法典調査会議事速記録内容案内（民法の部）」早稲田大学図書館紀要9号

(13)　有地亨「旧民法の編纂過程にあらわれた諸草案――旧民法とフランス民法との比較研究の準備作業として　　」法政研究39巻（1972年）2～4合併号，39頁以下

(14)　内閣文庫洋書分類目録仏書篇

1860年頃から以後のものを含む。分類目録で著者名索引つき。この中にボアソナードの著書が入っている。

(15)　国学院大学図書館所蔵のボアソナードとレスラーの図書

ただし印刷された目録はない。

(16)　近代日本法律司法年表（第一法規出版）

(17)　国立国会図書館・雑誌記事索引――人文社会編――法律

これは1948年～1954年以降,次々と累積索引が出ているが,その中で法制史の〈日本〉・現代（明治以降）と民事法ならその中の民法史，労働法なら労働法制史，刑事法なら刑法史にこのテーマに関連する論文が出てくる。また，著者名索引で福島正夫等をひくことができる。

⒅　法務図書館『法律関係雑誌記事索引』の日本法制史の近代，および民法の民法一般の中の旧民法，刑法の刑法一般の中の旧刑法，労働法の労働法一般の中の旧労働法に明治や大正期に関する論文を見出すことができる。

⒆　最高裁判所『邦文法律雑誌記事索引』の日本法制史の明治以降（L 2・17）にこのテーマに関する文献が出ているが，その他，法律の個々の分野に分散して出ている場合もある。

⒇　『戦後法学文献総目録』第1集以降（日本評論社）

法制史の一般と明治期・大正・昭和期の箇所および法律の各分野の箇所をみるべきである（著者名索引はない)。

その他，わが国の立法過程の調査に関する資料全般については昭和58年(1983年）4月20日の法図連研究会の若松邦保氏の「日本の議会資料について」が24の資料について詳述している。

最新のものとしては,広中俊雄「日本民法典編纂史とその資料──旧民法公布後についての概観」民法研究第1巻（信山社，1996年），大久保泰甫＝高橋良彰『ボワソナード民法典の編纂』（雄松堂，1999年）がある。

戦後の立法資料

我妻栄編『戦後における民法改正の経過』（日本評論社，1956年）と最高裁判所事務総局編『民法改正に関する国会資料』（家庭裁判資料34号，1953年）が基本文献である。その後の民法改正に関しては，改正の前後に法務省民事局による解説が公表されることが多い。これらの解説は，立法前後の諸雑誌に掲載されているか，その後，単行本として出版されることもある。

なお，立法一般については，帝国議会および国会の議事録の参照が重要である（大村敦志ほか著『民法研究ハンドブック』（有斐閣，2000年）214─215頁より引用)。

(3) 英・米・独・仏の書誌および文献入手方法

[A] 英米法

[Ⅰ] 単行書の書誌と蔵書目録

近年コンピューターが発達してきた結果，これによる検索システムが種々，出現している。その中で，次の⑭であげる米国の議会図書館のオンライン蔵書目録(LCMARC)(学術情報センター経由で利用可能)とOCLCが提供するオンライン・レファレンスサービスのFirst Search(後述)がある。その他，米国の書店等のサイトは指宿信『法律学のためのインターネット』1996年，173—174頁と同『法律学のためのインターネット・2000』2000年，150頁および同編『インターネットで外国法』32頁を参照。丸善や紀ノ国屋書店もホームページを開設している。また指宿(1996)142頁と松浦好治・門昇「法情報の理論序説」阪大法学41(1992年)も参照。

また，わが国の各図書館の所蔵する洋書をオンラインでつきとめるものとして，次の㊻であげる学術情報センターのFBCATがある。

しかし，他方で，紙情報による書誌と蔵書目録の価値は現在でも否定できないので，次にそれをあげることにする。

単行書の主要な書誌と蔵書目録の対象とする年代の対照表(学位論文と法令・判例を除く)

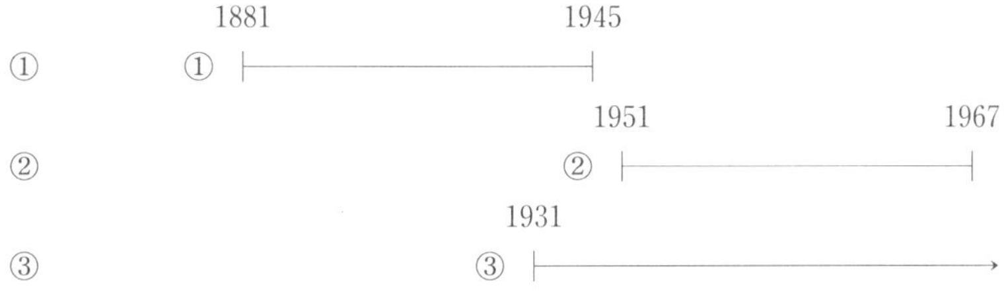

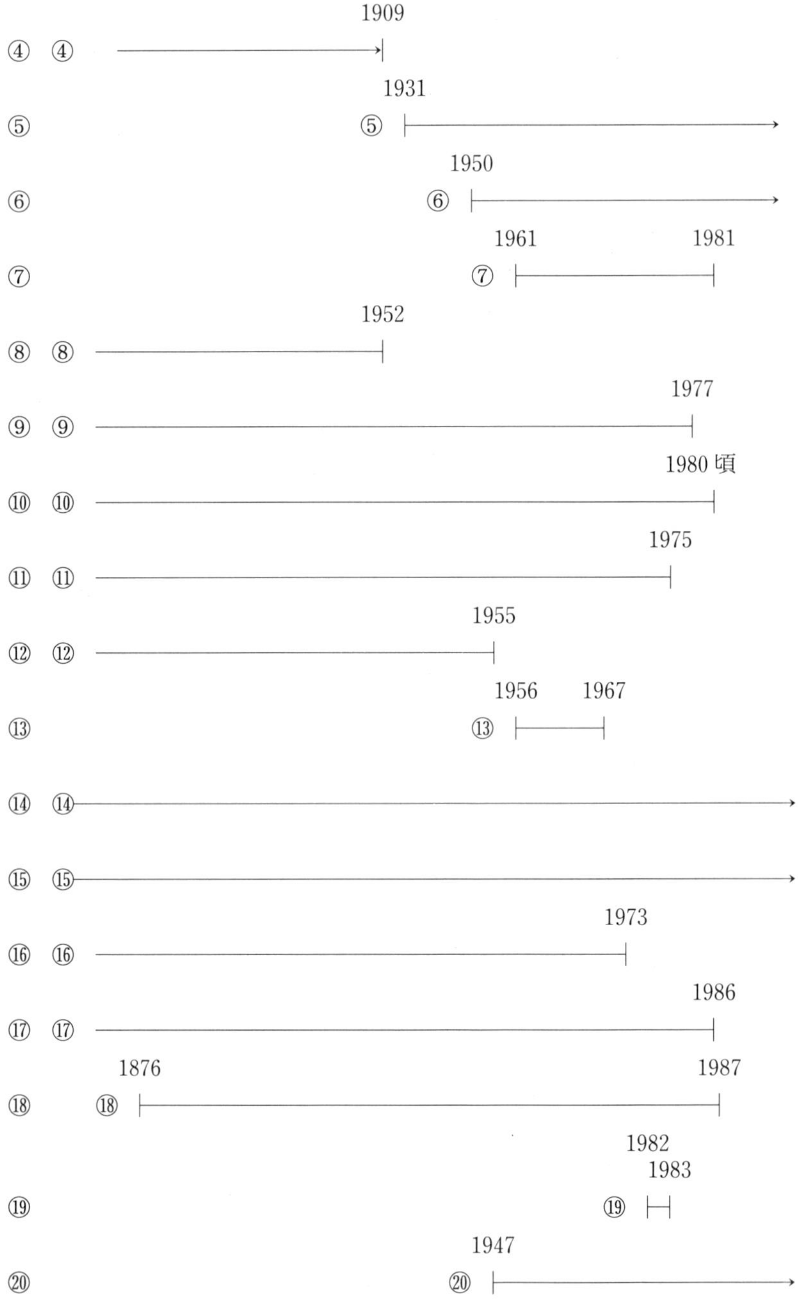
④ ④ 1909
⑤ ⑤ 1931
⑥ ⑥ 1950
⑦ ⑦ 1961 1981
⑧ ⑧ 1952
⑨ ⑨ 1977
⑩ ⑩ 1980頃
⑪ ⑪ 1975
⑫ ⑫ 1955
⑬ ⑬ 1956 1967
⑭ ⑭
⑮ ⑮
⑯ ⑯ 1973
⑰ ⑰ 1986
⑱ ⑱ 1876 1987
⑲ ⑲ 1982 1983
⑳ ⑳ 1947

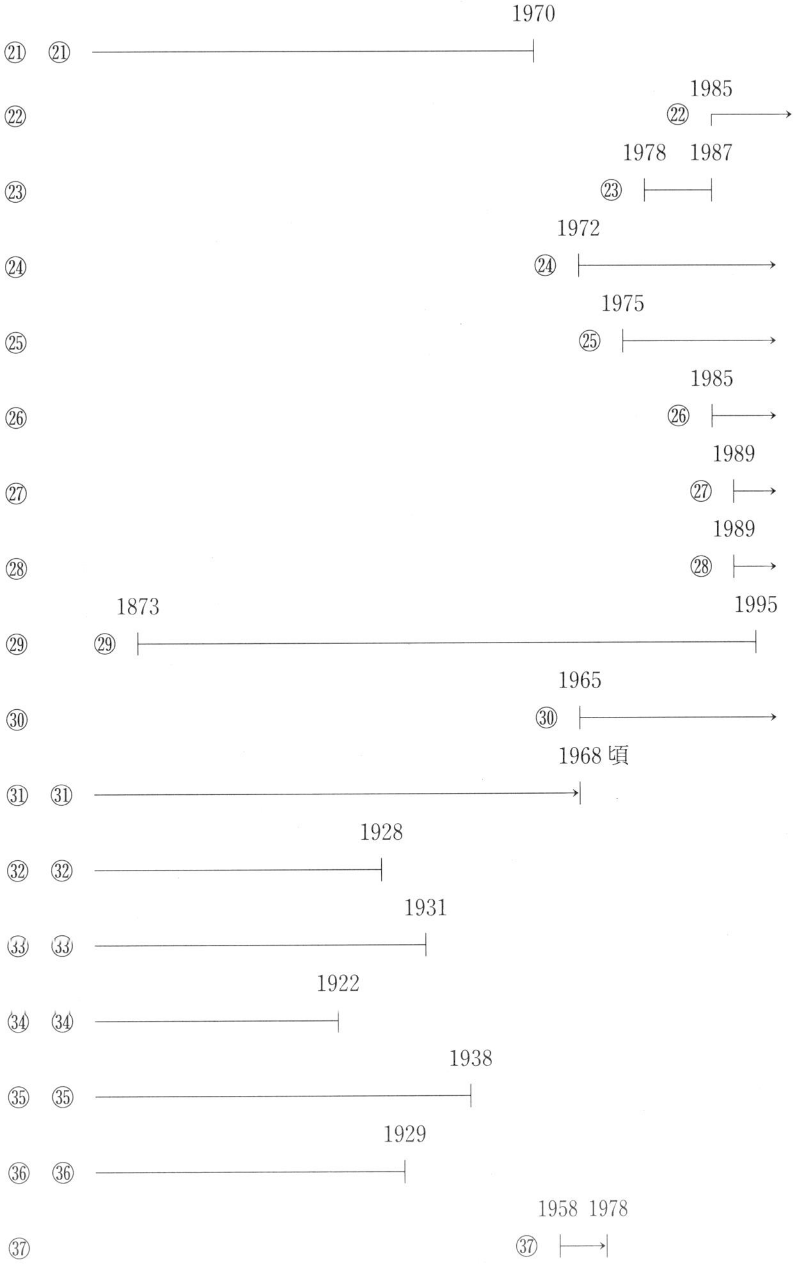
㉑ ㉑ 1970
㉒ ㉒ 1985
㉓ ㉓ 1978 1987
㉔ ㉔ 1972
㉕ ㉕ 1975
㉖ ㉖ 1985
㉗ ㉗ 1989
㉘ ㉘ 1989
㉙ ㉙ 1873 1995
㉚ ㉚ 1965
㉛ ㉛ 1968 頃
㉜ ㉜ 1928
㉝ ㉝ 1931
㉞ ㉞ 1922
㉟ ㉟ 1938
㊱ ㊱ 1929
㊲ ㊲ 1958 1978

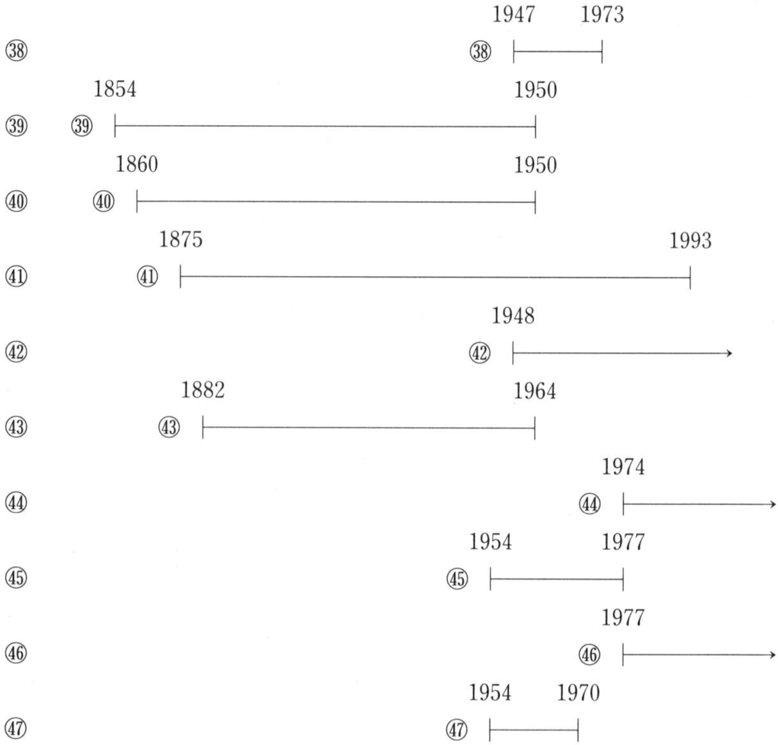

〔法〕は板寺『法学文献の調べ方』の略号である。

① British Museum. Dept. of Printed Books, *Subject index of the modern works added to the Library*, 1881-1945.〔法〕14頁［6］

② The British National Bibliography, *Cumulated Subject Catalogue, 1951-1967,* 10 v.〔法〕14頁［5］

③ *A London bibliography of the social sciences being the subject catalogue of the British Library of Political & Economic Science......*〔法〕20-21頁

④ Harvard University. Law School. Library, *Catalogue*, 1909, 2 v.〔法〕22頁

⑤ *Michigan Law Review* の “Recent Books” の欄。重要なもののみをのせる。

⑥ *U.S. Library of Congress. Catalog. Books: Subjects*, 1950-.〔法〕13

頁［1］この検索方法の秘訣は〔法〕17-20頁参照。

⑦ Harvard University. Law School. Library, *Annual* (*Current*) *legal bibliography*, 1961-1981. 分類順。〔法〕34〜36頁

⑧ Mark, J.J., ed., *New York University. School of Law Library. A catalogue of the law collection*, 1953. 分類順。［東法］［東外］〔法〕39頁［12］

⑨ Columbia University. Law Library, *Dictionary catalog of the Columbia University Law Library*, 1969, 28 v. 47万冊を含む。1st suppl. 1973, 7 v. 2nd suppl. 1977, 4 v.〔法〕39頁［14］

⑩ *Combined catalog of Anglo-American law collections*, University of California Law libraries Berkeley and Davis with Library of Congress Class K added, compiled by M.D. Schwartz, South Hackensack, N.J., Fred. B. Rothman, 1970-, 10 v. with suppl. 9.［慶大法学部］

⑪ London University, *Catalogue of the Library of the Institute of Advanced Legal Studies: Author Catalogue*, 3 v.; *Subject Catalogue*, 3 v. London, G.K. Hall, 1978.［東外］［北大中央図書館］

⑫ *The National Union Catalog*, *Pre-1956 Imprints*, Vol. 1-224.（著者名順）［国］（UP 6-21）［東図］〔法〕21頁

⑬ *The National Union Catalog*, *1956 through 1967*, Vol. 1-110.（著者名順）［国］（UP 6.39）〔法〕21頁

⑭ U.S. Library of Congress, *A catalog of books represented by Library of Congress printed cards*.（著者名順）

1968年から議会図書館以外の図書館の所蔵も個々の図書について記している。この米国の議会図書館のオンライン蔵書目録（LCMARC）は学術情報センター経由で利用可能である（指宿（1966年）121頁参照）。

⑮ British Museum, *General Catalogue of Printed Books*, Vol. 1-.［国］（UP 121-2）［東図］著者名順

⑯ Blaustein, *A bibliography on the common law in French*, N.Y., Oceana, 1974.［東法］

⑰ *Law Books in print.—through 1986*, (Triffin) 5 ed., London, N.Y., Glanville, 1987, 6 v. ただしマイクロ・フィルムや米国政府の出版物を除く。著者名，書名，叢書名，件名と出版社名によってひくことができる。

⑱ *Law Books 1876-1981: Books and Serials on Law and its Related*

Subjects, 4 v. N.Y., Bowker, 1981.［東法］［国］

単行書13万件を3万9千の件名標目の下にまとめたもの。著者名索引つき。単にアメリカ法の図書のみならず，イギリス法のそれも探すことができる。これの補充が *Bowker's Law Books and Serials in Print* (1988)であり，マイクロフィルム等をも含む。この後者の書評は *Legal Reference Services Quarterly*, Vol. 10 Nos 1/2, pp. 158-160にある。

⑲　*Law Information*, 1982, Bowker, 3 v.［国］［東法］

世界における英語の法律文献を対象とする。件名および著者名によってひける。

⑳　*Current Law*, *Sweet & Maxwell*, 1947-［東外］

英国圏を対象として，月刊と年刊とあり。

件名毎に，新刊書と雑誌論文を紹介する。

㉑　Association of American Law Schools, *Law books recommended for libraries*, 1968-1970.［東法］これの補充をするのが㉒である。

㉒　*Recommended publications for Legal Research* (O. Miller & M. Schwartz, eds.), Littleton, Co: Fred. B. Rothman & Co., 1985-.［東法］

英米法以外の出版物を除外している。㉑の補充の役目をする。

㉓　*Legal Bibliography Index 1978-1982, 1983-1987*, W. S. Chiang. Menlo Park, California, 1988.［東法］

本体は件名順であり，次の4つの表がある。(1) 件名標目表　(2) 定期的に刊行される書誌の表　(3) アメリカの法律図書館で通常,受け入れている継続出版物のアルファベット順の表　(4) 特別な分野に限定される法律の書誌のアルファベット順の表

㉔　*Law books published*, Dobbs Ferry, N.Y. Glanville, 1972-.［東法］(1982年からあり)

英，米法のものを主とする。著者名と件名の双方によってひける。

㉕　*Bibliographic Guide to Law*, *1975 ff*. Boston, Ward Hall, 1976 ff.

㉖　*National Legal Bibliography*, (P. Ward. ed) Buffalo, William Hein, 1985-. 月刊［東法］

コロムビア大学を初め主要な25の法律図書館の蔵書を含む。件名と著者名によって検索できる。初め月刊で出たものを年刊にまとめる。

㉗　*Lawyers Monthly Catalog*, (毎年毎の累積版あり) 1989-.［東法］

60 の学術図書館と 300 の行政官庁の図書館の蔵書を含む。

㉘　*Catalog of Current Law Titles*, 1989-. ［東法］

図書以外のフィルムやビデオ等の資料や米国の議会図書館の一般に出版されない資料をも含む。Hot sheets という部分は基本的な資料を教える。

㉙　田中英夫＝堀部政男編『英米法研究文献目録』日米法学会『英米法研究文献目録 1976―1995 年』東京大学出版会，1977，1996 年〔法〕40 頁［19］

㉚　日米法学会機関誌『アメリカ法』1965～。これは㉙の追録である。〔法〕40 頁［20］

㉛　『高柳文庫目録』成蹊大学所蔵 1968 年

㉜　Katalog der fremdsprachigen Bücher in der Bibliothek der Juristischen Fakultät der Kaiserlichen Universität zu Kyôto, 6 v. 1928.（京大法学部洋書蔵書目録）分類順で著書名索引つき〔法〕33 頁

㉝　『京都大学外国法制調査室図書目録』1932 年 出版 95，37 p.［東法］分類順で著者名索引つき〔法〕66 頁

㉞　*Catalogue of European books in the Tôhoku Imperial University Library*, 1917, viii, 530 p. Suppl.（Registered Oct. 1916-March 1922）4 v.［京大図］分類順

㉟　*Catalogue of the Kyûshû Imperial University Library*, Vol. 1-2, 1932-33, Suppl. 1933-36, 1936-38.［東図］著者名順

㊱　*Catalogue of the Keiôgijuku Library*（Classified）, Tokyo, 1929.［東図］分類順で著者名索引つき。ほぼ 1759 年頃出版以後の図書を含む。

㊲　早稲田大学比較法研究所『洋書目録（1958～1978）』分類目録で著者名と書名の索引つき。〔法〕33 頁［20］参照

㊳　中央大学日本比較法研究所蔵書目録第 1～5 分冊。1970～74 年出版，分類順で著者名索引つき。

㊴　法務省『欧文図書目録』本体と補遺 1 ― 3 。分類順で著者名索引なし。

㊵　内閣文庫洋書分類目録　英書篇上，下 2 冊。［東図］分類順で著者名索引つき。1860 年頃から 1950 年頃に出版されたものを含む。その中で法律は pp. 229～374，政治，外交は pp. 73～128，行政学は pp. 377～405 にある。

㊶　最高裁判所図書館『法律図書目録・洋書の部』および追録 1 ～ 7 ，1959～1993 年出版。分類順で著者名索引つき。

㊷　『国立国会図書館蔵書目録・洋書篇』分類目録で著者名と書名の索引つ

き(継続出版)。また同館が1986年以降受け入れた洋書は「電子図書館コーナー」で検索できる。

㊸　早稲田大学図書館洋書目録（1882—1965）Vol. 1～Vol. 5, pt. 3. 12 v.［東図］著者名順

㊹　近畿大学洋書目録，分類順で著者名索引つき。

㊺　国立国会図書館編『新収洋書総合目録』(年刊) 1954年以後毎年継続出版され，全国の主要な図書館で入手した洋書を著者名順に探すことができる。1977年で発行停止。〔法〕14～15頁。

㊻　上述の㊺が発行停止した後を継ぐものが国立情報学研究所のNACSIS-CAT（オンライン共同分担目録方式による全国総合目録の作成システム）である。この中には和雑誌や洋雑誌も含まれている。わが国における洋書の目録データベースにはFBCATがある。指宿，123頁参照。

㊼　国立国会図書館編『新収洋書総合目録1954—1970追補［総合目録未収録累積版]』 1～15

1954年から1970年までの間に，国立国会図書館が参加各館から収集し，かつ㊺に収録しなかった目録カードを著者名順にひけるように冊子化したもの。日外アソシェーツ。1986～88。15冊。

この中で①，④～⑮，㉛～㊼が蔵書目録である。

また，著者名目録は⑪～⑮，㉟，㊸，㊺～㊼である。この他，分類目録で著者名索引をつけたものが多い。

特に重要と思われるものは⑥，⑦，⑫～⑮，㉖，㉙～㉚，㉜，㊷，㊺～㊼である。「法律時報」の学界回顧は新しい文献の内容を紹介している。

古い時代のことの研究のためには①，④，⑧，⑨，⑫，⑮，㉜～㊱，㊴，㊵，㊸，㊹が重要と思われる。

その他次の3つの蔵書は対象とする年代が不明である。

一橋大学貴重図書室所蔵洋書目録,1976年，245頁。著者名順で書名索引付。

一橋大学B．フランクリン文庫　1978年，598頁。著者名順

成蹊大学　Thone文庫

マイクロフィルムに関するものとしてはTseng, H. P., *Complete Guide to legal materials in microform*, 1976［東法］がある。

この他，コンピューターで個々の図書の所蔵館をつきとめる方法としてはアメリカ本国においてはResearch Library Information Network (RLIN)と

Online Computer Library Center（OCLC）があるが前者は件名により1974年以降検索することができるが[注]，後者は目下のところはテーマによって調査することができない。

(注) Flores, A.A, “End-User Access to Bibliographic Data bases,” in *Legal Reference Services Quarterly*, vol, 9, p. 167.

OCLCが提供する全く新しいオンライン・レファレンスサービスがFirst Searchであり，世界最大の書誌データベースWorld Cat.は12〜13世紀の写本から現在までの幅広い書誌情報を収録している。この他にも後述のように15,000タイトル以上の学術雑誌の最新記事情報が検索できるArticle First等のデータベースも利用できる。このサービスは公衆回線やインターネットを経由して利用できる。学内のネットワークやパソコン通信経由のインターネットで接続すれば，通信回線代は無料または安くてすむ。わが国における代理店は紀ノ国屋書店である（指宿『法律学のためのインターネット』1996年，129頁参照）。

［II］ 学位論文の書誌

学位論文の書誌の対象とする年代の表

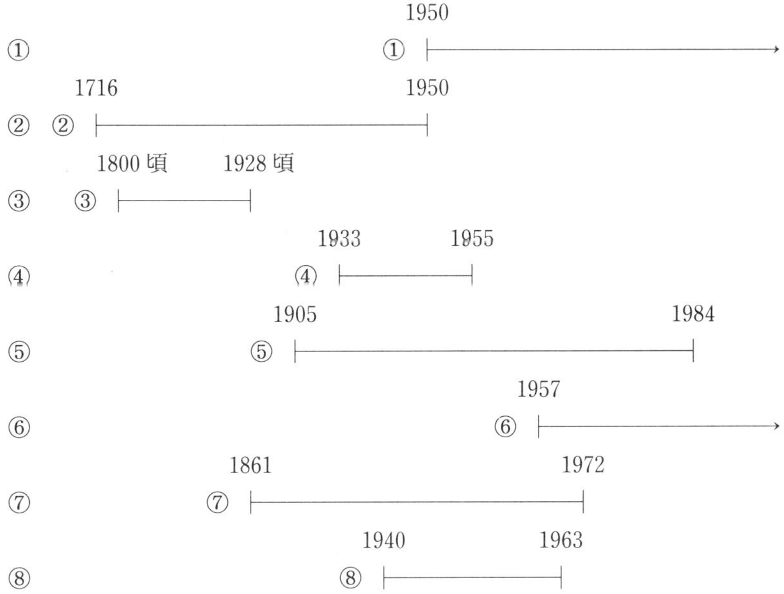

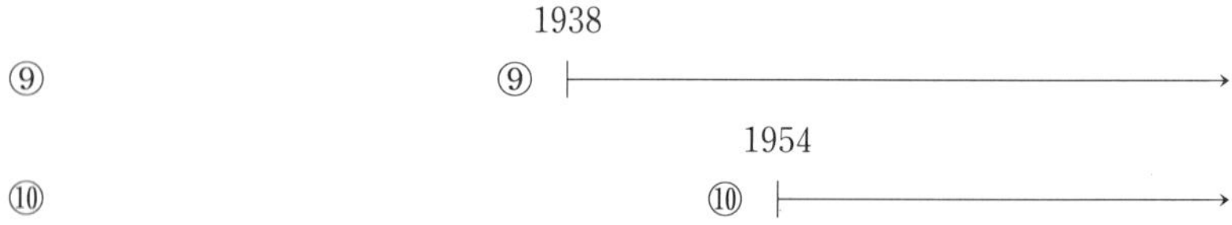

① *Index to theses accepted for higher degrees in the Universities of Gt. Brit. & Ireland*, 1950-. [慶大図書館所蔵]〔法〕133頁

② *Retrospective index to theses of Gt. Brit. & Ireland 1716-1950*, Vol. 1. Social sciences & humanities. Santa Barbara, Calif., American Bibliographical Center [c 1975] 393 p. [東図]

③ 京都大学法学部洋書所蔵目録　分類順で著者名索引つき。〔法〕33頁

④ *Doctoral dissertations accepted by American universities*, no. 1-22; 1933/-1954/55. N.Y., H.W. Wilson, 22 no. in 18 v. annual.〔法〕133頁

⑤ *Legal research in the United Kingdom 1905-1984: a classified list of legal theses and dissertations successfully completed for postgraduate degrees*, awarded by Universities and polytechnics in the U.K. from 1905-1984, London, Institute of Advanced Legal Studies, 1988. 1 v. [東法]

⑥ *American Doctoral Dissertations*, Ann. Arbor, Mich. University Microfilms, 1957-, Annual. [北大および茨城大所蔵]〔法〕134頁

⑦ *Comprehensive Dissertation Index*, 1861-1972. Ann. Arbor, Xerox University Microfilms. [東法] [東図] 等〔法〕134頁

これに記載されている図書は1冊毎に固有のマイクロ・フィルムの番号がついており，この番号をつけてわが国で一手販売の権利を持っている雄松堂に複写を依頼するとこれを米国から入手することができる。

⑧ Black, D.M., *Guide to lists of masters theses*, 1940-1963, Chicago, Amer. Library Assoc., 1965, 144 p.〔法〕476頁

⑨ *Dissertation Abstracts International,* 1938-, Monthly. Ann. Arbor, Michigan University Microfilms. [北大，東北大，阪大，九大等] [東図]Vol. 26 (1966)-〔法〕134頁

⑩ American Bar Association, *Index to legal theses & research projects*, Chicago, 1954-, Annual. [早大]〔法〕137頁

［Ⅲ］ 雑誌論文の書誌

現在では外国の雑誌論文目録データベースとして，CD-ROM またはオンラインで利用可能なものが提供されるようになった。

その中で，注目すべきものが，コロラド州研究図書館協会（CARL）の提供する Un Cover であり，雑誌記事索引データベースの検索が 1981 年以降につき無料で公開されており，さらに検索した文献を FAX で配送するサービスも有料で提供されるようになっている。この他 OCLC（First Search）があり，アメリカを中心とした雑誌論文目録と雑誌内容速報のデータベースを含んでいる。（指宿（1996）124-129 頁および後述の 311 頁，**本章［Ⅳ］**文献複写の入手方法の(2)(ii)参照）

しかし，印刷物による検索方法の価値も依然として否定はできないので以下にそれを述べる。

雑誌論文の書誌の対象とする年代の表

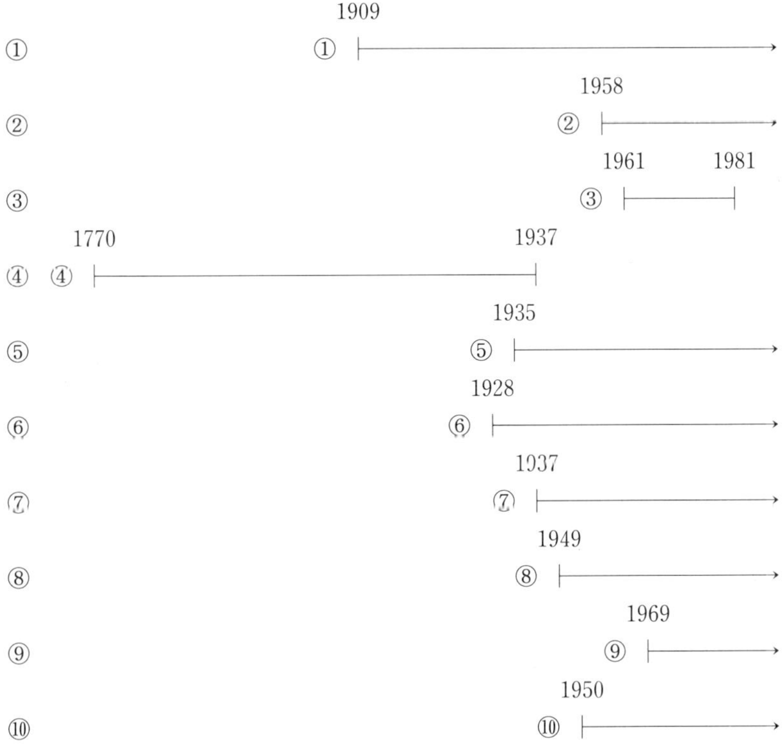

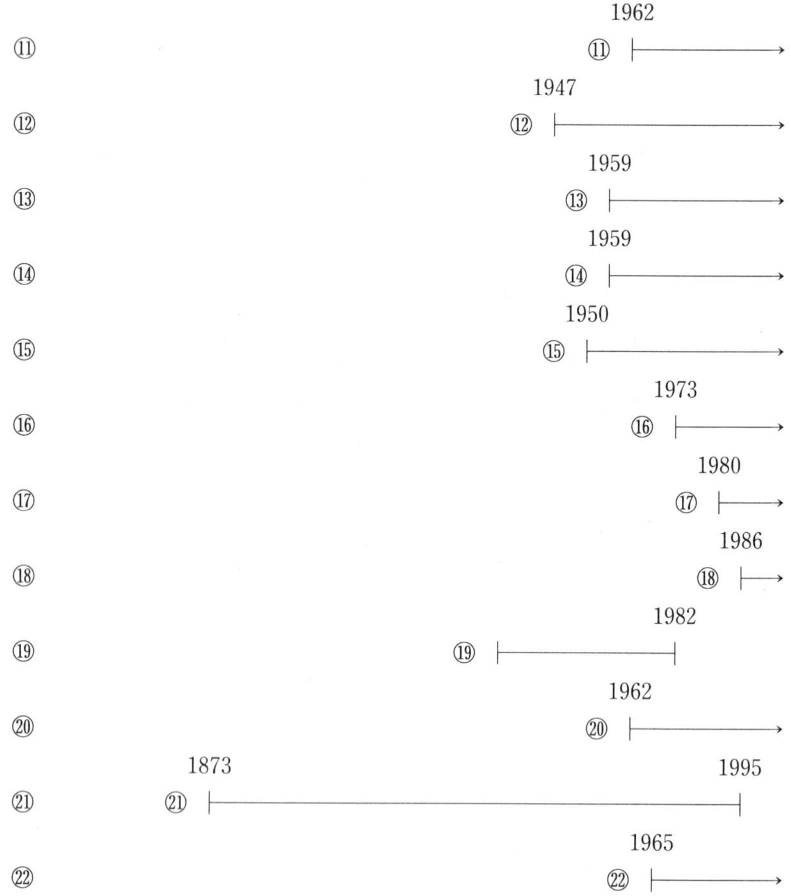

① *Index to legal periodicals, 1909-*. 〔法〕121～123頁　約370の雑誌を対象とする。

② *Index to periodical articles related to law, 1958-;* 30 year cum. vols 1-30 (1958-1988) あり。〔法〕123頁

③ *Harvard University. Law School. Library, Annual (Current) legal bibliography*, 1961-1981. 〔法〕34～36頁

④ Jones Chipman, *Index to legal periodical literature*. 1770～1937年を対象とする。〔法〕123頁

⑤ *Law Review Digest*, 1950-. 〔法〕113頁

Current legal thought, 1935-48 がその前身である。

⑥ C.C.H., *Legal periodical digest*, 1928-.〔法〕124 頁

⑦ *Michigan Law Review* の "Periodical Index", 1937-. 件名順で重要な雑誌だけを対象とする。

⑧ *Current Law*, Sweet & Maxwell, 1949-. ［東外］

月刊と年刊とあり，件名順に雑誌論文と新刊書を紹介する。英語圏を対象とする。

⑨ *Monthly digest of legal articles*, 1969-. 〔法〕114 頁

⑩ *Monthly digest of tax articles*, 1950-. 〔法〕114 頁

⑪ C.C.H., *Federal tax articles*, 1962-. 〔法〕114 頁

⑫ *Shepard's law review citations*, 1968-.（対象とするのは 1947 年以降）〔法〕114 頁

⑬ 九州大学法学部研究室『法律政治関係外国雑誌論文索引』1959-.〔法〕116 頁

⑭ Yale Law Library, *Selected new acquisitions*. *Selected index of periodicals*, vol. 1 (1959)-. ［東北大学法学部所蔵］〔法〕117 頁

⑮ *Current index to legal periodicals* (*Univ. of Washington Law Library & Washington Law Review*), 1950-. 〔法〕113 頁

⑯ *Social Sciences Citation Index*, 1973-. 〔法〕124 頁

⑰ *Current Law Index*, Vol. 1 (1980)-. ［東法］約 660 の雑誌を対象とする。

⑱ *Legal Journals Index*, Vol. 1 (1986)-Legal Information Resources, Ltd., 1986-. ［東法］

英連邦で発行されるすべての法律雑誌の論文を含む。件名，執筆者名，訴訟事件名，法律名，書評の各索引からなる。第 1 巻は約 150 種の雑誌を対象としている。これには件名標目表として別冊の A Legal Thesaurus がついている。

⑲ O. Higgins, P., *A bibliography of periodical literature relating to Irish law*, 1 st & 2 nd suppl. Belfast: SIS. Legal Publishers, 1983. 3 v.

⑳ 『外国の立法』1962 年～〔法〕149 頁

㉑ 田中英夫・堀部政男編『英米法研究文献目録』日米法学会『英米法研究文献目録 1976―1995 年』東京大学出版会 1977 年，1996 年（1873 年頃から 1995 年を対象とする。）〔法〕40 頁［19］

㉒　日米法学会機関誌『アメリカ法』1965年〜 これは㉑の追録である。〔法〕40頁［20］

これらの雑誌のわが国における所蔵館は本章［A］［I］の㊻(306頁)で述べたNACSIS - CATによってつきとめることができる。これらの雑誌の中の個々の論文のコピーの入手方法は次の［IV］を参照。

［IV］ 文献複写の入手方法（相互貸借を含む）

⑴　単行書の場合

(i)　日本国内から入手する場合

法令・判例の場合

英米および旧英連邦諸国の法令・判例のわが国における所在の調査方法は第6章「ドイツの法令・判例の所蔵リスト」によってこの英米法の諸国のものも知ることができる。ただし，これに正求堂所蔵文庫洋書目録（最高裁）(〔法〕p. 40参照）を追加すべきである。

普通の単行書の所在確認の方法

日本においてオンラインで検索可能な蔵書目録を提供しているものは，国立情報学研究所が提供している各種目録データベースであるが，洋書についてはFBCATがある（［A］英米法［I］の㊻306頁参照)。

なお，［A］の［I］の㉛〜㊼がわが国における蔵書目録である。

複写や相互貸借の場合

国立情報学研究所のNACSIS-ILL

これは［A］［I］の㊻のNACSIS-CAT等で単行書や雑誌の所在をつきとめた後に加入館の相互貸借や複写に関する照会，依頼通知，受付，発送，料金通知，受領通知，返送確認，依頼謝絶などの一連の処理をオンラインにより行う図書相互貸借システムである。

なお法律図書館連絡会「法律図書館ユーザーズマニュアル」第2版（丸善1995年）には国公私立大学図書館間文献複写に関する規定や国立国会図書館の貸出申込書や資料複写申込書が記されている。

(ii)　外国から入手する場合

英米法の［I］の単行書の主要な書誌の対象年代表のところで述べた①，④〜⑮は蔵書目録を兼ねる。この中で⑧はとくに英，米の法令・判例が分類順に列挙してある点では便利である。

とくに，著者名と書名により，米国の各図書館内での個々の図書の所蔵をつきとめられる方法がある。それが⑫の *The National Union Catalog, Pre-1956 Imprints*, vol. 1-224.（著者名順）［国］（UP 6-12）［東図］（〔法〕21頁）と⑬の *The National Union Catalog, 1956 through 1967*, vol. 1-110.（著者名順）［国］（UP 6. 39）（〔法〕21頁）である。

1968年以降は⑭であげた米国の議会図書館の著者名目録たるU.S. Library of Congress, *A catalog of books represented by Library of Congress printed cards*.（著者名順）（〔法〕21頁）を見れば，個々の図書に米国内の所蔵機関名を示す略号がついている。とくにこの米国の議会図書館のオンライン蔵書目録たるLCMARCは国立情報学研究所経由で利用可能である。海外における図書の所蔵機関の所在地の調査方法は〔法〕373〜376頁に記されているが，この他，米国の場合にはThomson, S.K., *Interlibrary loan policies directory*, Chicago, A.L.A. [c 1975]［東図］（A 400-010. 3-2）をみると米国内の個々の図書館のコピー・サービスの詳細が判明する。

英文の複写依頼文の例は〔法〕377頁参照

なおPhoto Duplication Service. New York Public Library. Fifth Ave. and 42nd St., New York, 10018, U.S.A.

Photo Duplication Service. Los Angeles County Law Library 301 West First St., Los Angeles, Calif., 90012, U.S.A.等が複写をしてくれるがとくに後者に複写を依頼すると，注文してから4週間位で届き，郵便局から送金できる。

なお，内外の洋書の所蔵目録の収録する図書の年代表は**本章（3）「E」**であげる。

⑵ 雑誌論文の場合

(i) 日本の国内から入手する場合

［A］［I］の㊻であげた国立情報学研究所のNACSIS-CATには洋雑誌（FBCAT）も含まれているのでこれにより日本国内における所在をつきとめてから［A］［IV］⑴(i)で述べたNACSIS-ILLによって複写の依頼等を行うことができる。

過去におけるこの場合の目録としては次のものがある。

［1］　文部省『学術雑誌総合目録・人文社会科学欧文篇』1999年版8冊

［2］　法律資料研究会（東京地区の私立大学の図書館の会合）発行『英米法関係継続雑誌目録』1984年4月30日現在

［3］　〔法〕119頁で述べた各図書館の雑誌の所蔵目録

(ii)　海外から入手する場合

コンピューターによる迅速な入手方法

OCLCのFirst Searchというサービスでは探した雑誌記事をその場で手配することが可能であり，電子メールやFAX，郵便等の送付方法で入手し，支払はMaster CardやVISA等の国際カードで，各情報提供業者との間で決済することができる。

また，コロラド州研究図書館協会（CARL）の提供するUn Coverというサービスは1989年以降の約17,000タイトルの学術雑誌の目次速報データサービスとドキュメントデリバリーサービスを合せて提供するもので，希望の記事があれば，オーダーから1時間以内にFAXでその記事をとりよせることができる（詳細は指宿『法律学のためのインターネット』124～129頁および小田島亙“Un Cover”『情報の科学と技術』44(7)，1994．7，362-367頁参照)。

またインターネットによって米国の特定大学の特定論文をひけることは図書館雑誌第90巻1号49頁を参照。

過去の蔵書目録を参照する場合，次の蔵書目録を調査する。〔法〕119～120頁

British Union Catalogue of Periodicals, London, Butterworth, 1955-58. & Suppl. 5 v.［東法］［東図］

London University. Institute of Advanced Legal Studies, *Union list of legal periodicals*, 3rd ed., London, Univ. of London, 1968.［国］(AIII-79) 4th ed. 1978. 315 p.［東法］

Union list of serials in libraries of the United States and Canada, 3rd ed., Vol. 1-5. N.Y., Wilson, 1965.［東法］等

U. S. Library of Congress, *New serial titles: a union list of serials commencing publication after 1950-1970*, Cumulative. Vol. 1-4. N.Y., Bowker, 1973. Suppl. to 3rd ed. 1971-75, 1976. 2 v.「東法」等

U.S. Library of Congress, *New Serial Titles*, 1981 & 1982.［東法］等

なお，〒162-0825東京都新宿区神楽坂1－2イギリス大使館文化部の図書館

（電話 03—3235—8031）の「ブリティッシュ・カウンシル，BLLD 複写サービス係」に申し込むと迅速に雑誌論文等を入手できる。その他は〔法〕372 頁と法律図書館連絡会「法律図書館，ユーザースマニュアル」（丸善，1995 年）の BLDSC の文献複写サービスと IFLA ORDER FORM を参照。BLDSC は会議録，英米の学位論文，定期刊行物 21 万以上タイトルを所蔵している。

⑶ 米国学位論文（人文・社会科学系）の場合

2003 年 1 月から，雄松堂書店が標記のものの日本総販売代理店となり，同年 3 月からインターネット上でこれを無料で検索するサービスを行っている。所在地〒 160-0008 東京都新宿区三栄町 29　電話 03-3357-1411

［V］ 海外からの相互貸借

［IV］⑵(ii)で既述したイギリス大使館文化部の図書館に申しこむと，会員なら英本国から図書をとりよせて，同所で読ませてくれる。（同図書館の会員に登録するには住民票など住所を証明するものを持参して申しこめばよい）。

世界最大の書誌ユーティリティである OCLC は目録の提供ばかりでなく，ILL サービスも 1979 年から行なっている。その手続方法やワークフォーム等の詳細は遠藤菜穂子「OCLCILL サービスに参加して」（図書館雑誌 Vol. 89, No. 10, pp.811-813）を参照。なお小竹悦子「ブリティッシュ・カウンシル図書館情報センターの英国サイト情報提供」（大学の図書館 297：p. 151. 98-8）と小竹悦子「ブリティッシュ・カウンシル図書館情報センター・カウンターサービス——多様な情報提供をめざして」（図書館雑誌 93⑺559 頁，1999. 7）をも参照。

［VI］ 英米法全般に関する疑問を解決する雑誌

英米法全般（単行書，雑誌論文のみならず，法令・判例に関することも含む）に関する疑問や情報を知るものとして *Law Library Journal* と *Legal Reference Services Quarterly* がある。前者にはとくに Questions & Answers という部分が各巻についている。そして前者には Vol. 1-50（1908-1957）と Vol. 51-75（1958-1982）の件名の累積索引があり，その中で前述の質疑応答の個々の問題もひくことができる。後者には Vol. 1-8（1981-1988）の件名の累積索引があり，ともに大変有益なものである。

[B] ドイツ法

[I] 単行書の書誌

後述するような紙による書誌情報以外に，近年はオンライン・データベースが発展した結果，それらを用いて書誌情報が入手できるようになった。しかし，これらのデータベースは有料でかつ高額の利用料金を必要とするために，小規模の検索のために個人的に契約して利用するには不向きである。ドイツではJURISというものがその1例であるが（〔法〕p. 47-48参照）この場合は調査範囲が偏っているために，社会法関係を中心に強く，その他の分野は相対的に弱いので，このような欠点を補充するものとして，図書館のオンライン蔵書目録（OPAC）データベースをインターネット経由で利用する方法がある。現在ではインターネット経由でアメリカ以外の国でも蔵書目録を直接に検索して必要な文献を入手することが可能になった（指宿『法律学のためのインターネット』121-122頁参照）。

インターネットから利用可能な，OPACの所在情報の中で，世界各国の情報を整理しているものとしては指宿，122頁参照。

ドイツの大学付属図書館をはじめとする図書館のオンラインで検索可能なカタログをリストアップしたものが指宿，123頁に記載されている。これらはインターネット経由で検索して必要な文献情報を入手できる。

ドイツの各大学の情報源は指宿，195～196頁参照。

また，ドイツの法律関係の書店等の情報サイトは指宿，171頁，176-178頁参照。

なお，わが国の丸善や紀ノ国屋書店もホームページを開設していて，この中にドイツ法の図書も含まれている（指宿，142頁参照）。

その他のものをあげると，Deutsche Bibliothekは印刷されたDeutsche Bibliographie Wochentliches Verzeichnis Reihe（A）1965をBIB＝LIODATAという名の下に，STNというhostを通して利用できるようデータベース化したが，これは1972年以来のDeutsche Bibliothekのすべての書誌的記述を含んでいる。そしてDeutsche Bibliothekの分類によって法律関係の図書を探すことができる。

また，Deutsche Bibliographieを新しくCD-ROM化したものは1986年以来

の約70万の図書の記録を含んでいる。

また，Neue Juristische Wochenschrift の1981年から1989年までの版は Beck 社から CD-ROM の形で出版されている。

ドイツ法のコンピューターによる検索を解説した資料を次にあげる。

Goeden F.C., “Legal comparativists & computerized information systems. General problemes & the present German status computerized legal information,” in *Int'l J'l. of Legal Information*, Vol. 14. Nos. 1-2. pp. 1-49.

Koner, C., Das Internet für Juristen, in: *NJW-CoR*, 1994. S. 369 ff.

Kröger, D., Internet für Juristen, Luchterhand, Berlin, 1996. 339 p.

日本にはなじみのないサイトなどの紹介がある（指宿（1966）168頁）。

ドイツ連邦共和国司法省の JURIS については〔法〕47-48頁および米丸恒治「法情報データベース JURIS の特徴とその活用」行財政研究23号（1995年）42頁以下と指宿信編『インターネットで外国法』（1998年）の中の第10章ドイツ（110-118頁）と Hirte, p. 134 を参照。

また，わが国の各図書館の所蔵する洋書の文献の所在をオンラインでつきとめるものとして，次の紙情報による単行書の書誌の㊸であげる学術情報センターの FBCAT がある（指宿，123頁）。

しかし，他方で紙情報による書誌と蔵書目録の価値は現在でも否定できないので，次にそれをあげることにする。

(a) ドイツ連邦共和国

単行書の主要な書誌（蔵書目録を含む）の対象とする年代の対照表（学位論文，法令判例とドイツ民主主義共和国の文献を除く）

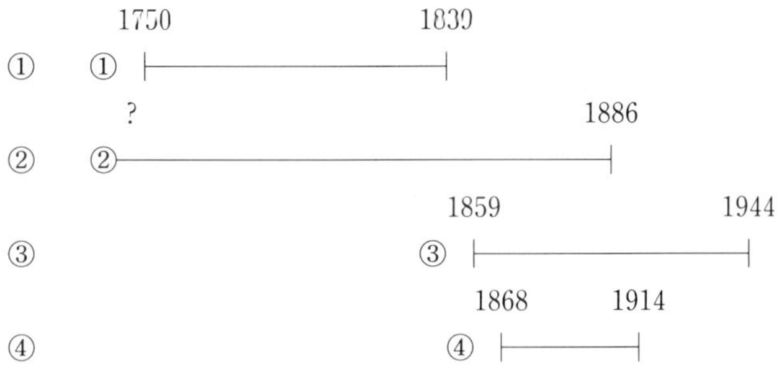

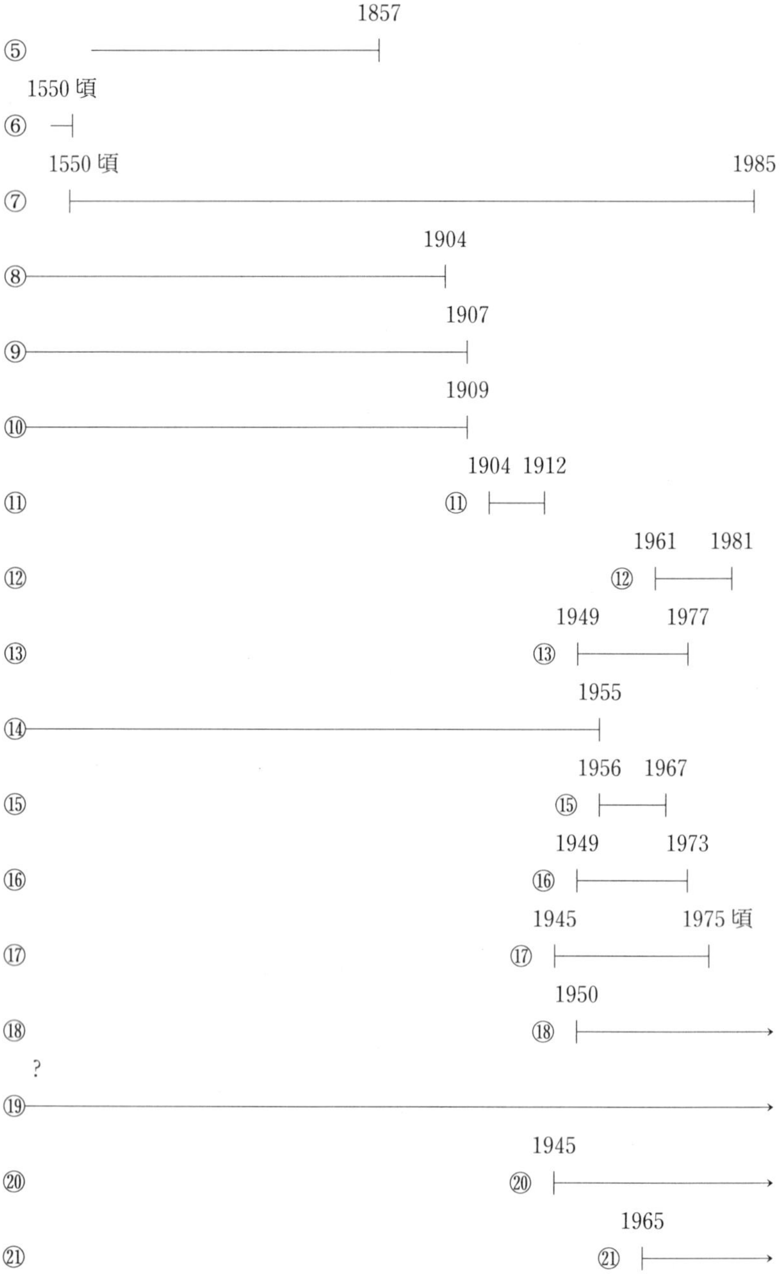
1857
⑤
1550頃
⑥
1550頃
1985
⑦
1904
⑧
1907
⑨
1909
⑩
1904 1912
⑪
⑪
1961 1981
⑫
⑫
1949 1977
⑬
⑬
1955
⑭
1956 1967
⑮
⑮
1949 1973
⑯
⑯
1945 1975頃
⑰
⑰
1950
⑱
⑱
?
⑲
1945
⑳
⑳
1965
㉑
㉑

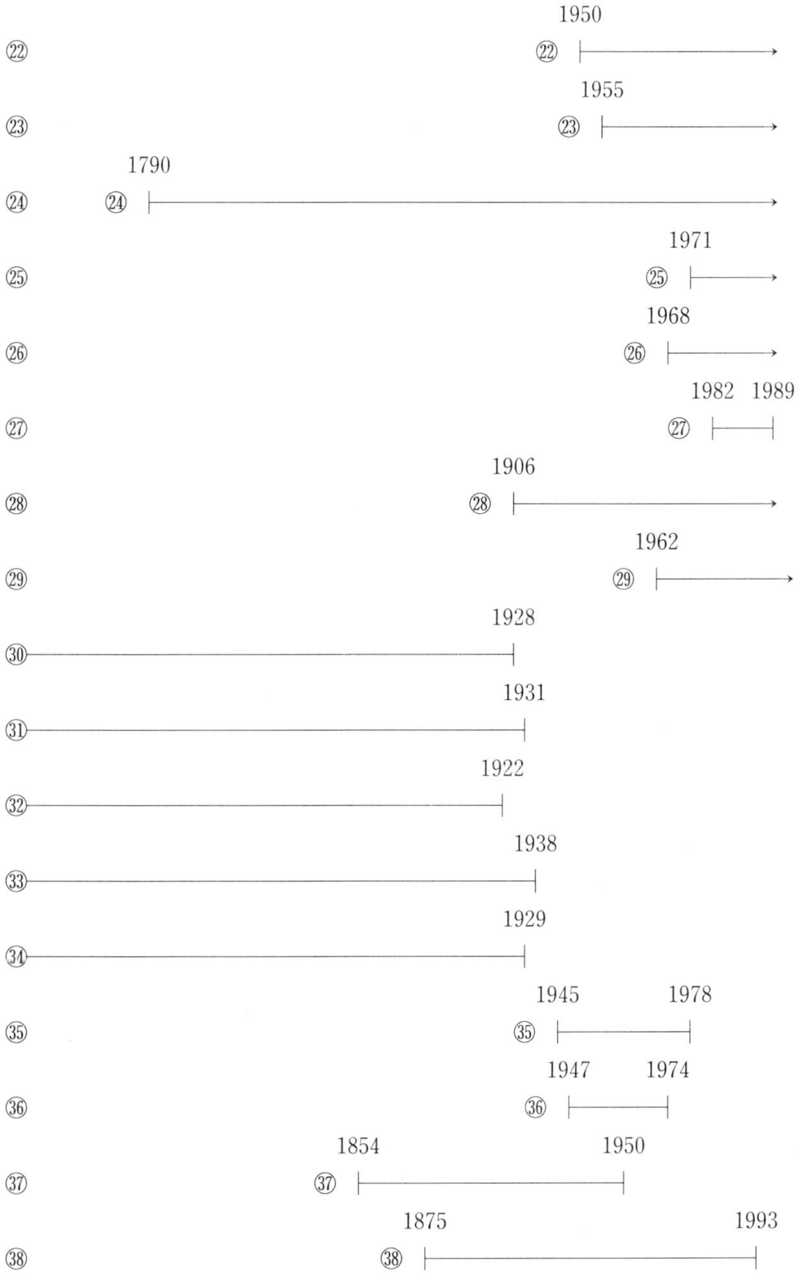

㉒ ㉒ 1950
㉓ ㉓ 1955
㉔ ㉔ 1790
㉕ ㉕ 1971
㉖ ㉖ 1968
㉗ ㉗ 1982 1989
㉘ ㉘ 1906
㉙ ㉙ 1962
㉚ 1928
㉛ 1931
㉜ 1922
㉝ 1938
㉞ 1929
㉟ ㉟ 1945 1978
㊱ ㊱ 1947 1974
㊲ ㊲ 1854 1950
㊳ ㊳ 1875 1993

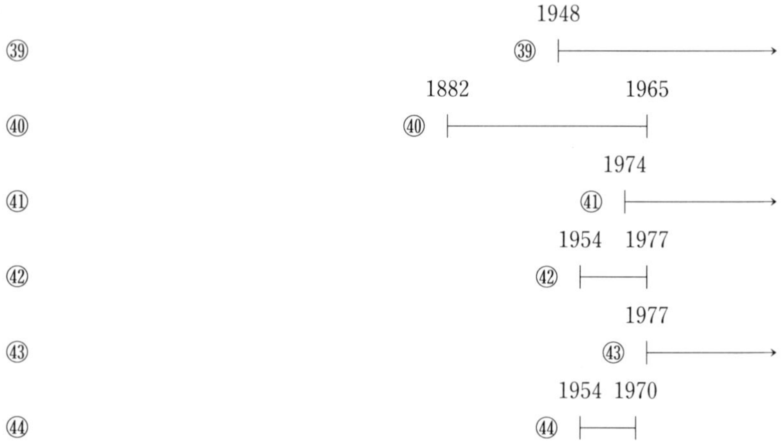

① *Bibliotheca Iuridica*, Handbuch der gesamten juristischen und staatswissenschaftlichen Literatur (2nd ed., 4 v. Engelmann, 1840, 1849. Reprint, Scientia, 1968.).

② Muehlbrecht, O., Wegweiser durch die neuere Literatur der Rechts- und Staatswissenschaften (Puttkammer, 1886. 446 p.).

③ Kritische Vierteljahrschrift für Gesetzgebung und Rechtswissenschaft (Cotta, 1859-1944).

④ Übersicht der gesamten staats- und rechtswissenschaftlichen Literatur (Puttkammer & Mühlbrecht, 1868-1914.).

⑤ Costa, Heinrich, Bibliographie der deutschen Rechtsgeschichte. 1858, Reprint 1969.

⑥ Planitz, H. & Buyken, T., Bibliographie zur deutschen Rechtsgeschichte. Klostermann, 1852. 2 v.

⑦ Max-Planck-Institut für europäische Rechtsgeschichte (Frankfurt a. M. Bibliothek), Alphabetischer Katalog (Autorenkatalog), 8 v. München, 1981-82. Suppl. 1. 2. 1986. [東法] [京法]

この本体は約7万タイトル，10万冊を含む，なお同研究所は数によってはコピーの依頼に応じるとのことである。

⑧ Katalog der Bibliothek des Reichstages, Bd. 1-5, 1898-1905. [京法]

⑨ Katalog der Bibliothek des Königlichen Preussischen Oberverwaltungsgerichts, 2 Aufl., 1907.［法務］

⑩ Katalog der Bibliothek des Reichs-Justizamts, 3. Ausg. Berl. 1909.［東法］

⑪ Katalog der Bibliothek des Königlich Preussischen Ministeriums des Innern, Bd. 1-4, 1904-1912.［京法］〔法〕48頁［25］

⑫ Harvard University, Law School Library, *Annual legal bibliography*, 1961-1981.（分類順）〔法〕47頁［22］

⑬ Bibliographie des deutschen Rechts in englischer und deutscher Sprache, 1964. 1969-73. 1974-78. 1949年までさかのぼる。

⑭ *The National Union Catalog*, Pre-1956 Imprints, Vol. 1-224.（著者名順）［国］（Up 6-21）［東図］〔法〕21頁

⑮ *The National Union Catalog*, 1956 *through* 1967. Vol. 1-110.（著者名順）［国］（UP 6. 39）〔法〕21頁

⑯ ［Welkoborski, H］Bibliographie der Literatur der D.D.R. über das Recht der BRD, Bremen, Selbstverlag.［1974］（43 Bl.）1949-73年を対象とする。

⑰ Schwerin, K., Bibliographie rechtswissenschaftlicher Schriftenreihen. 1978, xvi, 383 p.

⑱ U.S. Library of Congress, *Catalog*, *Books: Subjects*, 1950-.〔法〕13頁［1］この検索方法の秘訣は〔法〕17-20頁参照。

⑲ U.S. Library of Congress., *A catalog of books represented by Library of Congress, printed cards*.（著者名順）1958年からは個々の図書について議会図書館以外の図書館の所蔵も記入している。この米国の議会図書館のオンライン蔵書目録（LCMARC）は学術情報センター経由で利用可能である。（指宿, 121頁参照）そしてこの中にはドイツ語の図書も多数入っている。

⑳ Neue Juristische Wochenschrift, Fundhefte, 例, Fundheft für Zivilrecht等〔法〕50〜54頁

㉑ Karlsruher Juristische Bibliographie, 1965-,〔法〕46頁［17］

㉒ Jahresfachkatalog Recht, Sozialwissenschaften, Wirtschaft, Steuern, 1950-.〔法〕47頁［20］

㉓ Bibliographie für Staats- und Rechtsfragen.〔法〕48頁［29］

㉔ Szladits, C., *A bibliography on foreign and comparative law*, *books and articles in English*. 〔法〕45頁［8］

㉕　American Journal of Comparative Law には Foreign Law in English の章が1971年からつき，㉔の最後の追録の後に出た文献を探すことができる。〔法〕145頁

㉖　Modern Law & Society., *A review of German-language research contributions on law, political science, and sociology. With bibliographies*, Vol. 1 (1968) ff. 図書と雑誌論文を対象とし書評も載せる。

㉗　Deutsche Rechtsbibliographie, 1984, hrsg. von Gesellschaft für Rechtsvergleichung, Baden-Baden, Nomos. 分類順で件名索引あり，これは Deutsche Bibliographie series（月刊）のA，BおよびHの部門でリストされたすべての法律書を1981年から学位論文も含めて採録している。

㉘　Schweitzer's Vademecum: Recht-Wirtschaft-Steuern 1906-. 年刊。商業用のカタログで1987年から以上の3つの部門が各々独立して発行されるようになった。

㉙　「外国法令関係国内文献目録」——『外国の立法』（雑誌）の資料欄

㉚　Katalog der fremdsprachigen Bücher in der Bibliothek der Juristischen Fakultät der Kaiserlichen Universität zu Kyôto, 6 v. 1928.（京大法学部洋書蔵書目録）分類順で著者名索引つき。〔法〕33頁

㉛　『京都大学外国法制調査室図書目録』分類順で著者名索引つき。[東法]〔法〕33頁

㉜　*Catalogue of European books in the Tôhoku Imperial University Library*, 1917, viii, 530 p. Suppl.（Registered Oct. 1916-March 1922.）4 v. 分類順（京大図）

㉝　*Catalogue of the Kyûshû Imperial University Library*, Vol. 1-2. 1932-33. Suppl. 1933-36. 1936-38. 著者名順［東図］

㉞　*Catalogue of the Keiôgijuku Library* (Classified), Tokyo, 1929. 分類順で著者名索引つき。ほぼ1759年頃出版以後のものを含む。

㉟　早稲田大学比較法研究所『洋書目録』(1958～1978)分類順で著者名と書名の索引つき。

㊱　中央大学日本比較法研究所蔵書目録第1～5分冊　1970～1974. 分類順で著者名索引つき。

㊲　法務省『欧文図書目録』本体と補遺1－3。[東法] 分類順で著者名索引

なし。

㊳ 最高裁判所図書館『法律図書目録・洋書の部』および追録1～7。1959～1993年 分類順で著者名索引つき〔法〕33頁

㊴ 『国立国会図書館蔵書目録・洋書篇』分類目録で著者名と書名の索引つき。また同館が1986年以降に受け入れた洋書は「電子図書館コーナー」で検索できる。

㊵ 早稲田大学図書館洋書目録(1882～1965) vol. 1～vol. 5. pt. 3. 12 v.著者名順 [東図]

㊶ 近畿大学洋書蔵書目録 N. 1 (1974) ～ 分類順で著者名索引つき。

㊷ 国立国会図書館編『新収洋書総合目録』(年刊) 1954年以降毎年継続して出版され，全国の主要な図書館で入手した洋書を著者名順に探すことができる。1977年で発行停止。〔法〕14～15頁

㊸ ㊷の後をつぐものが文部省学術情報センターのコンピューターによる検索システムのNACSIS-FBCATである。著者名で探すことができる(本章(3)[A]英米法の[I]の㊻および指宿，123頁参照)。

㊹ 国立国会図書館編『新収洋書総合目録1954―1970追補[総合目録未収録累積版]』1～15

1954年から1970年までの間に同図書館が参加各館から収集しかつ㊷に収録しなかった目録カードを著者名順にひけるように冊子化したもの。日外アソシェーツ。1986-88。15冊。

上述のものの中でとくに⑫⑳㉑㉗㉚㊴㊷㊸㊹が重要である。「法律時報の学界回顧」は新しい文献を紹介する。また，蔵書目録は⑦―⑫，⑭⑮⑲㉚―㊹である。著者名目録は⑦⑭⑮⑲㊵㊷㊸㊹である。また，分類目録でも著者名索引がついているものが多い。

また，〔法〕Ⅷ 法律学の各分野の書誌の章の中には各分野毎に各研究機関の所蔵するドイツ法関係の文庫本の冊子目録があげられている。

18世紀から19世紀の文献については Lansky, R., Bibliographisches Handbuch der Rechts- und Verwaltungswissenschaften [1986] pp. 34～37を参照

ドイツの法令，判例のわが国における所蔵機関のつきとめ方は第6章の[I][II]を参照。

その他，日大法学部，早大，中央大学日本比較法研究所，慶大，国士舘大学，東大法学部，法政大学は次のような68種類のドイツ語の法律学と政治学の叢書

を叢書としてまとめて所蔵しているが，これらの中の個々の図書は㊷の『新収洋書総合目録』や㊹のその追補を著者名で探しても，掲載されていないので，これらの叢書の中に含まれている個々の図書の著者名から，それを含んでいる叢書の中の巻号を知り，次に所蔵機関をつきとめる方法を後述する。初めにこれらの7団体の所蔵する叢書と巻号をまとめて，アルファベット順にあげる。

略　語

［日］＝日大法学部
［早］＝早大
［中］＝中央大学比較法研究所
［慶］＝慶応義塾大学図書館
［東法］＝東京大学法学部研究室
［東外］＝東京大学法学部附属外国法文献センター

(1)　Abhandlungen aus dem gesamten Bürgerlichen Recht, Handelsrecht und Wirtschaftsrecht, Beihefte der Zeitschrift für das Gesamte Handelsrecht und Wirtschaftsrecht, 1965-.　［中］ Hft. 29-38, 40. 11 v.

(2)　Abhandlungen aus dem gesamten Handelsrecht, Bürgerlichen Recht und Konkursrecht, Stuttgart, Ferdinand Enke, 1934-.　［日］ Bd. 1-20.

(3)　Abhandlungen zum deutschen und europäischen Handels- und Wirtschaftsrecht, Köln, Heymann, 1970-.　［日］ Bd. 2-40. Wanting: Bd. 1.

(4)　Abhandlungen zum schweizerischen Recht, Bern, Stämpfli, 1904-.　［早］ Hft. 1-100. Wanting: Hft. 6, 24, 27, 38, 42, 66, 86, 97.

(5)　Abhandlungen zum schweizerischen Recht, N.F. Bern, Stämpfli, 1924-.　［早］ Hft. 1-454. Wanting: Hft. 18, 27, 33, 50, 56, 60, 87, 317, 327, 340, 350, 351, 353, 360, 365, 369, 427, 431.

(6)　Arbeiten aus dem juristischen Seminar der Universität Freiburg, Schweiz, Freibourg, Librairie de l'Université, 1946-.　［日］ Bd. 1-27. ［早］ Bd. 1-46.

(7)　Arbeiten zur Rechtsvergleichung, Frankfurt am Main, Alfred Metzner, 1958-.　［日］ Bd. 2-118. Wanting: Bd. 1, 4, 7, 10, 18, 38, 39, 51, 64.　［早］ Bd. 1-89. Wanting: Bd. 19.

(8)　Basler Studien zur Rechtswissenschaft, Basel, Helbing & Lichtenhahn, 1932-.　［日］ Bd. 1-124. Wanting: Bd. 8, 11, 13, 14, 16, 17, 18, 20,

25, 28, 31, 32, 35, 42, 48, 52, 58, 59, 61, 62, 66, 79.

(9) Beiträge zum ausländischen und internationalen Privatrecht, Berlin, de Gruyter, 1928-. ［早］ Hft. 1-41. Wanting: Bd: 2, 3, 6-8, 11, 14, 24. (Teil 2), 26, 36.

(10) Beiträge zur politischen Wissenschaft. ［中］ Bd. 1-5.

(11) Berliner Juristische Abhandlungen, Berlin, Duncker & Humblot, 1959-. ［日］ B., 1-31.

(12) Bonner Rechtswissenschaftliche Abhandlungen, Bonn, Ludwig Röhrscheid, 1952-. ［日］ Bd. 45-105. ［早］ Bd. 51-101.

(13) Bürgerliches Recht, Handels- und Verkehrsrecht, Frankfurt am Main, Peter Lang, 1976-. ［日］ Bd. 1-11.

(14) Deutsches Rechtsdenken, Frankfurt am Main, Klostermann, 1948-59. ［早］ Bd. 1-16.

(15) Erlanger Juristische Abhandlungen, Köln, Carl Heymann, 1968-. ［日］ Bd. 1-31.

(16) Europäische Hochschulschriften: Reihe II. Rechtswissenschaft, Frankfurt am Main, Peter Lang, 1969-. ［日］ Bd. 1-393. Wanting: Bd. 7, 11, 41, 51, 59, 85, 236, 249, 260, 261, 288, 303, 316, 347, 352, 356, 366, 370, 373, 376, 378, 382, 385, 390, 391, 392.

(17) Forschungen zur Neueren Privatrechtsgeschichte, München, Böhlau, 1954-. ［日］ Bd. 1-24.

(18) Freiburger Rechtsgeschichtliche Abhandlungen, Neue Folge, Berlin, Duncker & Humblot, 1978-. ［日］ Bd. 1-5.

(19) Freiburger Rechts- und staatswissenschaftliche Abhandlungen, Karlsruhe, Müller, 1964-. ［早］ Bd. 2-42.

(20) Göttinger Rechtswissenschaftliche Studien, Göttingen, Otto Schwartz, 1951-. ［日］ Bd. 1-126. Wanting: Bd. 21, 22, 24, 26, 72. ［早］ Bd. 1-101. Wanting: Bd. 26.

(21) Hamburger Rechtsstudien, Hamburg, de Gruyter, 1954-. ［日］ Bd. 3-71. Wanting: Bd. 1, 2, 4-9, 12-42, 46, 48, 49, 56, 58.

(22) Hefte der Vereinigung für den Gedankenaustausch zwischen Deutschen und Italienischen Juristen, Karlsruhe, G.F. Müller, 1966-. ［早］

Hft. 1-9.

(23) Heidelberger Rechtswissenschaftliche Abhandlungen, Heidelberg, Carl Winter, 1929-38. [日] Bd. 1-24. Wanting: Bd. 8, 20, 21.

(24) Heidelberger Rechtswissenschaftliche Abhandlungen, Neue Folge, Heidelberg, Carl Winter, 1957-. [日] Bd. 1-32.

(25) Juristische Studein, Tübingen, Mohr, 1966-. [早] Bd. 1-62. Wanting: Bd. 20.

(26) Juristische Studiengesellschaft Karlsruhe, Karlsruhe, Müller, 1952-. [早] Hft. 1-132. Wanting: Hft 2, 10, 26.

(27) Kieler Rechtswissenschaftliche Abhandlungen, Hamburg, Hansischer Gildenverlag, 1962-. [日] Bd. 1-12.

(28) Kölner Schriften zum Europarecht, Köln, Carl Heymann, 1965-. [日] Bd. 1-31. Wanting: Bd. 5, 6, 8, 9, 13, 17, 20.

(29) Leipziger Rechtswissenschaftliche Studien, Leipzig, Theodor Weicher, 1922-1941. [日] Bd. 1-126. [慶] Bd. 1-120.

(30) Marburger Rechts -und Staatswissenschaftliche Abhandlungen, Reihe A. Rechtswissenschaftliche Abhandlungen, Marburg, N.G. Elwert, 1959-. [日] Bd. 2-24. Wanting: Bd. 1, 5.

(31) Münchener Beiträge zur Papyrusforschung und Antiken Rechtsgeschichte, München, C.H. Beck, 1929-. [日] Bd. 2-67. Wanting: Bd. 1, 3-7, 9, 11, 13, 15, 18, 20, 24, 25, 27-29, 37, 39, 42, 43, 47, 52, 53, 56, 66.

(32) Münchener Universitätsschriften: Reihe der Juristischen Fakultät, München, Beck, 1967-. [日] Bd. 1-57.

(33) Münchener Universitätsschriften, Juristische Fakultät: Abhandlungen zur rechtswissenschaftlichen Grundlagenforschung, Berlin, J. Schweitzer, 1971-. [日] Bd. 1-51.

(34) Münsterische Beiträge zur Rechts- und Staatswissenschaft, Berlin, de Gruyter, 1950-. [早] Bd. 1-24.

(35) Neue Kölner Rechtswissenschaftliche Abhandlungen, Berlin, de Gruyter, 1955-. [日] Bd. 2-84. Wanting: Bd. 1, 10, 11, 28, 44, 54, 80-82. [早] Bd. 1-81. Wanting: Bd. 44. [中] Hft. 4-53. Wanting: Bd.

5-15, 17, 19, 24, 28-31, 33-46, 48, 52.

(36) Quellen und Forschungen zur höchsten Gerichtsbarkeit im alten Reich. [日] Bd. 1-12.

(37) Recht und Staat in Geschichte und Gegenwart, Tübingen, Mohr, 1950-. [早] Hft. 151-485. Wanting: Hft. 156, 157, 163, 164, 173, 174, 177, 193, 194, 213, 214.

(38) Rechts- und Staatswissenschaften, Wien, Springer, 1948-. [早] Bd. 1-24. Wanting: Bd. 2, 5.

(39) Rechtshistorische Reihe, Frankfurt am Main, Peter Lang, 1978-. [日] Bd. 1-34. Wanting: Bd. 33.

(40) Rechtswissenschaftliche Forschung und Entwicklung, München, V. Florentz, 1978-. [日] Bd. 1-44. Wanting: Bd. 42, 43.

(41) Sammlung ausserdeutscher Strafgesetzbücher in deutscher Übersetzung, Berlin, de Gruyter, 1900-. [日] Bd. 15-101. Wanting: Bd. 1-14, 17-22, 24-44, 46, 48, 58, 60. [東外] Bd. 8-101. Wanting: Bd. 10, 11, 28, 29.

(42) Schaeffers Grundriss des Rechts und der Wirtschaft, Abt. 1: Privat- und Prozessrecht, Düsseldorf, Schwann, 1956-. [早] Bd. 1-22 (Tl. 2.) Wanting: Bd. 8, 11, 16, 17, 19.

(43) Schriften zum Bürgerlichen Recht, Berlin, Duncker & Humblot, 1975-. [日] Bd. 1-88.

(44) Schriften zum deutschen und europäischen Zivil-, Handels- und Prozessrecht, Bielefeld, Ernst und Werner Gieseking, 1956-. [日] Bd. 1-100. Wanting: Bd. 35, 36, 40. [早] Bd. 1-88. Wanting: Bd. 11, 40, 66-68.

(45) Schriften zum Öffentlichen Recht, Berlin, Duncker & Humblot, 1958-. [日] Bd. 1-457. Wanting: Bd. 447. [中] Bd. 25-99. Wanting: Bd. 26-50, 54, 55, 58, 61-98.

(46) Schriften zum Prozessrecht, Berlin, Duncker & Humblot, [日] Bd. 1-80. [法政大] Bd. 1-89.

(47) Schriften zum Sozial- und Arbeitsrecht, Berlin, Duncker & Humblot, 1966-. [日] Bd. 2-72. Wanting: Bd. 1.

(48) Schriften zur Rechtstheorie, Berlin, Duncker & Humblot, 1962-. ［日］ Bd. 1-110. Wanting: Bd. 14.

(49) Schriften zur Verfassungsgeschichte, Berlin, Duncker & Humblot, 1963-. ［日］ Bd. 2-35. Wanting: Bd. 1.

(50) Schriftenreihe der Hochschule Speyer, Berlin, Duncker & Humblot, ［日］ Bd. 11-92. Wanting: Bd. 1-10.

(51) Schriftenreihe der Juristischen Schulung, München, Beck, 1975-. ［日］ Bd. 1-78. Wanting: Bd. 4, 14, 19, 23, 30, 39.

(52) Schriftenreihe zur Rechtssoziologie und Rechtstatsachenforschung, Berlin, Duncker & Humblot, 1966-. ［日］ Bd. 1-55.

(53) Sozialwissenschaften im Studium des Rechts, München, Beck, 1977. ［日］ Bd. 1 & 2.

(54) Strafrechtliche Abhandlungen des Juristischen Seminars der Universität Breslau, 1895-1917. ［Neudruck 1977］ ［国］ 1 Ser. Hft. 1-6. (2. Ser.) Hft. 1-428. ［東法］ Hft. 1-420.

(55) Strafrechtliche Abhandlungen, Neue Folge, Berlin, Duncker & Humblot, 1968-. ［日］ Bd. 1-51. Wanting: Bd. 34.

(56) Studien und Materialien zur Verfassungsgerichtsbarkeit, Baden-Baden, Nomos, 1973-. ［日］ Bd. 1-25. Wanting: Bd. 19, 21-24.

(57) Studien zum internationalen Wirtschaftsrecht und Atomenergierecht, Köln, C. Heymann, ［日］ Bd. 7-69. Wanting: Bd. 1-6.

(58) Tübinger Rechtswissenschaftliche Abhandlungen, Tübingen, Mohr, 1961-. ［日］ Bd. 2-58. Wanting: Bd. 1, 15, 24, 46. ［早］ Bd. 2-46.

(59) Vorträge und Forschungen, Sigmaringen, Jan Thorbecke, 1961-. ［日］ Bd. 1-28.

(60) Vorträge und Forschungen: Sonderband, Sigmaringen, Jan Thorbecke, 1980-. ［日］ Bd. 25-28.

(61) Wiener Rechtswissenschaftliche Studien, Wien, Manz, 1964-. ［日］ Bd. 1-18. Wanting: Bd. 4.

(62) Zürcher Beiträge zur Rechtswissenschaft, Neue Folge, Aarau, Sauerländer, 1926-. ［日］ Hft. 3-. Wanting: Bd. 1, 2, 6-15, 17, 18, 20-26, 28-38, 40-43, 45-48, 50, 51, 53-94, 97-104, 106-110, 114-116, 119-121,

123, 125-133, 137, 138, 141-146, 149, 151, 155, 157-162, 166, 167, 170-172, 175, 182, 183, 187, 192, 230-238, 241, 242, 245, 247-251, 253, 254, 258, 260, 268, 269, 274, 281, 285-287, 291, 298, 301, 304, 306, 310, 312-314, 321, 325, 332, 333, 341, 343, 345, 365, 378, 389, 394, 396, 400, 403, 422, 426, 448, 461, 464, 478, 480, 491, 495, 513, 515.

(63) Zürcher Studien zum Öffentlichen Recht, Zürich, Schulthess, 1978-. [日] Bd. 1-44

(64) Zürcher Studien zum Privatrecht, Zürich, Schulthess, 1978-. [日] Bd. 1-33.

(65) Zürcher Studien zum Strafrecht, Zürich, Schulthess, 1978-. [日] Bd. 1-10.

(66) Zürcher Studien zum Verfahrensrecht, Zürich, Schulthess, 1972-. Title varies: Zürcher Schriften zum Verfahrensrecht, Bd. 1-23. [日] Bd. 1-59. Wanting: Bd 3, 20, 22, 26.

(67) Zürcher Studien zur Rechtsgeschichte, Zürich, Schulthess, 1978-. [日] Bd. 1-9.

(68) Zürcher Studien zur Rechts- und Staatsphilosophie, Zürich, Schulthess, 1979-. [日] Bd. 1. Wanting: Bd. 2 ff.

以上の叢書を分野別にまとめると法哲(48)(68)，古代法(31)，法制史(17)(18)(39)(67)，公法(45)(63)，憲法(49)(56)，国家学(19)(34)(38)，経済法(1)(3)(42)(57)，原子力法(57)，私法(9)(17)(64)，民法(1)(2)(13)(43)(44)，法社会学(52)，商法(1)(2)(3)(13)(44)，民訴(36)(44)(46)(66)，刑法(41)(54)(55)(65)社会法・労働法(47)，比較法(7)，スイス法(4)(5)，ヨーロッパ法(3)(28)，政治学(10)となる。

これらの叢書の中に含まれている個々の図書の著者名から，その図書を含んでいる叢書名と巻号をつきとめるには次の3つの方法がある。

(1) Schwerin, Kurt, Bibliographie rechtswissenschaftlicher Schriftenreihen, München, Verlag Dokumentation, 1978, 383 p. [東法]

本文は法律関係の各叢書を巻号順に並べ，各巻の著者名と書名を記す。そして巻末に著者名，件名，発行者名の索引をつける。

故に各巻の著者名と件名の双方からその図書の該当する叢書名と巻号をひくことが出来る。次に前述の団体の所蔵するアルファベット順の叢書名を見れば所蔵機関が判明する。

(2)　米国の議会図書館の著者名目録たる *National Union Catalog*（〔法〕21頁参照）でその図書の著者名をひけば，もしその図書が何らかの叢書の中に含まれている場合にはその図書の記述の中に叢書注記として叢書名と巻号が記載されている。

(3)　『早稲田大学比較法研究所，洋書目録1958～1978』の中に含まれている叢書の各巻は叢書として1ケ所にまとめられており，個々の巻をテーマによりひくことはできないが，巻末に著者名と書名の索引があるので，これにより，その巻の所属する叢書名と巻号を知ることができる。この研究所の図書は早大の高田早苗記念研究図書館に移管された。

法律学の各分野の書誌についてはLansky，R., Bibliographisches Handbuch der Rechts- und Verwaltungswissenschaften, Frankfurt a.M., Klostermann［1986］pp. 210-238に詳細に記載されている。

ドイツの学問の各分野の図書を含む冊子体の書誌については本章［E］の終に述べる国立国会図書館の『世界各国の全国書誌——主要国を中心に』1995年144頁を参照。

(b)　ドイツ民主主義共和国（東ドイツ国）(1949—1990)

単行書の主要な書誌の対象とする年代の対照表（学位論文を含む）

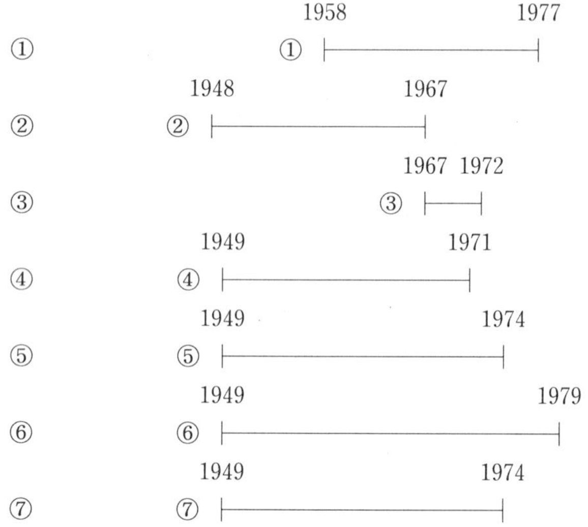

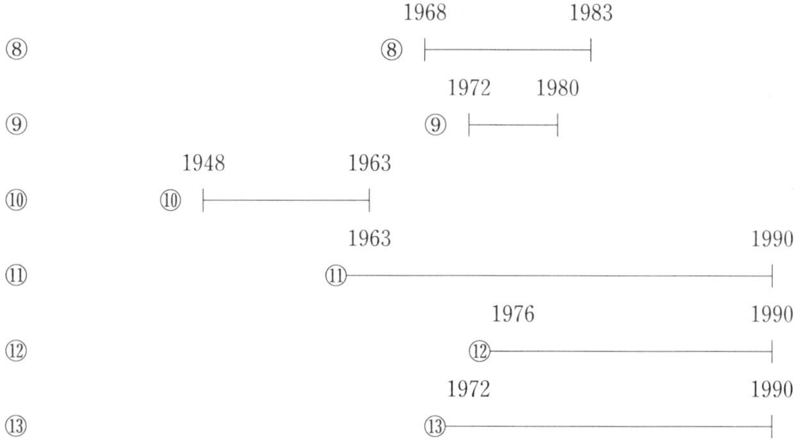

① Bibliographie der staats- und rechtswissenschaftlichen Publikationen in der Deutschen Demokratischen Republik, [Ab H. 6: 1964 (1965), ab 3: 1963 (1963) bereits als Umschlagtitel] Bibliographie, Staat und Recht der Deutschen Demokratischen Republik, Band 4-5: 1958/59-1960/61. H. 1-54: 1962-77. Potsdam-Babelsberg: Deutsche Akademie für Staats- und Rechtswissenschaft „Walter Ulbricht“, [ab 33: 1972 (1972)] Akademie für Staats - und Rechtswissenschaft der DDR 1962-78.

② Bibliographie: Publikationen der Wissenschaftler der Deutschen Akademie für Staats- und Rechtswissenschaft „Walter Ulbricht“, 1948/67, Hrsg. anläßlich des 20. Jahrestages der Deutschen Akademie für Staats- und Rechtswissenschaft „Walter Ulbricht“ am 12. 10. 1968. Band 1. 2. Potsdam-Babelsberg: Deutsche Akademie für Staats- und Rechtswissenschaft 1968, 367 S.

③ Bibliographie: Recht. 1967-72, in: Deutschland-Archiv 1-5 (1968-72).

④ Steiner, Otto, Quellen und Monographien zum Recht der DDR: Eine Auswahl, in: Die Rechtssysteme Deutschlands, Österreichs und der Schweiz und ihre Literatur, 1972, S. 153-157.

⑤ [Welkoborski, Horst:] Bibliographie der Literatur der DDR über das Recht der BRD, [um 1974.] Ohne Pag. (43 Bl.)

⑥ Bibliographie rechtswissenschaftlicher Literatur der DDR, 1949/

73-1977/79, Potsdam-Babelsberg: Akademie für Staats- und Rechtswissenschaft der DDR, Informationszentrum Staat und Recht 1975-81.

⑦ Rawengel, Liselotte, Westdeutsche Dissertationen über das Recht der DDR, 1949/74. Stand: 1. Dezember 1974. 2., erw. Aufl. In: Deutschland-Archiv 8 (1975), S. 640-659.

⑧ Bibliographie der Publikationen der Wissenschaftler der Akademie für Staats- und Rechtswissenschaft der DDR, 1968/78, 1979/83, Potsdam-Babelsberg: Akademie für Staats- und Rechtswissenschaft der DDR, Bibliothek 1980-85. (Spezialbibliographien zu Fragen des Staates und des Rechts. H. 28.)

⑨ Lange, Hans/Steyer, Marie-Luise, Bibliographie der Veröffentlichungen des Instituts für Theorie des Staates und des Rechts an der Akademie der Wissenschaften der DDR, November 1972 (Institutsgründung) bis Dezember 1980, Potsdam-Babelsberg: Akademie für Staats- und Rechtswissenschaft der DDR 1981, 114 S. (Spezialbibliographien zu Fragen des Staates und des Rechts. H. 25.)

⑩ *Bibliography of social science periodicals and monograph series: Soviet Zone of Germany*, 1948/63, Washington, D.C.: U.S. Government Printing Office 1965. IV, 190 S. (Foreign Social Science Bibliographies. Ser. P-92. No. 21.)

⑪ Spezialbibliographien zu Fragen des Staates und des Rechts. H. 1 (1963) ff. Vgl. Nr. 464.

⑫ Staats- und rechtswissenschaftliche Diplom- und Abschlußarbeiten. Auswahlbibliographie. [Ab 5: 1976/77 (1978)] Staats- und rechtswissenschaftliche Diplomarbeiten. Auswahlbibliographie. Band 1: 1972 ff. Potsdam-Babelsberg: Akademie für Staats- und Rechtswissenschaft der DDR 1974 ff. (Spezialbibliographien zu Fragen des Staates und des Rechts. H. 14.)

⑬ Referateblatt. Staat und Recht. Reihe A-D, [Ab 1981] Teil 1. 2. [Nebst] Beilagen, Potsdam-Babelsberg: Deutsche Akademie für Staats- und Rechtswissenschaft „Walter Ulbricht", [ab 1973] Akademie für Staats- und Rechtswissenschaft der DDR 1972 ff.

単行書と論文を対象としている。

その他，ドイツ民主主義共和国の法律の個々の分野の書誌については Lansky, R., Bibliographisches Handbuch der Rechts- und Verwaltungswissenschaften, Frankfurt am Main, Klostermann [1986] pp. 183-185 を参照。この国に関する前述の表は同書 pp. 177〜185 を基に作製した（なお東西ドイツは 1990 年に統一されている）。ドイツ民主共和国の法律については山田晟『東西両ドイツの分裂と再統一』（有信堂，1995 年）146〜224 頁参照。

［Ⅱ］ 学 位 論 文

学位論文を含む書誌（蔵書目録を含む）の対象とする年代の対照表（ドイツ民主主義共和国を除く）

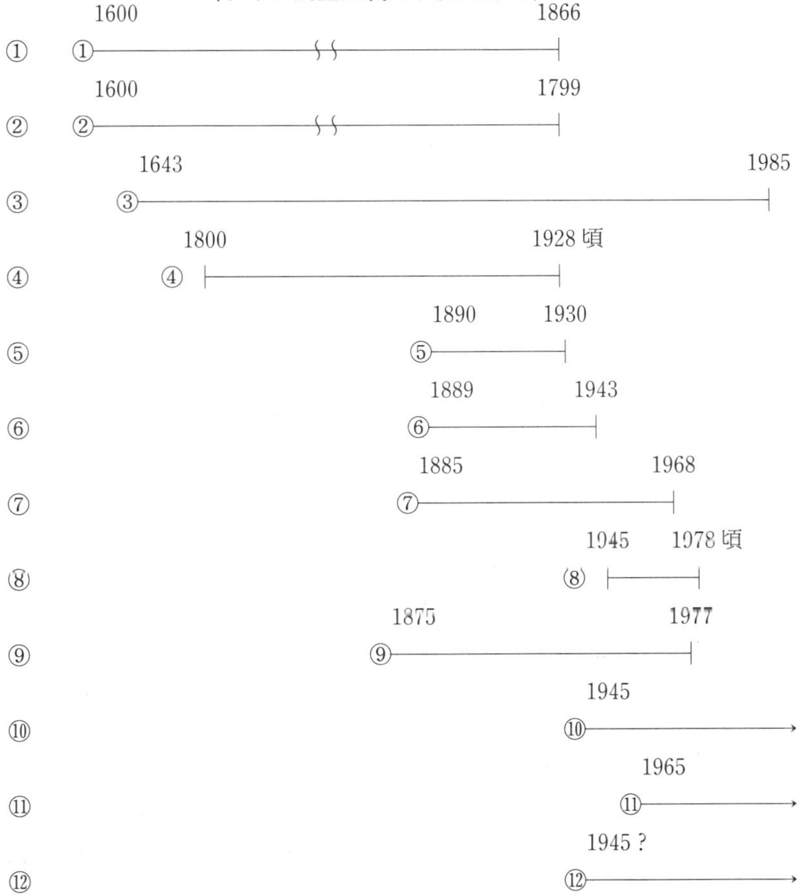

① Muller, F., Catalogus dissertationum et orationum judicarum defensarum et habitarum ab anno 1600 usque ad 1866 in academiis g Neerlandiae, Germaniae et Sueciae, Amstelodami: Muller 1867, 263 p.

② Juristische Dissertationen deutscher Universitäten. 17-18. Jahrhundert, Halbbd. 1, 2. Frankfurt a.M., Klostermann, 1986, 1073 p.

③ Anders, M., Gesamtkatalog der Dissertationen der Juristischen Fakultät der Universität München, Bd. 1-7, 1979-85. 1643年から1985年を対象とする。

④ 京都大学法学部洋書所蔵目録 分類順で著者名索引つき〔法〕33頁。

⑤ 司法省調査課欧文図書目録の本体632～918頁および追録2. 1385～1920頁。民法，行政法等と大区分した中を著者名順に並べる。〔法〕137頁。

⑥ Bibliographischer Monatsschrift über neu erschienene Schul-, Universitäts- und Hochschulschriften, 1-54 (1889-1943), Leipzig, 1890-1943. ［国］〔法〕134頁。

⑦ Jahresverzeichnis der Deutschen Hochschulschriften (Jahresverzeichnis der an deutschen Universitäten und technischen Hochschulen erschienenen Schriften), Jg. 1-2 (1885-87)-Jg. 84 (1968), Kraus Reprint［北大図書館］Jg. 1 (1885)-35 (1919)［東北大図書館］等。著者名と件名の索引がある。〔法〕135頁。

⑧ 国際書房が1979年に持参した第2次大戦後のドイツ連邦共和国の各分野別の学位論文のリスト。東大法研は民訴を，早大は民訴と刑訴を，国立国会図書館は公法を購入した。他の大学も別々の分野のものを入手したが，詳細は不明である。

⑨『早稲田大学法学部教員図書室 学位論文目録 刑法・刑訴（欧文編）』1982年109頁 分類順で著者名と書名の索引つき，1134点を含む。

⑩ Fundheft für Öffentliches Recht (Arbeitsrecht, Steuerrecht)は法条順に文献を並べるが，その中に学位論文も含んでいる。ただし，Fundheft für Zivilrecht は Bd. XI (1965) 年からは単行書を取扱わなくなったので，次の⑿を利用せねばならない。〔法〕50～54頁。

⑪ Karlsruher Juristische Bibliographie, 1965-. 単行書と雑誌論文の分類順目録で，年刊のものには著者名と件名の索引がつく。5年毎の累積索引もある。〔法〕144頁。

⑫ Hochschulschriftenverzeichnis (HSV) はドイツの大学で受理された学位論文と教授資格獲得のための論文をすべて対象にした書誌で，その他に大学の公的出版物も入れている。そして印刷されていない労作をも含んでいる点に他の書誌とは異なった特徴がある。これの月刊および年刊の出版物には，著者名，書名，件名を一緒にひける詳細な索引がついている。出版開始年不明。

以上の中で蔵書目録は，③④⑤⑧⑨である。

この中でとくに重要なものは④⑤⑧⑨⑩⑪⑫である。

この他，ドイツの公法，国際法，独禁法関係の学位論文の書誌は〔法〕139～140 頁，西洋法制史のそれは〔法〕218 頁を参照。

［Ⅲ］ 雑誌論文の書誌を対象とする年表

（個々の雑誌の累積索引を除く）

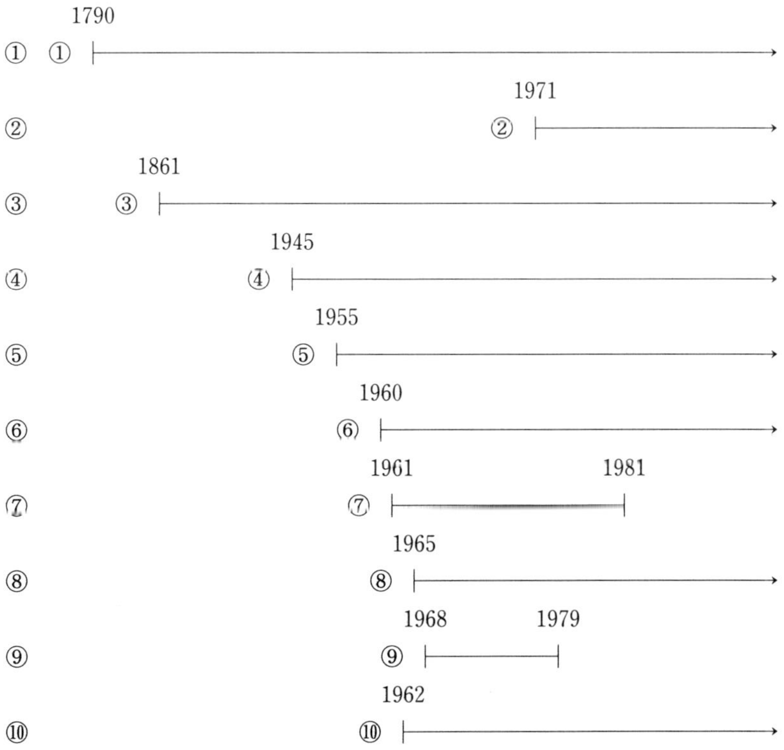

1993

⑪　⑪ |——→

① Szladits, Charles, *A bibliography on foreign and comparative law, books and articles in English*.〔法〕45［8］

② *American Journal of Comparative Law* の Foreign Law in English の章で1971年から①の最後の追録の後に出た文献を探すことができる。〔法〕145頁

③ Internationale Bibliographie der Zeitschriftenliteratur.〔法〕117頁

④ Neue Juristische Wochenschrift: Fundhefte.〔法〕50-54頁

⑤ Deutsches Institut für Rechtswissenschaft: Bibliographie für Staats- und Rechtsfragen.〔法〕48頁［29］および117頁

⑥ Index to foreign legal periodicals.〔法〕25-28頁

⑦ Harvard University. Law School Library, *Annual legal bibliography*, 1961-1981.〔法〕34-37頁

⑧ Karlsruher Juristische Bibliographie.〔法〕46頁［17］

⑨ Aufsatzdokumentation zur Privatrechtsvergleichung, Privatrechtsvereinheitlichung......1968-1979［東法］〔法〕189頁

⑩『外国の立法』1962～〔法〕149頁

⑪ European Legal Journals Index, 1993.［東法］

ヨーロッパで英語で書かれた法律の雑誌論文を件名，著者名，判例名，国名でひけるもので，月刊，季刊，年刊が出ている。

この中でとくに重要なものは④⑧である。第2次大戦以前の研究者にとっては③も重要である。

既述のようにドイツにはJURISというオンライン・データベースがあるが，この雑誌記事索引データベース(USL)は館外利用者には公開されていない。(指宿『法律学のためのインターネット』129頁)

［IV］ 文献の複写の入手方法（相互貸借を含む）

(1) 単行書の場合

(i) 日本国内から入手する方法

［A］英米法の［I］（単行書）の㊻であげたNACSIS—CATで日本国内での

所蔵館をつきとめ［A］の［IV］の(1)(i)で述べたNACSIS—ILLで図書の図書館間の相互貸借や複写が迅速にできる。

なお，本章［B］［I］(a)の単行書の表の中の㉚〜㊹が，日本における蔵書目録である。

(ii) 海外から入手する場合

現在では，インターネット経由で，ドイツの大学等の図書館の蔵書目録を直接に検索することができるようになった。たとえば，ドイツの図書館のオンラインで検索可能なカタログが<http://wwwlaum.uni-hannover.de/iln/bibliotheken>でリストアップされている。(指宿前掲書123頁)

しかし，依然として紙による情報の価値も否定できないので，次にそれを述べる。

本章［B］［I］(a)の単行書の表の中の⑦〜⑫⑭⑮⑱⑲は蔵書目録であるが，その中の⑧〜⑪は第2次大戦の影響で現在も存在しているか否かは不明である。⑫⑭⑮⑱⑲は米国の図書館であるが独語の文献を多く所蔵している。

独のキールの世界経済研究所の図書館の蔵書目録には，件名と著者名との2つがあり，その中の件名目録は次のようである。その中に法律書も若干入っている。

Bibliothek des Instituts für Weltwirtschaft Kiel, Sachkatalog, Bd. 1-83, Beston, Mass., G.K. Hall, 1967-1968, 83 v.「東法」

この図書館の著者名目録は東京大学経済学部図書室で所蔵する。

ドイツの主要な図書館とその所在地を以下にあげる。その中でゲッティンゲン大学の複写係は大変親切で自館にない場合には単に自国内の他の研究機関に転送するばかりでなく，自国内にない資料はオーストリアにおけるその文献の所蔵機関をも調査して，その方に当方の依頼状を転送してくれる場合があった。なお，各国の研究機関の所在地の調査方法は〔法〕373頁に列挙してある。

ドイツ連邦共和国

Fotostelle, Niedersächsische Staats- und Universitätsbibliothek, Prinzenstrasse 1, Göttingen, Federal Republic of Germany.（ゲッティンゲン大学）

Lichtbildstelle, Staatsbibliothek Preussischer Kulturbesitz, Berlin 30, Potsdamer Str. 33, Postf. 1407, Federal Republic of Germany.

Photostelle, Bayerische Staatsbibliothek, Ludwigstrasse 23, München 34, Federal Republic of Germany.

旧東ドイツ（ドイツ民主主義共和国）（1949-1990）

Fotostelle, Deutsche Staatsbibliothek, 108 Berlin, Unter den Linden 8, Federal Republic of Germany.

なお，ドイツ語による複写依頼文の例は〔法〕第3版以後491〜492頁にある。

また，［B］［I］(a)の⑭⑮⑲で述べた次のものは全米の図書館の著者名順の蔵書目録であるが，この中にはドイツ語の図書も多く含まれているので，これでその図書の所蔵館を確認して，米国からコピーをとりよせることも著作権法にふれない限り可能である。すなわち，［I］(a)の⑭と⑮で述べた *The National Union Catalog*, Pre-1956 Imprints, Vol. 1-224.［国］（UP 6-21）［東図］と *The National Union Catalog*, 1957 *through* 1967, Vol. 1-110.［国］（UP 6-39）がそれで，なお1958年以降は［I］(a)の⑲で述べたU.S. Library of Congress, *A catalog of books represented by Library of Congress printed cards*.（著者名目録）で，個々の図書をひくと，その図書の所蔵館名が略号で示してある。これで所蔵機関を確認してからはThomson, S.K., *Interlibrary loan policies directory*, Chicago, A.L.A. c 1975, 486 p.［東図］（A 400-010. 3-2）を見ると，米国内の個々の図書館のコピー・サービスの内容が判明する。

ドイツの主な出版社はKürschners Deutscher Gelehrten Kalender, 1980 (Berlin, De Gruyter, 1980), Bd. 3 (Register).［東法］（Y 633-K 95-25）の中に出ている。

⑵　雑誌論文のコピーの入手方法

(i)　日本国内から入手する方法

現在では［A］英米法の［I］単行書の㊻で述べたNACSIS—CATでその雑誌の所蔵館をつきとめ，［A］の［IV］の⑴のⓘで述べたNACIS—ILLで，雑誌論文の複写や発送依頼等を迅速に行うことができる。

紙情報で所在を確かめる方法

『学術雑誌総合目録・人文社会科学欧文編』1999年版を調査する。

(ii)　海外から入手する方法

ドイツの雑誌のデーターバンクであるZDBによって，双書や定期刊行物は，そのドイツにおける所蔵館や請求記号までつきとめることができる。これはこれらのもの約50万の記録を含んでいる。そしてベルリンにあるDeutsche Bibliotheksinstitutによりオンラインでアクセスすることができる。

紙情報では次の所蔵目録を調査する。

Zeitschriftenverzeichnis der juristischen Max-Planck-Institute (ZVJM). Zeitschriften, Jahrbücher, periodische Gesetz- und Entscheidungssammlungen, Parlamentaria, Stand. 15. 1. 1969. München, Max-Planck-Gesellschaft zur Förderung der Wissenschaften. 1969, 365 p. ［東法］（Y 1 ZO-MPI-Z 69）［法務］

Verzeichnis rechtswissenschaftlicher Zeitschriften und Serien in ausgewählten Bibliotheken der Bundesrepublik Deutschland einschließlich Berlin (West), 3. Ausgabe; Zugleich Nachtrag zum „Zeitschriftenverzeichnis der Juristischen Max-Planck-Institute (ZVJM)“, hrsg. von der Staatsbibliothek Preussischer Kulturbesitz. München, K.G. Saur, 1990, 2 v. ［東法］（Y 1 UO-SPK-V 90）第1版 1978年［東外］（Y 1 UO-V 78）第2版［東大図］第3版第2巻に国名順索引と所蔵図書館の略号索引がついている。

Bibliotheken des Max-Planck-Instituts für ausländisches und internationales Privatrecht, Hamburg-Zeitschriftenverzeichnis, 1979, 51 p. ［東法］

Gesamtverzeichnis Deutschsprachiger Zeitschriften und Serien in Bibliothek der Bundesrepublik Deutschland einschließlich Berlin (West), Titel vor 1971 mit Besitznachweisen, München, Verlag Dokumentation, 1977, 2 v. ［東法］（Y 1 Z 33-SPK-G 77）［東外］

Gesamtverzeichnis der Zeitschriften und Serien in Bibliotheken der Bundesrepublik Deutschland einschließlich Berlin (West), Neue und geänderte Titel seit 1971 mit Bestiznachweisen, bearb. u. hrsg. von der Staatsbibliothek Preussischer Kulturbesitz, Berlin, 1978, 1351 p. ［東法］（Y 1 ZO-SSP-G 78）［東外］（Y 1 Z 33-G 78）

米国の図書館も独語の雑誌を多く所蔵するので次のものにより，それを調査できる。

Union list of serials in libraries of the United States and Canada, 3rd ed. Vol. 1-5. N.Y., Wilson, 1965. ［東法］

U.S. Library of Congress, *New Serial titles: a union list of serials commencing publication after* 1950-1970, *Cumulative*, Vol. 1-4. 4 v. N. Y., Bowker, 1973, Suppl. to 3rd ed., 1976., 2 v. ［東法］

U.S. Library of Congress, *New Serial Titles, 1981 & 1982*.［東法］

米国内の所蔵機関を確認してから以後の個々の機関のコピー・サービスの調査方法は**本章**［A］［IV］(1)(ii)を参照。

ドイツへの送金の安い支払方法については次にのべる郵便振替口座を利用する方法がある。

外国に料金を支払う方法

外国郵便振替（3種類ある）

外国の受取人がその国の郵便振替口座を持っている場合には，次の方法をとれば，外国郵便為替にくらべて安い料金ですむ。

ⓐ　日本の送金人自身もわが国の郵便為替口座を開設し，送金する方の郵便振替口座から受取人の郵便振替口座に振り替える方法をとると，通常振替の料金は，送金額の如何にかかわらず，わずかの費用ですむ（通常振替）。

ⓑ　送金する方が口座を持っていなくても，受取人がその国の郵便振替口座を持っていれば，外国郵便振替を利用できる（通常払込み）。

ⓒ　急ぎの場合には受取人の受入口座への送金の通知を電信で行うことができる（電信振替）。

外国郵便為替による方法（4種類ある）

ⓐ　通常為替

為替証書を郵便局で作り，郵便局から外国にいる受取人へ届ける方法

ⓑ　通常払込為替

受取人がその国の郵便口座を持っている場合，為替証書を受取人の住所あてではなく，郵便振替口座にあてて送金する方法で，料金は通常為替より割安である。

ⓒ　電信為替

急ぎの場合に便利で，郵便局から送金に必要な事項を電信で，払渡国に通知するもの

ⓓ　電信払込為替

郵便局から送金に必要な事項を電信で払渡国に通知するもの

次にドイツの図書館の郵便振替口座番号をあげる。

1）Niedersächsische Staats- und Universitätsbibliothek Göttingen;
　　Postscheckkonto Hannover 428 02-305

2）Universitätsbibliothek Tübingen;

Postscheckamt Stuttgart 3894/702

3）Bayerische Staatsbibliothek München

Postgiroamt München 215 07-806（BLZ 700 100 80）

4）Deutsche Bibliothek. Bundesunmittelbare Anstalt des öffentlichen Rechts;

Postscheckamt Frankfurt 89 71-608（BLZ 500 100 60）

5）Universitätskasse Freiburg i. Br.;

Postscheckamt Karlsruhe 226 26-753

6）Universitätsbibliothek Hannover und technische Informationsbibliothek;

Postgiroamt Hannover 361 05-307（BLZ 250 100 30）

ただし，複写費用の先払を要求する団体(ハンブルク大やフライブルク大等の場合)には，郵便為替口座が州の一般会計部局のものであると，相手の図書館との連絡がとられていないことが多いため，不都合なことが生じることになる。この場合には郵便振替で送金した後に，複写を依頼した図書館の担当部局にその領収書のコピーをそえて，送金をしたのでコピーを発送してほしい旨の別便の手紙を送るとよい。ただし，ゲッティンゲン大学やチュービンゲン大学の場合にはこのようなことはない。

ただしこの頃では前述の各大学でも研究者個人からの複写の依頼は余りひき受けなくなり，所属する大学からの公的な依頼が必要になったとのことである。

また，ドイツでは最近，地域をこえた検索システムとしてWEBISや「雑誌データバンク」が出現し，論文の場合にはヨーロッパ以外（日本を含む）でも利用でき，コピーの郵送，ファックス，RTPによる3種類の方法を選ぶことができる。そして経費の払いこみはクレジットカードでも可能であるとのことである(詳細は，梅本直人「机から机に—地域を越えて研究者を支えるドイツの図書館」(図書館雑誌1999年11月号912-914頁を参照)。

［C］ フランス法

［I］ 単行書の書誌

現在ではフランスにおいてもインターネットによる文献検索が発達し，この方法は紙媒体によるそれより，時間と空間の節約においては優れているといえよう。この問題については指宿信『法律学のためのインターネット』（日本評論社）と同『法律学のためのインターネット 2000』（日本評論社）および同編『インターネットで外国法』(日本評論社)が参考になる。たとえば最初の図書ならば弁護士会の（インターネットによる）情報発信（p. 139），フランスの憲法，民法，刑法，民事手続法などの条文を提供する Adminet(p. 174)，フランスの WEB 情報を集めたり，検索できるフランスのサーチ・サイトや ecila（p. 176），フランスの政府機関や法律文書，高等教育機関のサイト（p. 187-193）がそれである。第2番目の図書では立法過程（p. 86）と判例（p. 118），第3番目の図書では法案の調べ方(p. 120)が述べられている。その他，Pansier, F- J., *Méthodologie du droit*, Litec, 1999 は Juris-Data，Juridial，Lexis 等のデータベースと各種の CD-ROM や FARISLAW FRANCE，de J. Rabenou，Calvar-world の3つの法律のサイトをあげている。また，ナンシー大学のホームページで，私法文献のデータベースがあるが，検索方法としてはまだ貧弱なので，この方法だけではとても網羅的に調べあげることは不可能であるとのことである。また，これらのデータベースは費用が高く，弁護士事務所のように年間契約をしているところでないと実際には使えないとのことである(また第10章(7) 223頁のコンピューターによる検索を参照)。これらのことを総合して考慮すると，フランスにおいてもインターネットによる法律の文献検索以外に紙情報によるそれの価値は今日でも依然として否定できないといえよう。それで以下，紙情報を中心とした検索方法を述べることにする。

単行書の主要な書誌の対象とする年代の表（学位論文，法令，判例を除く）

1789
① ① ——┤
? 1789
② ② ├——┤

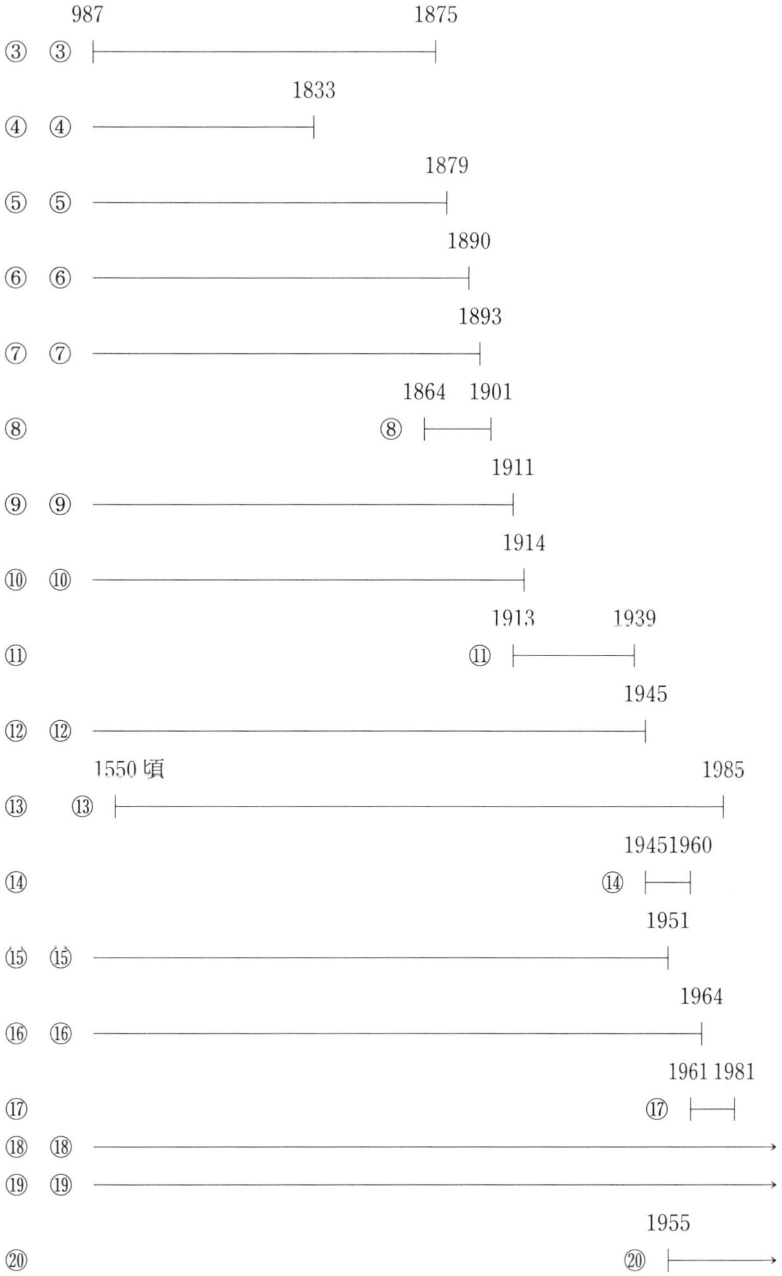
987
1875
③ ③
1833
④ ④
1879
⑤ ⑤
1890
⑥ ⑥
1893
⑦ ⑦
1864 1901
⑧ ⑧
1911
⑨ ⑨
1914
⑩ ⑩
1913 1939
⑪ ⑪
1945
⑫ ⑫
1550頃 1985
⑬ ⑬
19451960
⑭ ⑭
1951
⑮ ⑮
1964
⑯ ⑯
1961 1981
⑰ ⑰
⑱ ⑱
⑲ ⑲
1955
⑳ ⑳

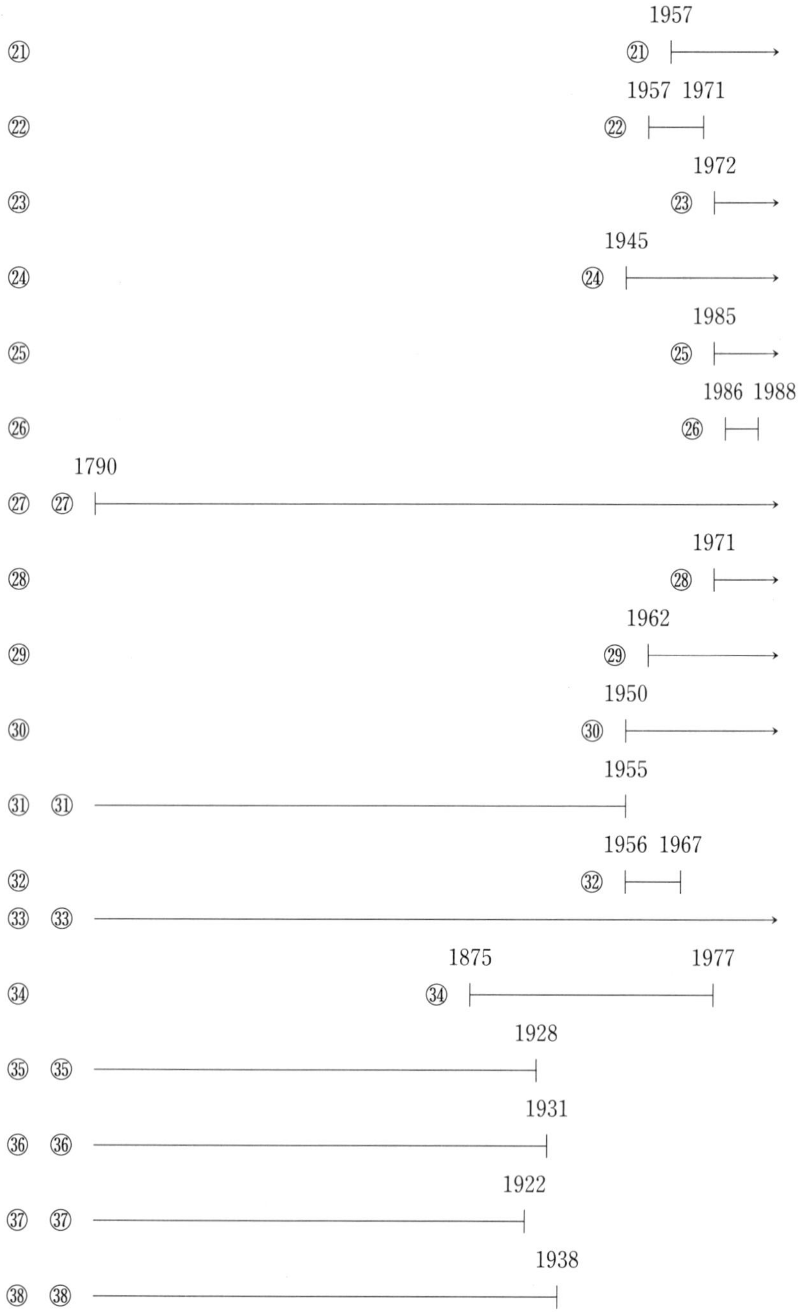
㉑ ㉑ 1957
㉒ ㉒ 1957 1971
㉓ ㉓ 1972
㉔ ㉔ 1945
㉕ ㉕ 1985
㉖ ㉖ 1986 1988
㉗ ㉗ 1790
㉘ ㉘ 1971
㉙ ㉙ 1962
㉚ ㉚ 1950
㉛ ㉛ 1955
㉜ ㉜ 1956 1967
㉝ ㉝
㉞ ㉞ 1875 1977
㉟ ㉟ 1928
㊱ ㊱ 1931
㊲ ㊲ 1922
㊳ ㊳ 1938

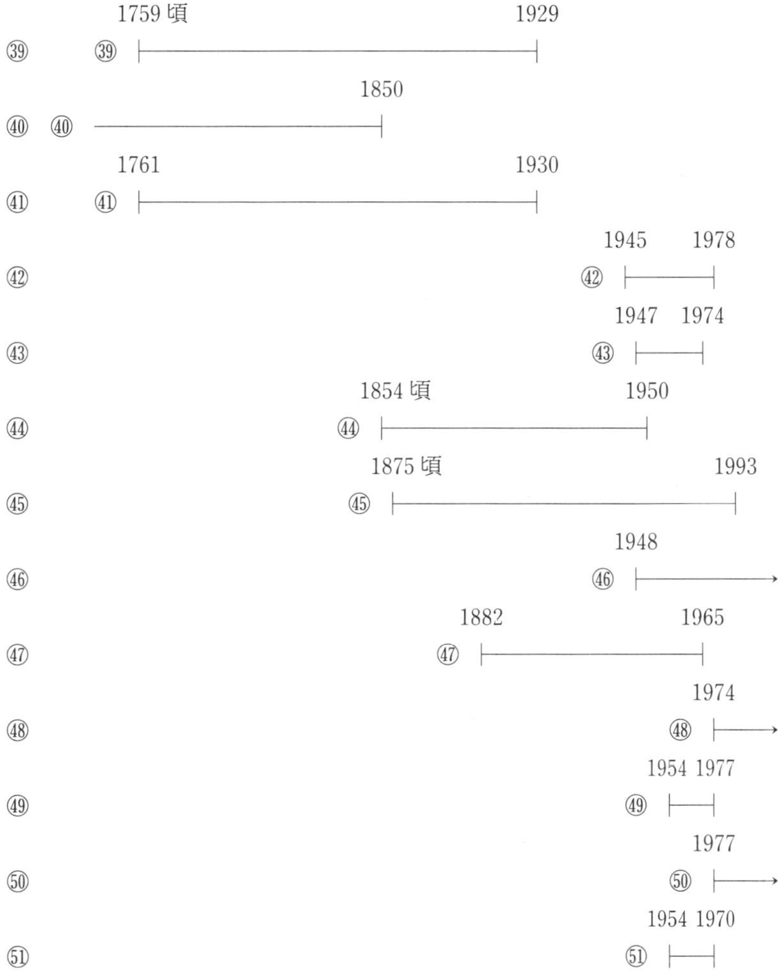

① Gouron, A., *Bibliographie des coutumes de France*, Editions antérieures à la Révolution, Genève, Droz, 1975, 297 p.

② Walter, G., Bibliographie der französischen Rechtsprechungssammlungen des Ancien Régime, In: *Ius commune* 5 (1975) S. 210-299.

③ *Bibliographie en langue française d'histoire du droit 987-1875*, 1957/59 ff., Paris: Montchrestien, [ab 13: 1970 (1975)] Université Paris Val-de Marue (Paris, XII), Faculté de droit et science politique de Saint-Maur

1961 ff.

④ Camus, *Bibliothèque choisie des livres de droit*, Bruxelles, Tarlier, 1833, 376 p.［東法］

⑤ ［4］Dramard, Eugène, *Bibliographie raisonnée du droit civil*, Paris, Firmin-Didot, 1879, 371 p.［京法］復刻版1976。非常に優れた書誌で主な体系書や論文には書評情報までついている。

⑥ *Bibliographie, ou catalogue général et complet des livres de droit et de jurisprudence*, publiés jusqu'au 24. oct. 1890 classé dans l'ordre des codes avec table alphabétique des matières et des noms des auteurs, Paris, 1891.［東法］(Y 1 U 44-B 52-91)

⑦ Dramard, Eugène, *Bibliographie de la bibliographie générale du droit français et étranger*, Paris, L. Larose & Forcel, 1893, 120 p. "Extrait du Répertoire général et alphabétique du droit français."［東法］(Y 1 U 0-D 763-B 93)

⑧ France. Ministère de la Justice, *Bibliothèque du Comité de Législation Étrangère*, Catalogue, Jan. 1889 & Suppl. 1889-1903, 2 v.［東法］(Y 244-C 733-89) 単にフランスの外国の法律書だけでなく，フランス本国とその植民地や，比較法，国際法に関する図書も含む。分類順で著者名と件名の索引つき。

⑨ *Bibliographie générale et complète des livres de droit et de jurisprudence*, pub. jusqu'au 14. oct. 1892, 24. oct. 1911. Classé dans l'ordre des codes, Paris, 1893-1911, 2 v.［東法］(Y 1 U 44-B 582-93)

⑩ Internationales und ausländisches Recht: Gesamtkatalog der Bestände von 30 Berliner Bibliotheken. 1914.〔法〕60頁［29］

⑪ *Recueil Sirey* の Bulletin bibliographique の部分，もっともこれは書誌というより，書評のようなものである。

⑫ Fuzier-Herman, ed., *Répertoire général alphabétique du droit français & Suppl. 1 & 2*, 1886-1945, 54 v.［東法］［京法］［早大］〔法〕64頁［25］最後の補遺2冊は早大にある。

⑬ Max-Planck-Institut für europäische Rechtsgeschichte (Frankfurt am Main, Bibliothek) Alphabetischer Katalog (Autorenkatalog), 8 v. München, 1981-82, Suppl. 1, 2, 1986.［東法］［京法］等

この研究所の1985年までの蔵書目録であり，本体は約7万タイトル・10万冊を含む。フランス普通法については通常，参照される文献であればほとんどすべてのものを所蔵しているらしい。なお，同研究所は図書の状態と頁数によって，例外的に，コピーの依頼に応じるとのことである。

⑭ David, René, *Bibliographie du droit français 1945-1960*.〔法〕62頁［9］

⑮ Grandin, A., *Bibliographie générale des sciences juridiques, politiques, économiques et sociales*.〔法〕61頁［6］

⑯ *Catalogue général des livres imprimés de la Bibliothèque Nationale*, Auteurs, 1897-1960, 1960-64.〔法〕66頁，著者名順

⑰ Harvard University. Law School Library, *Annual legal bibliography*, 1961-1981.分類目録〔法〕34～36頁

⑱ *Juris-Classeurs* (*Répertoire*) (*J.-Cl.*)［東外］〔法〕67頁［44］

⑲ Dalloz, *Encyclopédie Juridique*. *Répertoire de droit*.〔法〕63-64頁

⑳ *Recueil Dalloz-Sirey* の Bibliographie の部分。〔法〕67頁［46］

㉑ *Catalog collectif des livres de droit, sciences politiques*...〔法〕68頁［48］

㉒ *Livres français de droit, sciences politiques, économiques*...,1957-71.〔法〕68頁［49］

㉓ S.P.E.L.D., *Information*, *Revue bibliographique*, 1972-, trimestre.〔法〕67頁［47］しかしあまり価値はない。

㉔ *Juris-Classeur*, *Périodique* (*J.C.P.*)［東外］のIVはアルファベット順のテーマによって各種の論文や図書を載せている。

㉕ *Droits: Revue française de théorie juridique*.（年2回）の notules という欄，掲載の幅も広く，フランス語のものに限らず，一般の目につきにくいものに対する配慮がとくに払われているので研究者に有益である。

㉖ *Bibliographie juridique générale 1986*, Dalloz-Sirey, 1987-. ［東法］1988年まで出版されたが今後，毎年続けて刊行され続けるかが問題である。件名，著者名，法令，判例で検索できる。

㉗ Szladits, C., *A bibliography on foreign and comparative law, books and articles in English*.〔法〕45頁［8］

㉘ *American Journal of Comparative Law* には1971年から Foreign Law in English の章がありこれにより㉗の追録が出た後に発表された文献を探すことができる。〔法〕145頁

㉙　「外国法令関係国内文献目録」―『外国の立法』（雑誌）の資料欄 1962-

㉚　U.S. Library of Congress, *Catalog. Books: Subjects*, 1950-.〔法〕13頁［I］この検索方法の秘訣は〔法〕17-20頁参照。

㉛　*The National Union Catalog*, Pre-1956 Imprints. Vol. 1-224.（著者名順）［国］（UP 6-21）［東図］〔法〕21頁

㉜　*The National Union.Catalog*, *1956 through 1967*, Vol. 1-110.（著者名順）［国］（UP 6. 39）〔法〕21頁

㉝　U.S. Library of Congress, *A catalog of books represented by Library of Congress printed cards*.（著者名順）

1958年から米国の議会図書館以外の図書館の所蔵も個々の図書について記している。〔法〕21頁

この米国の議会図書館のオンライン蔵書目録（LCMARC）は学術情報センター経由で利用可能である（指宿『法律学のインターネット』（1996年）121頁参照)。そしてこの中にはフランス語の図書も多数入っている。

㉞　『内閣文庫洋書分類目録•仏書篇』法律，66-211頁。分類順で著者名索引つき［東法］［東図］〔法〕66頁［33］

㉟　Katalog der fremdsprachigen Bücher in der Bibliothek der Juristischen Fakultät der Kaiserlichen Universität zu Kyôto, 6 v, 1928.（京大法学部洋書蔵書目録）分類順で著者名索引つき〔法〕33頁［16］

㊱　『京都大学外国法制調査室図書目録』分類順で著者名索引つき［東法］〔法〕33頁［17］

㊲　*Catalogue of European books in the Tôhoku Imperial University Library*, 1917, viii, 530 p. Suppl.（Registered Oct. 1916-March 1922）4 v. 分類順［京大図］〔法〕15頁［15］

㊳　*Catalogue of the Kyûshû Imperial University Library*, Vol. 1-2, 1932-33. Suppl. 1933-36, 1936-38. 著者名順［東図］［法務］〔法〕15頁［14］

㊴　*Catalogue of the Keiôgijuku Library* (Classified), Tokyo, 1929. 分類順で著者名索引つき。ほぼ1759年以降出版の図書を含む。

㊵　『一橋大学貴重図書所蔵目録』1976年，245 p. 著者名順で書名索引つき。

㊶　『一橋大学F．フランクリン文庫所蔵目録』1978年，598 p. 著者名順。

とくにフランス革命付近の法律書が多い。

㊷ 早稲田大学比較法研究所『洋書目録（1958～1978）』分類目録で著者名と書名の索引つき〔法〕33 頁［20］

㊸ 中央大学日本比較法研究所蔵書目録第 1 ～ 5 分冊 1970～74 年出版 分類順で著者名索引つき

㊹ 法務省『欧文図書目録』本体と補遺 1 ― 3 ［東法］分類順で著者名索引はない。

㊺ 最高裁判所図書館『法律図書目録・洋書の部』および追録 1 ～ 7， 8 冊，1959～1993。分類順で著者名索引つき。

㊻ 『国立国会図書館蔵書目録・洋書篇』分類目録で著者名と書名の索引つき。なお同館が 1986 年以降に受け入れた洋書は「電子図書館コーナー」で検索できる。

㊼ 早稲田大学図書館洋書目録（1882-1965）vol. 1-vol. 5, pt. 3. 12 v.著者名順［東図］

㊽ 近畿大学洋書蔵書目録 N. 1（1974） 分類順で著者名索引つき

㊾ 国立国会図書館編『新収洋書総合目録』（年刊）1954 年以降毎年続続出版され，全国の主要な図書館で入手した洋書を著者名順に探すことができる。1977 年発行停止。〔法〕14～15 頁

㊿ この㊾の後をつぐものが学術情報センターのコンピューターによる検索システムの NACSIS-FBCAT である（本章［A］英米法［I］の㊻と指宿・前掲書 123 頁参照）。

(51) 国立国会図書館編『新収洋書総合目録 1954―1970 追補［総合目録未収録累積版］』 1 ～15 （1986-1988）

1954 年から 1970 年の間に，国立国会図書館が参加各館から収集し，かつ㊾に収録しなかった目録カードを著者名順にひけるように冊子化したもの。

その他，日仏法学」の中の文献報告で，1967 年から日本語とフランス語の文献が紹介され，「立法紹介」では立法の状況が紹介されている。また，「法律時報」の「学界回顧」も参考になる。

以上あげた書誌の中でとくに重要なものは⑤⑫⑮⑱⑲㉕㉖㉚～㉝㊻㊾～(51)である。

また，この中で蔵書目録は⑧⑩⑬⑯⑰㉚～(51)であり，著者名目録は⑬⑯㉛～㉝㊳㊵㊶㊼㊾㊿(51)である。また，分類目録でも著者名索引をつけているものが多

い。

なお，フランス法の個々の分野の書誌については Lansky, R., Bibliographisches Handbuch der Rechts- und Verwaltungswissenschaften, Bd. 1, Frankfurt am Main, Klostermann [1986], pp. 249-254 を参照。この図書は他の点についても参考になるものである。

フランス語の文献についてはフランスの書誌を参考にすべきであるが，これについては国立国会図書館の『世界各国の全国書誌―主要国を中心に』1995 年 144 頁を利用すべきである。その中には遡及的全国書誌，カレントの全国書誌，蔵書目録，販売書誌を含み，冊子形態のものばかりでなく，CD-ROM 形態のものも紹介されている。本章［E］参照。なお，金山直樹「フランス普通法学の手引き」（姫路法学第 4 号）はこの方面の研究者にとり有益なものであろう。

［II］ 学位論文を含む書誌

博士論文については“Doc Theses”という CD-ROM 版による検索資料があり（東北大所蔵），1972 年以降のすべての博士論文の中から項目別に必要な文献を探すことができる。

しかし，現在でも紙媒体による情報の価値も否定できないので，以下にそれをあげる。

学位論文を含む書誌（または蔵書目録）の対象とする年代の表

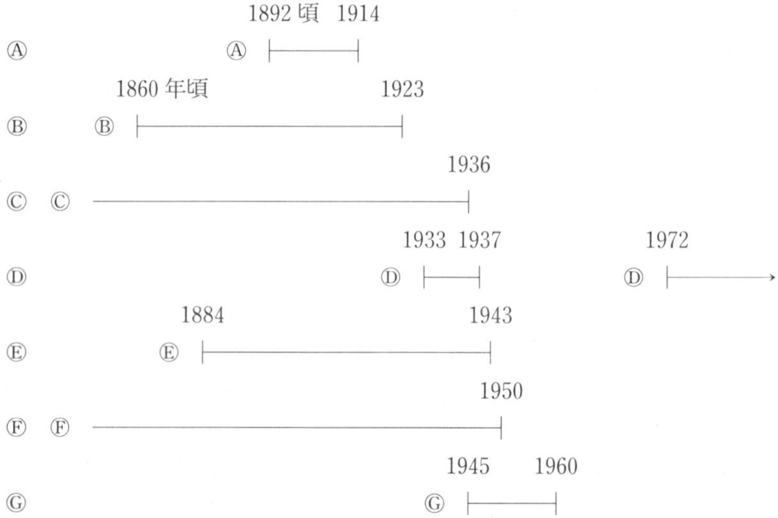

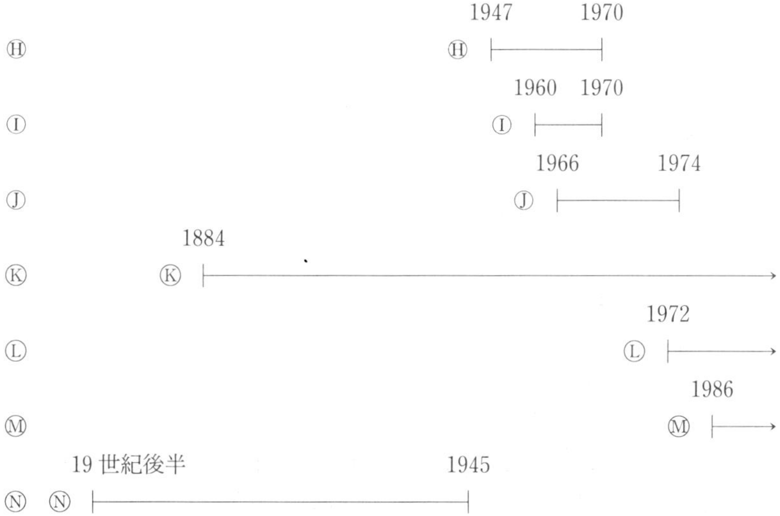

＊ⒶとⒷ，Ⓝは蔵書目録である。

Ⓐ 司法省調査課欧文図書目録の追録，3. pp. 2183-2195〔法〕138 頁

Ⓑ 京都大学法学部洋書所蔵目録　分類順で著者名索引つき〔法〕33 頁

Ⓒ Fuzier-Herman, ed., *Répertoire général alphabétique du droit français*, tom. 1-37 & Suppl. 1-14, 1886-1936, 52 v. ［東法］［京法］［早大］〔法〕64 頁

Ⓓ *Catalogue des thèses de droit soutenues devant les facultés de France*, 1 (1933)-5 (1937), Paris, Sirey, 1934-1938.〔法〕138 頁

Nouvelle serie: *Cercle de la Librairie*, 1972-. 国際十進分類法により分類され著者名，件名，大学名によってひける。

Ⓔ France. Ministère de l'Instruction Publique, *Catalogue des thèses et écrits academiques*, Vol. 1 (Année 1884-85)-Vol. 12 (Année 1939-43), Kraus Reprint. 1964. ［北大中央図書館］

Ⓕ Grandin, A., *Bibliographie générale des sciences juridiques, politiques, économiques et sociales*, Paris, Sirey, 1926, 3 v. with 19 suppl. 1926-1951. ［東法］〔法〕61～62 頁

Ⓖ David, R., *Bibliographie du droit français*, 1945-1960, Paris, Mouton, 1964. ［東法］〔法〕62 頁

Ⓗ　Bibliographie de la France, Biblio. Suppl. D. 1947-72.

Ⓘ　Dreyfus, S., *La thèse et le mémoire de doctorat en droit*, Paris, A. Colin, 1971, pp. 367-480.［東法］

1960年から1970年までのものを含む。公法，私法，法制史と大分類し，その中を著者名のアルファベット順に並べる。〔法〕138頁

Ⓙ　*Bibliographie analytique des thèses de doctorat des Univ. de France* (1966-1974), par l'Association internationale des docteurs (Lettres et Sciences humaines) de l'Université de Paris et des autres universités de France. 1978, 98 p.［東法］〔法〕477頁

Ⓚ　France. Direction des Bibliothèques de France, *Catalogue des thèses de doctorat soutenues devant les universités françaises*, t. 1-15 (1-75 fasc.) 1884/89-1958; nouv. sér. 1959-Paris, Circle de la librairies, Annuel［東図］

これはDroitと大別した中をさらに大学別にしただけなので，細かいテーマではひけない。［東図］には1960年以降がある。〔法〕135頁

Ⓛ　*Répertoire des livres de langue française disponibles*, 1972-. ［東法］［東図］1975-

新刊書を書名でひくことができる。1975年以後は東大附属図書館の参考係と受入係にある。〔法〕74頁［66］

Ⓜ　*Revue trimestrielle de droit civil*. (*R.T.D.C.*)は1986年からRevue des thèsesという欄を設け始めたが，これは刊行されたもののみならず，従来，目につきにくかった未刊行（タイプや簡易製本）のものも対象としており，内容紹介と批評が記名でなされている。

Ⓝ　早稲田大学高田早苗記念研究図書館所蔵「フランス法学学位論文コレクション」—この蔵書はまだ印刷はされていないが，19世紀後半から1945年までの全分野にわたる約7,000の論文が集められて居り，WINE（早稲田大学学術情報システム）によるオンライン検索ができ，学外からもアクセスが可能である。

以上の中で特に重要なものはⒸⒻⒼⒽⒾⓂⓃである。

フランスからのテーズの複写の入手方法については本章［IV］で述べる。

［III］　雑誌論文の書誌を対象とする年代表

19世紀のフランス法の雑誌

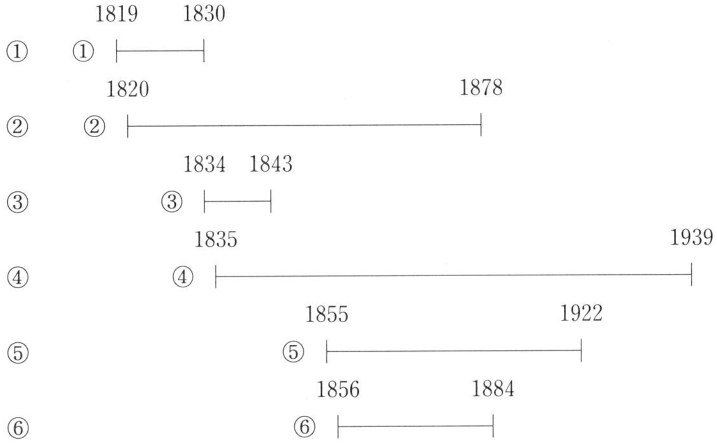

① *La Thémis*, 1819-1830.

② Dramard, E., *Bibliographe raisonnée du droit civil*, Paris, Firmin-Didol, 1879. 復刻版 1976.

③ *Revue étrangère de législation et d'économie politique*, 1834-1845. (depuis 1844 *Revue de droit français et étrangèr*)《Revue Foelrix》

④ *Revue de législation et de jurisprudence*, 1835-1851 (depuis 1852 *Revue critique de législation et de jurisprudence* 1852-1939).

⑤ *Revue historique de droit français et étrangèr*.

⑥ *Revue pratique de droit français*, *jurisprudence*, *doctrine*, *législation*, tom. 1-56. Paris, A. Maresco.

20 世紀の検索資料

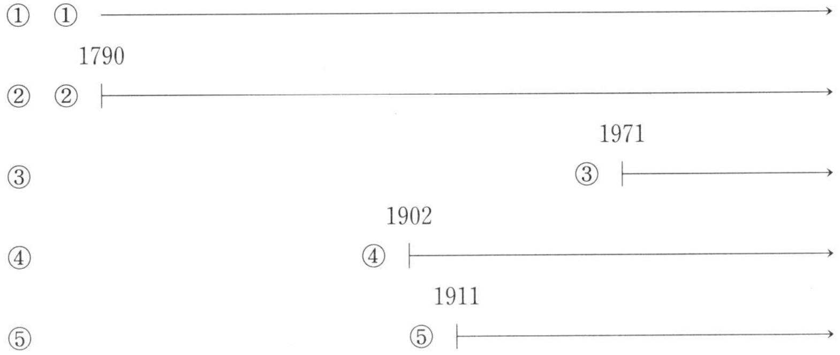

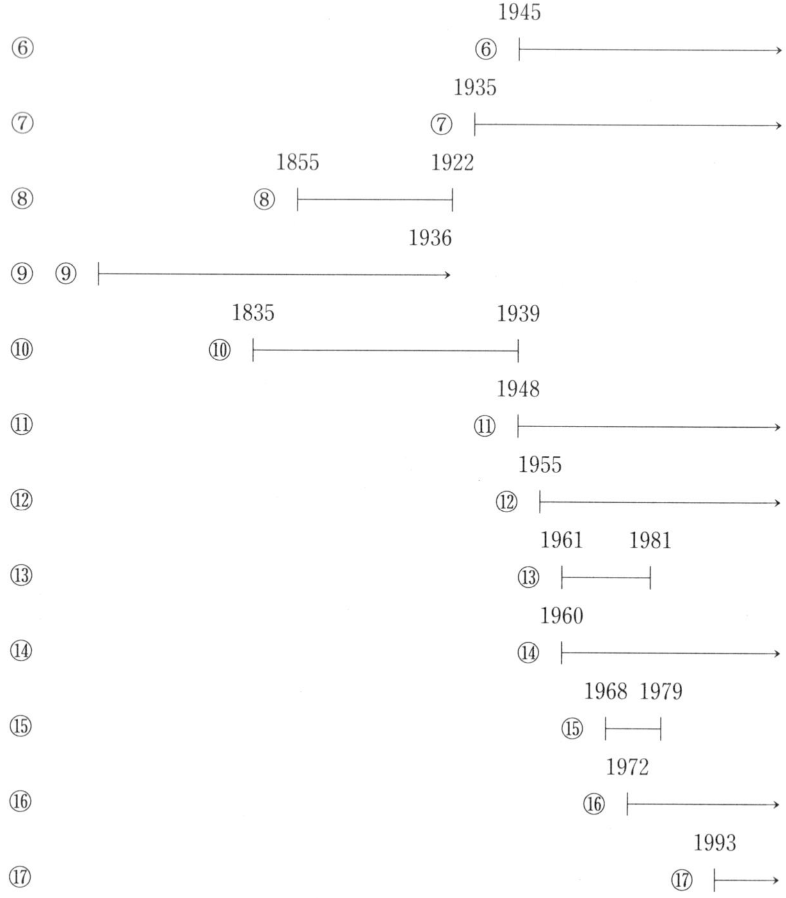

①　*Juris-Classeurs Répertoire*.［東外］〔法〕67頁［44］

②　Szladits, C., *A bibliography on foreign and comparative law, books and articles in English*.〔法〕68頁［50］

③　*American Journal of Comparative Law* の Foreign Law in English の章で②の最後の追録の後に出た文献を探すことができる。

④　*Revue trimestrielle de droit civil*, tom 1 (1902)-.

⑤　*Bibliographie der fremdsprachigen Zeitschriftenliteratur*, Bd. 1 (1911)-.〔法〕16頁［18］

⑥　*La Semaine Juridique*.〔法〕67頁［45］1945年から書誌の部が設けられた。

⑦ *Gazette du Palais* の Table alphabetique の Table analytique de la doctrine 〔外〕152 頁［3］

⑧ *Revue historique de droit français et étrangèr*.

⑨ Fuzier-Herman, ed., *Répertoire général alphabétique du droit français*, 1886-1936, 52 v.〔法〕64 頁［25］テーマによっては雑誌論文も引用している。

⑩ *Revue critique de legislation et de jurisprudence*.

⑪ *Revue trimestrielle de droit commercial*, Ann. 1 (1948)-.

⑫ *Recueil Dalloz* (*-Sirey*) の Bibliographie の部分〔法〕67 頁［46］ただしこの部分では記念論文集中の各論文をテーマによりひけるようにはなっていない。

⑬ Harvard University. Law School Library, *Annual legal bibliography*, 1961-1981.〔法〕34-36 頁

⑭ *Index to foreign legal periodicals*.〔法〕69 頁［53］ただし 4 頁以上のものでないと収録しない。

⑮ Aufsatzdokumentation zur Privatrechtsvergleichung, Privatrechtsvereinheitlichung...1968-1979.〔法〕189 頁

⑯ S.P.E.L.D., *Information*, *Revue bibliographique* publiée par la Société de Promotion à l'Etranger du Livre de Droit, Sciences Economiques, Sociales et Humaines, 1972-, trimestre.〔法〕67 頁［47］しかしこれはあまり価値がない。

⑰ European Legal Journals Index, 1993- ［東法］ヨーロッパで英語で書かれた法律の雑誌論文を件名，著者名，判例名，国名でひけるもので月刊，季刊，年刊が出ている。

その他「日仏法学」の「文献報告」において 1967 年から日仏語の文献の紹介がなされている。

以上の中でとくに重要なものは①⑨⑫⑭（とくにその累積索引）である。

［Ⅳ］ 文献の複写の入手方法（相互貸借を含む）

(1) 単行書の場合（テーズを除く）

(i) 日本国内から入手する方法

本章［C］［Ⅰ］の㊿はオンライン共同分担目録方式による全国総合目録の作成システムであり，**本章**［A］［Ⅳ］の(1)(i)で述べた NACSIS-ILL によって，相互

貸借や複写を依頼できる。

本章［C］［I］の単行書の書誌の表の中の㉞～㊿は本邦における所蔵目録である。

フランスの法令や判例の所蔵の探し方は第6章のドイツの法令・判例の所蔵リスト［I］と［II］を参考にすればフランスの場合もつきとめることができる。その他，金沢大学には「フランス法律，判例コレクション」が購入されている。

(ii)　海外から入手する場合

［C］［I］の単行書の中の⑧⑩⑬⑯⑰㉚～㉝は蔵書目録である。ただし，この中の⑩は第2次大戦の結果，現在でも図書が無事に保存されているか否かは不明である。

フランスの各図書館の複写奉仕の比較は［C］［IV］(3)(ii)を参照。

また，㉚～㉝で述べたものは全米の図書館の蔵書目録であるが，その中にはフランス語の図書も多く含まれているので，これによりその図書の所蔵館を確認して，著作権法に反しない限り米国からコピーをとりよせることができる。その場合に Thomson, S.K., *Interlibrary loan policies directory*, Chicago, A.L.A. [c 1975].［東図］(A 400-010.3-2) で個々の図書館の複写サービスの内容を調査することができる。

(2)　テーズの場合

(i)　わが国の場合は，上述の学位論文の年代表の中のⒶⒷⓃが参考になる。

(ii)　フランス本国から入手する場合

パリー大学政経図書館は他大学のテーズも所蔵していることが多い。

次に重要なことは1985年度頃からすべての法律のテーズが Lille 大学により集中管理され，マイクロフィッシュ化されて希望者はマイクロフィッシュの形でも，紙の上に焼きつけた形でも現物を入手できるようになったことで，これを行う団体は次の通りである。Atelier national de reproduction des thèses 9, rue Auguste-Angellier, 59046 Lille Cedex, France.

そのほか以下のところでテーズに関するいろいろな学術情報がえられる。

Direction des Bibliothèques, des Musées et de l'information scientifique et technique.

Bureau de l'Édition et des Systèmes d'information, 3-5, boulevard Pasteur, 75015 Paris.

なお，大村敦志ほか著『民法研究ハンドブック』(有斐閣，2000年) 249頁も参照。

また，最近の立法資料はパリのJ.O.（Journal Officiel）から「……法に関する関連資料」と限定するだけで（少し古いものでも）容易に入手できる。

(3) 雑誌論文の場合

(i) 日本国内から入手する場合

現在，最も迅速に雑誌論文の複写を依頼できるのは本章［A］英米法［I］単行書の㊻で述べたNACSIS-CATにより，目的の雑誌の所蔵館をつきとめ，［A］の［IV］文献複写(1)(i)で述べたNACSIS-ILLのシステムを利用することである。

紙媒体の情報として，『学術雑誌総合目録・人文社会科学欧文編』1999年版と〔法〕119頁が参照できる。

(ii) 海外から入手する場合

上述の［C］［III］の雑誌の表の中の⑬⑮は所蔵目録を兼ねる。

さらに，次のものを参考にする。

(a) France. Bibliothèque Nationale, *Catalogue collectif des pèriodiques du début du XVIIe siècle à 1939 conservés dans les Bibliothèques de Paris et dans les Bibliothèques universitaires des Départements*, tom. 1-4, 1963-1967, 4 v.［東図］〔法〕120頁

(b) Ecole nationale supérieure des bibliothèques, *Catalogue collectif national des publications en série (CCN)*, 3e éd. 1987, Centre Nationale du Catalogue collectif national, 5 rue Auguste Vacquerie, 75116 Paris.

この(b)は(a)を含まない。

その他，以下の米と独の雑誌の所蔵目録の中にフランス語の雑誌も含まれている。

Union list of serials in libraries of the United States and Canada, 3rd ed., Vol. 1-5. N.Y., Wilson, 1965. 5 v.［東法］［東図］

U.S. Library of Congress, *New serial titles: a union list of serials commencing publication after 1950-1970*, *Cumulative*, Vol. 1-4, 4 v. N.Y., Bowker, 1973. Suppl. to 3rd ed. 1976, 2 v.［東法］［東図］

U.S. Library of Congress, *New Serial Titles*, *1981 & 1982*.［東法］［東図］

Gesamtverzeichnis Ausländischer Zeitschriften und Serien (GAZ),

1939-1958, Wiesbaden, C. Harrassowitz, 1963-1668, 9 v. ［東図］

米国の各図書館のコピー・サービスの調査は本章［A］［IV］(1)(ii)参照。

フランス語による複写依頼状の例は〔法〕377頁参照。

フランスの文献の所蔵機関の所在地の調査方法は〔法〕373〜375頁，491頁を参照。

法律関係で複写の奉仕が最も迅速で，比較的安く，他の大学の学位論文も取扱ってくれるものは次のものである。

Service Photographique. Bibliothèque Cujas de Droit et Sciences Economiques, 2 Rue-Cujas, 75005, Paris, France.（パリ大学法経図書館）

その他に次の2つのものも著名であるが，その中，仏の国立図書館は仕事が遅く，コピーの価格も高いので，初めに前述のパリー大学にコピーを依頼し，そこにない場合に初めてこの国立図書館に手紙を出した方がよい。

Service Photographique, Bibliothèque Nationale, 58 rue de Richelieu, 75002 Paris, France.

この図書館には複写を依頼する場合には規定の用紙がある。

Service Photographique, Centre de Documentation Scientifique et Technique du Centre National de la Recherche Scientifique. 26 rue Boyer, 75971. Paris, Cédex 20, France.

フランスの法律図書館を紹介したものとして次のものをあげる。

Germain, C. “France: Libraries of law and librarians,” in: *72 Law Library Journal*, pp. 235-244 (1979)

また，新刊書を入手する時に役に立つ法律文献の出版社の所在地を次にあげる。

Les Cours de Droit, 158 rue Saint-Jacques, 75005 Paris.

Editions Cujas, 19 rue Cujas, 75005 Paris.

Editions Jupiter, 21 rue du Mont-Thabor, 75001 Paris.

Editions Lamy, 155 rue Legendre, 75850 Paris cedex 17.

Editions Législatives et Administratives, 22 rue de Cronstadt, 75015 Paris.

Editions Techniques Jurisclasseurs, 123 rue d’Alésia, 75014 Paris.

Librairie Dalloz, 9 rue Soufflot, 75005 Paris.

Librairie Domat-Montchrestien, 160 rue Saint-Jacques, 75005 Paris.

Librairie du Journal des Notaires et des Avocats, 6 rue de Mezières, 75006 Paris.

Librairie Générale de Droit et de Jurisprudence (L.G.D.J.) (Pichon et Durand-Auzias), 20 rue Soufflot, 75005 Paris.

Librairie Pedone, 13 rue Soufflot. 75005 Paris.

Librairie Rousseau, 14 rue Soufflot, 75005 Paris.

Librairie Sirey, 22 rue Soufflot, 75005 Paris.

Librairie Sociale et Economique, 5 rue Soufflot, 75005 Paris.

Librairies Techniques (LITEC)—Editions M.-Th. Génin, 27 Place Dauphine, 75001 Paris or 26 rue Soufflot, 75005 Paris.

Presses Universitaires de France (P.U.F.), 108 boulevard Saint-Germain, 75006 Paris.

なお，金山直樹「フランス普通法学研究の手引き」(姫路法学第4号)，大村敦志ほか著『民法研究ハンドブック』(有斐閣，2000年) はこの分野の研究者にとり有益なものであろう。

［D］ 外国法に関する邦語の文献書誌

［Ⅰ］ 単行書（戦後のものを中心とする）

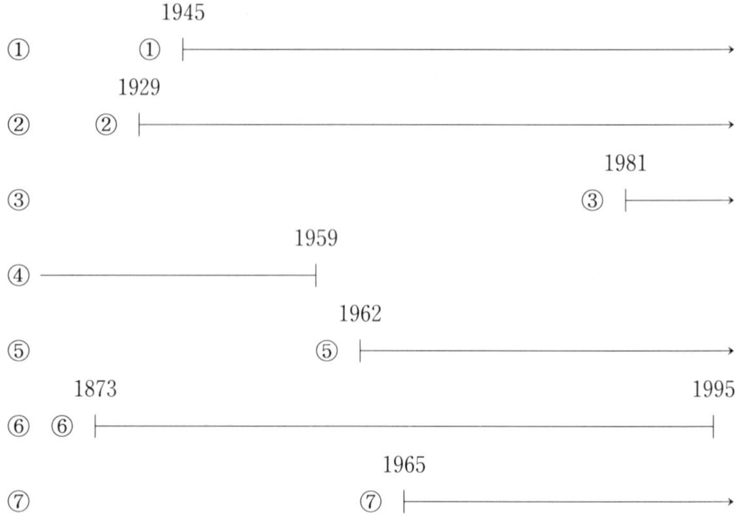

① 「戦後法学文献総目録」 この中ではわが国に関する文献と外国に関するそれとが区別されず，まざって同一のテーマの中にあげられている。

② 「法律時報・文献月報」 日本に関するものと外国に関するそれとを区別せず１つのテーマの中に混ざって掲載している。また，学界回顧では内容紹介づきの文献情報が入手できる。

③ 「法律判例文献情報」 民法と商法等に大別した中を，日本と外国に分けるが，後者の中をさらに国別により細分はしない。

④ 国立国会図書館『外国民法・会社法・税法に関する邦文文献目録』1960年〔法〕149頁

⑤ 『外国の立法』に掲載される「外国法令関係国内文献目録」第１～80号の累積索引（雑誌）（『レファレンス』300号記念付録に収録） これは国別とテーマ別の双方からひける。〔法〕149頁

⑥ 田中英夫編『英米法研究文献目録』日米法学会『英米法研究文献目録 1976―1995年』1977，1996年

⑦ 日米法学会機関誌『アメリカ法』1965～(年2回刊）に年1回掲載される⑥の追録。〔法〕40頁

⑧ 日仏法学の文献の報告（1967年～）

［II］ **雑誌論文**（戦後のものが中心）

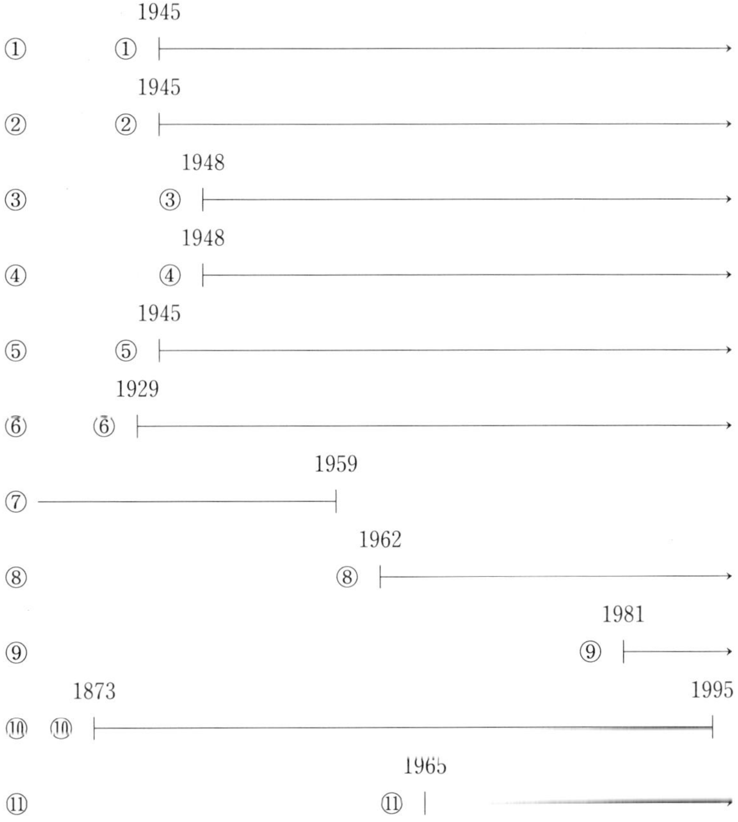

① 戦後法学文献総目録

② 法務図書館『法律関係雑誌記事索引』

③ 国立国会図書館『雑誌記事索引―人文科学編―』

④ 国立国会図書館『雑誌記事索引累積索引編（法律）』

⑤ 最高裁判所図書館『雑誌記事索引』

⑥　法律時報の文献月報および学界回顧

⑦　国立国会図書館『外国民法・会社法・税法に関する邦文文献目録』1960年〔法〕149頁

⑧　『外国の立法』(雑誌) 中の「外国法令関係国内文献目録〔法〕149頁

⑨　『法律判例文献情報』　同研究会編

⑩　田中英夫＝堀部政男 (編)『英米法研究文献目録』日米法学会『英米法研究文献目録1976―1995』東京大学出版会，1977，1996年。〔法〕40頁，[19] 参照

⑪　日米法学会機関誌『アメリカ法』これは⑩の追録である。〔法〕40頁，[20] 参照

⑫　比較法研究の「紹介」欄 (1962年～)

⑬　日仏法学の「文献報告」と「立法紹介」(1967年～)

以上の [D] [II] の①～⑬までの書誌のこのテーマに関する使用方法を以下に説明する。

①　単行書のところで既述。

②　行政法，司法制度，民法，商法と大区分した中を，日本法と外国法に分け，後者を最後に外国行政法，外国司法制度等と別にまとめ，その中をさらに国別にしている。

③　大区分した後を日本と外国とに区別するが，後者の中をさらに国別にはしない。

④　大区分した後を日本と海外に分け，後者の中を国別に細分する。

⑤　民法，商法等と大区分した中を，さらに日本と外国とに分け，後者の中をさらに国別にしている。

⑥　日本と外国のものを区別せず，１つのテーマの中に掲載している。

⑧　これの第１～80号の累積索引は (雑誌)『レファレンス』300号記念付録の中に収められていて，国別とテーマ別の双方からひける。〔法〕149頁

⑨　[D] [I] の単行書の③で既述。

⑩　[D] [I] の⑥で既述。

⑪　[D] [I] の⑦で既述。

⑫　「紹介」欄―英，独，仏などの法令・判例・学説の主要な動向にふれる。

⑬　邦語と仏語の文献をあげ，「立法紹介」では重要な立法の状況を紹介す

る。

法務省の「司法資料」「法務資料」などには外国法の翻訳がのっていることがある。商事法務研究会は会社法などについて外国法の翻訳を単行本の形で出版することが多い。

以上のものと内容は異なるが「人文・社会翻訳記事論文索引1981—1990」（日外アソシエーツ）は各種論文や記事を原著者名，訳者名，事項名でひける。

［E］ 内外の洋書の蔵書目録（特定の分野のものを除き，英，米，独，仏の四国を対象とする）

現代ではコンピューター・ネットワークが発達してきて各国の蔵書目録をこれにより調べることが可能になった。たとえば，アメリカ合衆国の議会図書館のオンライン蔵書目録（LCMARC）は学術情報センター経由で利用可能であるが，とくに現在ではインターネット経由で，米国以外の国の大学等の図書館の蔵書目録を直接に検索して，必要な文献情報を入手することができるようになっている。インターネットから利用可能なOPACの世界各国の情報を整理しているものとして，WWWから利用可能なもののリスト〈http://sunsite.berkeley.edu/Libweb/〉，telnetで利用可能なもののリスト〈gopher;//libgopher.yale.edu:70/1〉，〈gopher;//gopher.utdallas.edu/11/internet/Libraries/Libraries〉などがある（指宿『法律学のためのインターネット』（1996年）121-122頁））。また，ドイツの大学付属図書館を含む図書館のオンラインで検索可能なカタログや，イギリスの図書館のカタログ，イギリスの大学付属図書館のOPACのカタログをそれぞれリストアップしているものがある（指宿123頁）。さらに，わが国の丸善や紀ノ国屋書店の他に外国の書店も目録データベースをインターネットで公開している（指宿140～142頁）。また，⑲であげる『新収洋書総合目録』は1977で発行停止となったが，それ以後は学術情報センターのNACSIS-CATにより，著者名によって，その図書の所蔵館をつきとめることができる。また国立国会図書館が1986年以降に受け入れた洋書は「電子図書館コーナー」で検索できる。

このような事情があるにせよ，現在でも紙情報による文献の検索の価値は否定できないと思われるので次に述べることにした。

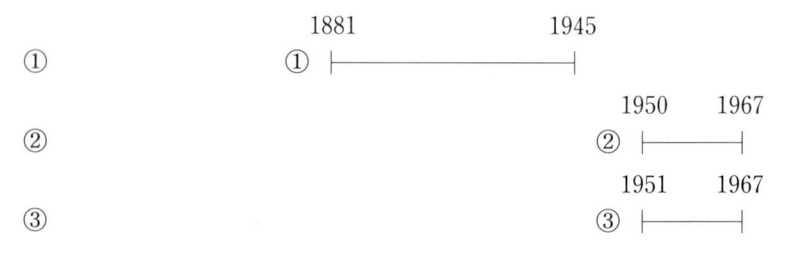

①　　① 1881 ├──────┤ 1945

②　　② 1950 ├──┤ 1967

③　　③ 1951 ├──┤ 1967

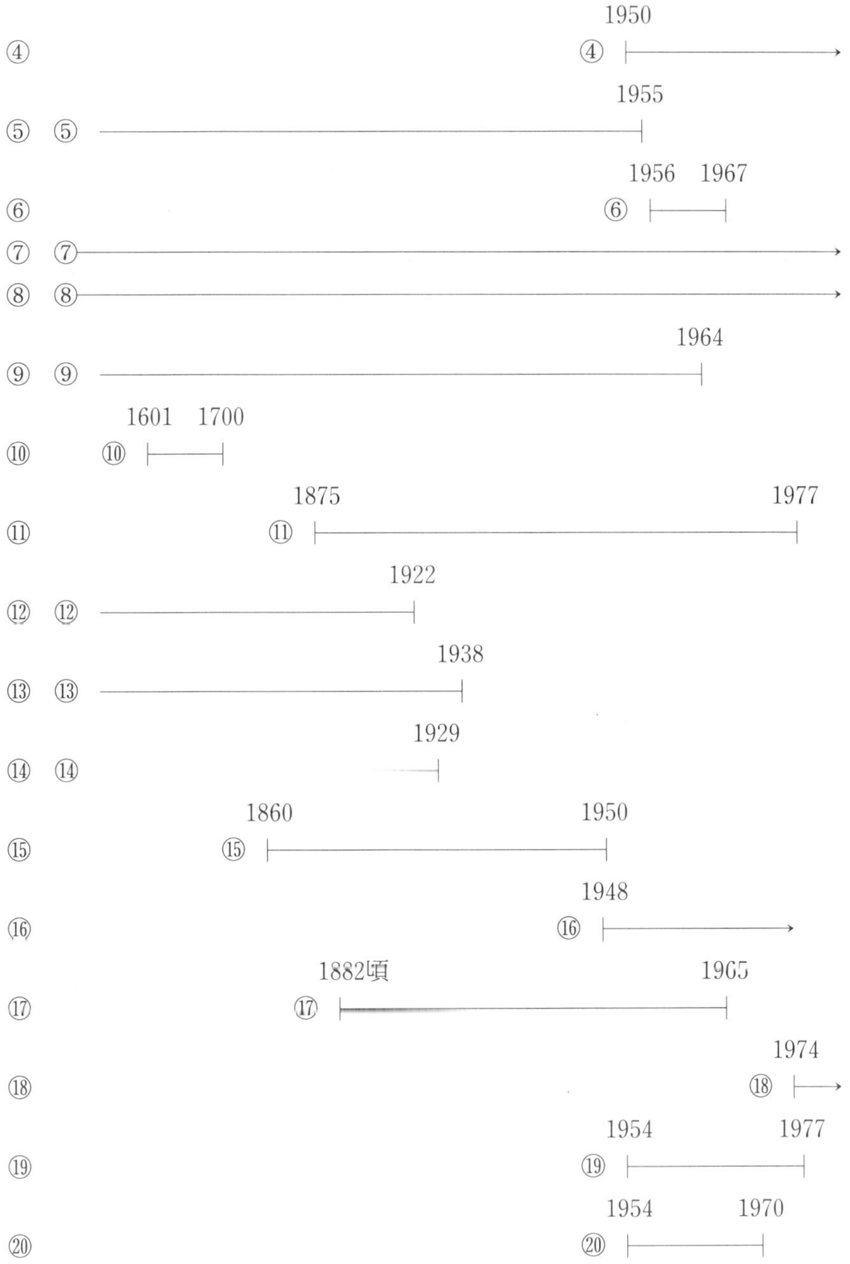
④ ④ 1950
⑤ ⑤ 1955
⑥ ⑥ 1956 1967
⑦ ⑦
⑧ ⑧
⑨ ⑨ 1964
⑩ ⑩ 1601 1700
⑪ ⑪ 1875 1977
⑫ ⑫ 1922
⑬ ⑬ 1938
⑭ ⑭ 1929
⑮ ⑮ 1860 1950
⑯ ⑯ 1948
⑰ ⑰ 1882頃 1965
⑱ ⑱ 1974
⑲ ⑲ 1954 1977
⑳ ⑳ 1954 1970

① British Museum. Dept. of Printed Books, *Subject index of the modern works added to the Library*, 1881-1945.〔法〕14頁［6］

② British National Bibliography, *Cumulated Index*, 1950-1967, 4v.［東図］著者名順

③ British National Bibliography, *Cumulated Subject Catalogue*, 1951-1967, 10v.［東図］分類順

④ U.S. Library of Congress, *Catalog*. *Books: Subjects*, 1950-.　英語以外にも各国語の文献を含む。

⑤ *The National Union Catalog*, Pre-1956 Imprints. Vol. 1-224.［国］(UP 6-21)［東図］著者名順でその図書の米国における所蔵館を探せる。

⑥ *The National Union Catalog*, 1956-*through* 1967, Vol. 1-110.［国］(UP 6-39) ⑤⑥とも英語以外の各国語の洋書をも多く含んでいて，著者名順である。

⑦ U.S. Library of Congress, *A catalog of books represented by Library of Congress printed cards*, issued to July 31, 1942-.　著者名順。1958年から個々の図書に議会図書館以外の所蔵館名も記されている。

⑧ British Museum, *General Catalogue of printed books*, Vol. 1-.［国］(UP 121-2)［東図］著者名順

⑨ Catalogue Général des Livres Imprimés de la Bibliothèque Nationale, Auteurs, 1897-1964.［東図］［国］著者名順

⑩ Goldsmith, V.F., *A short title catalogue of French books* 1601-1700 *in the Library of the British Museum*, London, Pawsons of Pall Mall, 1973, 689 p.［東図］著者名順

⑪『内閣文庫洋書分類目録・佛書篇』［東法］［東図］

⑫ *Catalogue of European books in the Tôhoku Imperial University Library*, 1917, viii, 530 p. Suppl. (Registered Oct. 1916-March 1922) 4 v.［京大図］分類順

⑬ *Catalogue of the Kyûshû Imperial University Library*, Vol. 1-2, 1932-33. Suppl. 1933-36, 1936-38.［東図］著者名順

⑭ *Catalogue of the Keiôgijuku Library* (Classified), Tokyo, 1929.［東図］分類順で著者名索引つき。

⑮ 内閣文庫洋書分類目録　英書篇，上，下2冊［東図］　分類順で著者名

索引つき。1860～1950年頃出版のものを含む。法律：229～374頁。政治外交：73～128頁。行政学：377～405頁。

⑯ 『国立国会図書館蔵書目録・洋書篇』分類目録で著者名と書名の索引つき。なお，同図書館で1986年以降受け入れた洋書は電子図書館コーナーで検索できる。

⑰ 早稲田大学図書館洋書目録（1882～1965）vol. 1～vol. 5, pt. 3. 12冊，［東図］著者名順

⑱ 近畿大学洋書分類目録 vol. 1（1974）～ 分類順で著者名索引つき。

⑲ 国立国会図書館編『新収洋書総合目録』（1954—1977） 著者名順。1977年以後は学術情報センターのNACSIS-CATによりその図書の所蔵館をつきとめることができる。

⑳ 国立国会図書館編『新収洋書総合目録1954—1970追補［総合目録未収録累積版］』 1—15

1954年から1970年までの間に，国立国会図書館が参加各館から収集し，かつ⑲に収録しなかった目録カードを著者名順にひけるように冊子化したもの。日外アソシエーツ。1986—88。15冊。

米国の蔵書はOCLCでつきとめることができるが，OCLCでも世界中のすべての書誌データが入力されているわけではなく，英，米両国のものが中心であり，かつヨーロッパの古い文献はそれ程多く入っているわけではない。それでこの方法でつきとめえないものについては各国の冊子体の書誌が必要になる。これを紹介しているのが，国立国会図書館の『世界各国の全国書誌—主要国を中心に』1995年，144 p.（研修教材シリーズ №.11）であり，英，米，独，仏，伊，スペイン，ソ連(現在のロシア)，カナダ，オーストラリア，中国，韓国の諸国を対象にしている。その中には遡及的全国書誌，カレントの全国書誌，蔵書目録，販売書誌を含み，冊子形態のものばかりでなく，CD-ROM形態のものも紹介されている。巻末には「世界各国の全国書誌一覧」として本編でとりあげられた主要国以外の国々の全国書誌が紹介されている。これらのものの中で国立国会図書館が所蔵しているものについては請求記号が付されているので，所蔵機関等の調査を同館に依頼する場合に役に立つ（以上の記事は図書館雑誌1995年7月号540頁の近藤なお子氏の論文を紹介したものである)。

（4）　各国の司法統計とわが国における所蔵

注）［国］　＝国立国会図書館
　　［東法］＝東京大学法学部
　　［法務］＝法務省図書館

［Ⅰ］ **欧米各国の司法統計**（英語の国名によるアルファベット順）

Argentine

Buenos Aires (Province). Suprema Corte de Justicia, Datos estadisticos relativos a la actividad judicial [La Plate] 1969. 134 p.

Austria

Justizstatistik. Bundesamt für Statistik, Wien. ［法務］ 1932-1936.

Austria. Statistisches Zentralamt, Justizstatistik. 42.-Heft; 1953-, Wien. annual. Supersedes in part Zahlenmässige Darstellung der Rechtspflege, issued by the Austrial Bundesministerium für Justiz, and continues its vol. numbering. "Hrsg. vom Bundesministerium für Justiz," 1953-.

Austria. Statistisches Zentralamt, Statistik der Rechtspflege, Wien. [C. Ueberreuter] v. 30 cm. ［法務］ 1959 (1961)-1967, 1969-

Kriminalstatistik. Hrsg. vom Bundesamt für Statistik. Wien. 1932-1936. ［法務］

Belgium

Belgium. Institut national de statistique, *Statistiques judiciaires*, 1900-1962, Bruxelles, 1965 ［国］ 1961 (2): 1963. 5-

Benelux

Convention douanière belgo-luxembourgeoise-néderlandaise, Commission de coordination des statistiques, *Rapport concernant les statistiques judiciares dans les pays de Benelux: essai de comparison de quelques résultats*, Bruxelles, Secretariat général, 1956, 178 p.

Chile

Justicia y policia. [Santiago] Instituto Nacional de Estadisticas, v. 26 cm.

France

France. Ministère de la Justice, *Compte général de l'administration de la justice civile et commerciale en France et en Algerie*. [法務] 1883 (1885), 1898-1905, 1919-1921, 1924-1933 (1936)

France. Ministère de la Justice, *Comte général de l'administration de la justice criminelle en France et en Algerie* . [法務] 1883 (1885), 1895, 1898-1903, 1921-1925, 1929-1932 (1934)

France. Ministère de la Justice, *Comte général de l'administration de la justice commerciale et de la justice criminelle*. [法務] 1952(1954)-1960(1962)

France. Ministère de la Justice, *Compte général de l'administration de la Justice criminelle et de la justice civile et commerciale*, Paris, La Documentation Française. [法務] 1961(1963)- [国] (AF 2-771-5)

France. Conseil d'État, *Jurisprudence du Conseil d'État: principales décisions et rapport sur l'éxécution des décisions des juridictions administratives 1973/74-*, Paris, La Documentation Française.

France. Ministère de la Justice, *Annuaire statistique de la justice*, Paris, La Documentation Française 1978 . [国]

Rapport de la Cour de Cassation, *Paris*, *Documentation Française*. [立大法] 1968(1969)-1972(1972) [九大法] 1971(1971/1972)-1972(1972/1973)

年刊で巻頭に破毀院統計がついている。

Revue pénitentiaire et de droit penal (trimestre). [東法] [国]

Reéducation に統計がある。[東北大文] 16(1962), 21-36(1976) [国] 25(218/219):1970.1/3-32(284/285)：1977(Z 51-J 45)

Germany（ドイツ）

1909年迄の調査方法

Katalog der Bibliothek des Reichs-Justizamts, dritte Ausgabe, Berlin, Puttkammer & Mühlbrecht, 1909.［東法］（Y1U 33-R 352-K 09）のStatistikの章の中で統計一般はドイツが1945～1967頁に，ドイツ以外の国は1967～1968頁の間に，司法統計はドイツ全体が1969頁に，ドイツの各ラントのものが1969～1973頁に，ドイツ以外の国々のそれは1973～1981頁にあげられている。とくにドイツのものは極めて詳細なので，この時代のものを調べるためには大変便利である。

第2次大戦以前のわが国における所蔵

ドイツ全体

Deutsche Justiz-Statistik, bearbeitet im Reichs-Justizamt, Berlin.［東法］Jg. 1, 4, 6-16. 1883-1913.［東北大図］Jg. 1, 3-16. 1883-1913.

Kriminalstatistik, hrsg. vom Statistischen Reichsamt, Berlin.［法務］Bd. 77(1893) - 237 (1909), 347 (1926), 370 (1927), 384 (1928), 429 (1930). 1896-1933.［東法］（F 336-K 92-93）1928-1934.

あらゆる領域を含む統計年鑑

Statistisches Jahrbuch für das deutsche Reich, hrsg. vom Kaiserlichen Statistischen Amt, Jg. 1 (1880) - 59 (1942), Berlin, Puttkammer & Mühlbrecht, 1880-1942.

第2次大戦以前の各ラントの司法統計

前述の1909年出版のドイツの司法省の蔵書目録1969～1973頁に詳述してあるが，その中で［東法］所蔵のものだけをあげる。

Bavaria

Bayerische Justizstatistik, hrsg. vom Kaiserlichen Staatsministerium der Justiz, München.［東法］Jg. 1906-1907, 1914-1915.

Saxony

Justizstatistik für das Jahr (Königreich Sachsen), bearb. im Justizministerium, Dresden.［東法］1906, 1907, 1910-1912, 3 v.

ドイツ連邦共和国（**西ドイツ**）

Germany. (Federal Republic, 1949-) Statistisches Bundesamt, Rechtspflege. Reihe 1: Ausgewählte Zahlen für die Rechtspflege (1976-) Reihe 2.1:

Zivilgerichte (1976-) Reihe 2.2: Strafgerichte (1977-) Reihe 3: Strafverfolgung (1976-) Reihe 4: Strafvollzug (1977-) Reihe 5: Bewahrungshilfe (1975-). [慶大法] [国] (AC 4-771-22) [法務] Reihe 1. 1976 (1977)-

その他には次のものがある。

Germany (Federal Republic, 1949-) Statistisches Bundesamt, Bevölkerung und Kultur. Reihe 9: Rechtspflege. I. Organisation, Personal, Geschäftsanfall und Erledigung der ordentlichen Gerichte. Zivilgerichtsbarkeit. Stuttgart, W. Kohlhammer, v. 30 cm, annual.

刑事統計には次のものがある。

Kriminalistik. [国] (Z 51-F 49) 19 (1): 1965- [慶大法] 1(1947)- [中大図] 3 (1949)-

この他 Bibliothek des Instituts für Weltwirtschaft, Kiel, Sachkatalog, Boston, Mass., G.K. Hall, 1968. [東法] (Y 233-W 464-B 68) を見ると第2次大戦以後の各ラントの司法統計の例として次のものがあげられているが筆者の知る限り日本国内では所蔵館はない。

Verhandlungen des Preussischen Richtertages und der Vertreterversammlung des Preussischen Richtervereins. [Kiel] (X 7895)

Bayerisches Justizministerialblatt, Amtlich, hrsg. von Staatsministerium der Justiz. [Kiel] (XX 1145)

Schleswig-Holsteinische Anzeigen, Amtsblatt der Justizverwaltung für den Bezirk des Oberlandesgerichts, Kiel. [Kiel] (XY 3231)

ドイツ連邦共和国の一般的な統計年鑑

Statistisches Jahrbuch für die Bundesrepublik Deutschland, Stuttgart & Köln, Kohlhammer. [東法]

ドイツ民主共和国（東ドイツ）の一般的な統計年鑑

Statistisches Jahrbuch der Deutschen Demokratischen Republik, hrsg. von der Staatlichen Zentralverwaltung für Statistik. [東法]

この東西ドイツは1990年に再統一された。

Great Britain（イギリス）

Gt. Brit. Lord Chancellor's Department, *Civil judicial statistics: England & Wales*.

［最］1953(1954)-1963(1964)［法務］1894(1896)-1896，1906-1914，1924-1939，1953-1955，1959-

Gt. Brit. Lord Chancellor's Department, *Civil judicial statistics: Scotland*, Edinburgh.

［法務］1952(1953)-1954，1956，1958-1960，1962-［最］1951(1952)，1953-

Gt. Brit. Home Department, *Criminal statistics: England & Wales*.

［法］1893(1895)，1898，1901，1909，1909-1914，1919，1923-1959，1961-［最］1946(1947)-

Gt. Brit. Home Department, *Criminal statistics: Scotland*.

［法］1953(1954)，1958-

Gt. Brit. Committee on Civil Judicial Statistics, *Report*, London, H.M. Stationery Off, 1968. 61 p.

Gt. Brit. Lord Chancellor's Department, *Statistics on judicial administration*, 1973-London, H.M. Stationery Off. v. 30 cm.

弁護士に関する統計

Report of the Committee on Legal Education ［*Ormrod Report*］ *Cmnd*. 4595 (1971), Appendix B.

（田中英夫『英米の司法』東京大学出版会，1973年vi頁参照）

イギリスの犯罪統計のデータベースは指宿信『法律学のためのインターネット』（1996年）93頁と同書改訂版（2000年）126頁を参照。

Greece

Statistike tes didaiosynes v. 29 cm annual.

Holland

Netherlands (Kingdom, 1815-) Central Bureau voor de Statistiek, Justitiele statistiek. 1951-, Utrecht, W. de Haan.

Italy

Italy. Istituto centrale di statistica, Annuario delle statistiche giudiziarie. ser. 1-(v.1-); 1949, Roma, Istituto Centrale di Statistica, 1949-

［法］1951(1955)-1965，1967-［慶大法］18(1968)-

Korea

Pŏbwŏn t'onggye yŏnbo. 1954/64-v. 24 cm.

Portugal

Portugal. Instituto Nacional de Estatística, Serviços Centraís. -Statistiques de la justice. [Lisboa] v.

Russia (1923-U.S.S.R.)

Verkhovnyi Sud. Otdel sudebnoi statistiki.-Instruktsiia po statisticheskoi otchetnosti sudebnykh organov SSSR. Moskva, Gos. izd-vo iurid. lit.-ry, 1957. 46 p. 20 cm.

ソ連の司法統計については定期刊行物を発見することはできなかった。

Spain

Spain. Instituto Nacional de Estadistica. -Estadisticas judiciales de Espana. 1959-, Madrid.

Sweden

Rättsstatistisk arsbok, 1975-, Stockholm. Statistika centralbyran v.

U.S.A.

Harvard Law Review の毎巻の１号に掲載される U.S. Supreme Court に関する Note 中の The Statistics の項；Annual Report of the Director of the Administrative Office of the United States Courts.

（これは Reports of the Proceedings of the Judicial Conference of the United States*に掲載される＊[法]1950-1953, 1961-[東法] (F 2275-JCU-R 77) 1940-1975 所蔵。）

U.S. Administrative Office of the U.S. Courts, *Statistical Analysis & Reports Division*, Federal judicial workload statistics, Washington, v. 27 cm.

U.S. Department of Justice, *U.S.* Attorneys *Offices statistical report*. [Washington] v. 28 cm.

U.S. Administrative Office of the U.S. Courts, *Management statistics for U.S. courts*. [Washington] v.

米国の法律関係の詳細な各種の統計についてはN.P. Johnson, "Legal Statistics," in *L.R.S.Q.*, Vol. 1, N 2/3, pp. 3-16を参照。

弁護士に関する統計

American Bar Foundation, *The Lawyer Statistical Report*.

3年または4年毎に出版される。

（田中英夫『英米の司法』東京大学出版会，1973年，VI頁をも参照）

米国各州の司法統計

New York (State) Judicial Conference, *Statistical report*, no. 1-, 1958-.

New York (State) Office of Court Administration, *Statistical report*, N.Y.

New York (State). Office of Court Administration, *Annual report of the Chief Administrator of the Courts*, N.Y, 1979-.

その他各州からそれぞれ司法統計が継続的に発行されている。それらを各州の発行機関別に，まとめる。

Department of Justice—Pennsylvania

Judicial Department——Arkansas.

Office of the Court Administrator (Office of Judicial Administration) ——Kansas, Maryland, Michigan, Wisconsin.

Administrative Office of the Courts.——Delaware, Idaho, Illinois, Maryland, New Mexico, North Carolina.

Judicial conference——New York (State)

Judicial Council——Kentucky, Louisiana, Maine, North Dakota, Texas (Civil Judicial Council), Utah, Wisconsin.

もちろんこれ以外にもあるが省略した。

米国のインターネット上での犯罪統計，司法統計については指宿信『法律学のためのインターネット』(1996年) 35頁および同書改訂版 (2000年) 128頁を参照。

欧米各国のあらゆる分野を対象とする一般的な統計についてはStollreiter, K., Internationale Bibliographie der juristischen Nachschlagewerke. Frankfurt am Main, Klostermann, 1955, S. 466-468を参照。

[Ⅱ] 日本の司法統計

わが国の法律関係の「(特殊な) 統計」と「一般的な統計と年鑑」は最高裁判所図書館法律図書目録・和書の部と法務省 (司法省) 和漢図書目録」の 2 つに詳述されている。

最高裁判所図書館法律図書目録を例にあげると法律関係の「(特殊な) 統計」は分類番号の 320. 59 C-2 に,「一般的な統計と年鑑」は分類番号の 327. 059 に入っている。

分類番号	第 1 分冊	増加 1	増加 2
320. 59 C-2	p 96	p 65	pp 60〜63
327. 059	pp 490〜493	pp 230〜232	pp 375〜376

法務省 (司法省) 和漢図書目録の中では司法統計は分類番号のH 500 にその他の一般的な統計の中で，中央統計 (国家統計) はH 600 に，地方統計，外地統計はH 700 に，市町村統計はH 800 に入っている。

分類番号	本体	追録 1	追録 2 (第 2 分冊)
H 500	1133〜1145	1058〜1069	400〜404
H 600	1145〜1151	1069〜1073	404〜405
H 700	1152〜1167	1073〜1081	405〜409
H 800	1168〜1170	1081〜1082	409〜410

(本章は 1983 年 5 月 18 日の法律図書館連絡会における藤田房太郎氏の「独佛における刑事関係統計書」と村田房雄氏の「英国と米国の犯罪統計」という講演の一部分と自己の研究を基礎にして作製したものである。)

(5) 略語辞典

[1] 学術全般にわたるもの

Schwartz, R.-J., *The complete dictionary of abbreviations*, N.Y., Crowell, 1955, 211 p. 22 cm.

Goedecke, Werner, Amerikanische, deutsche, englische und französische Kurzwörter und Abkürzungen von Fachausdrücken, Masseinheiten und Fachorganisationen des Nachrichtenwesens und verwandter Gebiete, Berlin, Verl. Technik, 1958, 116 p.

Crowley, E.T., ed., *Acronyms, initialisms, and abbreviations dictionary. A guide to alphabetic designations, contractions, acronyms, ini*tialisms, and similar appellations, Vol. 1-3, 6th ed., Detroit, Mich., Gale, 1978. Vol. 3.は Reverse acronyms, initialisms and abbreviations dictionary である。

雑誌に関するもの

Alkire, L.G., ed., *Periodical title abbreviations, covering periodical title abbreviations in science, the social sciences, the humanities, law, medicine, religion, library science, engineering, education, business, art & many other fields*, Vol. 1-3, 2nd ed., Detroit, Michigan, Gale Research Co. [c 1977] 3 v. Contents: Vol. 1. By abbreviation. Vol. 2. By title. Vol. 3. An annual supplement to Vol. 1. [東法]

Leistner, Otto., Internationale Titelabkürzungen von Zeitschriften, Zeitungen, wichtigen Handbüchern, Gesetzen......2. Aufl., Osnabrück, Biblio, 1977.

団体に関するもの

Ruppert, F., Initials, Essen, Vulkan, 1966.

World guide to abbreviations of organizations, Ed., by T.A. Buttress. 5th ed., Detroit, Mich, Gale, 1974.

Spillner, P., Internationales Wörterbuch der Abkürzungen von Organisationen, Tl. 1-3. 2. Aufl., München-Pullach, Verl. Dokumentation, 1970-1972.

[2] 世界各国の法律の略語表を記載しているもの

世界各国の法律の略語表を記載している文献を国別にまとめているものには次のものがある。

Des Coudres, Hans Peter, Juristische Abkürzungsverzeichnisse in Rabels Zeitschrift für ausländisches und internationales Privatrecht, Bd. 18, 1953, SS. 524-549.

そしてその中をドイツ語の国名によるアルファベット順に並べている。すなわち，アルゼンチン，ベルギー，ブラジル，中国，デンマーク，ドイツ，イギリスおよびイギリス連邦諸国(インド，南アフリカを含む)，フィンランド，フランス，ギリシャ，イタリヤ，オーストリア，ポーランド，スウェーデン，スイス，スペイン，チェコスロヴァキア，ハンガリー，アメリカ合衆国の順序で最後に国際的に通用する略語表を含む図書をあげている。現在から40年以前のものではあるが，まだ参考になる部分がある。

その他，現在の主要国の法律の略語表をのせているものには次のものがある。

David, Rene, *Major legal systems in the world today*, London, Collier-Macmillan [c 1968] pp. xiii-xv. [東法]

David, Rene, Einführung in die großen Rechtssysteme der Gegenwart, München, 1966, p. xiii ff.

この2冊の原著のフランス語版には略語がついていない。

[3] イギリス法

Raistrick, D., *Index to legal citations & abbreviations*, [London] Professional Books, 1981, 326 p. [東法] [東外]

London University. Institute of Advanced Legal Studies, *Manual of legal citations*, Pt. 1, London, 1959. [ie. 1960] ix, 85 p. 25 cm. [東法] [早大]

上述の *Des Coudres*, H.P, pp. 531-533 にイギリス本国の法律の略語表を含む文献が列挙してある。その中ではとくに注意すべきものだけを以下にあげる。

初めに辞典類をあげる。

Encyclopaedia of the laws of Scotland, ed. by J. Chisholm. 2ed. 12 v. Edinburgh, Green, 1909-1914, Vol. 1. pp. ix-xxiv にスコットランドとイングランドの略語をのせる。

Osborn, P.G., *A concise law dictionary for students and practioners*, 2ed. London, Sweet & Maxwell, 1937, Appendix I. pp. 337-356 に英国，アイルランド，オーストリア，カナダに関する略語をのせる。

Soule, C.C., *Legal abbreviations. Being citations of American*, English, Colonial and foreign law text-books and reports, London, G. Allen, 1911, 149 p.

上述の Raistrick（1981年）が出るまでは最も権威のある略語辞典であった。

Stroud's judicial dictionary of words and phrases, ed. by John Burke, 3 ed., London, Sweet & Maxwell, 1952 ff.

各巻に600以上の略語表を含んでいる。

その他に以下のものがある。

Current law case citator.

Current Law Year Book.

判例，雑誌等の略語を毎年のせる。

English and Empire Digest, Cumulative Supplement.

Halsbury's laws of England, Vol. 1.

Index to legal periodicals.

An introductory survey of the sources and literature of Scots law, by various authors, Edinburgh, The Stair society, 1936. pp. xiii-xv. に略語表を含む。

Sweet & Maxwell's guide to law reports and statutes.

Where to look for your law, London, Sweet & Maxwell.

［4］ アメリカ法

上述の *Des Coudres*, pp. 544-547 を参照。

Bieber, D.M., *A dictionary of legal abbreviations used in American law books*, N.Y.,W.S. Hein, 1985, 337 p. 26 cm.

Bieber, D.M., *Dictionary of current American legal citations*, Abridged edition with examples, N.Y., W.S. Hein, 1981, 223 p.

A uniform system of citation, 13 th ed., Massachusetts, DEKR Corporation [c 1981], 237 p.（〔外〕 5, 48, 52, 105 頁参照）

Price, *practical manual of standard legal citations*, 2ed. 1968. [京法]

Corpus juris secundem. A complete restatement of the entire American law as developed by all reported cases, N.Y., The American law book Co., 1836 ff.

各巻に 1,000 以上の略語を含む。

Index to legal periodicals, *Cumulation*, 1949〜1952 年の累積版を見ると雑誌 182, 弁護士会会報 45, 法律協会報 12 の略語が出ている。

American Jurisprudence. A comprehensive text statement of American case law......San Francisco, Bancroft-Whitney, 1936-, Vol. 1. pp. xi- xxv & Vol. 1. pp. 115-123. "Introductory-Use of abbreviations-kinds of abbreviations".

American Jurisprudence, 2nd ed. N.Y., The Lawyers Co-operative publishing Co.; San Francisco, Bancroft-Whitney, 1962.

各巻の Cumulative suppl. （pocet part）の初めに略語表がついている。

Law books and their use. A manual of legal bibliography......6 ed. Rochester, The lawyers Co-operative Publ. Co., 1936. Chapter 14 （pp 213-316）に広範囲な略語表を含む。

Marvin, J.G., *Legal bibliography, or a thesaurus of American, English, Irish, and Scotch law books*, Philadelphia, Johnson, 1847.

Shumaker, Waster, *The cyclopedic law dictionary comprising the terms and phrases of American jurisprudence, including ancient and modern common law, int'l law, and numerous select titles from the civil law, the French and the Spanish law, etc. with exhaustive collection of legal maxims*, 2ed., Chicago, Callaghan, 1922. pp. ix-xi には "Abbreviations of the less-known and ancient books referred in this work" が, pp. 1089-1131 には "Table of abbreviations of reports and standard text books." がある。

Tucker, Charles Cowles, *A chronical list of English and American reports from the earliest times down to the present, to which is added information concerning other useful legal publications, abbreviations, etc.*, Washington, The National University, 1907.

McDonald, A. comp, *Communication with legal databases, terms and abbreviations for the legal researcher*, N.Y., Neal-Schuman Publishers, 1987, 206 p.

この書はコンピューターの術語に高度のものを使わない時に，一般の利用者にとって有益であるとのことである。

以上のもの以外に略語を載せているものを次に発行年代順にならべる。

Soule, C.C., *Legal abbreviations being citations of American*, English, Colonial & foreign law text-Books & Reports, London, G. Allen, 1911, 149 p.［東法］

Hicks, F.C., *Materials & methods of legal research*, 3rd ed., 1942.［東法］の付録1に米英判例集リスト，法律雑誌一覧表，法律略語表がある。

Price, M.O. & Bitner, M., *Effective legal research*, 3rd ed., Boston, Little Brown, 1969 の pp. 427〜483 に略語表がある。

Powers, *The legal citation directory*, West Mantoloking, N.J., Francis Press, 1971, 301 p. 24 cm.

Pollack, E.H., *Fundamentals of legal research*, 4th ed. N.Y., The Foundation Press, 1973 の pp. 461-552.

Jacobstein, *Fundamentals of legal research*, 1977 の pp. 538-649.

Cohen, M.L., ed., *How to find the law*, 7th ed. の pp. 296-298 にアメリカ法の辞書の解説がある。

［5］ドイツ法

Kirchner, H, Abkürzungsverzeichnis der Rechtssprache. 4. Aufl., Berlin, de Gruyter, 1993.

第2版(1968年)より増えているものと，減っているものとがあるので両者を併用すべきである。

Jura Extra: Abkürzungen für Juristen, Alphabetisches Verzeichnis der Abkürzungen sowie Zitiervorschläge für Kommentare, H. Kirchner & F. Kastner, 1983, xii, 232 p. Berlin, W. de Gruyter, 1983.

上述の略語辞典の簡略版である。

Kirchnerにおちている略語がNeue Juristische Wochenschrift, Fundhefte. (Fundheft für Öffentliches Recht 等, 公法, 私法, 労働法, 租税法, 刑法の各分野毎に出版されている。〔法〕50～54 頁参照) の各巻の初めに出ていることがある。

Simon, Jürgen, Juristische Fremdwörter und Abkürzungen, 4. Aufl., Flensburg, Gross, 1974.

Abkürzungsbezeichnungen für Gesetze, Rechtsverordnungen und allgemeine Verwaltungsvorschriften des Bundes, RdSchr. d. BMI vom 24. 8. 1965. I B 3-131, 513/2 [GMBl. 1965, S. 242.] Bielefeld, Bertelsmann, 1965. 47. p.

これは次のものと同一であると思われる。

Verzeichnis der Abkürzungen von Gesetzen, Rechtsverordnungen und allgemeinen Verwaltungsvorschriften des Bundes. 1972, in Gemeinsames Ministerialblatt des Auswärtigen Amtes, 23 Jg. (1972) Nr. 21, pp. 342-396. [国] (CG 4-2-3)

Greiser, Josef, Lexikon der Abkurzungen, im Auftr. d. Verl. bearb. mit Anhang: Abkürzungen aus dem Finanz- und Steuerrecht, Osnabrück, Fromm, 1953, 231 p.

Kova, Abkürzungsverzeichnis. Sammlung der für Verwaltung und Justiz wichtigen Abkürzungen von Gesetzes-, Behörden-, Dienstbezeichnungen usw, bearb. von G. Scheingraber, München, 1953.

第 2 次大戦以前には次のものがある。

Mass, G., Abkürzungsverzeichnis der Rechtssprache, 1929, 131 p.

Des Coudres, H.P, Juristische Abkürzungsverzeichnisse の S. 528-531 に 1953 年当時の独法の略語をのせた図書が列挙してある。これらは前述の Kirchner に大部分含まれていると思うが, その中でとくに重要と思われるものだけを以下にあげる。

Fuchs, W., Juristische Bücherkunde, 5. Aufl., Göttingen, A. Schönhütte, 1953. の§ 14. „Das Abkürzungswesen".

Grosse, W., Internationale Abkürzungen, die nicht im Lexikon stehen. Das ABC der Weltorganisationen, München, Presse- und Public-Relations Dienst, 1952, 56 p.

Handbuch des Besatzungsrechts, hrsg. v.G.v. Schmoller, Tübingen, Mohr, 1951, Loseblattausg.の中の§150 „Abkürzungsverzeichnis"

学問全体に関するもの。

Rust, W., Verzeichnis von unklaren Titelkürzungen deutscher und ausländischer Zeitschriften, Leipzig, Harrassowitz, 1927, VIII, 142 p.

Koblischke, H., Großes Abkürzungsbuch, Leipzig, VEB, 1978, 508 p. [東法]

Lichtenstern, H., Das Lexikon der Abkürzungen, Heyne-Taschenbuch, München, Heyne, 1974, 186 p.

Werlin, Josef, Wörterbuch der Abkürzungen über 36000 Abkürzungen, und was sie bedeuten, 2 Aufl., Mannheim, Duden [c 1979], 260 p. [東法] [東外]

その他，ドイツ以外の国々の法律語とその略語については次のものがある。

Meger, Juristische Fremdwörter und Abkürzungen, 10. Aufl., 1989.

ドイツ民主共和国（東ドイツ）(1949-1990)

Akademie für Staats- und Rechtswissenschaft der DDR. Informationszentrum Staat und Recht, Abkürzungsverzeichnis der ausgewerteten Publikationsorgane, Potsdam-Babelsberg, Die Akademie, 1973, 77 p. 21 cm.

[6] フランス法

Gendrel, M., *Dictionnaire des principaux sigles utilisés dans le monde juridique de A à Z*, Montchrestien, 1980, 171 p. [東法] [東外]

Sprudzs, Adolf, ed., *Foreign law abbreviations: French*, N.Y., Oceana, 1967, 103 p. [東法] [東外] [東北大学法学部図書室]

Leistner, G., Abbreviations' guide to French forms in justice & administration, 2nd ed. München, Verlag Dokumentation, 1975, 191 p. [東法] [東外] [国]（参考図書室）

前述のSprudzsの中でおちている略語を相当数のせている。

Fuzier-Herman, ed., *Répertoire général alphabétique du droit français*, tom. 1-37; Suppl. 1-14, Paris, Larose et Forsel, 1886-1936, 52 v. [東法] [京法] [北大法] [早大]

このtom. 1の巻頭に略語表がある。

Des Coudres, H.P., Juristische Abkürzungsverzeichnisse (in Rabels Zeitschrift für ausländisches und internationales Privatrecht. Bd. 18 [1953]). S. 535-536 に仏法の略語を載せている文献を 14 あげている。それらを若干紹介する。

Dramard, E., *Bibliographie de la bibliographie générale du droit français et étranger*, Paris, Sireym, 1893.

Petit dictionnaire de droit, bearb. v. R. Réau, Paris, Dalloz, 1951.

p. VII に約 50 の略語をあげる。

Planiol, M. & G. Ripert, *Traité pratique de droit civil français*, 2e éd., tom. 1-14, 1952-1965, Paris, Librairie général de droit et de jurisprudence, 1952-1965.

各巻に略語をつけている。

Carpentier, *Répertoire général alphabétique du droit français*, Paris, 1886.

約 50 の略語をあげる。

Nouveau Répertoire de droit, éd. par V.E. Vergé, 4 v. Paris, Dalloz,

Dalloz, *Dictionnaire pratique de droit*, tom. 1, Paris, Dalloz [1924 ?]

Savatier, R., *Nouveau dictionnaire pratique de droit*, 2 v. Paris, Dalloz, 1933.

Caparros, E. & J. Goulet, *La documentation juridique: Références et abréviations*, Québec, Les Presses de l'Université Laval, 1973, 182 p.

単にカナダ法のみでなくフランス法の略語も相当含んでいる。

La Gazette du Palais.

各巻の初めに約 140 以上の略語を載せる。

Recueil Dalloz et Sirey の Chroniques の初めと 5 年毎の累積索引に略語表をのせる。

Juris-Classeur Périodique (*Semaine juridique*) の各巻の初めに略語表をのせている。〔外〕152 頁。

Juris-Classeurs (*Répertoire*) (*Encyclopédie Juridique*), Paris, Editions Technique, reliure mobile. [東外] (W 441-J)

各分野の第 1 巻の巻頭に略語を載せる。

Jurisprudence Française. [東外] (W 446-J 807)

Encyclopédie Dalloz (Dalloz, *Encyclopédie juridique*) [東外] (W 441-E 51),

Dalloz, *Nouveau Répertoire de Droit* の第1巻の巻頭にはそれぞれ略語表がある。

次のものは法律に限定されないが参考のためにあげる。

Baudry, Hubert, "D.A." *Dictionnaire d'abrēviations*, *françaises et étrangères*, *techniques et usuelles*, *anciennes et nouvelles*. 8000 *abrēviations*. La Chapelle-Montligeon, 〈Orne〉, Les Editions de Montligeon, 1951. 157 p.

［7］ スイス法

Oftinger, Karl, Vom Handwerkzeug des Juristen und von seiner Schriftstellerei, 6. Aufl., Zürich, 1981はスイス法の略語をAllgemeines Verzeichnis juristischer und anderer Abkürzungen, französische Abkürzungen, gebräuchliche Gesetze, Periodika, Urteilssammlungen, Sachbezeichnungen aus dem Gebiete der Gesetzgebungに分けて詳細に述べている。

Abkürzungsverzeichnis, hrsg. v. d. Bundeskanzlei in Zsarb. m. d. Bundesgericht u. d. Staatsschreiberkonferenz, Bern, 1976, 127 p.

Neues Rechtsbuch der Schweiz, Sammlung der gebräuchlichsten Gesetzesvorschriften der Schweizerischen Eidgenossenschaft, hrsg. v. d. Bundeskanzlei, 2 v. Zürich, Polygr. Verl., 1947.

Zeitschrift für Schweizerisches Recht (Revue de droit Suisse, Rivista di diritto Svizzero), Basel, Helbing & Lichtenhahn.

各年の初めに略語表がある。

Zumbach, E., Verzeichnis der wichtigsten juristischen Abkürzungen in Schweizerische Zentralblatt für Staats- und Gemeindeverwaltung, Bd. 47, S. 420-421. (3. A., abgedruckt im Schweiz, Zentralblatt für Staats- und Gemeindeverwaltung, Bd.69 [1968] 401 ff.)

最も頻繁に使われる法令の略語は次のものを見れば判明する。

ドイツ語版 Neues Rechtsbuch der Schweiz: Sammlung der gebräuchlichen Gesetzesvorschriften der Schweizerischen Eidgenossenschaft, hrsg. von der Bundeskanzlei (Zürich, Polygraphischer Verlag, 1947). フランス語版Nouveau manuel du droit suisse (Zürich, Polygraphischer Verlag, 1947). イタリア語版Nuovo manuale del diritto svizzero (Zurich, Polygraphischer Verlag, 1947).

最も一般的な略語は戦前のものではあるが次の辞典の序文に出ている。

Keel, F.J., Juristische Terminologie nach schweizerischer Lehre und Praxis. Zürich, Schulthess, 1939, 250 p. [東法] (Y 3 U 37-K 26-J 39) の pp. IX-XII

その他，以下のものにはスイス法の各分野の略語が記載されている文献を詳述している。Des Coudres, H.P., Juristische Abkürzungsverzeichnisse (in Rabels Zeitschrift für ausländisches und internationales Privatrecht. Jg. 18[1953], S. 541-542.)

以下にこれを紹介してみる。

Comisetti, L., *Index juridique suisse. Répertoire systématique du droit fédéral*, Lausanne, Genf, Bern: Payot 1928. pp. 5-7.

Entscheidungen des Schweizerischen Bundesgerichtes aus dem Jahre...... Amtliche Sammlung. Lausanne: Imprimeries réunies.

毎年4つの部に分れて出版されるが，この各々の部の初めに略語がついている。

Giacometti, A., Schweizerisches Bundesstaatsrecht. Zürich, Polygr. Verl. 1949.

Hafter, E., Schweizerisches Strafrecht. Allgemeiner Teil und Besonderer Teil, Berlin, Springer, 1926-1943.

各巻に略語表あり。

Schweizerische Juristen-Zeitung (*Revue Suisse de jurisprudence*), Zürich, Schulthess.

毎年の初めに略語表をのせる。Jg. 77 (1981) には167の略語を載せている。

Kommentar zum Schweizerischen Zivilgesetzbuch, hrsg. v. A. Egger u. a. Zürich, Schulthess, 1930 ff. の Bd. 1, S. XII と Bd. 4, Abt. 2 c の Karl Oftinger, Das Fahrnispfand, 2. Aufl., 1952のS. XIV-XVIにはAbkürzungen und Zitierweise. I.があり，67の略語を載せる。

このコンメンタールの第3刷の各巻の初めに略語表がついている。

Leimgruger, O., *Dictionnaire populaire de droit usuel suisse*, Lausanne, Genf, Bern: Payot, 1919, p. VII-XXI.

Nouveau Manuel du droit suisse: Recueil des lois et ordonnances usuelles de la confédération, 2 v. Zürich, Editions polygraphiques, 1947.

この2冊ともに略語表がついている。

[8] オーストリア法

Friedl, G., Abkürzungs- und Zitierregeln der österreichischen Rechtssprache (AZR) samt Abkürzungsverzeichnis, Wien, Manz, 1970, 145 p. [東法]

Des Coudres, H.P. p.540 に1953年迄の略語を載せている代表的な図書をあげている。

[9] イタリア法

Sprudzs, A., Italian abbreviations and symbols: law and related subjects, Dobbs Ferry, N.Y., Oceana, 1969. 124 p. [東法] [東外]

Des Coudres. H.P. pp 536-538 に1953年迄の略語をの載ている図書をあげる。

[10] ベネルックス三国

Sprudzs, A., *Benelux abbreviations & symbols: law and related subjects*, N.Y., Oceana, 1971. 129 p. [東法] [東外]

[11] ロシア語

Slover' sokrashchenii russkogo iazyka. Moskva, Gos. izd-vo inostr. i. nats. slovarei, 1963.

12,500語を収録。現在は使用しなくなった略語を調べるために役立つ。

Alekseev, D.U. -Slovar' sokrashchenii russkogo iazyka. Moakva, Russkii iazyk, 1977. 416 p.

15,000語を収録。新語を4,000語追加し，廃れた1,500語を除外している。

U.S. Library of Congress. Aerospace Technology Division. Reference Dept. -Glossary of Russian abbreviations and acronyms. Washington D. C., 1967. 806 p. [東法]

23,600の見出し語を持つ。20世紀における略語に限定し，航空技術に重点をおく。各見出し語に露語の完全名と英語の翻訳名がつく。

Scheitz, E., Russische Abkürzungen und Kurzwörter, Russisch-Deutsch, mit etwa 20,000 Abkürzungen, Berlin, Verlag Technik [1961] 727 p. [京

法]

Rosenberg, A. comp., *Russian abbreviations: A selective list*, 2 ed. Library of Congress, Reference Department, 1957. ix, 513 p.

Görner, Franz, Osteuropäische bibliographische Abkürzungen. 3., neu bearb. Aufl., Teil. 1, Pullach/München, Verlag Dokumentation, 1975, 301 p. Contents. Teil 1: Ost und südosteuropäische Sprachen einschließlich der Sprachen im Westen der Sowjetunion. [東図] (A 400-020. 3-1)

Entsiklopedicheskii slovar' pravovykh znanii/sovetskoe pravo/Moskva, 1965, 512 p. [東法]

このソヴィエト法辞典の序文に略語がついている。

[12] ラテン・アメリカ

Torres, A.L., *Latin American legal abbreviations: a comprehensive Spanish/Portuguese dictionary with English translations*, N.Y., Greenwood. Press, 1989. [東外]

[13] 日本法

田中英夫編『英米法研究文献目録 1867〜1979』(東京大学出版会, 1977 年) の「定期刊行物各種論文集等略語一覧表」(目次 30〜54 頁)

戦後法学文献総目録の巻頭。

その他, 六法全書の類。

[14] 租 税 法

Hart, G., *Dictionary of taxation*, London, Butterworth, 1981. p. iv.

Handwörterbuch des Steuerrechts, hrsg. von G. Strickrodt, Bd. 1, München, Beck, 1981, pp. xvii-xxi の略語の大部分は Kirchner, 2. Aufl. にのっているがそれにおちているものもある。

例 ZfZ......Zeitschrift für Zölle und Verbrauchsteuern.

[15] 経 済 法

Dr. Gablers Lexikon des Wirtschaftsrechts, Wiesbaden, Dr. Th. Gabler, 1972, pp. ix-xv.

[16] 国 際 法

Dalloz, *Répertoire de droit international*, tom. 1, Paris, Dalloz, 1968, pp. xi-xiii.

Encyclopedia of public int'l law, vol. 1, 2, Amsterdam & N.Y., North-Holland Publishing Co., 1981, vol. 1. Settlement of Disputes. pp. xi-xiii, vol. 2. Decisions of int'l courts......pp. xv-xvii.

Grosse, W., Internationale Abkürzungen, die nicht im Lexikon stehen. Das ABC der Weltorganisationen, München, Presse- und Public-Relations-Dienst, 1952, 56 p.

Harrap's German & English glossary of terms in int'l law, ed., by G. Glbertson, London, Harrap, 1980, pp. viii-xi.

O'Connell' D.O., *International law*, London, Stevens & Sons, 1970, Vol. 2, pp. 1127-1278.

Oppenheim, L., *Int'l law. A treaties*, 7 ed., London, Longmans, Green, 1948-1952, 2 v. vol. 1, pp. xii-xx. vol. 2, pp. ix-xvii.

Rousseau, C., *Principes généraux du droit international public*, Paris, Pedone, 1944, Tom. 1, pp. ix-xi.

Schlochauer, H.J., Wörterbuch des Völkerrechts, Bd. 1, Berlin, De Gruyter, 1960, pp. xvii-xix.

Steiner, Otto, Dokumente und Publikationen der Vereinten Nationen und der Sonderorganisationen, Tübingen, 1978.

この中に略語が入っている。

United Nations Document Index.

国連関係の略語が出ている。

[17] 労 働 法

Lexikon des Arbietsrechts der Deutschen Demokratischen Republik, Berlin, Staatsverlag der D.D.R., 1972, pp. 11-15.

東独のものであるため，ここに出ている略語はほとんどKirchner，2. Aufl. にはのっていない。

Dalloz, *Répertoire de droit social et travail*, tom. 1, Paris, Dalloz, 1960, p. vii にある略語の大部分はSprudzsの略語辞典に載っているが，少数のもの

は後者の中でおちている。

例　Soc......arrêt de la chambre sociale ou de la section sociale de la Cour de cassation.

［18］ 西洋法制史

Planitz, H. & T. Buyken, Bibliographie zur deutschen Rechtsgeschichte, 2 v. Frankfurt, Klostermann, 1952, p. xx に雑誌の略語約 70 をあげる。

Grun, P.A., Schlüssel zu alten und neuen Abkürzungen: Wörterbuch lateinischer und deutscher Abkürzungen des späteren Mittelalters und der Neuzeit mit historischer und systematischer Einführung für Archivbenutzer, Studierende, Limburg, Lahn, Stard, 1966, 314 p. ［東法］

Bryson, William Hamilton, *Dictionary of sigla and abbreviations to and in law books before* 1607, Charlottesville, University Press of Virginia, 1975, xiii, 179 p.

Wernherus, of Schussenried, *Modus legendi abbreviaturas*, Straßburg ［Printer of the 1483 Jordanus de Quedlinburg (Georg Husner)］ 21 July (secuda feria p Vargarethe) 1494. ［126］1. (L.C. card no. 78-414542)

その他 Quirin, H. は次の 11 点をその著書の中であげている。

Walther, J.L., *Lexicon diplomaticum*, 2. Aufl., 1756.

Cappelli, *Lexicon abbreviaturarum*, *latine et ital*., 5. ed., anast. c. 9 tav., Milano, 1954.

Traube, L., Nomina Sacra. Versuch einer Geschichte der christlichen Kürzung, 1907 (Quellen und Untersuchungen zur lat. Philologie d. Ma's).

Lindsay, W.M., *Notae latinae*, Cambridge, 1915.

Schiaparelli, L., Avviamento allo studio delle abbreviature latine nel medioevo, Firenze, 1926.

Laurent, M.H., *De Abbreviationibus et signis scripturae Gothicae*, Roma, 1939.

Schmitz, W., *Commentarii notarum Tironianarum*, 1893.

Chatelain, E., *Introduction à la lecture des notes tironiennes*, Paris, 1900.

Mentz, A., Beiträge zu den Tironischen Noten.

Ments, A., Die Tironischen Noten. Archiv f. Urkundenforschung 11, 1939 u. edba. 17, 1942.

Mentz, A., Geschichte der Kurzschrift, 1949.

(Quirin, H., Einführung in das Studium der mittelalterlichen Geschichte, 3. Aufl. 1964. pp. 326-327. より)

[19] ローマ法

Berger, A., Encyclopedic dictionary of Roman law, Philadelphia, The American Philosophical Society, 1953, pp. 336-337.

Schultz, F., Geschichte der römischen Rechtswissenschaft, Weimar, H. Böhlaus, 1961, pp. xxii-xxviii.

Schultz, F., History of Roman legal science, Oxford, At the Clarendon Press, 1946, pp. xiv-xvi.

Martino, F. de, Storia della costituzione romana, Napoli, E. Jovene, 1972, vol. 6, pp. 45-52.

Kaser, Max, Das römische Privatrecht. München, Beck, 1971, Erster Abschnitt, pp. xix-xxx. Zweiter Abschnitt. pp. xvii-xxx.

Kaser, Max, Das römische Zivilprozessrecht, München, Beck, 1966, pp. xiii-xxiv.

Catalogue des revues depouillées par le Centre de Documentation des Droits Antiques. Paris, 1963, 22 p. ローマ法研究に必要な雑誌名とその略語表

[20] ラテン語

Cappelli, Adriano, ed., *Dizionario di abbreviatiature latine ed italiane*, Milano, Hoepli, 1954, 531 p. [東法] (Y 316-C 247-D 54)

Chassant, L.A., *Dictionnaire des abréviations latines et françaises usitées dans les inscriptions lapidaires et métalliques les manuscrits et les chartes du Moyen Age*, Hildesheim & N.Y.G. Olms, 1970, 170 p. [東法] (Y 316-C 488-D 70)

Mittellateinisches Wörterbuch bis zum Ausgehenden 13. Jahrhundert: Abkürzungs- und Quellenverzeichnisse, München, Beck, 1959, 94 p. [東

法] (Y 316-BAW-M 59)

Niermeyer, J.F., ed., Mediae latinitatis lexicon minus; abbreviationes et index fontium, Leiden, E.J. Brill, 1976, 78 p. Contents.......Liste des abréviations usitées dans le lexique et dans l'Index Fontium. Index Fontium. -I. Auctores. II. Opera anonyma non hagiographica. III. Opera hagiographica et commentarii biographici iuxta nomina. IV. Editiones documentorum. [東法] (Y 316-N 675-M 76)

Grun, P.A., Schlüssel zu alten und neuen Abkürzungen: Wörterbuch lateinischer und deutscher Abkürzungen des späten Mittelalters und der Neuzeit mit historischer und systematischer Einführung für Archivbenutzer, Studierende, Heimat- und Familienforscher u.a. Nachbildungen der Originale, Limburg/Lahn, Starke, 1966, 314 p. [東法] (Y 316-G 888-S 66)

ラテン語の成句辞典は(6)を参照。

（6） 法諺辞典・諺語辞典

英米法，ドイツ法，中世，フランス法，ラテン語法諺辞典，ラテン法律用語辞典，日本法，法律以外の一般的な格言集（西欧，ロシア語，中国，日本）

英米法

McNamara, M.F., *2,000 famous legal quotations*, N.Y., Rochester, Aqueduct Books, 1967, 718 p. [東法]

本文をWills, Wire-Tapping, Witch, Witness等の6項目に分けて用語をまとめる。巻末には本文で引用した語の著者名のアルファベット順索引と細かい件名による索引がつく。ラテン語は含まない。

Vasan, R.S., *Latin words & phrases for lawyers*, Canada, Law & Business Publications [c 1980] 335 p. [東法]

成句のアルファベット順索引以外にラテン語の語句を件名（例 actions, aliens and allegiance, animals, common law）によりまとめた索引がある。

Latin for lawyers, London, Sweet & Maxwell, 1915, 300 p. Contents. -I. A course in latin, with legal maxims and phrases as a basis of instruction. II. A collection of over one thousand latin maxims, with English translations, explanatory notes, and cross-references. III. A vocabulary of latin words. London, Sweet & Maxwell, 1915, 300 p. [東法]

Broom, Herbert, *A selection of legal maxims, classified & illustrated*, Seventh American, from the Fifth London Edition, Philadelphia, J.J.W. Johnson, 1874. [東法]

ラテン語の格言を契約法，証拠法等に大区分して詳細に解説した後に出典をあげている。巻頭にラテン語の成句の全巻を通したアルファベット順索引と，成句が適用された判決名の索引がつく。ラテン語のみを対象とし，英語は含まない。

Wharton, G.F., *Legal maxims, with observations & cases*. *N.Y.*, Baker,

Voorhis, 1878. 352 p. Contents. -Pt. 1. One hundred maxims with observations & references to English cases. Pt. 2. Eight hundred maxims, with translations. Pt. 3. Several hundred maxims, with references to American cases. [東法]

Pt. 1,2,3 はラテン語の格言であり，巻末にある Maxims of Jurisprudence (pp. 333-346) だけが英語の法諺である。Pt. 1 は重要な法諺を詳細に解説したもの，Pt. 2 はラテン語の原文に英訳だけをつけたもの，Pt. 3 はそのラテン語の格言（アルファベット順）が引用されている米国の判例をあげる。

Branche, Thomas, *Principia legis et aequitatis, being an alphabetical collection of maxims, principles or rules, definitions & memorable saying, in law & equity*, 3 ed. London, Clarke, 1818, 159 p. [東法]

ラテン語の法諺をアルファベット順に集めたもので，訳語はついていない。

守屋善輝編『英米法諺』日本比較法研究所，1973 年，762 p. [東法]

全体を第 1 章 法と法源，第 2 章 憲法，第 3 章 刑事法等に大区分しその中を法諺（英語の他に多くのラテン語を含む）のアルファベット順に並べ，解説する。巻末にある法諺索引は内容を無視して，本文中の法諺をアルファベット順に並べたものであり，事項索引は法諺を邦語の五十音順の件名でひけるものである。

高柳賢三，末延三次編『英米法辞典』有斐閣，1952 年，742 p. この付録III法諺（pp. 548〜587）がラテン語の法諺の辞典となっている。

イギリス法

『法律格言』細川潤次郎訳註 1882 年，369 p. [東法]

本書は Bouvicr's Law dictionary を翻訳したもので本文は，第 1「工位に関する格言」，第 2「国政工務に関する格言」等に分れている。原語と原語による索引がついていないことが不便である。

武市春男『イギリスの法律格言』国元書房，1968 年，316 p. [東法]

イギリス法で用いられる法諺（この図書の中ではラテン語が大部分で，他は英語である）を分類して項目別にまとめたもの。

ドイツ法

Graf, Eduard, ed., Deutsche Rechtssprichwörter, 2. Ausgabe, Nördlingen, Beck, 1869. 606 p. ［東法］

ドイツ語の格言（ラテン語は入らない）を集めて分類したもので，巻末に法諺のアルファベット順の索引がつく。

Liebs, Detlef, ed., Lateinische Rechtsregeln und Rechts-sprichwörter, 275 p. München, Beck, 1982.

巻末にラテン語とドイツ語による件名索引があるばかりでなく，西ドイツの1981年の現行法の法条順の索引が263〜276頁にあることが特徴である。

ローベ著，武市春男訳『ドイツの法律格言』国元書房，1970年，242 p.

中世の法諺

Werner, Jakob, Lateinische Sprichwörter und Sinnsprüche des Mittelalters aus Handschriften gesammelt. Zweite überarbeitete Aufl., Heidelberg, C. Winter, 1966, 140 p. ［東法］

本文はラテン語の成句のアルファベット順で，成句の出典（寫本の出典）をあげる。巻末に，人名とラテン語の件名による索引がつく。ラテン語の成句に対する翻訳はついていない。

フランス法

Roland, H., *Locutions latines et adages du droit français contemporain*, Lyon, Hermes, 1977-1979, 2 v. in 3. ［東法］

Pt. I は Locutions latines で Pt. II は Adages であり，本文はラテン語の成句をアルファベット順に並べ，巻末に仏語の件名による索引と，大項目別に分類した中を仏語の件名によりひく索引がついている。

Jouanneau, A., *Recueil de maximes et citations latines a l'usage du monde judiciaire: texte latin, traduction française et index alphabétique français*, 2 éd., Paris, Administration et Librairie des Annales des Justices de Paix, 1924, 547 p. ［東法］

『佛蘭西法諺』杉山直次郎訳，日本比較法研究所，1951年，81 p. ［東法］

これは Capitant, Henri, *Vocabulaire juridique* の付録 Adages de Droit Français (Paris, Presses Universitaire de France, 1930)［東外］の完訳である。本文はフランス語またはラテン語の法諺のアルファベット順に並び，ラテン語の場合には仏語訳と邦語の解説がつく。巻頭には略字解がある。

ラテン語の法諺辞典

上述の英米法の法諺のところであげた Vasan, R. S., *Latin words & phrases for lawyers*, 1980; *Latin for lawyers*, 1915; Broom, H., *A selection of legal maxims*, 1874; Wharton, G.F., *Legal maxims*, 1878; 守屋善輝編『英米法諺』1973; 武市春男『イギリスの法律格言』1968; ドイツ法の法諺のところであげた *Liebs, D., ed., Lateinische Rechtsregeln und Rechtssprichwörter*, 1982; フランス法の法諺のところであげた *Roland, H., Locutions latines et adages du droit français contemporain*, 1977, 3 v.; Jouanneau, A., *Recueil de maximes et citations latines*, 1924.; 杉山直次郎訳『佛蘭西法諺』1951 はその図書の全部または大部分がラテン語を対象としている。その他に邦語で刊行されたラテン語の法諺の辞典には次のものがある。

柴田光蔵『ローマ法ラテン語用語辞典』玄文社，1976 の付録「法格言の文法的分析」(pp. 167〜196)

柴田光蔵『法律ラテン語辞典』日本評論社，1985.

田中秀央・落合太郎編『ギリシア・ラテン引用語辞典』岩波，1952， 841, 50 p. ［東法］

対象は法律に限定されず，ギリシア語とラテン語の部分に分れ，巻末に 50 頁の増補がついている。

ラテン語の法律用語辞典

次のものは英語またはドイツ語の法律用語の間に，英米法またはドイツ法の中で使用されるラテン語の法律用語をはさみ，説明している。

（全部［東法］所蔵）

① Black, H.C., *Black's law dictionary, definitions of the terms & phrases of American & English jurisprudence, ancient & modern*, 5 th ed. St. Paul, Minn., West, 1979, 1511 p. Table of abbreviations, pp. 1455-1490.

② Baldwin, W.E., *Baldwin's century edition of Bouvier's law dictionary*, [Completed in one volume] Revised & brought to date, with the addition of more than six thousand new title definitions. N.Y., The Banks Law Publishing Co., 1926, 1243 p.

③ Bouvier, John, *Bouvier's law dictionary & concise encyclopedia*, 8 th ed., vol. 1-2, St. Paul, Minn., West, 1914, 2 v.

④ Brown, Archibald, A new law dictionary & institute of the whole law, 2 ed., London, Stevens & Haynes, 1880, 579 p.

⑤ Posener, P., ed., Rechtslexikon: Handwörterbuch der Rechts- und Staatswissenschaften, Berlin, E. Weber, 1909.

⑥ Weiske, Julius, Rechtslexikon für Juristen aller deutschen Staaten enthaltend die gesamte Rechtswissenschaft, Bd, 1-15 & Repertorium, Leipzig, O. Wigand, 1844-1862, 16 v.

日本の法諺

髙梨公之『法の名言とことわざ集』東京，日本ライフブックス，1972年，374 p.副書名：その背景・事件・人物のすべて［東法］

ことわざを大項目別に分類したもので，巻末に「世界の法学者——そのプロフィール——」と主要項目の索引をつける。

滝川政治郎『非理法権天—法諺の研究—』青蛙書房，1964年，385 p.［東法］

第2編は日本の法諺で内容を法律思想乃至は法意識に関するもの，訴訟裁判に関するもの等に大分類して説明している。

第3編は中国の法諺で，その中を法律思想に関するもの，官途に関するもの等に大別して論じている。

第4編は大阪いろは歌留多である。

穂積陳重『法窓夜話』

本書363〜377頁に法諺をあげる。

法律以外の一般的な格言集

Adler, M.J., ed., Great treasury of Western thought. N.Y., R.R. Bowker, 1977, 1771 p.［東法］

西欧の著名人の名言（格言よりも長いもの）を人間，家族，恋愛，教育，政治，経済等に大別し，さらに小項目に分類する。巻末に著者名と件名の索引をつける。

Dubrovin, M.I., A book of Russian idioms illustrated, Moscow, Russian Language Publisher, 1980, 349 p.［東法］

ロシア語の諺をロシア語のアルファベット順に並べ，英語訳をつける。巻末にロシア語の件名索引がある。

服部隆造『中国歇后語の研究』(風間書房,1975年),330 p.[東法]

本文は語の最初の漢字の画数順に大別し,さらに同一の画数内の漢字は拼音順に配列している。巻末に表音索引をつける。

諸橋轍次『中国古典名言事典』(講談社,1972年),1020 p.[東法]

本文は第1部を論語,孟子,大学,中庸等に第2部を史記,漢書,後漢書等に,第3部を雑書に分ける。巻末に件名索引と人名略解と語句(名言)と人名の五十音順の索引をつける。

鈴木棠三『故事ことわざ辞典』正篇,続篇,東京堂,1956〜1958年[東法]

ことわざを五十音順に並べ出典をあげ類句へ参照をしている。

藤井乙男編『諺語大辞典』(有明堂,1925年),1402 p.[東法]

村田了阿編『増補俚言集覧』(皇典講究所),1899〜1900年[東法]

星克美『村のことわざ事典』(富民協会),1975年,246 p.[東法]

ことわざを分類して並べ,解説し,出典をあげる。

（7）書評の検索資料

［I］アメリカ法

初めに検索資料の対象とする年代の対照表を掲載し，次にその説明をする。

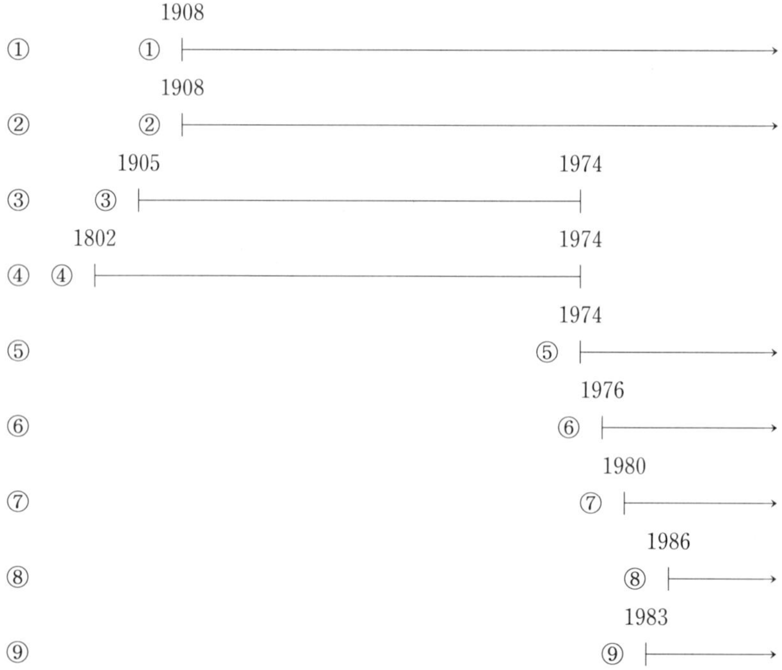

①　*Index to legal periodicals* (ILP), 1908- の“Book review index”の章 被書評者名のアルファベット順にひける。約370の法律専門誌を対象とする。

②　*Law library journal*, 1908- の“Book Appraisals”の項

③　National Library Service, *Cumulative Book Review Index 1905-1974*, Princeton, N.J., National Library Service, 1975, 6 v.は *Book Review Digest*. N.Y., Wilson, 1905-(Monthly)の創刊以来1974年までに採録されてきたすべての被書評書の索引である。56万以上の記入のもとに，100万点以上の書評記事への手がかりがえられる。

④ *Combined Retrospective Index to Book Reviews in Scholary Humanities Journals, 1802-1974*, Arlington, Carrollton Press, 1980, 10 v.

⑤ *Law books in review: a quarterly journal of reviews of current publications in law & related fields*, 1974-. ［東法］

新刊書を件名でひく件名索引と被書評者名でひく著者名索引があり，前者の記事の方が詳細で，巻頭には件名標目表がつく。著者名索引には書評をのせた巻号と件名がつく。巻末には本文でふれた図書の出版社の所在地が出ている。

⑥ *Current Book Review Citations, N.Y.*, Wilson 1976-, Monthly.

⑦ *Current law index 1980-*. 約660誌を対象とする。

⑧ *Legal Journals Index 1986-*. ［東法］英連邦で発行されるすべての法律雑誌を対象とし書評索引を含む。

⑨ *Current Legal theory: international journal for documentation on legal theory-Bibliography-Abstracts-Reviews*, 1983-. ［東法］書評索引をつける

以上の⑥と⑦を詳述する。

⑥ 専門分野が不明であったり，役立ちそうな分野の記事索引がそろっていない場合に役立つものは Wilson 社の *Humanities Index to Legal Periodicals*, *Social Sciences Index* 等の書評索引を一括して同じく Wilson 社が編集したこの *Current Book Review Citations*, N.Y., Wilson, 1976-, Monthly であり，被書評者名と被書評書名の索引として累積されている。すなわち，1,200誌以上の各分野の雑誌に収載された書評をひくことができる。

⑦ *Current Law Index* (CLI), 1980- を使って書評を探し出す方法

1）書名が判明していて探す場合には Author/Title Index でアルファベット順に被書評者名をひく。例をあげると，Burton A. Weisbriod & Joel F. Handler, *Public interest law* の書評は

Public interest law.

by Burton A. Weisbriod, Joel F. Handler and Neil K. Komesar rev. by Robert B. Giblin. grade C. 43 Tex. B.J. 260 March '80.

と出ている。

これは *Tennesse Bar Journal*, Vol. 43. p. 260 March 1980 に R.B. Giblin の書評がでていて，この書に対する評価がCすなわち Competent であることを示す。

2）もしある一個人を対象に取扱ったものに対する書評を探すのなら（たとえば，伝記的な情報を含む Louis D. Brandeis の書翰の書評の場合など），その対象とする個人名，この場合なら Brandeis, Louis D. で Subject Index をひく。

3）被書評者名のアルファベット順に（たとえば，Weisbriod, Burton A. で Author/Title Index をひくと，上述の1）に出ているのと同様のことが記載されている。

図書の価値の評価は次の6つの段階で示される。

A＝Excellent　B＝Good　C＝Competent　D＝Below　Average　F＝Inferior

このように CLI は①の ILP と比較して対象とする雑誌が後者は約370，前者は約660と多くさらに評価の段階まで示されている点が優れている。

（以上の③，⑤等は書誌索引展望第5巻第3号（1981年8月）の長沢雅男「書評索引」を参考にした。）

［Ⅱ］ドイツ法

初めに検索資料の対象とする年代の対照表を示し，次にその説明をする。

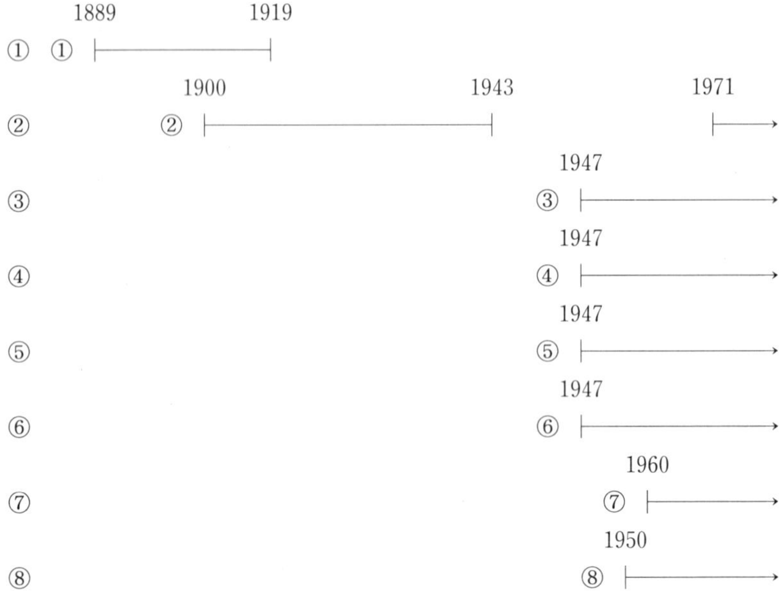

⑨

⑩

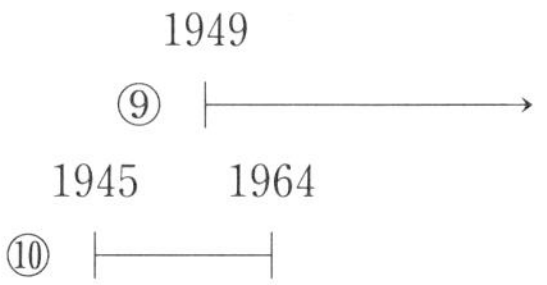

① Juristisches Literaturblatt, 1 (1889)-29 (1919).［東法］

被書評者名の目次がある。

② Bibliographie der Rezensionen und Referate (Internationale Bibliographie der Zeitschriften Literatur. Abtl. C), 1900-1943, Leipzig, Dietrich, 1900-1944, Vol. 1-77 とその復刊たる Internationale Bibliographie der Rezensionen wissenschaftlicher Literatur, Jg, 1-, Osnabrück, F. Dietrich, 1971-, On spine: IBR. は世界的な索引誌であり，被書評者名からひけるようになっている。第2次大戦前のものは東大，京大，慶大，国立国会図書館等と所蔵館が多く，戦後の復刊は慶大，中央大，大阪学院大の少数の館が所蔵している。〔法〕370 頁参照。

③ Juristenzeitung, 1947-. 目次に Verzeichnis der besprochenen Literatur があり，被書評者名のアルファベット順に書評の掲載箇所がひける。

④ Juristische Rundschau, 1947-. 目次に Buchbesprechungen がある。

⑤ Monatsschrift für Deutsches Recht, 1947-. 目次に Buchbesprechungen がある。

⑥ Neue Juristische Wochenschrift, 1947-. 目次に Buchbesprechungen があり，かつ件名索引の中で書評つきのものにはBの印をつける。

このように③～⑥にはみな目次の中に書評を探せる部分があり，被書評者名のアルファベット順に書評が探せる。

⑦ Index to foreign legal periodicals, 1960-の Book Review Index の章 1977～1979 年の累積索引を例にあげると西ドイツの雑誌の 42 を対象とする。その中には上述の③～⑥も含まれ Zeitschrift という語で始まる雑誌は西ドイツのものは10，スイスのものは2，オーストリアのものは1を対象としている。ただし書評が2頁以上の長さのものに限り収録しているので，短い書評はひけない。被書評者名（姓）のアルファベット順にひくことができる。

⑧ Fundheft für öffentliches Recht, Bd. 1 (1950)-.

各巻の巻頭に目次があり，本文は法条順に並び，巻末に件名索引がついているので，これらにより書評の対象となる図書の記載されていると思われる部分を見て，その図書自身を捜し出すと，もし書評のある場合には *bespr*. として書評の出ている雑誌名，巻，頁，批評者名が示されている。実例をあげると，Fundheft für öffentliches Recht, Bd. 32 (1981), S. 1. を見ると 12＋Autorität und internat. Ordnung (Aufsätze zVR) ＋Schreuer, Christoph (Hrsg.); Verl. Duncker & Humblot, Berlin, 1979, 237 S., *bespr*. ÖZÖR 32 (1981), 108 (Vedder, Chr.); AFDI 79, 1042; weitere Besp. 80, 176 とある。これはこの書の書評を Österr, Zeitschrift f. öff. Recht. Bd. 32 (1981), S. 108 で Vedder, Chr. が書いており，さらに Annuaire française de droit int. Tom. 79. p. 1042 & Tom. 80 p. 176 にもこの書の書評が出ていることを示している。

また，Bd. 27 (1976年) からは執筆者名索引が巻末についているので，これにより被書評者名を知り，被書評書につけられている番号で目的の図書を探すとそこに書評の掲載されている文献名と箇所が出ている。

⑨　Fundheft für Steuerrecht, Bd, 1 (1949)-.

この索引の構成は前述の⑧の Fundheft für öffentl. Recht. と同様なので，法条順または巻末の件名索引により書評を探すことができる。ただし，これには執筆者名索引はない。

⑩　Fundheft für Zivilrecht, Bd. 1 (1945)-Bd. 10 (1964).

Bd. 11 (1965年) からは単行書を対象から除外したが，それ以前のものには，書評のあるものには出版地，出版者，出版年の次に角括弧の中に批評者名と書評の出ている雑誌名，巻，号，頁を示している。この索引の内容の構成は⑧と類似している。

⑧⑨⑩の姉妹編である Fundheft für Arbeitsrecht には筆者の調査した限り書評を探す手段はついていない。

この他，法律の各分野の雑誌にはその分野の図書の書評が出ている場合が多いので，書評を探したい場合には，その分野の雑誌のその図書の発行された年またはその翌年位の巻を調査すると書評が探し出せる可能性がある。たとえば，Die öffentliche Verwaltung の目次 Schrifttums-Verzeichnis には 1. Besprechungen があり，1981年の巻では158冊の図書に対する書評が被書評者名(姓)のアルファベット順に探せるようになっている。

実例をあげてさらに説明すると，もし西ドイツ労働法の第2次大戦以後に出版された図書の書評を探す場合には1971年以降は②を見れば判明する。②が利用できぬ場合には労働法の各々の雑誌のその図書の出版された付近の年代の巻の書評か，③〜⑦の書評で探す方法がある。もし，西ドイツの第2次大戦後の公法関係の図書の書評を探す場合には，1971年以降は②を利用する。②が手もとにない場合には1950年以降は⑧を見ればよい。ただし，⑧が出るのは対象とする図書が出版されてから1，2年位遅れるので，最近1，2年間の書評は公法関係の各雑誌と③〜⑦の書評を探さねばならない。また，1945年〜1949年刊に出版された公法関係の図書の書評は，公法関係の各雑誌と③〜⑥の書評を見なければならない。

要するに索引誌の出版されるのは書評をされる図書の出版された年よりもさらに1，2年遅れることがあるので，最近1，2年間に出版された新しい図書の書評を探す場合には，専門分野の各雑誌や③〜⑥の書評を見ると発見できる可能性が多い。

［Ⅲ］ フランス法

この場合の書評とは狭意でなく，批判をほとんど含まない図書の内容紹介の程度のものをも含んでいる。

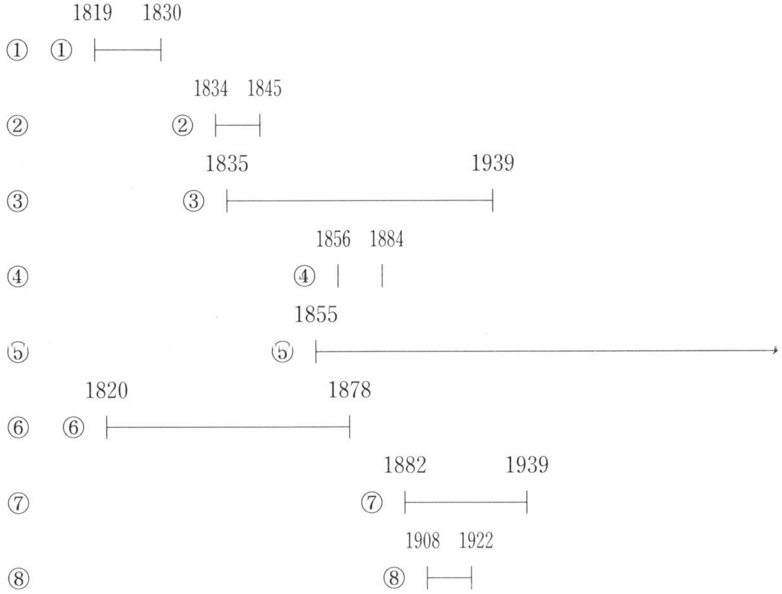

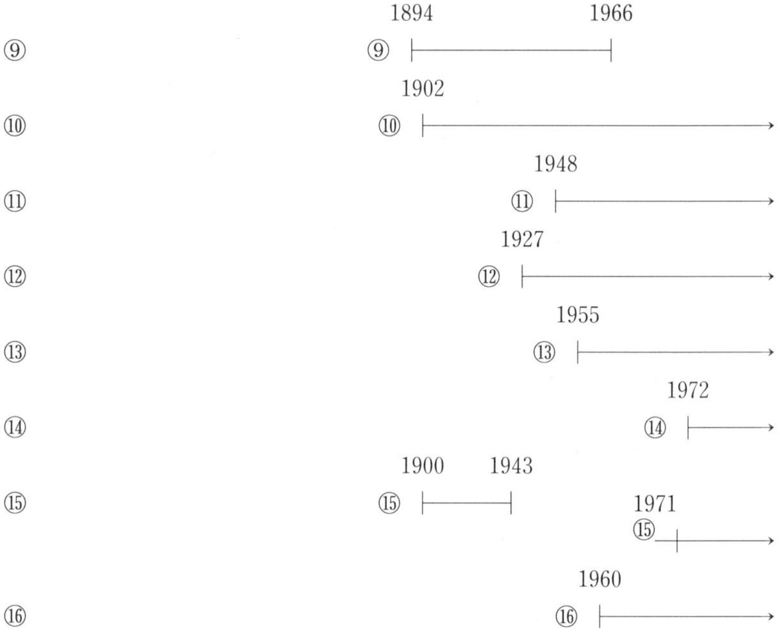

①　*La Thêmis 1819-1830*.［明大図］1（1819）‐10（1831）

②　*Revue étrangère de législation et d'économie politique*, 1（1834）‐2（1835）.［天理大図］*Revue étrangère et française de législation*, 3（1836）‐10（1843）. *Revue de droit français et étrangère*. « Revue Foelix »［天理大図］11（1844）‐12（1845）［天理大図］

③　*Revue de législation et jurisprudemce*〔Revue Wolwski〕1835-1851.［東法］［阪大法］*Revue critique de la jurisprudence*, 1（1851）‐2（1852）［東法］［京法］等。*Revue critique de législation et de jurisprudence*, 3（1853）‐37（1870）［東法］［京法］［同大法］N.S. 1（1871）‐60（1939）［東法］［同大法］この最後のものには各巻の巻末に被書評者名のアルファベット順の索引がつく。これには累積索引のTable　analytiqueというものがあり，その中のTable par nom d'auteursというもので被書評者名のアルファベット順に批評を掲載した雑誌の巻と頁が探せる。

④　*Revue pratique de droit français*, *jurisprudence*, *doctrine*, *législation*, tom. 1（1850）‐56（1884）.［東法］

⑤ *Revue historique de droit français et étranger*, Ser. 1. tom. 1-5 (1855-69); Ser 2. Ann. 1870-76; Ser 3. tom 1-45 Ann. 1877-1921; Ser. 4. Ann. 1992-.

⑥ Dramard, E., *Bibliographie raisonnée du droit civil*, Paris, Firmin-Didot, 1879.［東法］

⑦ *Recueil Sirey* に Bulletin bibliographique という章があり，また年毎の巻末に Table sommaire du Bulletin bibliographique というものがついていて，被書評者名のアルファベット順に書評がひけるようになっている。1882〜1939年まである。

⑧ *Pandectes françaises*.［東外］（W 441-P 886）

1908〜1922 年に書評を掲載する。

⑨ *Revue bibliographique des ouvrages de droit, de jurisprudence, de sciences politiques, de science financière et de sociologie*, Ann. 1 (1894)-*Ann*. 62 (1966).

単に文献名をあげるだけでなく書評を兼ねている。しかし，被書評者名のアルファベット順索引はない。［東法］には *Ann. 33* (*1926*) - *45* (*1938*). *Ann. 55* (1959) - 58 (1962). *Ann*. 61/62. (1965-66)がある。

⑩ *Revue trimestrielle de droit civil*, tom. 1 (1902)-.

総索引に 1902〜1926，1927〜1956 の 2 冊があり，その中で被書評書がひける。また，各巻に新刊書の紹介がついている。

⑪ *Revue trimestrielle de droit commercial*, Ann. 1 (1948)-.

これには総索引 1948〜1957 があり，書評がひけ，また各巻に新刊書の紹介がついている。

⑫ *La Semaine juridique*, 1927 .

週刊のもの，後の部分に書評を載せる。

⑬ *Recueil Dalloz* (-*Sirey*)の Bibliographie の欄 1955 年〜。

単行本と雑誌論文に分けて文献をあげ，前者には解題がついている場合が多い。

⑭ S.P.E.L.D., *Information. Revue bibliographique publiée par la Société de Promotion à l'Étranger du Livre de Droit*, Sciences Économiques, Sociales et Humaines. (Trimestriel)

簡単な解題がついているとのことであるが筆者未見。

⑮　Bibliographie der Rezensionen und Referate (Internationale Bibliographie der Zeitschriften Literatur Abtl. C), 1900-1943, Leipzig, Dietrich, 1900-1944, vol. 1-77とその復刊たるInternationale Bibliographie der Rezensionen wissenschaftlicher Literatur, Jg. 1-, Osnabrück, F. Dietrich, 1971-, On. Spine: IBR.は世界的な書評の索引誌で復刊ではその対象としてRevueという名で始まる法律雑誌を15あげているが，その中の13がフランスのものである。ただし，これが⑬の *Recueil Daloz-Sirey* の書誌の欄（この中に図書の紹介がある）をその対象としていないことは大いに遺憾なことである。そして被書評者名からひけるようになっている。復刊は慶大，中央大，大阪学院大が所蔵している。

⑯　*Index to foreign legal periodecals*, 1960-の“Book Review Index”の章1977〜1979年の累積索引ではフランス語の23の雑誌を収録の対象としている。たとえば，Revueという言葉で始まるフランスの雑誌は16を含んでいる。ただし，書評が2頁半以上の長さのものに限って収録している。被書評者名（姓）のアルファベット順にひくことができる。

⑩⑪以外にも個々の領域の雑誌に書評が出ているが，ここではそれらを省略した。

［Ⅳ］日本法

最高裁判所編『邦文法律雑誌記事索引』には巻末に独立した「書評原著者名」索引があり，被書評者名の五十音順，またはアルファベット順でひくことができる。ただし，第25号（昭和56年報）からこの「書評原著者名索引」はなくなった。

法務図書館編『法律関係雑誌記事索引』には独立した書評だけの索引はなく，個々のテーマ毎に雑誌記事にまざって書評をひくことができる。

国立国会図書館編『雑誌記事索引』は個々のテーマ毎に，初めに雑誌記事をかかげ，次のそのテーマに関する書評，書誌，判例研究をまとめているが，書評だけをまとめた索引はない。また採録の基準が2頁以上の記事と限られていることに注意。

「法律判例文献情報」1981〜の第1部の文献編では書評を図書や雑誌論文にまざってテーマ別にひくことができる。これには執筆者名索引が年間索引にはある。

戦後法学文献総目録では文献紹介や書評をテーマ別に探すことはできるが，著者名索引はない。

その他「法律時報」の「文献月報」，「ジュリスト」の「批判と紹介」，各専門分野の雑誌の書評を参考にすべきである。

法律以外のものも含むものとして次のものがある。

「書評年報・人文・社会編」1970～.

分類順で被批評者名と批評者の索引をつける。

（8）　特定人物に関する文献の検索

これは相当重要なものであるにもかかわらず長沢雅男「情報と文献の探索」（丸善）で一部分述べてある以外にはほとんどふれているものがないので，拙著『法学文献の調べ方』第III章の4で既述したが，改めてそれを補充して書き直すことにした（なお法律学と政治学に重点をおき，また長沢氏の著書を和書の場合は部分的に参考にしている）。

ある一定の個人（例：マクス・ウェーバー，ハンス・ケルゼン，大山郁夫，福沢諭吉）に関して記述された文献を探す場合には，以下の書誌を利用すればよい。

［I］　和書の場合

①　国立国会図書館『人物文献索引・人文編』清和堂，1967年，388頁，26 cm。

日本人と欧米人とに分け研究の対象となった人名をアルファベット順に並べている。1945年から64年までに発行された文献を収録対象とし，日本人の部（約3,800名），欧米人の部（約1,500名）からなる。

②　国立国会図書館・参考書誌部『人物文献索引・法律・政治編』『同経済・社会編』東京，1967―72年，2冊，27 cm。

『法律・政治編』は明治以降，1971年までに発行された人物文献（図書と雑誌）約9,000点を収録し，明治以降の日本人（約1,870名），16世紀以降の外国人（約980名）を対象とする。『経済・社会編』は明治以降，1968年までに発行された伝記関係書を収録対象とする。

③　法政大学文学部史学研究室『日本人物文献目録』平凡社，1974年，1199頁。

約3万人の日本人名を五十音順に配列し，それぞれのもとに明治初年から1966年までに発行された図書と雑誌論文を収録する。ただし叢伝，列伝類は除く。

④　深井人詩編『人物書誌索引』日外アソシエーツ，1979年，450頁。

⑤　天野敬太郎『日本書誌の書誌（総載編）』巖南堂，1973年。

432—647 頁に個人に関する著作の書誌があり，日本人，東洋人，西洋人に分れている。

⑥　『年刊人物文献目録』 ’80，日外アソシエーツ，1981—。

図書や雑誌から内外の人物関係文献を選び五十音順の各人名のもとに収録したもの。81 年版から「日本人編」と「外国人編」の 2 分冊となった。

⑦　『年刊人物情報事典』’81　全 2 冊，’82　全 5 冊

週刊誌，総合誌，新聞から内外の人物関係文献を選び，五十音順に収録したもの。

⑧　国立国会図書館編『雑誌記事索引累積版』「政治行政」「社会」「法律」

1948 年から 5 年毎にまとめられている。この中の「政治行政」の政治思想の所，「社会」の社会思想の所，「法律」の法哲学・法思想の所および法律・法律学の書誌の中の個人・略歴・年譜・著作目録の所を見ると一個人に関する記事を見出すことができる。

⑨　法務図書館の『法律関係雑誌記事索引』の法律学の雑集の伝記・追悼・回想録では一個人に関するものが出てくる。

⑩　最高裁判所図書館編『邦文法律雑誌記事索引』のＬ１法律一般・法律学の中のＬ１．28 法律家・評伝・消息の部分でも有益な情報がえられる。

⑪　『法律学・法制史に関する 27 年間の雑誌文献目録・昭和 23 年〜昭和 49 年』日外アソシエーツ，1982 の中の人物研究・評伝・追悼（27〜38 頁）および法哲学・法思想（108〜132 頁）を見ると，一個人に関する文献を発見することができる。

［II］　洋書の場合

1）単行本

①　Arnim, Max, *Internationale Personalbibiographie, 1800 1943*. 2. verb. und stark verm. Aufl., Leipzig, Hiersemann, 1944-1952, 2 v. Bd. 3. 1944-1959 und Nachträge, von Gerhard Bock und Franz Hoses, Stuttgart, Hiersemann, 1961-1963.［東図］ある一個人の著作および伝記を調べるのに役立つ。

②　*U.S. Library of Congress. Catalog. Books: Subjects. 1950-*. Ann. Arbor, Mich., Edwards, 1955-. 年刊と 5 年ごとの累積版。〔法〕17〜20 頁参照

③ *Law books, 1876-1981: books & serials on law & its related subjects*, N.Y., R.R. Bowker, c 1980, 4 v.［東法］

対象となった個人名をアルファベット順に引くことができる。

④ *Subject Guide to Books in Print, 1978-1979* (22nd annual ed.).〔法〕13頁参照。

これも対象となった一個人名をアルファベット順にひくことができる。

⑤ Verzeichnis lieferbarer Bücher: Subject guide to German books in print, Schlagwort-Verzeichnis 1979/80, Frankfurt am Main, Verlag der Buchhändler-Vereinigung［c 1980?］.

⑥ *Books in Print, 1978-1979*, N.Y. & London, P.R. Bowker［c 1978］vol. 3, 4. Titles.

⑦『九州大学法学部参考図書目録　欧文編　1979年版』の中の「人物文献目録」(428〜592頁) これは蔵書目録を兼ねる。

⑧ *Retrospective Index to theses of Gt. Brit. & Ireland 1716-1950*, Vol. 1. Social Sciences & Humanities. Santa Barbara, Calif., American Bibliographical Center［c 1975］393 p.［東図］〔法〕133頁参照。

⑨ *Comprehensive Dissertation Index 1861-1972*, Ann Arbor, Xerox University Microfilms, Vol. 27. Law & Political Science. Vol. 28. History. およびそれ以後の補遺。

米国の学位論文を対象とする。〔法〕134頁参照。

2）雑誌論文

⑩ *Cumulative index to periodical literature March 1959 - Feb. 1970*.［東図］

⑪ *Social Sciences & Citation Index*, (*SSCI*), Philadelphia, Institute for Scientific Information, 1973- の Permuterm subject index.［東図］

この索引は社会学雑誌約1,000点余から索引を作るがその中の Permuterm subject index は各論文のタイトル中に含まれている重要な単語（その中には人名も含まれる）を2つとり出した語彙をアルファベット順に並べるので，ある一個人に関する論文を探し出すことができる。〔法〕124頁参照。

⑫ Internationale Bibliographie der Zeitschriftenliteratur aus allen Gebieten des Wissens, hrsg. von Otto Zeller. Jg. 1 (1973/64)-, Osnabrück, Felix Dietrich, 1965-およびその前身たる Bibliographie der deutschen Zeitschriftenliteratur, mit Einschluss von Sammelwerken...1896-1964, 128 v. および Bibliographie der fremdsprachigen Zeitschriftenliteratur. 1911-24, 1925/26-1962/64, 20 v. N.F. 51 v. ［東図］［国学院大附属図書館］［京大図］［国］

以上の書誌を対象とする個人名でひけばその一個人に関する文献なら，あらゆる角度からの（あらゆる領域の）ものが無差別に出てくるので，その中から自己の目的とする分野のものを選び出すことができる。

第14章　全国の法律学・政治学関係の研究機関

＊　＊　＊

(1)の部分では，法律学・政治学関係の図書館の名称，所在地，電話番号をあげる。その順序は文部省大学局監修の『全国大学一覧』によったので，大学を官立，公立，私立の順にあげ，その次に国立国会図書館，法務図書館，最高裁判所図書館等を記述する。

この場合に単に法学部を有する大学のみでなく，法学科を有する大学も対象にしている。

また大学名だけが記されてあるものは，その大学の附属図書館に法律学や政治学関係の図書が集中して所蔵されていることを示す。これに反してその大学における法律学や政治学の図書が附属図書館以外のところに分散して所蔵されている場合にはそれぞれ法学部図書室や，研究所，センター等の名称を書き出している。

次に(2)の部分では(1)に記載した順に，個々の図書館の所蔵する文庫名とその内容，貴重な書誌，発行ずみの蔵書目録をあげる。これは主として文部省学術国際局監修『全国大学図書館要覧，1980年版』を参考にしているが，本書ではこれ以外にも筆者自身がつきとめたり，個々の図書館の関係者に問合せて得た別の情報をもつけ加えている。ただ各大学の蔵書の中で，法律学，政治学に関係のないものは省略した。

また，最後にあげた大阪府立大学経済学部図書室は法律学の図書室ではないが，その蔵書の中にアメリカの重要な判例が含まれているので，特別に例外としてつけ加えることにした。また，(2)の各図書館の説明の中で⑬の東京大学法学部附属外国法文献センター，同大学国連寄託図書館，アメリカ研究資料センター，(70)の中央大学日本比較法研究所，(77)の明治大学刑事博物館，(129)の国立国会図書館から(140)のブリティッシュ・カウンシル図書館に関する記事は（(134)と(135)を除いて）東京都立中央図書館の「類縁機関名簿 1977 年版」の記事を転載した上で，自己の知識を若干つけ加えている。また，明治大学については道垣内正人氏から，神戸大学については山田誠一氏から，阪大については門昇氏から，早稲田大学については小粥太郎氏から所蔵文献に関する情報を教えていただいた。ここに厚く謝意を表する次第である。また，外務省図書館や国立公文書館内閣文庫は『専門情報機関総覧 1979』（2001 年現在 2000 年版が出ている）から取材したために記事の内容が他の団体と比較して簡単になった。

この利用方法を説明すると，たとえば京都大学法学部を調査したい場合には，同大は官立で近畿地方にあるのでその所在地，電話番号は(1)㉑にあり，かつ，同大に法学部図書室と法学部附属国際法政文献資料センターがあることが判明する。

同法学部図書室や同国際法政文献資料センターの蔵書の特徴や発行ずみの蔵書目録は(2)㉑を見れば判明する。

同様に神戸大の図書館の事情は，(1)㉓，(2)㉓をそれぞれ見れば判明する。

上述のように現在から見れば古い資料を基礎にしているために，その後の状況と若干異なるものがあるので可能な限り調査し，かつ訂正と補充をしたつもりである。

（1）　法律学・政治学関係図書館のリスト

名　　称	所　在　地
①ⓐ北海道大学附属図書館	〒060-0808　札幌市北区北8条西5 ☎(011)(716)2111　(直)(011)(706)3956 F(011)(747)2855

ⓑ法学部法令判例室	〒060-0809	札幌市北区北9条西7 ☎(011)(706)3929 F(011)(706)4948
②北海道教育大学附属図書館分館（函館校）	〒040-8567	北海道函館市八幡町1—2 ☎(0138)(44)4411 F(0138)(44)4380
③小樽商科大学附属図書館	〒047-8501	小樽市緑3—5—21 ☎(0134)(27)5200 F(0134)(27)5278
④岩手大学附属図書館	〒020-8550	岩手県盛岡市上田3—18—8 ☎(019)(621)6084 F(019)(621)6088
⑤ⓐ東北大学附属図書館	〒980-8576	仙台市青葉区川内 ☎(022)(217)5911 (022)(217)6173〔法学部庶務〕 F(022)(217)5949・6249
ⓑ法学部図書室		☎(022)(217)3732 F(022)(217)6249
⑥山形大学附属図書館	〒990-8560	山形市小白川町1—4—12 ☎(023)(628)4904 F(023)(628)4909
⑦福島大学附属図書館	〒960-1245	福島県福島市松川町浅川字直道2番地 ☎(024)(548)5151 F(024)(548)2377
⑧筑波大学社会科学系法政資料室	〒305-0006	茨城県つくば市天王台1—1—1 ☎(0298)(53)6536 F(0298)(53)6611
⑨放送大学附属図書館	〒261-0014	千葉県千葉市美浜区若葉2—11 ☎(043)(298)4300 F(043)(298)4382
⑩ⓐ千葉大学附属図書館	〒263-8522	千葉市稲毛区弥生町1—33 ☎(043)(251)1111　(直)(043)(290)2248 F(043)(290)2255 E-mail　tosho@11.chiba-u.ac.jp/
ⓑ同法経学部法学資料室	同　上	☎(043)(290)2384(直)F　(043)(290)2384

⑪ⓐ 茨城大学附属図書館	〒310-8512	水戸市文京2—1—1 ☎(029)(228)8014 F(029)(228)8078
ⓑ 人文学部図書室	同　上	☎(029)(228)8146 F(029)(228)8199
⑫ 埼玉大学附属図書館	〒338-0825	埼玉県浦和市下大久保255 ☎(048)(858)9641 F(048)(858)3765
⑬ 東京大学	〒113-0033	東京都文京区本郷7—3—1
ⓐ 附属図書館		☎(03)(3812)2111(代表) (03)(5841)2603(図) F(03)(5841)2651
ⓑ 法学部研究室	同　上	(03)(5841)3133　F(03)(5841)3174
ⓒ 法学部附属外国法文献センター	同　上	(03)(5841)3199　F(03)(5841)3199
ⓓ 法学部附属近代日本法政史料センター明治新聞雑誌文庫	同　上	(03)(5841)3171　F(03)(5841)3171
ⓔ 国際資料室 国連寄託図書館 EU資料センター	同　上	☎(03)(5841)2645 F(03)(5841)2658
ⓕ 東大大学院総合文化研究科附属アメリカ太平洋地域研究センター	〒153-8902	目黒区駒場3—8—1 ☎(03)(5454)6137 F(03)(5454)6160
⑭ 一橋大学	〒186-8601	国立市中2—1　☎(042)(580)8000
ⓐ 法学部資料室	〒186-8601	国立市中2—1 ☎(042)(580)8823 F(042)(580)8881
ⓑ 附属図書館	〒186-8602	国立市中2—1 ☎(042)(580)8239 F(042)(580)8251

⑮ 横浜国立大学附属図書館	〒240-8501	神奈川県横浜市保土ヶ谷区常盤台79—6 ☎(045)(339)3206 F(045)(339)3228
⑯ 新潟大学	〒950-2181	新潟市五十嵐二の町8050 ☎(025)(223)6161
ⓐ 法学部資料室	〒950-2181	新潟市五十嵐二の町8050 ☎(025)(262)6488(直) F(025)(262)6535 E-mail loffice@jura.niigata-u.ac.jp/
ⓑ 附属図書館	同　上	☎(025)(262)6216 F(025)(262)6214
⑰ 富山大学附属図書館	〒930-8555	富山市五福3190 ☎(076)(445)6895 F(076)(445)6904
⑱ⓐ 金沢大学附属図書館	〒920-1192	金沢市角間町 ☎(076)(264)5200 F(076)(234)4050
ⓑ 法学部図書室		☎(076)(264)5399（法学部5403） F(076)(264)5405
⑲ⓐ 静岡大学附属図書館	〒422-8529	静岡市大谷836 ☎(054)(237)1111　(直)(054)(238)4474 F(054)(238)5408
ⓑ 人文学部法政資料室		☎(054)(238)4566 F(054)(237)2975
⑳ 名古屋大学附属図書館	〒464-8601	名古屋市千種区不老町 ☎(052)(789)3667 F(052)(789)3693
㉑ⓐ 京都大学附属図書館	〒606-8501	京都市左京区吉田本町 ☎(075)(753)7531　(直)(075)(753)2613 F(075)(753)2629
ⓑ 法学部図書室	同　上	☎(075)(753)7531（代表） (075)(753)3112(直) F(075)(753)3291(閲覧掛事務室)
ⓒ 法学部附属国際法政文献資料センター	同　上	☎(075)(753)3109

㉒ⓐ 大阪大学附属図書館	〒560-0043	豊中市待兼山町1－4 ☎(06)(6850)6111　(直)(06)(6850)5048 F(06)(6850)5052
ⓑ 法学部資料室	同　上	☎(06)(6850)5179 F(06)(6850)5177
ⓒ 国際公共政策研究科ライブラリー	〒560-0043	豊中市待兼山町1－21 ☎(06)(6850)5650 F(06)(6850)5650 E-mail　library@ossip.osaka-u.ac.jp
㉓ⓐ 神戸大学附属図書館	〒657-8501	神戸市灘区六甲台町2－1 ☎(078)(803)7315 F(078)(803)7320
ⓑ 人文社会科学系図書館		☎(078)(803)7315 F(078)(803)7320
㉔ⓐ 島根大学附属図書館	〒690-8504	松江市西川津町1060 ☎(0852)(32)6083 F(0852)(32)6089
ⓑ 法学部資料室		☎(0852)(32)6074 F(0852)(32)6169
㉕ⓐ 岡山大学附属図書館	〒700-8530	岡山市津島中3－1－1 ☎(086)(252)1111　(直)(086)(251)7309 F(086)(251)7317
ⓑ 法学部資料室		☎(086)(251)7503 F(086)(251)7373
㉖ 広島大学附属図書館	〒739-8512	東広島市鏡山1－2－2 ☎(0824)(22)7111　(直)(0824)(24)6200 F(0824)(24)6211 〔東広島（法経庶務係）☎(0824)(24)7205〕 F(0824)(24)7212
㉗ 香川大学附属図書館	〒760-8525	高松市幸町1－1 ☎(087)(832)1245 F(087)(832)1257
㉘ 愛媛大学附属図書館	〒790-0826	松山市文京町3 ☎(089)(927)9000 F(089)(927)8847

㉙ 九州大学	〒 812-8581 福岡市東区箱崎 6 —10— 1
ⓐ 附属図書館	参考調査掛 ☎(092)(642)2336 〔閲覧掛☎(092)(642)2333〕 F(092)(642)2330(図書情報掛)
ⓑ 九州大学法学部図書室	〒 812-8581 福岡市東区箱崎 6 —19— 1 ☎(092)(642)3167 F(092)(642)4163
	ホームページ http://www.lib.kyushu-u.ac.jp
㉚ 佐賀大学附属図書館	〒 840-8502 佐賀市本庄町 1 ☎(0952)(28)8903 F(0952)(28)8909
㉛ⓐ 熊本大学附属図書館	〒 860-0862 熊本市黒髪 2 —39— 1 ☎(096)(344)2111 (直)(096)(342)2226 F(096)(342)2210
ⓑ 法学部図書室	☎(096)(342)2350 F(096)(342)2350
㉜ 鹿児島大学附属図書館	〒 890-0065 鹿児島市郡元 1 —21—35 ☎(099)(285)7415 F(099)(285)7413
㉝ 琉球大学附属図書館	〒 903-0214 沖縄県中頭郡西原町千原 1 ☎(098)(895)2221 (直)(098)(895)8153 F(098)(895)8154(管理課)
㉞ 東京都立大学附属図書館	〒 192-0364 八王子市南大沢 1 — 1 ☎(0426)(77)1111 (直)(0426)(77)2402 F(0426)(77)2403
㉟ 大阪市立大学学術情報総合センター	〒 558-8585 大阪市住吉区杉本 3 — 3 —138 ☎(06)(6605)3213 F(06)(6605)3218
㊱ 北九州市立大学附属図書館	〒 802-8577 北九州市小倉南区北方 4 — 2 — 1 ☎(093)(964)4403 F(093)(964)4400
㊲ 北海学園大学附属図書館	〒 062-0911 札幌市豊平区旭町 4 — 1 —40 ☎(011)(841)1161 F(011)(824)9101
㊳ 苫小牧駒澤大学図書館情報センター	〒 059-1292 北海道苫小牧市錦岡 521—293 ☎(0144)(61)3311 F(0144)(61)3336

㊴ 札幌大学図書館	〒062-8520　札幌市豊平区西岡3条7－3－1 ☎(011)(852)1181 F(011)(856)8264
㊵ 札幌学院大学図書館	〒069-8555　江別市文京台11 ☎(011)(386)8111 F(011)(388)2057 E-mail　toshokan@sgu.ac.jp
㊶ 青森中央学院大学図書館	〒030-0132　青森市横内字神田12 ☎(0177)(28)0131 F(017)(738)8333 E-mail　lib@aomoricgu.ac.jp
㊷ 富士大学附属図書館	〒025-8501　花巻市下根子450－3 ☎(0198)(23)6221 F(0198)(23)5818 E-mail　fujilib@michinoku.ne.jp
㊸ 東北学院大学中央図書館	〒980-8511　仙台市青葉区土樋1－3－1 ☎(022)(264)6491 F(022)(264)6490
㊹ 秋田経済法科大学附属図書館	〒010-8515　秋田市下北手桜字守沢46－1 ☎(018)(836)2406 F(018)(836)4402
㊺ 流通経済大学図書館	〒301-8555　竜ヶ崎120 ☎(0297)(60)1160 F(0297)(64)9066
㊻ 常盤大学総合情報センター	〒310-0911　茨城県水戸市見和1－430－1 ☎(029)(232)2511 F(029)(232)2728
㊼ 作新学院大学図書館	〒321-3295　栃木県宇都宮市竹下町908 ☎(028)(667)7111 F(028)(670)3619
㊽ 白鴎大学総合図書館	〒323-8585　小山市大行寺1117 ☎(0285)(22)1111 F(0285)(22)9749 E-mail　tosyo@hakuoh.ac.jp
㊾ 関東学園大学図書館	〒373-8515　太田市藤阿久町200 ☎(0276)(32)7908 F(0276)(31)4722

㊿ⓐ 獨協大学図書館	〒340-0042 草加市学園町1—1 ☎(048)(946)1692 F(048)(946)1737
ⓑ 法学部長室(法学部資料室事務)	☎(048)(946)1934 F(048)(943)3157
51 駿河台大学メディアセンター	〒357-8555 飯能市阿須一の木698 ☎(0429)(72)1171 F(0429)(72)1187
52 平成国際大学図書館	〒347-8504 埼玉県加須市水深大立野2000 ☎(048)(066)2100 F(048)(066)2232 E-mail tosho@hiu.ac.jp
53ⓐ東京国際大学第一キャンパス図書館	〒350-1197 埼玉県川越市的場北1—13—1 ☎(0492)(32)1111 F(0492)(32)4829
ⓑ第二キャンパス図書館	〒350-1198 埼玉県川越市的場2509 ☎(0492)(32)3111 F(0492)(33)0106
54 文教大学図書館	〒343-8511 埼玉県越谷市南荻島3337 ☎(0489)(74)8811 F(0489)(78)1229
55 清和大学図書館	〒292-8555 千葉県木更津市東太田3—4—5 ☎(0438)(30)5569 F(0438)(30)5560
56 中央学院大学附属図書館	〒270-1196 我孫子市久寺家451 ☎(0471)(83)6501 F(0471)(83)6533 E-mail letter-lib@cgu.ac.jp
57 青山学院大学図書館	〒150-8366 東京都渋谷区渋谷4—4—25 ☎(03)(3409)8111 (直)(03)(3400)3429 F(03)(3407)4472 〔厚木☎(0462)(48)1221〕 (直)(046)(248)1835 F(046)(250)2748(図書館)
58 亜細亜大学図書館	〒180-8629 武蔵野市境5—24—10 ☎(0422)(36)3281 F(0422)(36)1081 E-mail library@asia-u.ac.jp/

(59)ⓐ学習院大学図書館	〒171-8588　東京都豊島区目白1－5－1 ☎(03)(3986)0221 F(03)(5992)1020
ⓑ法経図書センター	☎(03)(5992)5207 F(03)(5992)1026
(60)慶應義塾大学三田メディアセンター	〒108-8345　東京都港区三田2－15－45 ☎(03)(3453)4511　(直)(03)(5427)1654 F(03)(5484)7780 〔日吉☎(045)(563)1111 (直)(045)(566)1039 F(045)(560)1059 藤沢☎(0466)(47)5111 F(0466)(49)1135(図書館)〕
(61)國學院大学法学部資料室	〒150-8440　東京都渋谷区東4－10－28 ☎(03)(5466)0304 F(03)(5466)0757
(62)国士舘大学附属図書館	〒154-8515　東京都世田谷区世田谷4－28－1 ☎(03)(5481)3216 F(03)(5481)3214
(63)駒澤大学図書館	〒154-8525　東京都世田谷区駒沢1－23－1 ☎(03)(3418)9161 F(03)(3418)9162
(64)ⓐ上智大学図書館	〒102-8554　東京都千代田区紀尾井町7－1 ☎(03)(3238)3511 F(03)(3238)3268
ⓑ法学部資料室	☎(03)(3238)3246 F(03)(3238)3681
(65)ⓐ成蹊大学図書館	〒180-8633　武蔵野市吉祥寺北町3－3－1 ☎(0422)(37)3544 F(0422)(37)3896
ⓑ法学部共同研究室	☎(0422)(37)3531 F(0422)(37)3876
(66)ⓐ成城大学図書館	〒157-8511　東京都世田谷区成城6－1－20 ☎(03)(3482)1181　(直)(03)(3482)3555 F(03)(3482)5657
ⓑ法学部資料室	☎(03)(3482)1181 F(03)(3482)2455

(67) 聖心女子大学図書館	〒150-8938 東京都渋谷区広尾４－３－１ ☎(03)(3407)5811
(68)ⓐ 専修大学図書館生田本館	〒101-8425 東京都千代田区神田神保町３－８－１ ☎(03)(3265)6821 〔生田☎(044)(911)1264，図書館☎(044)(911)1274 F(044)(911)0538〕
ⓑ専修大学図書館神田分館	〒101-8425 東京都千代田区神田神保町３－８－１ ☎(03)(3265)8339(直) F(03)(3265)6298
(69)ⓐ 創価大学中央図書館	〒192-8577 八王子市丹木町１－236 ☎(0426)(91)2211 (直)(0426)(91)3191 F(0426)(91)9308
ⓑ 法学部事務室	☎(0426)(91)9476 F(0426)(91)8507
(70) 大東文化大学図書館	〒175-8571 東京都板橋区高島平１－９－１ ☎(03)(5399)7331 F(03)(5399)7337
(71)ⓐ 中央大学図書館	〒192-0393 八王子市東中野742－１ ☎(0426)(74)2565 F(0426)(74)2547
ⓑ 法学部事務室	☎(0426)(74)3116 F(0426)(74)3123
ⓒ 日本比較法研究所	〒191-0351 八王子市東中野742－１ ☎(0426)(74)3303
ⓓ 総合政策学部事務室	☎(0426)(74)4116 F(0426)(74)4118
(72) 帝京大学図書館	〒192-0395 八王子市大塚359 ☎(0426)(78)3314 F(0426)(74)8876 〔医学図書館☎(03)(3964)3295 F(03)(5375)0921〕
(73) 東洋大学附属図書館	〒112-8606 東京都文京区白山５－28－20 ☎(03)(3945)7224 (直)(03)(3945)7325 F(03)(3945)7332
(74) 日本大学法学部図書館	〒101-8375 東京都千代田区三崎町２－３－１ ☎(03)(5275)8508 F(03)(5275)8536 〔総合学術情報センター☎(042)(996)4520 F(042)(996)4590〕

⑦⑤ 日本文化大学図書館	〒192-0986　八王子市片倉町977 ☎(0426)(36)5211 F(0426)(37)3900
⑦⑥ⓐ 法政大学図書館	〒102-8160　東京都千代田区富士見2—17—1 ☎(03)(3264)9512 F(03)(3264)9506
ⓑ 法学部資料室	☎(03)(3264)9374 F(03)(3262)7822 〔多摩図書館☎(042)(783)2262　F(042)(783)2265〕
⑦⑦ 明治大学法学部資料センター	〒101-8301　東京都千代田区神田駿河台1—1 ☎(03)(3296)4434 F(03)(3296)4346
⑦⑧ 明治学院大学図書館	〒108-8636　東京都港区白金台1—2—37 ☎(03)(5421)5174 F(03)(5421)5225
⑦⑨ 立教大学法学部図書室	〒171-8501　東京都豊島区西池袋3—34—1 ☎(03)(3985)2555 F(03)(3985)2499
⑧⓪ 立正大学熊谷図書館	〒360-0194　熊谷市万吉1700 ☎(048)(536)6017 F(048)(536)7430 〔大崎図書館☎(03)(3492)6615　F(03)(5487)3349〕
⑧①ⓐ 早稲田大学	〒169-8050　東京都新宿区西戸塚町1—104 ☎(03)(3203)4141 F(03)(3203)7051(総務部) 〔所沢☎(0429)(49)8111　F(042)(947)6801〕
ⓑ高田早苗記念研究図書館	〒169-8050　東京都新宿区西早稲田1—6—1 ☎(03)(5286)1851[直通]　F(03)(3203)7060 E-Mail：tk-staff@wul.waseda.ac.jp
⑧② 杏林大学社会科学部（H.14.4月より，総合政策学部）外国語学部図書館	〒181-8611　三鷹市新川6—20—2 ☎(0426)(91)0011 F(0426)(96)7066 E-mail　sflib@lib.kyorin-u.ac.jp
⑧③ 東京経済大学図書館	〒185-8502　国分寺市南町1—7—34 ☎(042)(328)7761 F(042)(328)7777 E-mail　kan@tku.ac.jp

㉞ 神奈川大学図書館　〒221-8686　横浜市神奈川区六角橋3—27—1
☎(045)(481)5661
F(045)(413)3642

㉟ 東海大学法学部図書室　〒259-1292　平塚市北金目1117
☎(0463)(58)1211
F(0463)(59)5390

㊱ 関東学院大学図書館小田原分館　〒250-0042　小田原市荻窪1162—2
☎(0465)(34)2211
F(0465)(32)2613

㊲ 桐蔭横浜大学図書館　〒225-8502　横浜市青葉区鉄町1614
☎(045)(972)5881
F(045)(974)5093

㊳ 山梨学院大学総合図書館　〒400-8575　甲府市酒折2—4—5
☎(055)(224)1250
F(055)(224)1386

㊴ 高岡法科大学図書館　〒939-1193　高岡市戸出石代307—3
☎(0766)(63)3388
F(0766)(63)6410

㊵ 朝日大学図書館分室　〒501-0296　岐阜県本巣郡穂積町穂積1851
☎(058)(329)1054
F(058)(329)0022

㊶ⓐ 愛知大学名古屋図書館　〒470-0296　愛知県西加茂郡三好町黒笹370
☎(05613)(6)1115
F(05613)(6)5547

ⓑ 豊橋図書館　〒441-8522　豊橋市町畑町1—1
☎(0532)(47)4181
F(0532)(47)4182

㊷ 愛知学院大学附属図書館　〒470-0195　日進市岩崎町阿良池12
☎(05617)(3)1111
F(05617)(3)7810

㊸ 中京大学図書館　〒466-8666　名古屋市昭和区八事本町101—2
☎(052)(832)2151
F(052)(835)7199

㊹ 南山大学名古屋図書館　〒466-8673　名古屋市昭和区山里町18
☎(052)(832)3707
F(052)(833)6986

(95) 名城大学附属図書館	〒468-8502　名古屋市天白区塩釜口1―501 ☎(052)(832)1151 F(052)(833)6046 E-mail　hhshiryo@ccmails.meijo-u.ac.jp/
(96) 鈴鹿国際大学図書館	〒510-0263　三重県鈴鹿市郡山町663―222 ☎(0593)(72)3950 F(0593)(72)2827
(97) 皇學館大学図書館	〒516-0016　三重県伊勢市神田久志本町1704 ☎(0596)(22)6322 F(0596)(27)1704
(98) 京都産業大学図書館	〒603-8555　京都市北区上賀茂本山36 ☎(075)(705)1470 F(075)(705)1447
(99)ⓐ 同志社大学総合情報センター	〒602-8580　京都市上京区今出川通烏丸東入ル玄武町601 ☎(075)(251)3960 F(075)(251)3078
ⓑ法学部・法学研究科研究室事務室	〒602-8580　京都市上京区今出川通烏丸東入　☎(075)(251)3533〔代表〕FAX(075)(251)3060〔法・経研究室事務室〕
ⓒアメリカ研究所図書室	☎(075)(251)3931 F(075)(251)3091 E-mail　ji-amekn@mail.doshisha.ac.jp
(100) 立命館大学衣笠メディアサービス課	〒603-8577　京都市北区等持院北町56―1 ☎(075)(465)8134 F(075)(465)8221
(101) 龍谷大学図書館	〒612-8577　京都市伏見区深草塚本町67 ☎(075)(642)1111 F(075)(645)8691
(102) 京都学園大学図書館	〒621-8555　京都府亀岡市曽我部町南条大谷1―1 ☎(0771)(22)2001 F(0771)(29)2299 E-mail　library@kyotogakuen.ac.jp
(103) 奈良産業大学図書館	〒636-8503　奈良県生駒郡三郷町立野北3―12―1 ☎(0745)(73)7800 F(0745)(72)0822 E-mail　library@nara-su.ac.jp

(104) ⓐ帝塚山大学附属図書館	〒631-8501	奈良市帝塚山7—1—1 ☎(0742)(48)9691 F(0742)(48)9692
ⓑ法政策学部資料室		☎(0742)(48)9489 F(0742)(48)9561
(105) 摂南大学図書館	〒572-8508	寝屋川市池田中町17—8 ☎(072)(839)9111 F(072)(838)3833
(106) 大阪学院大学附属図書館	〒564-8511	大阪府吹田市岸部南2—36—1 ☎(06)(6381)8434 F(06)(6381)8448
(107) 大阪経済法科大学図書館	〒581-8521	八尾市楽音寺6—10 ☎(0729)(41)8211 F(0729)(41)5280
(108) 関西大学図書館	〒564-8680	吹田市山手町3—3—35 ☎(06)(6368)1121 F(06)(6330)1464
(109) 近畿大学中央図書館	〒577-8502	東大阪市小若江3—4—1 ☎(06)(6721)2332 F(06)(6730)2561
(110) 関西学院大学	〒662-8501	西宮市上ケ原一番町1—155 ☎(0798)(54)6000 (0798)(54)6460(総務課)
ⓐ図書館	〒662-0891	西宮市上ケ原1—1—155 ☎(0798)(54)6123)〔レファンス部門〕 F(0798)(54)6448
ⓑ同大学法学部資料室	同　上	☎(0798)(54)6224 F(0798)(51)0951
(111) 甲南大学図書館	〒658-8501	神戸市東灘区岡本8—9—1 ☎(078)(431)4341　(直)(078)(435)2328 F(078)(435)2554
(112) 神戸学院大学附属図書館	〒651-2180	神戸市西区伊川谷町有瀬518 ☎(078)(974)1551 F(078)(974)4434
(113) 姫路獨協大学附属図書館	〒670-8524	兵庫県姫路市上大野7—2—1 ☎(0792)(23)6506 F(0792)(23)0928

(114) 岡山商科大学附属図書館	〒700-8601　岡山市津島京町2—10—1 ☎(086)(252)0642 F(086)(256)6657 E-mail　libserv@po.osu.ac.jp
(115) 福山平成大学附属図書館	〒720-0001　福山市御幸町上岩成正戸117—1 ☎(0849)(72)7696 F(0849)(72)7771 E-mail　library@heisei-u.ac.jp
(116) 広島修道大学図書館	〒731-3195　広島市安佐南区大塚東1—1—1 ☎(082)(830)1112 F(082)(830)1327
(117) 東亜大学図書館	〒751-8503　下関市一の宮学園町2—1 ☎(0832)(56)1111 F(0832)(57)1166 E-mail　TOSYO@po.pios.cc.toua-u.ac.jp
(118) 松山大学図書館	〒790-0826　松山市文京町4—2 ☎(089)(925)7111 F(089)(926)9116
(119) 西南学院大学図書館	〒814-8511　福岡市早良区西新6—2—92 ☎(092)(823)3250 F(092)(823)3480
(120) 福岡大学図書館	〒814-0180　福岡市城南区七隈8—19—1 ☎(092)(871)6631 F(092)(865)3794
(121) 久留米大学御井図書館	〒830-0011　久留米市旭町67 ☎(0942)(44)4015 F(0942)(43)0348
(122) 熊本学園大学図書館	〒862-8680　熊本県熊本市大江2—5—1 ☎(096)(364)5161 F(096)(362)5967
(123) 宮崎産業経営大学図書館	〒880-0931　宮崎市古城町丸尾100 ☎(0985)(52)3111 F(0985)(50)4699
(124) 志學館大学図書館	〒899-5194　鹿児島県姶良郡隼人町内1904 ☎(0995)(43)1111 F(0995)(43)1114 E-mail　library@kwc-u.ac.jp

(125) 鹿児島国際大学附属図書館	〒891-0191 鹿児島県鹿児島市下福元町 8850 ☎(099)(261)3211 F(099)(261)1198
(126) 九州国際大学附属図書館	〒805-8512 北九州市八幡東区平野1－6－1 ☎(093)(671)8919 F(093)(671)8920
(127) 沖縄大学附属図書館	〒902-8521 那覇市字国場 555 ☎(098)(832)5577 F(098)(834)1127
(128) 沖縄国際大学図書館	〒901-2701 宜野湾市宜野湾2－6－1 ☎(098)(892)1111 F(098)(893)3274
(129) 国立国会図書館	〒100-8924 東京都千代田区永田町1－10－1 ☎(03)(3581)2331〔代表〕 F(03)(3595)3802〔国会レファレンス課〕
(130) 法務図書館	〒100-0013 東京都千代田区霞が関1－1－1 ☎(03)(3580)4111〔代表〕 F(03)(3592)7111〔館内〕
(131) 最高裁判所図書館	〒102-8651 東京都千代田区隼町4－2 ☎(03)(3264)8111 F(03)(3221)8976
(132) 東京弁護士会・第二東京弁護士会合同図書館	〒100-0013 東京都千代田区霞が関1－1－3 ☎(03)(3580)5064 F(03)(3580)5065
(133) 内閣法制局図書館	〒100-0013 東京都千代田区霞が関3－1－1 ☎(03)(3581)9640(直) F(03)(3581)4049〔内閣法制局長官総務室第一課〕
(134) 外務省図書館	〒100-8919 東京都千代田区霞が関2－2－1 ☎(03)(3580)3311 (直)(03)(3581)3911 F(03)(3580)9808
(135) 国立公文書館	〒102-0091 東京都千代田区北の丸公園3－2 ☎(03)(3214)0621 F(03)(3212)8806
(136) 矯正図書館	〒165-0026 東京都中野区新井3－37－2 ☎(03)(3387)4454 F(03)(3387)4452

⑬⑦ OECD 東京センター（国際機関）	〒 107-0052　東京都港区赤坂 2 ― 3 ― 4 ランディック赤坂ビル 3 F ☎(03)(3586)2016 F (03)(3586)2298
⑬⑧ 国際連合広報センター（UNIC）	〒 150-0001　東京都渋谷区神宮前 5 ―53―70 国連大学ビル 8 F　☎(03)(5467)4451
⑬⑨ アメリカン・センターレファレンス資料室	〒 105-0011　東京都港区芝公園 2 ― 6 ― 3 ABC 会館 11 階　☎(03)(3436)0901
⑭⓪ ブリティッシュ・カウンシル図書館	〒 162-0825　東京都新宿区神楽坂 1 丁目 2 番地 ☎(03)(3235)8031〔代表〕 F (03)(3235)5477
⑭① 大阪府立大学経済学部図書室	〒 599-8531　堺市学園町 1 ― 1 ☎(0722)(52)1161〔代表〕 F (0722)(54)9926

（2） 各機関の文庫・蔵書・目録等

日本の図書館および資料室に納められている主な文庫・蔵書・目録等を前節(1)のリストにおける番号順に記載する。ただし、蔵書の中で法律学，政治学に関係のないものは載せていない。

① 北海道大学

Boris Souvarine Collection（ロシア革命運動・社会主義運動の稀覯書）1,023 点

An East European Collection in Western Languages（英，独，仏語による東欧に関する研究書） 4,686 冊

同大学スラヴ研究施設は東欧に関する図書を数多く所有している。

欧米各国（特に独）の学位論文の書誌

加藤正治氏の蔵書

ティーメ文庫（西洋法制史）

⑤ 東北大学

ゼックル文庫（ローマ法，教会法，ドイツ法）7,380 冊　1928 年受入，目録有り，分類順

ツィーテルマン文庫（独私法が中心）

シュタイン文庫（民訴が中心）分類順

（東北大学）法学附属図書室備付図書目録。1981 年末，125 頁

Catalogue of European books in the Tôhoku Imperial University Library. 1917, 530 p. Suppl. (Registered Oct. 1916-March 1922) 4 v.

⑬ 東京大学

ⓐ 附属図書館所蔵

マザリナード集成（19 世紀中期の「フロンドの乱」期の反マザラン文集集成）45 点　1979 年受入　目録有

末延文庫目録（洋書編和書編）（英米法中心）

ⓑ 法学部研究室所蔵（東京大学法学部研究室図書閲覧係　〒113-0033 東京都文京区 7－3－1　☎(03)5841-3137）

キルヘンハイム文庫（教会法，私法が中心）

台湾文庫（ドイツ民法，商法中心）

ノイベッカー文庫（民訴中心）

我妻文庫（我妻栄氏の旧蔵書　民法が中心）

中田薫文庫（法制史が中心）

山本桂一文庫（フランス法が中心）

小野塚文庫（小野塚喜平次氏の旧蔵書　政治学が中心）

以上の諸文庫にはいずれも冊子目録がない。

その他，一般的にフランス普通法の蔵書が多い。外部の者の閲覧には東大法学部の教官の紹介状が必要である。

ⓒ 東京大学法学部附属外国法文献センター

所在地　〒113-0033　東京都文京区本郷7－3－1
　電話(03)3812-2111内線3199，3172

交通機関　中央線お茶の水駅よりバスで赤門前下車　徒歩3分　地下鉄丸ノ内線本郷三丁目駅下車　徒歩8分　地下鉄南北線東大前下車

開館日時　月—金　9：30～17：00
　休館日　土・日・祝日・入学試験日・本学創立記念日（4月12日）等図書館の休館日

入館料　無料　閲覧座席数16席

公開の可否　可　学生の利用　可

奉仕内容　閲覧　可　貸出　否　複写　有料　レファレンス　一部可

正職員数　8人（うち司書的業務5人）

資料数　図書：洋44,000冊　雑誌：洋3種（1984．3現在）

蔵書内容　外国の法令集，判例集とその補助資料

所蔵目録　Catalog of Foreign Law Materials. 1983, 226 p. 分類順で書名索引つき

ⓔ 東京大学国連寄託図書館

所在地　〒113-0033　東京都文京区本郷7－3－1　電話(03)—3812—2645

交通機関　中央線お茶の水駅よりバスで赤門前下車　徒歩3分　地下鉄丸ノ内線本郷三丁目駅下車　徒歩8分　地下鉄南北線東大前下車

開館日時　月—金　9：30—17：00
　休館日　土・日，祝日・大学入試日

入館料　無料　閲覧座席数　13席

公開の可否　可　学生の利用　可

奉仕内容 閲覧可 貸出 限定（統計資料を除く。身元確実で利用要求があれば直ちに返却可能な人 1回3冊7日間） 複写限定（研究用） 有料 レファレンス 可

正職員数 2人（うち司書的業務2人）

資料数 図書：和839冊 洋33,875冊 雑誌：和37種 洋618種 新聞：和2紙 洋5紙 U.N. Documents, Press Release, Newsletter（1984．3現在）

蔵書内容 議事録，Documents, Sales Publications.（以上国連）。国際司法裁判所および6専門機関（UNESCO, WHO, FAO, ICAO, GATT, IMO）は寄託図書として，IAEA, IMF, BANK GROUP（IBRD, IFC, IDA）ILOは準寄託としてまたは購入により必要資料を収集。UPO, WMOはごく一部の資料。関連する国際機関としてOECD出版物（網羅的に），EC資料（ごく一部）を配架，従って人文社会科学から，自然科学までの全分野にまたがる主題をカバーしていることになる。

特別コレクション 国連議事録，Documents（国連活動の記録），Sales Publications（研究レポート，会議レポート，地域別経済概観，条約集，各種統計等）

出版目録 国際連合及び専門機関刊行海洋開発関係資料目録，1973年
新国際経済秩序に関する文献リスト，1978年
軍縮と平和研究に関する文献リスト，1983年

ⓕ 東京大学大学院総合文化研究科附属アメリカ太平洋地域研究センター

所在地 〒153-0041 東京都目黒区駒場3－8－1
☎03 5454 6137 FAX 03-5454-6160

交通機関 井の頭線駒場東大前駅前下車 徒歩0分

開館日時 月―金 9：30―17：00 休館日 土・日・祝日・入学試験日・夏休み，冬休み期間中の各々一週間

入館料 無料 閲覧座席数 8席

公開の可否 限定（会員制 要紹介） 学生の利用 可（会員制 要紹介）

奉仕内容 閲覧 限定 貸出 限定（1回3冊程度1か月間） 複写 否 レファレンス 可

正職員数 2人（うち司書的業務1人）

資料数　図書：和1,263冊　洋6,411冊　　雑誌：洋26種
新聞：和2紙　洋1紙
学術雑誌のバックナンバー及び米政府刊行物の若干のマイクロフィルムおよびマイクロフィッシュ（昭51・6現在）

蔵書内容　アメリカ研究に関する基礎的資料を収集することを目的とする。内容は社会科学・人文科学の分野に限定

特別コレクション　高木文庫（本学名誉教授高木八尺先生より約3,500冊の図書が寄贈され，これを「高木文庫」として別置，一般公開した。アメリカの政治史・外交史・政治思想・政治過程・憲法関係の図書を中心に構成されるものであり，今日では入手不可能な文献も数多く含まれ，全国のアメリカ研究者にとって有益なコレクションとなっている）

蔵書目録

東京大学アメリカ研究資料センター蔵書目録Ⅰ（文学・地域文化論・伝記・歴史）東京大学教養学部，1980年，170頁

分類順で著者名索引つき

東京大学アメリカ研究資料センター所蔵文献資料リスト　蔵書目録　補遺254頁

参考図書　161頁

参考図書マイクロフォーム資料　164頁

参考図書マイクロフォーム資料　補遺　117頁

その他の出版物

アメリカ合衆国と第2次世界大戦文献目録1983年　101頁　分類順で著者名索引つき

東京大学アメリカ研究資料センター年報

これに蔵書目録の補遺をつける。その内容は分類順で著者名索引をつける。

⑭ 一橋大学

メンガー文庫（社会科学特に経済文献）　18,602冊　1922年受入　目録有

ギールケ文庫目録（ドイツ私法中心）　9,858冊　1921年受入　目録有（分類順で著者名と件名の索引あり）

貴重書洋書目録（19世紀以降の英米法と18世紀以降の仏法の図書を含む)。著者名順で書名索引つき）1976年出版，245頁

フランクリン文庫（欧米の経済，政治，法律，社会思想史の古典を含む。）

18世紀以降の英米法とフランス法の図書（特にフランス大革命付近のもの）を多く含む，ドイツ法は19世紀のものがあるが少い。その他，写本類がある。著者名順。1978年出版，598頁

⑱ 金沢大学附属図書館

フランスの判例集　563冊　1979年受入　目録なし

金沢大学附属図書館法文学部分室も存在するが学外者に対するサービスは不明である。

⑳ 名古屋大学

法学部所蔵雑誌目録　1972年

附属図書館に Bibliothek des Instituts für Zeitgeschichte の著者名別，国名別，分類別の蔵書目録（1967年出版）あり

㉑ ⓐ 京都大学法学部図書室

蔵書目録　Katalog der fremdsprachigen Bücher in der Juristischen Fakultät der Kaiserlichen Universität zu Kyôto. 6 v. 1928.

分類順で著者名索引つき

一般的に第2次大戦以前のドイツ法，フランス法の蔵書が多い。

ターナー文庫目録（教会法），1976年，2,643冊

ハチェック文庫目録（公法学中心）1977年

トゥール文庫目録（19〜20世紀の民法学）1977年，1933冊

小早川文庫目録（日本法制史の基礎的文献）1978年，2,455冊

京都大学所蔵外国文献(1)〜(7)（租税法に限る）（『税法学』No.4 —10）

その他京大所蔵の民法，無体財産法，国際法関係の書誌は〔法〕166頁，174頁，204頁を参照

ⓒ 京都大学法学部附属国際法政文献資料センター

1979年4月1日設置され，法律学，政治等に関する基礎的文献資料を収集整理し，一般の利用に供するとともに参考調査および目録刊行等による情報の提供を目的とする。その研究課題は主として欧米各国および国連，ILO，EC等の国際機関における立法，行政，司法，政治各過程の資料の収集であり，米，英の議会資料などが集められている。近い将来に蔵書目録が刊行される予定であ

る。ここの蔵書を基礎にして竹島武郎『イギリス政府議会文書の調べ方』(丸善，1989年) が出版されている。

㉒ 大阪大学

ここの法学部で所蔵する主な文庫は次のものである。

佐々木惣一文庫 (憲法，行政法が中心)

川上太郎文庫 (私法が中心)

伊藤 (弁護士) 文庫

斎藤文庫

その他，この法学部では**第4章(3)①** (88頁) で述べたドイツ連邦共和国の判例の権威のある検索資料である Deutsche Rechtsprechung を所蔵しているが，これはわが国内で所蔵館が極めて少いものである。

㉓ 神戸大学

ここの法律政治関係の図書は次の(a)(b)(c)の3ヶ所に分れている。

(a) 神戸大学附属図書館人文社会系図書館 (通称，六甲台分館) 所蔵のもの

田岡文庫 (田岡良一氏のもので国際法関係の和洋書が中心)

跡部文庫 (跡部力氏のもので国際私法が中心)

「YAMASHITA 文庫 (米国の判例集)

(b) 法学部資料室所蔵のもの

柚木文庫(柚木馨氏のもので，民法が中心であるが第2次大戦以後の和書，和雑誌が大部分)

(c) 附属図書館中央図書館所蔵のもの

ブルーブックス (19世紀英国議会資料集成)　1,000点　目録なし

㉕ 岡山大学

岡山大学蔵書目録 (1～9巻) 1965～1973年発行

㉗ 香川大学

樋木文庫 (独法学)　1,826冊　1952年受入　目録有

有馬文庫　(法学)　1,116冊　1954年受入　目録有

㉙　ⓐ 九州大学附属図書館

シャルル・ペラ文庫目録　1981年　357頁

古書体学，ローマ法，ゲルマン法，フランス法が中心　分類順で書名索引つき

ⓑ **九州大学法学部図書室**

九州大学法学部貴重書目録・欧文編，1974年，188頁　著者名のアルファベット順

九州大学法学部参考図書目録欧文編，1977年版，619頁，分類順

Catalogue of the Kyûshû Imperial University Library. Vol. 1-2 & Suppl. 1933-36, 1936-38. 著者名順

㉞ **東京都立大学**

穂積文庫（故穂積陳重・重遠両博士の旧蔵書（洋書）　2,257冊　目録有

来栖文庫（故来栖三郎先生旧蔵書）

㉟ **大阪市立大学**

ローゼンベルグ文庫（レオ・ローゼンベルグ博士の旧蔵書）（民訴が中心）　4,906冊　目録有

(57) **青山学院大学**

蔵書目録　和漢書全5冊（完結）1978年
　　　　　洋書　全5冊（完結）1978年

(59) **学習院大学**

田中耕太郎文庫（商法関係）

豊崎光衛文庫（商法および工業所有権関係）

山岡万之助関係文書目録

(60) **慶応義塾大学**

慶応義塾大学図書館洋書分類目録　1929年出版　著書名索引つき

司法統計（ドイツ連邦共和国，イタリア）

Internationale Bibliographie der Rezensionen Wissenschaftlicher Literatur. 1971-（世界的な書評の索引誌で，ドイツ語以外の図書も対象にする）（第13章（7）[Ⅲ]参照）

学外者の利用には，所属大学図書館長の紹介が要る。複写サービス有。

(61) 国學院大学

梧陰文庫（井上毅蔵書）（明治憲法，各法令草稿関係文書）　6,370 冊　目録有

ボワソナードに関する文書

カンバセレス文書

(62) 国士館大学

神川文庫（19 世紀後半〜20 世紀前半の国際政治関係資料）　3,386 冊　目録有

(64) 上智大学

田中耕太郎文庫（自然法関係資料）　約 6,000 冊　目録有

(65) 成蹊大学

高柳賢三文庫（法学関係和・洋書）　11,428 冊　目録有

Thone 文庫

(68) ⓐ 専修大学図書館生田本館

ミシェル・ベルンシュタイン文庫（フランス革命史関係文献資料）

ⓑ 専修大学図書館神田分館

今村文庫（今村力三郎氏担当 366 件の訴訟の記録）　366 点

孫田文庫（孫田秀春博士寄贈労働法関係の図書）　4,500 冊

中川文庫（中川善之助氏の民法関係書）　6,000 冊

神山文庫（神山欣治博士の労働法，刑法をはじめとする全蔵書）　3,000 冊

藤田文庫（藤田若雄氏の全蔵書）　2,500 冊

以上の 5 文庫とも目録有

(71) 中央大学

中央大学参考資料目録　欧文編第 1 集，辞書類・法令集・判例集，1975 年 4 月末現在，259 頁。分類順で書名索引つき

中央大学参考資料目録　和文編　1973 年 4 月末現在，385 頁，分類順で書名索引つき　別編：法令集・判例集，263 から 308 頁

ⓐ 中央大学中央図書館

旧末松文庫（法律，政治，文学に関する文献）　2,651 冊

旧村上文庫（支那法制に関する文献）　5,138 冊

旧花井文庫（法律関係文献）　261 冊

旧桑田文庫（社会労働関係文献） 5,484 冊

旧春木文庫（ローマ法関係文献） 1,776 冊

オットー・ブルンナー文庫（中世史）

以上の 6 分野とも目録有

中央大学図書館所蔵近世ドイツ法・イタリア法関係コレクション目録，1982 年，117 頁。分類順で著書名索引つき

ⓒ **日本比較法研究所**（学）

所在地　〒192-0351　東京都八王子市東中野 742 の 1

交通機関　小田急線小田急多摩センター駅より中央大学行京王バスで中央大学下車

開館日時　月一金　9：00―17：00　休館日　土・日・祝日・夏期休暇・冬期休暇

入館料　無料　閲覧座席数　10 席

公開の可否　限定（当研究所員の紹介，「法律関係資料連絡会」加盟館）　学生の利用　否

奉仕内容　閲覧　限定（当研究所員の紹介があった者，「法律関係資料連絡会」加盟館）

貸出　否　複写　否　レファレンス　否

正職員数　5 人（うち司書的業務 4 人）

資料数　図書：和 4,063 冊　洋 6,341 冊　雑誌：和 109 種　洋 131 種

新聞：和 3 紙（昭 51．3 現在）

蔵書内容　比較法・外国法に関する文献

特別コレクション　杉山文庫（杉山直治郎旧蔵・比較法に関するフランス語の文献が多い）

収蔵目録　蔵書目録第 1 分冊（1970）～第 7 分冊（1976）

定期刊行物　比較法雑誌

⑭ 日本大学法学部図書室

レーヴェンシュタイン文庫（故カール・レーヴェンシュタイン博士旧蔵書）（憲法が中心） 3,000 冊

プレデール文庫（故アンドレアス・プレデール博士旧蔵書）（経済地理学が中心） 3,500 冊

ヴェルツェル文庫（ハンス・ヴェルツェル博士旧蔵書）（刑法が中心）　3,600冊

グロチウス著作および研究書（「戦争と平和の法」ラテン語原著初版（1625年））150冊

以上4つとも冊子目録なし。

日本大学法学部図書館　特殊蔵書目録――16～18世紀ヨーロッパ法文献

1982年頃出版　27，18 p，著者名のアルファベット順

日本大学法学部の所蔵するドイツ連邦共和国の法律の多くの双書については第13章（3）［B］［I］（314～339頁）を参照。

なお，ドイツ連邦共和国の下級裁判所の判例要旨をも含む判例の検索資料たるDeutsche Rechtsprechung（加除式）を1983年から備えているが，これは関東地方で所蔵しているのは現在は日本大学法学部だけであろうと思われる貴重なものである。

この⑭の図書を外部の者が閲覧する場合にはその所属する図書館長の閲覧依頼書を持参すること。コピーをとる場合には日本大学法学部のコピー機をセルフ・サービスによりコピーできる。

本人が来館できず，コピーを日本大学法学部に依頼する場合には所属の図書館（または研究室）の閲覧係を通じて複写依頼書を送付すること。

⑯ 法政大学法学部資料室

梅謙次郎原稿・文書（総合目録　2000年，法政大学ボアソナード記念現代法研究所刊）

⑰ 明治大学図書館大学院分館

木村文庫（木村亀二旧蔵書，法哲学と刑法中心）　17,765冊

野田文庫（野田孝明委贈書，独民法中心）　5,475冊

明治大学図書館

鵜沢文庫（鵜沢聰明旧蔵書）　1,500冊

以上の3文庫とも目録有

⑰ 明治大学刑事博物館

所在地　〒101-8301　東京都千代田区神田駿河台1―1明治大学内

☎03(3296)4431　FAX 03(3296)4365

交通機関　中央・総武線御茶の水駅下車　徒歩5分

開館日時　月—金　10：00—16：30　休館日　土・日・祝日・大学が定める休日

入館料　無料　閲覧座席数　20席

公開の可否　可（但し陳列室のみ。資料閲覧者は近世文書読解が可能な利用者のみ）学生の利用　可

奉仕内容　閲覧　可　貸出　否　複写　否　レファレンス　一部可（所蔵案内のみ）

正職員数　2人（うち司書的業務2人）

資料数　近世資料（文書）など：約14万点　（昭52．1現在）

蔵書内容　近世，地方文書を中心とする近世文書，明治立法関係資料，錦絵。

特別コレクション　内藤家文書（磐城・延岡7万石普代大名の藩政文書……図書館所蔵を本館で管理），旧黒川氏文書（黒川真頼旧蔵）

定期刊行物　明治大学刑事博物館目録，明治大学刑事博物館年報，明治大学刑事博物館資料集

⑲ 立教大学法学部図書室

石崎文庫（社会法，比較法の資料）　3,773冊　カード目録有

菊井文庫（民事訴訟法，裁判法の資料）　2,248冊　カード目録有

江川文庫（国際私法）　カード目録なし

宮沢文庫（憲法）　洋書のみカード目録あり

本図書室を外部の者が利用する場合には所属する図書館長の紹介状（大学院生なら図書委員長の紹介状）を必要とする。

立教大学アメリカ研究所，〒171-8501 東京都豊島区西池袋3—34—1（☎(03) 3985-2633）

⑳ 立正大学

本館（〒141-0032 東京都品川区大崎4—2—16）にはブルー・ブックス（19世紀における英国議会議事録）あり　1,000点　目録無

㉑ ⓐ 早稲田大学高田早苗記念研究図書館

National Reporter System（アメリカの判例集）　7,173冊

Juris-Classeurs（フランスの法律百科辞典）　305冊

ドイツ学位論文コレクション「刑法・刑訴」　1,159冊

フランス法律学位論文コレクション（第2次大戦前のもの　約8千冊）

以上のものについては現在では，WINE(早稲田大学学術情報システム)によるオンライン検索が便利で，このシステムには学外からもアクセスが可能である。

福島文庫（ロシア語文献）698冊，（中国語文献）約1500冊

早稲田大学比較法研究所洋書目録　1958〜1978年　1979年版865頁　分類順で著者名と書名の索引つき。ただしドイツ法の叢書は番号順で分類順ではない。この研究所の蔵書は㉛ⓐに移管された。

ⓑ　**早稲田大学法律文献情報センター**　〒169-8050 新宿区西早稲田1－6－1（☎5286-1805　FAX 5286-1846）

和洋の法律雑誌を所蔵。

ⓒ　**早稲田大学中央図書館**　〒169-8050 新宿区西早稲田1－6－1

（☎5286-1659　FAX 3207-9224）

American Bar Association. Index to legal theses & research projects. Chicago. 1954-1965

福島文庫邦語文献

フィスク文庫（ゲルマン法およびローマ法関係）　619冊

早大の図書館は部局図書室をも含めて，外部の者の閲覧に際しては所属大学の図書館長から早大の図書館長宛の依頼状を必要とする。また，外部の者の複写申込の際は（個人の場合も含めて）所属大学図書館の参考係から早大図書館の参考係宛の依頼状を使用すること。

⑽ 朝日大学図書館

小町谷文庫　商法

⑾ 愛知大学

乾文庫（乾政彦の旧蔵書）（民法，商法関係を主とするドイツ書）　684冊

榛村文庫（榛村専一の旧蔵書）（著作権関係を主とする法律文献）　1,846冊

以上2件とも目録有

⒀ 中京大学

National Reporter System.（米国の判例集）　6,881冊　目録有

Parliamentary Debates (HANSARD).（英国議会議事録）　1,960冊　目録有

(99) 同志社大学図書館

植木文庫（政治法律関係図書） 679 冊（明治 26 年受入） 目録有

ⓑ 同志社大学法学部研究室

European Documentation Center（EC 委員会の出版する資料） 1,300 冊 目録有

ⓒ 同志社大学アメリカ研究所

同志社大学研究所図書目録 1977 年，341 頁 分類順で著者名索引つき

(100) 立命館大学（中央）図書館

末川文庫（末川博の蔵書）（法学関係図書および遺墨他） 1990 年 10,000 点 目録有

立命館大学図書館広小路分館（〒602-0816）京都市左京区広小路通寺町東入

加古文庫（加古祐二郎氏蒐蔵による法哲学，社会等関係文献） 1,538 冊 目録有

(101) 龍谷大学図書館

Der Gerichtssaal（軍刑法関係） 125 冊

(106) 大阪学院大学

Schmidt-Rimpler Kollection（商法） 1,206 冊 1976 年受入 目録有

Internationale Bibliographie der Rezensionen Wissenschaftlicher Literatur, 1971-（世界的な書評の検索資料）

Deutsche Rechtsprechung（ドイツ連邦共和国の判例の検索資料）

(107) 大阪経済法科大学

U.S. Congressional Record, Original（米国国会議事録） 1,495 冊

U.S. Statutes at Large（米国法令集） 141 冊

Federal Reporter（米国連邦裁判所判例集） 583 冊

(109) 近畿大学

Catalogue of Foreign Books in the Central Library of Kinki University, No. 1 (1983)-，分類順で著者名と書名の索引つき

近畿大学中央図書館増加図書目録 和書編 1984 年度

(110) ⓐ 関西学院大学図書館

梅田文庫（西洋中世史に関する文献） 1,682 冊 目録有

栗野文庫（西洋古代史に関する文献）　1,902冊　目録有

⑽ 神戸学院大学

尾上文庫（尾上正男博士蔵書）（外交史関係）　3,223冊　目録有
大隅文庫（大隅健一郎博士蔵書）（商法関係）　2,160冊　目録一部有
吉富文庫（吉富重夫博士蔵書）（行政学）　2,518冊　目録無
石本文庫（石本雅男博士蔵書）（民法，ローマ法）　1,320冊　目録無

⑿ 福岡大学

福岡大学法令・判例集目録　昭和56年3月現在（洋・和とも）

⒅ 沖縄国際大学図書館蔵書目録　1984年

和洋とも著者名索引あり

⒆ 国立国会図書館

所在地　〒100-0014　東京都千代田区永田町1—10—1
☎03-3581-2331・2341
交通機関　地下鉄丸の内・千代田線国会議事堂前駅下車　徒歩7分　地下鉄有楽町線永田町駅下車　徒歩3分　都バスで国会議事堂前・三宅坂又は京王バスで国会議事堂前下車
開館日時　月—土　9：30—17：00　休館日　日・祝日・第1，第3土曜日以外の土曜日。第1，第3土曜の翌週の月曜。3ヶ月に1度第3週の水曜
入館料　無料（P・Bリポートを除く）　閲覧座席数　1,408席
公開の可否　可（原則として満20歳以上）　学生の利用　可（同　大学生可）
奉仕内容　閲覧　可　貸出　否（図書館貸出制度あり　但し貴重書・新聞・雑誌などを除く）　複写　可（当館所蔵資料で調査・研究の場合に限り原則として一部分）　有料　レファレンス　可（図書その他の資料について文書・口頭・電話可。但し回答しないものもある）　外部機関との相互貸借：可
正職員数　833人（うち司書的業務506人）
資料数　図書：和漢2,504,000冊　洋1,097,000冊　地図，レコード，マイクロフィルム，博士論文その他（昭52．3現在）
蔵書内容　旧帝国図書館ならびに旧貴衆両院図書館の蔵書を継承するとともに，

戦後の国内出版物については，新納本制度により民間出版物のみならず官公庁出版物の収集を行い，一方洋書については，旧帝国図書館時代の日本関係図書・百科辞典・図書館関係書などを引き継ぎ，当館となってからは，これ等に法令議会資料・科学技術関係資料・外国政府刊行物などを加え蔵書の特色としている。

特別コレクション　播磨文庫（播磨楢吉旧蔵），憲政資料室文書（三条実美旧蔵ほか約 90 余家の文書），幣原平和文庫（幣原喜重郎旧蔵），徳川幕府引継書類

所蔵目録　国立国会図書館蔵書目録―洋書篇（1948）→分類順で著者名と書名の索引つき（継続出版），国立国会図書館所蔵明治期刊行図書目録第 1 巻―第 5 巻・書名索引，国立国会図書館所蔵欧文雑誌目録 1980 年末現在，国立国会図書館和雑誌目録　昭和 50 年末現在，国立国会図書館中国語朝鮮語雑誌目録　昭和 51 年末現在，国立国会図書館所蔵外国法令議会資料目録。1987 年 12 月現在

Japan. Kokuritsu Kokkai Toshokan.—Catalogue of the League of Nations & the United Nations publications for 1920-1968 in the National Diet Library. Vol. 1-3, 1971-73, 3 v.

石井照久文庫（商法が中心）（目録なし）

西独の公法関係の学位論文（未整理）

この図書館は同館所蔵の和洋図書のうち約 220 万件の出版物の目録をインターネットで検索できる「電子図書館コーナー」をホームページ上に新設。2000 年 3 月 22 日から稼働させる。今回は同館が 1948 年以降に収集した和書約 200 万件と 1986 年以降に受け入れた洋書約 20 万件をデータベース化した。書名やその中に含まれる単語，著者名，出版社名，テーマなどから検索することができる。（日本経済新聞 2000 年 3 月 22 日）。

定期刊行物　国立国会図書館月報（月刊），びぶろす（月刊），参考書誌研究（季刊），納本週報（週刊），印刷カード速報（週刊），その他書誌・目録など。

この図書館の蔵書に対する貸出申込書や複写申込書は法律図書館連絡会「法律図書館ユーザースマニュアル」に記されている。

［主な閲覧室とその備付資料］

（2階）参考図書室：内外のおもな辞書・事典・年鑑・便覧などの参考図書。
国連・官庁資料室：国際連合およびヨーロッパ経済共同体の刊行物。各国政府およびおもな国際機関刊行の小冊子類。これらに関する参考図書。
幣原平和文庫：幣原平和記念財団から寄贈された国際政治・外交などに関する図書。
貴重書室：貴重書に指定された資料（和漢書は慶長末・明朝正徳末まで。洋書は16世紀末まで。その他，とくに貴重なもの）。
憲政資料室：日本近代政治史の原史料。主として明治・大正・昭和（戦前）の政治家・軍人・外交官などの書簡・覚書・草案など。
（5階）法令・議会資料室：わが国および諸外国の官公報・各種法規集・判例集・条約集および議会の議事録・議事資料など。

（「国立国会図書館案内⑤一般閲覧のてびき」より）

⑬⓪ 国立国会図書館支部法務図書館

所在地　〒100-8977　東京都千代田区霞が関1－1－1
☎03-3580-4111内5752　FAX 3592-7111
交通機関　地下鉄霞ヶ関駅下車　徒歩5分　JR有楽町駅下車　徒歩10分
開館日時　月―金　9：30―16：30　休館日　土・日・祝日
入館料　無料　閲覧座席数　48席
公開の可否　限定（裁判官・弁護士などで館長の許可を得た者）　学生の利用　否
奉仕内容　閲覧　否　貸出　否　複写　否　レファレンス　否　外部機関との相互貸借：限定
正職員数　12人（うち司書的業務12人）
資料数　図書：和127,203冊　洋82,922冊　雑誌：和704種　洋349種　新聞：和4紙（昭51．12現在）
蔵書内容　内外の法律図書資料を主に，関連のある周辺分野の図書資料。
特別コレクション　立法資料，ドイツ法学位論文（第2次大戦以前のもの）
所蔵目録　和漢図書目録（昭12刊），同追録1（昭24刊），同追録2第1分冊（昭49刊），欧文図書目録（昭11刊），同追録1（昭13刊），同追録2（昭16刊），同追録3（昭26刊），法律図書（英文）件名目録（昭41刊），法律図書（独文）件名目録（昭46刊），収書年報1－5号（昭46―50刊），故牧野英一博士寄贈図書目録（昭51刊）

法務図書館所蔵貴重書目録（和書）
司法統計（英，米，佛，伊）（目録なし）

⑬ 国立国会図書館支部最高裁判所図書館

所在地　〒102-8651　東京都千代田区隼町4－2
☎03-3264-8111 内 5136　FAX 03-3221-8977
交通機関　地下鉄有楽町線永田町駅下車　徒歩5分
開館日時　月―金　9：30―16：30　休館日　土・日・祝日
入館料　無料　閲覧座席数　114席
公開の可否　限定(許可を受けた弁護士，法学部教授。国立国会図書館中央館および各支部図書館)　学生の利用　否（所属大学図書館長の紹介の場合は，当館所蔵文献のみ利用可）
奉仕内容　閲覧　限定（前記許可を受けた者）　貸出　限定（同，1回5冊21日間）　複写　限定（前記許可を受けた者）　有料（ただし，司法協会に依頼）　レファレンス　可（前記許可を受けた者）　外部機関との相互貸借　限定
正職員数　25人（うち司書的業務18人）
資料数　図書：和81,389冊　洋51,703冊　雑誌：和442種　洋214種
新聞：和6紙　洋1紙（昭51．12現在）
蔵書内容　法律図書，法律周辺諸科学図書
特別コレクション　明治文庫(明治期刊行の法律図書)（目録有），米国州裁判所判例集文庫（ロックフェラー財団寄贈），正求堂文庫（英・米法律図書および判例集―正求堂財団増島六一郎氏蔵書）
所蔵目録　最高裁判所図書館法律図書目録　和書の部・増加1・増加2，同洋書の部・追録Ⅰ～Ⅶ，「岩松三郎氏寄贈図書目録」(1)(2)（「最高裁図書館月報」第172号）――独語は強制執行が中心
司法統計（英）
定期刊行物　最高裁判所図書館月報(～157号)，最高裁判所図書館邦文法律雑誌記事索引　第1号～第19号（昭51現在）

⑬ 東京弁護士会・第二東京弁護士会合同図書館

所在地　〒100-0013　東京都千代田区霞ヶ関1－1－3弁護士会館7階
☎03-3580-5064　FAX 03-3580-5065

交通機関　地下鉄丸ノ内・日比谷・千代田線霞ヶ関駅下車　Ｂ１-ｂより直通
開館日時　月―金　９：30―17：45　水のみ　10：30―17：45　休館日　土・日・祝日
入館料　無料　閲覧座席数　119席
公開の可否　限定（要館長の利用許可）
外部者の利用　閲覧　限定（前記許可を受けたもの）　貸出　否　複写　限定（前記許可を受けたもの）　有料
レファレンス・一部可（所蔵案内のみ）
正職員数　５人
資料数　図書：和洋70,000冊　雑誌：和870種　新聞：和10紙
蔵書内容　法律関係図書
特殊コレクション　明治期からの法律書及び訴訟記録

⑬③ 国立国会図書館支部内閣法制局図書館

所在地　〒100-0013　東京都千代田区霞が関３―１―１
☎03-3581-9640
交通機関　地下鉄丸ノ内・千代田線国会議事堂前駅下車　徒歩５分
開館日時　月―金　９：30―16：30　休館日　土・日・祝日
入館料　無料　閲覧座席数　３席
公開の可否　否(利用の対象として，内閣法制局職員，その他特に館長の許可を得た者）　学生の利用　否
奉仕内容　閲覧　否　貸出　否　複写　否　レファレンス　一部可（所蔵案内のみ）　外部機関との相互貸借　否
正職員数　３人（うち司書的業務１人）
資料数　図書：和17,110冊　洋923冊　雑誌：和99種　洋１種　新聞：和１紙（昭52．１現在）
蔵書内容　法律関係図書，資料文献，官報(明治17年～現在まで)，法令全書(慶応３年～現在まで)，法規分類大全(第１類第１巻～第２類第15巻まで)
所蔵目録　内閣法制局図書館図書目録（和書の部）昭和41年

⑬④ 外務省図書館

外部者の利用　閲覧　限定　貸出　限定　複写　否
外部機関との相互貸借　限定

特殊コレクション　ロシア第一次革命前後を含む古い露文図書

⑬⑤ 国立公文書館内閣文庫

サービス対象　機関外全般

外部者の利用　閲覧　可　　貸出　限定　　複写　可

外部機関との相互貸借　限定

特殊コレクション　明治時代収集英米佛法律書（冊子目録有）

⑬⑥ 矯正図書館（財）

所在地　〒165-0026　東京都中野区新井3―37―3財団法人矯正協会
☎03-3387-4454

交通機関　中央線中野駅下車　徒歩15分　　西武新宿線沼袋駅下車　徒歩10分

開館日時　月―金　9：00―17：00　　休館日　土・日・祝日・特別整理日

入館料　無料　　閲覧座席数　5席

公開の可否　限定（矯正協会会員・館長が承認したもの）　　学生の利用　可（館長が承認した場合）

奉仕内容　閲覧　限定（秘匿を要する図書館資料の閲覧は会員に限る）　　貸出　限定（古文書・帯出禁止指定の図書館資料及び館長が特に指定した図書館資料は貸出できない。1回3冊1カ月間）　　複写　限定（部外秘のもの及び古文書は複写できない）　有料　　レファレンス　可

正職員数　4人（うち司書的業務2人）

資料数　図書：27,630冊　　雑誌：和208種　洋12種　　新聞：100紙（昭52．2現在）

蔵書内容　刑事政策・矯正・保護を中心とした法律図書。ただし隣接科学書も所蔵している。種類は図書・雑誌・新聞の他，写真・マイクロフィルム。また，特殊なものとしては江戸時代および明治時代の関係古文書と当時の刑具・戒具類などがある。

特別コレクション　正木文庫（正木亮旧蔵），岩村文庫（岩村通世旧蔵），川上文庫（川上悍旧蔵），小橋川文庫（小橋川昭慶旧蔵），岡部文庫（岡部常旧蔵），花田文庫（花田音助旧蔵），土谷文庫（土谷正光旧蔵），荻生文庫（荻生治雄旧蔵），福井文庫（福井徹旧蔵）

所蔵目録　図書目録　昭和43年6月30日発行，図書目録追録1（付：公文編年

録細目次）　昭和50年7月5日発行，寄贈文庫図書目録　昭和42年10月26日発行，その他に文献目録として月刊刑政目次総覧　昭和45年9月31日に発行がある。

定期刊行物　矯正協会として，刑政，人(新聞)，わこうど(新聞)。矯正図書館としては独自に不定期の単行本を出版している。

⑬⑦ OECD東京センター（国際機関）

所在地　〒107-0052　東京都港区赤坂2－3－4　ランディック赤坂ビル3F

☎03-3586-2016～8　FAX 03-3586-2298

交通機関　地下鉄千代田線国会議事堂前駅下車　徒歩3分　　地下鉄銀座線虎ノ門駅下車　徒歩8分　　地下鉄銀座線赤坂見附駅下車　徒歩10分

開館日時　月―金　8：45―17：30　　休館日　土・日・祝日

入館料　無料　　閲覧座席数　12席

公開の可否　可　　学生の利用　可

奉仕内容　閲覧　可　　貸出　否　　複写　否　　レファレンス　可

正職員数　6人（うち司書的業務2人）

資料数　図書：和150冊　洋1,800冊　　雑誌：洋80種　（昭52．1現在）

蔵書内容　OECDが調査研究の対象とする社会科学全般と産業統計：経済・財政・金融・統計・開発・資源エネルギー・環境公害・工業・労働力・社会問題・農業・食糧・運輸・観光・科学技術・情報処理・教育・その他国際経済問題全般。

特別コレクション　OECDが発表した全報告書1970―1976

所蔵目録　OECD出版目録1974年度，OECD出版目録1976年度

定期刊行物　OECDオブザーヴァー，国別経済審査年報，経済展望，財政金融統計，貿易統計，主要経済指標等16点。

⑬⑧ 国際連合広報センター（国際機関）

所在地　〒150-0001　東京都渋谷区神宮前5―30―70国連大学ビル8F

☎03-5467-4451

交通機関　JR東京駅下車　徒歩3分　　地下鉄大手町駅下車　徒歩1～3分

開館日時　月一金　9：30—17：30　　休館日　土・日・祝日
入館料　無料　閲覧座席数　20 席
公開の可否　可　学生の利用　可
奉仕内容　閲覧　可　貸出　可　複写　可　有料　レファレンス　可
正職員数　12 人（うち司書的業務 1 人）
蔵書内容　国際連合が刊行したもの（英文）を所蔵する。国際連合刊行物，国際連合謄写刷りドキュメント，国際連合公式記録，国際司法裁判所刊行物，国際通貨基金（IMF）刊行物，国際海事協議機関（IMCO）刊行物
特別コレクション　国連映画（無料貸出用　国連の活動を紹介するもの 100 本余り所有。うち日本語版 20 数本有，カラー，白黒），国連の写真（無料貸出用，カラー，白黒，数千枚），広報用パンフレット，ニューズレター等。
定期刊行物　近着資料選（年 5 回刊，無料配布）

⑬⑨ アメリカン・センターレファレンス資料室（米国政府）

所在地　〒105-0011　東京都港区芝公園 2－6－3 ABC 会館 11 階
☎ 03-3436-0901
交通機関　山手線浜松駅下車　徒歩 10 分　都営地下鉄 6 号線芝公園駅下車　徒歩 2 分　都営地下鉄 1 号線大門前下車　徒歩 5 分
開館日時　月一金　12：00—18：00　休館日　土・日・日米両国の祝日
入館料　無料　閲覧座席数　60 席
公開の可否　可（ただし，利用者カードは満 18 才以上の日本人）　学生の利用　可
奉仕内容　閲覧　可　貸出　可（満 18 才以上の日本人のみ）　複写　可　有料　レファレンス　可（閉館時間は，留守番電話で質問を受け，翌日回答する）
正職員数　22 人（うち司書的業務 7 人）
資料数　図書：洋 4,871 冊　雑誌：洋 150 種　新聞：洋 2 紙　ビデオ・カセット：107　オーディオカセット：203　マイクロフォーム，インデックス，パンフレット（昭 52．1 現在）
蔵書内容　ごく限られた基本図書を除いては，5 年以内に出版されたアメリカ

の図書・定期刊行物・連邦政府議会資料を所有する。主題分野は①国際関係 ②経済 ③現代アメリカ社会 ④創造芸術および現代文学 ⑤21世紀の世界に限定され，資料形態にはマイクロフォーム・ビデオ・カセット・オーディオカセットも含まれている。

特別コレクション　1．米議会の各委員会の公聴会・報告書・プリントのすべてを集録した議会情報サービス（CIS）のマイクロフィシュ　2．外交関係の記録を集めたForeign Relations of the U.S.を1862年より集めている。

所蔵目録　エネルギー関係蔵書目録（不定期）　アメリカ文学関係蔵書目録（不定期）

(140) ブリティッシュ・カウンシル図書館

所在地　〒162-0825　東京都新宿区神楽坂1丁目2番地
☎03-3235-8031　FAX 03-3235-5457

交通機関　JR飯田橋駅下車

開館日時　月—金　11：00—18：00　休館日　土・日・日英の祭日

入館料　無料　閲覧座席数　40席

公開の可否　限定（会員制）　学生の利用　可（18才以上）

奉仕内容　閲覧　可（18才以上）　貸出　可（4週間）　複写　可　有料
レファレンス　可

正職員数　7人（うち司書的業務7人）

資料数　図書：洋30,000冊　雑誌：洋200種　新聞：洋10紙　視聴覚資料　政府刊行物（昭52．2現在）

蔵書内容　英国研究のあらゆる分野にわたり英語・英文学関係を主としているが，自然科学・人文科学・社会科学の各分野の図書をおいている。又各種の新聞・雑誌・政府刊行物・視聴覚資料・学校専門書等を備えている。

この図書館(140)の奉仕活動については**第13章（3）[A][Ⅳ]**(2)(ii)（312頁）と**同章（3）[A][Ⅴ]**（313頁）を参照

(141) 大阪府立大学経済学部図書室

Federal Supplement, Federal Reporter, U.S. Supreme Court Reports等の米国連邦裁判所の判例集が初めから全部そろっている。

これ以外にも「新収外国雑誌・高級図書リスト」（法律図書館連絡会）を参照。

〈著者紹介〉

板寺一太郎（いたでら　いちたろう）

1920年　生まれ
1943年　東京帝国大学文学部西洋史学科卒業
1955年　東京大学法学部研究室勤務
1981年　東京大学法学部助教授を退官

外国法文献の調べ方

2002年(平成14年) 5月30日　第1版第1刷発行
2003年(平成15年) 3月30日　第1版第2刷発行

著　者　板　寺　一　太　郎
発行者　今　井　　貴
発行所　信山社出版株式会社
〒113-0033　東京都文京区本郷6-2-9-102
電　話 03（3818）1019
FAX 03（3818）0344
Printed in Japan

印刷・製本／勝美印刷・大三製本
ISBN4-7972-1828-2 C3332
1828-0102-060
NDC 322.901